GUIDELINES FOR CORPORATE COMPLIANCE OPERATIONS

胡孝良　洪友红◎主编

企业合规经营指南

法律出版社 LAW PRESS · CHINA
北京

图书在版编目（CIP）数据

企业合规经营指南 / 胡孝良，洪友红主编. -- 北京 ：
法律出版社，2024. -- ISBN 978-7-5197-9590-0

Ⅰ. D922.291.91-62

中国国家版本馆 CIP 数据核字第 2024VU3879 号

企业合规经营指南
QIYE HEGUI JINGYING ZHINAN

胡孝良　洪友红　主编

责任编辑　李　群　陈　熙
装帧设计　汪奇峰　苏　慰

出版发行 法律出版社	**开本** 710 毫米×1000 毫米　1/16
编辑统筹 法规出版分社	**印张** 34.5　**字数** 613 千
责任校对 王语童	**版本** 2024 年 12 月第 1 版
责任印制 耿润瑜	**印次** 2024 年 12 月第 1 次印刷
经　　销 新华书店	**印刷** 固安华明印业有限公司

地址：北京市丰台区莲花池西里 7 号（100073）

网址：www.lawpress.com.cn　　销售电话：010-83938349

投稿邮箱：info@lawpress.com.cn　　客服电话：010-83938350

举报盗版邮箱：jbwq@lawpress.com.cn　　咨询电话：010-63939796

书号：ISBN 978-7-5197-9590-0　　**定价**：98.00 元

凡购买本社图书，如有印装错误，我社负责退换。电话：010-83938349

作 者 简 介

胡孝良

浙江大学法学研究生。浙江九段律师事务所高级律师、创始合伙人、终身名誉主任。第三届、第四届全国律师协会理事，第三届、第四届浙江省律师协会常务理事，浙江省首届十佳律师，杭州仲裁委员会仲裁员，宁波仲裁委员会仲裁员。自1986年以来，从事律师工作。1991年底，为探索律师体制改革进行尝试，辞去公职创办了浙江省首家合作制律师事务所——正大律师事务所，被业界誉为“敢于第一个吃螃蟹的律师”。在数十年的律师生涯中，办理了多起全国经典案例，主编院校教材《法学概论新编》。

洪友红

浙江金奥律师事务所主任、首席合伙人，一级律师。1988 年 7月，毕业于杭州大学（现浙江大学）法律系法学专业，获学士学位，2009 年 1月，获西南政法大学法律硕士学位。担任全国律师协会信息委委员，浙江省律师协会监事，金华市律师协会顾问，浙江省浙商研究会副会长，浙江师范大学兼职教授、法硕指导老师。获全国优秀律师、浙江省“十大优秀律师”、浙江省优秀专业律师、金华市第一批法学会首席法律咨询专家、金华市功勋律师、金华仲裁委员会专家委员、金华市人民政府拔尖人才等荣誉称号。先后担任金华市自然资源和规划局、环球制漆集团、东阳农商银行股份有限公司、金华成泰农村商业银行股份有限公司、兰溪农商银行股份有限公司、宁波银行金华分行、金华银行、衡阳置业有限公司等 30 多家政府、企业法律顾问。出版《电子商务法律服务指引》《中华人民共和国电子商务法适用指南》《互联网法律实务指南》等多部书籍，发表60余篇专业论文，在《浙江律师》、《东方法苑》、金华电视台等新闻媒体多次被报道先进事迹。

编　委　会

序

企业合规经营是现代企业治理的重要方式,也是减少企业因非法经营造成的成本的有效手段,更是增加企业市场竞争力的有效途径,为此从中央到地方,从国有企业到民营企业都应当非常重视。

2022 年 8 月出台的《中央企业合规管理办法》第 3 条第 1 款指出,合规是指企业经营管理行为和员工履职行为符合国家法律法规、监管规定、行业准则和国际条约、规则,以及公司章程、相关规章制度等要求。企业合规经营是中国特色社会主义企业制度的重要内容,是企业内部控制的关键抓手,对促进新时代国有企业、民营企业高质量发展具有十分重要的意义。

《企业合规经营指南》一书的出版,就是对研究企业自主合规方面有益的一本教材,可以为广大企业合规经营起到指导作用。可以说,洪友红主任善于总结办理企业合规非诉讼业务的实践经验,紧跟新时代节奏步伐,就完善企业经营机制、指导企业合规经营而言,这本书具有较高的实务价值。

在出版《企业合规经营指南》之际,对于胡孝良、洪友红主编的最新研究成果予以作序并给予推荐,目的是让企业认真执行国家有关企业合规经营的大政方针,主动地开展自主合规经营的活动,让企业在经营中轻装上阵积极为社会做更大贡献,在国内国际上具有更强的竞争力。我真心希望本书在企业自主经营中产生积极的社会效果,也期望有更多有关企业合规经营的佳作呈现给大家,为我国法治建设贡献力量和智慧。

中央财经大学教授,博士生导师

北京金融风险管理研究院副院长

郭　华

2024 年 2 月 25 日

编写说明

“不以规矩，不成方圆”，这句古语的深意，如今正被越来越多在中国开展业务的企业细细体味。

本书编写团队在《中央企业合规管理办法》颁布前已经关注合规领域多年，办理多起相关案件，成果得到多方认可。本书编写团队在融合实务经验和研究方向的基础上，积极搜集资料、构建知识框架、理顺法律规定，研究不同领域的合规重点。

本书旨在为企业合规经营提供建议和参考，既可作为企业合规经营的参阅资料，也可以是企业合规经营的学习教程，还可以是法律工作者在企业合规领域服务中的助力工具。我们相信本书对了解和学习不同领域合规经营有重要的指导作用，对促进合规领域研究也有重要的参考价值。

本书按照各种合规专业的特点进行分编，目的是让读者能够从作者的理论和实践经验中获取应用价值，更好地服务于企业合规经营。

本书依照作者专业特长进行编写，具体安排如下：

第一编　行业合规总则由胡孝良编写；

第二编　建筑行业合规经营由樊元、季露妍编写；

第三编　快递行业合规经营由楼佳、金珍双编写；

第四编　融资租赁行业合规经营由胡雨馨、施晶晶、杜佳星编写；

第五编　环境资源行业合规经营由章小岚、李婉青编写；

第六编　房地产企业合规经营由吴青春、徐嫔编写；

第七编　政府依法行政重点领域合规由祝丹艳、刘正兰编写；

第八编　文化出版行业合规经营由洪友红、史小曼编写；

第九编　物流运输行业合规经营由朱胜平、仰长东编写；

第十编　旅游文化行业合规经营由童美玲、陈巧烨编写；

第十一编　医疗器械行业合规经营由楼昶、包敏敏编写；

第十二编　网络信息行业合规经营由朱文杰、汪峥编写；

第十三编　化工危险行业合规经营由朱芳、黄雪燕编写；

第十四编　教育培训行业合规经营由王丽琴、洪慧英编写；

第十五编　银行业合规经营由胡孝良编写；

第十六编　破产重整企业合规经营由邵华斌、吴淑艳编写；

第十七编　数字合规由胡孝良、谭小凤编写。

主编胡孝良统筹本书布局和编写，洪友红负责本书编写和审稿。

本书的编写是作者合作努力的成果，除了作者团队精心写作之外，还得到张静雯、申思佳、洪湛同志的帮助，在此予以感谢。同时对法律出版社的领导、编辑为本书的付梓所做的支持，在此一并表示衷心感谢。

《企业合规经营指南》编委会

2024年11月26日

目　录

第一编

行业合规总则

为促进、引导律师行业积极开展企业合规法律服务，推动企业全面加强合规管理，加快提升企业依法合规经营管理水平，保障企业持续健康发展，根据国家相关法律法规、最高人民检察院及国务院各部委制定的相关规范性文件、规则，制定本指引。

第一章

企业合规概述

企业合规是一种治理行为,具有以下四点基本含义。

首先,企业合规是指企业遵守法律法规、制度、规范等规章制度进行经营,并有责任督促其工作人员、合作企业同样依法依规行事。通常而言,企业应当遵守四大类法律法规,分别是国家制定的法律法规、商业惯例和伦理规范、企业自行颁布的规章制度以及相关国外法律法规、国际条约或国际惯例。

其次,企业合规是指为防止不规范经营而建立的企业管理机制。“合规经营风险”指的是:公司因未能遵守法规、监管部门标准、规范、自律性组织制订的相关标准,或者从事适合于自己业务的行为,而或许会遭到法律制裁或监管处罚、严重财务损失或商誉经济损失的经营风险。出于预防风险的发生,避免公司遭到经济损失的目的,企业需要建立合规管理体制,并将其作为改进公司治理体制的一种制度安排。

再次,企业应当建立完善的合规治理体系,以确保其不会因违反法律法规而面临更大的经济和商誉损失,并且可以有效地防止和减少其受到严格的行政监管和处罚。

最后,企业合规是一种重要的公司管理策略,它旨在通过建立完善的管理制度、规范商业行为、明确员工行为准则以及建立完善的风险预警、识别和处置机制,来保障企业的可持续发展。

第二章

不同类型企业合规管理

目前,按照企业性质,可分为国有企业、涉外企业以及民营企业。不同类型的企业有不同的合规要求,也分别对应不同的企业合规管理。

第一节　国有企业合规

律师在为国有企业提供合规法律服务时,应按照中央和地方国有资产监督管理委员会发布的国有企业合规管理指引相关规定,遵循全面覆盖、突出重点、强化责任、协同联动、客观独立、科学适当的基本原则,开展合规管理体系化建设。

一、企业合规管理五大体系

企业合规管理体系建设通常包括以下五大体系。

1. 合规行为准则体系。建设合规制度,为企业所有员工合规履行职责提供制度遵循。

2. 合规管理组织体系。建立一个独立而有权威的合规部门或团队,为企业合规管理提供组织保障。

3. 合规风险防范体系。对可能的合规风险采取针对预防性措施。

4. 合规风险监控体系。对企业可能出现的合规风险采取实时监督、识别和控制。

5. 合规风险应对体系。在违规行为发生后,对相关责任人进行必要惩戒,并对发现的制度漏洞和管理缺陷进行快速修补和完善。

二、企业合规管理五个环节

企业合规管理体系建设总体思路主要分为以下五个环节。

1. 开展合规检验。在合规检验环节,主要是收集基础材料,从而确定企业的相关需求,通过识别企业内外部的情况与问题,依据相关合规要求与原则,开展调研分析。合规检验环节可通过发放调查问卷、开展访谈、实地走访、公开途径检索调研等方式进行。

2. 搭建合规管理基础模块。在搭建合规管理基础模块环节,主要通过合规系统进行材料整理,协助企业明确合规管理的重点内容,梳理企业及下属企业(根据服务内容得以明确)的组织架构和部门职责等,协助企业建立合规管理组织体系,明确各合规管理主体的职责分工,从而突出重点领域、重点环节、重点人员等合规管理。

为了建立一个完善的合规管理体系,相关部门需要从决策、管理和执行三个方面来组建这个组织架构,并尽可能地将其与企业的现有组织结构相结合。

通过前期的检验和评估,相关部门应该清楚地界定出公司的合法经营的关键要素,包括但不限于市场交易、合约执行、产品质量控制、安全环境监督、消防控制、社会责任追究、资源有效利用、资源循环利用、资源回收利用、信息化建设。

3. 搭建合规管理运行模块。在搭建合规管理运行模块阶段,主要通过协助企业搭建合规管理制度体系,明确合规行为准则,落实合规制度、合规风险识别预警机制、合规风险应对、合规审查机制、违规问责/容错免责、合规评估与改进等方面的管理规范,促进合规管理有效运行。

合规管理运行模块应配合相关管理制度执行,完善合规风险防范体系和监控体系,如建议为合规审查机制配套相应的合规审查制度,合规风险识别与预警机制可以结合相应的风险清单等表单协助企业及时识别、更新内外部合规义务。

4. 搭建合规管理保障模块。在搭建合规管理保障模块阶段,主要从考核评价、激励约束机制、信息化建设建议、合规队伍、合规培训、合规文化、合规报告等方面,有效应对合规风险,协助企业建设完善合规保障模块。

5. 合规管理实施运行。在合规管理实施运行阶段,主要就已建设的合规管理体系对企业全体管理人员进行培训讲解,对合规理念进行宣贯,协助企业培育合规文化、发展合规管理队伍,并在必要时对已有合规管理体系进行适当调整。

第二节　涉外企业合规

涉外企业是指在国际市场上进行商业活动的中国企业及其海外子公司、分支机构以及代表处。这些企业主要从事国际贸易、投资、建设项目和日常运营等活动。

一、企业合规重点

在进行境外经营活动时,涉外企业必须遵守当地的法律法规和监管机构的规定。相关部门需要重点关注这一问题,并努力为其提供合规服务。相关部门需要全面了解禁止性规定,并清楚地界定经营行为的界限。同时,相关部门也需要密切关注涉外法制和外部环境的变化,及时了解合规要求,并采取有效的应对措施。

在提供涉及国际事务的专家服务期间,相关部门需要致力于建立完整的国际事务相关的监督制度、标准、流程,并通过尽职调查来确保所有相关活动的开展。相关部门还需要帮助国际事务相关人员更好地监督他们的国际事务,以确保他们的国际事务得到有效地执行;着力于研究并解决国际事务中的重大决策、合同、财政问题以及跨国公司的治理问题,以确保国际事务的顺利实施,重点提高与国际接轨公司相关的工作人员的法律知识和能力。

二、企业合规管理的内容

1. 对外贸易。在进行商事交往时,涉及的商品或劳务的合法性至为重要。因此,在进行商事交往时,必须确保遵守各项相关法律法规,并且能够充分了解有关贸易限制、质量、安全、技术、IP 的政策。同时,还需要密切监督相关政府机构在进行商事交往时,能够提供有效的支持,以便获得更好的商事结果。

2. 境外投资。对于跨境公司而言,其中一项重要的任务就是进行跨境投资,这需要对整个运作过程进行严格的控制,包括但不限于市场准入、贸易限制、国防安全检查、行业自律、外汇管控、反垄断、反洗钱和反恐怖主义融资。

3. 对外承包工程。涉外企业在进行对外承包工程时,应当严格遵守法律法规,确保所有经营活动的全过程、全方位合规,并且充分了解有关投标、合同、项目履行、劳动权益保护、环境保护、连带风险管理、债务处置、捐赠和赞助、反腐败和反贿赂等方面的细节要求。

4. 境外日常经营。在国际市场上,四项主要的法律法规包括在海外运作期间的法律法规。这些法律法规旨在维护国际商事秩序,并为国际商事交往提供安全保障。在海外运作期间,公司必须严格遵守法律法规,并且在所有相关领域都进行监督,以便获得最大的社会效益。

第三节　民营企业合规

民营企业是指由民间出资并履行出资人职责的企业投资创业的组织形式，通常包括有限责任公司、股份有限公司、一人公司、普通合伙企业、有限合伙企业、特殊的普通合伙企业。

一、企业合规要求

在开展民营企业合规服务时，应帮助民营企业实现自我约束与合规管理，增强民营企业家的合规经营意识，推动民营企业建设合规管理体系，提升合规管理水平，筑牢守法合规经营底线，避免在经营中出现不合法、不合规问题，塑造民营企业遵法守法、合规经营的良好形象，让民营经济在新时代发挥更好更大的作用。

民营企业家的合规意识是影响其经营成败的关键因素。因此，在推动民营企业的合规化建设中，应重点强调民营企业家的道德责任感和诚实守信的价值观，并给予他们更多的合规培训，邀请专家到企业指导，帮助他们更好地掌握和运用合规知识。

在为民营企业提供法律服务时，必须根据企业规模调整服务内容。为了更好地支持和促进民营企业的发展，相关部门应该鼓励它们建立完善的合规管理体系，并全面推进相关工作。同时，相关部门也应该加强对中小民营企业的帮助，特别是在其经营过程中需要遵守的重要法律法规方面。

二、企业合规内容

民营企业合规重点领域一般包括劳动合规、环境保护合规、财税合规、企业治理合规、安全生产合规、合同合规、大数据合规等。其中最常见的是劳动合规、税收合规、企业治理合规、环境保护合规与安全生产合规。

（一）劳动合规

民营企业合规重点内容之一是劳动合规，重点是招聘与入职管理、试用期管理、劳动合同管理、薪酬管理、福利管理、工伤管理、培训服务、竞业限制保密期。除了注意对劳动合同文本进行严格审查之外，还需要对劳动合同的流程进行设计，外在法律制度的识别，提醒强制性的法律规定，并根据实际情况对有关企业劳动规章制度的制定、设立和完善，特别注意保证制度的合法性必须符合实体法的规定，并遵循相应的程序。

(二)企业治理合规

民营企业合规重点内容之二是企业治理合规,要区分企业行为和个人行为,完善企业相关制度,避免出现个人行为和企业行为混同,主要以岗位职责分工、建立审批流程等方式完成。

(三)环境保护合规

民营企业合规重点内容之三是环境保护合规,包括按规定建设项目取得环保评价手续,实现环保"三同时"验收通过和备案;配套环保设施符合规定并投入使用,污染治理设施正常运行,在线监测仪器正常工作;制定突发环境事件应急预案,并进行演练,特别要求严格执行合规管理,妥善处置、转移和放置危险物质,以及按照规定完成排污申报和环境信息公开等。

(四)税收合规

民营企业合规重点内容之四是税收合规风险,包括包税合同产生的风险,"包税条款"可能会导致合同无效而遭致税务机关的追缴;税率的变化如何事先用条款进行约定;此外,还需要对税收风险进行有效的监督,比如设立相应的岗位,明确预防措施、实施过程及结果。在进行并购时,应特别关注如何在税务方面取得成功。

(五)安全生产合规

民营企业合规工作要点具体内容之五是安全性监督管理合规工作,主要是依法组织实施安全性管理教育,尤其是对有关项目进行施工、煤炭矿场、路面输送的公司应按照法律组织设立监督管理部门或配置相关的监督管理工作人员;对项目进行安全性评估,执行同一时间工程设计、同一时间实施、同一时间投产的"三同时"要求;煤炭矿场公司、建筑施工公司等应尽快申请安全生产经营许可,确保特殊作业技术获得作业资格等。

第三章

企业内部合规

第一节 企业合规评估

企业合规评估目前主要是指企业自身开展的合规评估。

一、评估类型

在企业自身开展的合规评估中,可以对企业某一时期的合规情况进行评估,形成合规评估报告以及各部门在执行合规业务中的执行情况,发生相应情况时向组织系统的最高管理层报告不合规风险和违规行为,便于企业自上而下地解决相关问题。

二、评估注意事项

受企业委托制作合规评估报告时,一般应注意以下要点。

(一)合规管理工作总体情况

企业依据合规制度开展的工作情况,主要涉及合规管理方面的组织领导、职责分工、运行机制、制度建设、重点领域、重点环节、合规培训等内容,包括举措、效果等。如企业有出台合规指引或文件,应列出名称、文号和内容。

(二)合规管理重点工作情况

选择相应角度,总结企业合规管理做法、经验和成效。包括但不限于管理层对合规管理的参与,合规管埋体制机制建设、队伍建设、文化建设和信息化建设,合规管理思路和方法创新等。

(三)合规管理工作建议

提出合规管理工作思路,制定工作方案,包括体系建设、制度建设、合规管理重点领域、合规指南、培训计划等。

第二节　企业合规培训

企业合规培训是企业对员工进行的教育活动,使员工了解工作职责、行业适用的法律法规和公司内部规章制度。合规培训的目标是让所有员工以符合组织的合规文化和合规承诺的方式发挥各自的作用。此外,部分企业还选择了对商业合作伙伴进行合规培训。

一、培训意义

合规培训能有效增强员工的合规意识与合规能力;有利于培育合规文化;有助于区分企业责任与个人责任,在相关部门/机构开展调查时,企业可以对员工进行合规培训作为免除企业责任的依据;合规培训有利于企业对商业合作伙伴进行合规管理,减少公司因商业合作伙伴的不当行为承担责任的风险。

二、培训内容

在进行合规培训时,应该全面考虑培训目标和受众所面临的风险,并结合实际情况,精心安排最符合要求的培训内容。具体来说,可以针对不同的受众,采取多种形式进行培训。

(一)面向管理层的合规培训

面向企业管理层开展合规培训时,可考虑偏重合规培训的宏观性,例如,侧重于管理层应当承担的合规管理职责;如何设计企业合规方针;如何使合规方针与企业战略保持一致;如何让合规为企业赋能;违规时需要承担的责任;公司治理领域合规义务等。

(二)面向全体员工的合规培训

面向全体员工的合规培训应注重普适性,开展合规培训时可以将培训内容重点放在下列三方面内容。

1. 普及基本的合规知识。例如,合规的概念,合规的内涵,合规的重要性,法务、合规、风险、内控的区别等。

2. 介绍企业合规管理体系。例如,合规管理组织体系、合规管理制度体系、合规管理运行机制及流程、合规管理保障机制。

3. 解读员工合规行为准则。员工合规行为准则一般包括企业合规理念、合规目标、员工的合规行事标准、违规的应对方式和后果。

(三)面向业务部门的合规培训

面向业务部门开展合规培训的内容时,应当注重针对性,既要考虑企业行业特征,也要考虑业务部门自身特征。

1. 从行业的角度分类,例如,针对涉外企业可适当开展境外投资、反倾销、反补贴、反腐败、反贿赂合规培训;针对重工业相关企业、建设工程企业可适当开展环境保护、安全生产培训;针对互联网企业可适当开展个人信息保护、数据和隐私合规培训。

2. 从业务部门的角度分类,例如,针对财务部门可侧重于财务、税收相关法律法规,企业内部控制体系,财务事项操作和审批流程等方面;针对安全生产或环保部门可侧重于国家安全生产、环境保护法律法规,企业安全环保相关制度,违规可能带来的严重后果等;针对投资融资部门可侧重于证券、基金相关法律法规,国资监管相关法律法规及政策(若客户为国有企业),如何识别及应对投融资合规风险等;针对信息技术部门可侧重于数据安全、信息安全、网络安全与用户隐私保护相关制度等;针对市场、采购、营销部门可侧重于反腐败、反贿赂方面的法律法规等;针对人力资源部门可侧重于劳动用工方面的法律法规等。

(四)面向法务、合规部门的合规培训

法务、合规部门一般为企业的合规工作管理部门,为其他部门提供合规支持。因此,对其开展合规培训时,可侧重于如何有效识别及应对合规风险,如何开展合规审查,如何进行合规评估,如何开展合规考核评价,对重点法律法规、监管规定的解读等。

(五)面向纪检监察、审计部门的合规培训

纪检监察、审计部门一般在企业合规管理中发挥最后一道防线的作用,负责合规审计和监督企业的整体风险防控。在面向纪检监察、审计部门开展合规培训时,可侧重于如何更好地对企业合规管理体系、合规管理工作开展情况、合规风险管理效果等进行监督。

(六)面向商业合作伙伴的合规培训

面向商业合作伙伴开展合规培训,可侧重于企业合规理念、合规管理要求、商业合作伙伴的相关合规义务。

三、培训流程

合规培训业务办理流程主要包括以下七个方面的内容。

1. 了解培训需求。与客户充分沟通后,了解其具体需求,一般应当包括合规培训的目的与对象。

2. 合同签订。双方协商一致后,签订书面合同确立委托关系。

3. 课程设计。根据客户提出的培训需求设计课程,包括合规培训主题、合规培训内容、合规培训时长、合规培训频率、合规培训的形式等。

4. 课前准备。根据课程设计以及客户需求,制作课件、讲稿并与客户确认。

5. 开展合规培训。根据课程设计的相关内容与课前准备工作,具体实施合规培训工作。

6. 培训效果评估。培训结束后,可以根据客户需求设计测试,对培训效果进行评估。

7. 总结与改进。课后可通过问卷的形式开展满意度调查,总结经验,改进课件以及培训方式。

第三节　企业合规保障体系建设

法律信息技术已成为完善企业合规的重要组成部分,反映了新时代合规管理特点。从事企业合规保障体系建设不能游离于大数据、数据分析平台与人工智能之外,应充分运用现代信息技术手段,完善企业合规保障体系建设。

一、信息技术的使用

信息技术的使用已成为企业合规体系高效运行的重要保障和支撑。在合规管理方面,运用信息技术记录和存储企业相关信息,运用大数据等技术工具开展实时在线监测和合规风险分析,实现信息的整合和共享;利用信息化手段开展合规培训,特别是针对业务繁杂、分支机构多的企业,利用合规在线培训系统进行培训可实现统一训练内容、跟踪训练情况、评估训练效果、记录训练人员目标。

在国内合规标杆建设中,核心的合规管理事项已通过信息化手段实施,通过对海量数据的合规管控实现对合规规定的有效执行,解决合规规定和实际执行“两张皮”问题。

二、保障体系建设要求

在开展企业合规保障体系建设时,应增强对信息技术的感知能力,了解和掌握服务领域的最新法律信息技术,熟练运用法律信息技术,实现合规业务工作的流程化、标准化,为客户提供更低价、更高效的合规服务。

同时,可寻找合适的信息技术合作商并建立长期的合作关系,共同进行研究,为企业合规法律服务产品增添信息化模块。实力强、合规业务规模大的律所或团队可以考虑引进专业信息技术人才。

在开展企业合规项目时,要有意识地研究相关合规计划和措施能否通过信息化手段实现。对于能够实现的,要将其纳入企业合规建设方案,及时向企业提交。如被采纳,可以组织团队,也可以由外部信息技术合作企业进行开发。

第四节 企业合规重点领域

开展企业合规服务时,可以结合企业实际,从重点领域入手,开展单项或多项重点领域合规法律服务。聚焦企业"重点工作、重点环节、重点人员",梳理合规风险、制定解决方案;明确合规管理专项制度;建立合规操作指引,提高企业合规风险防范能力。

一、重点领域

重点工作的合规包括但不限于以下几个方面。

(一)政府监管

密切关注和跟踪行业监管、上市公司监管和市场监管相关监管政策,及时贯彻落实最新监管要求,并积极配合监管部门的监管、调查和执法工作。

(二)消费者权益

规范市场营销,加强对市场营销的管控,严厉打击虚假信息,确保消费者的知情权;精心设计和完善合法的商品和服务标准,充分考虑消费者的需求,确保对其正当权益的维护;建立有力的投诉处置体系,加快解决问题的进程;自觉履行各项服务承诺,规范服务行为,提高服务质量。

(三)市场竞争

坚守诚信经营底线,建立健全自律诚信体系,遵守公平竞争原则,执行有关反垄断、反不正当竞争方面法律法规、监管规定及商业规则,自觉维护市场秩序。

(四)劳动用工

严格遵守劳动法律法规,完善劳动用工管理制度,有效维护劳动者合法权益,保障员工身心健康,促进员工全面发展,构建和谐劳动关系。

(五)财务税收

重新设计公司的财务管理机构,加强对重大决策的监督,并确保所有决定都符合相关规定。同时,我们还要增强公司的纳税意识,坚持遵守相关的税收法规。

(六)网络信息安全

重视网络安全,加强监管,认真履行职责,对网络安全风险进行全面、准确地评估,及时发现和解决网络安全隐患。积极推进网络产品与服务的安全检测,确认其符合可能影响国家安全的要求,并且加强与政府部门的沟通协调,确保公众的隐私得到有效保障。

(七)知识产权

及时申请注册知识产权成果,规范实施许可和转让,加强对商业秘密、商标、专利、著作权的保护;依法使用他人的知识产权,强化版权审核,防止侵权行为。

(八)采购

遵守国家法律法规,执行企业采购管理制度及内控流程,确保采购工作公开、公平、公正;不操纵、干预采购,不设置不合理门槛排斥潜在供应商;建立健全违规失信名单,强化供应商和第三方管理。

(九)金融类业务

适应强监管、严监管,认真遵守监管政策,提升合规管理水平,坚持审慎经营;严格持牌经营,不超许可范围开展业务;严格保障资金安全;建立信息安全保障体系,确保平台系统及客户信息安全。

(十)投融资

建立投融资管理制度,持续加大管理力度,完善决策机制,规范投资行为,强化风险管控,严格责任追究,提高资金效益,防止资产流失,实现保值增值。

(十一)安全环保

执行国家安全生产、环境保护法律法规,完善生产规范和安全环保制度,及时发现并整改违规问题,杜绝重大安全生产事故。

(十二)商业合作伙伴

对重要商业合作伙伴开展合规调查,通过签订合规合同、要求作出合规承诺等方式,促进商业合作伙伴行为合规。

二、重点环节

重点环节合规包括以下几方面的内容。

(一)制度制定环节

强化对规章制度、改革方案等重要文件的合规审查,确保符合法律法规、监管规定等要求。

(二)决策环节

落实企业决策制度,加强对待决策事项的合规论证,未经事前合规审查不提交审议,保障决策依法合规。

(三)生产运营环节

完善各项合规制度,加强对重点流程的监督检查,确保在生产经营过程中照章办事、依规操作。

三、企业责任重点人员

重点人员合规可以包括以下两方面。

(一)管理人员

为了更好地推广遵守相关法律、政策,我们应该加大力度,鼓励管理者树立良好的遵守合同的观念,严格执行各项管理制度,并建立完善的违反规定的追究机制,加大对其的审计、检查、惩戒力度。

(二)关键岗位人员

对于关键岗位员工,制订岗位合规清单,使其熟悉并严格遵守业务涉及的各项规定,加强监督检查和违规行为追责。

第五节　企业合规制度

一、企业合规经营种类

企业合规以法律责任认定为标准,包括民事合规、行政合规。

民事合规的审查以形式审查为主,包括审查是否具有合同、是否具有来源、是否具有证明文件等。民事侵权行为与企业所遭受的损失存在因果关系的,就可以通过诉讼途径主张权利。

行政合规主要是指医疗器械企业研制、生产、经营、使用活动应符合行政法规和规章的规定。企业医疗器械产品研制、生产、经营、使用活动以及监督管理应符合行政执法要求,否则,行政执法有权对医疗器械企业进行审查监督,对违法行为作出行政处理。

二、企业合规经营诚信原则

企业合规经营诚信原则是企业依照国家法律法规、市场规则和商业道德规范,在经营管理和市场运营中自觉遵守的诚实信用的规则。

三、企业合规经营基本审查

企业自市场监管部门设立开展经营,应当对合规对象的企业依法进行审查:

1. 审查设立时资金是否足额到位;
2. 审查企业是否规范经营和管理;
3. 审查企业员工是否足够及工资奖励状况;
4. 审查企业是否得到行业奖励或部门惩罚;
5. 审查企业负责人在行业中的重要地位及诚信状况;
6. 审查企业纳税状况;
7. 审查企业发展战略及落实措施。

四、企业合规经营信用审查

企业信用是指企业诚信经营,诚实履行合同,自觉偿还债务,自愿处理纠纷的意愿与态度。企业信用报告是企业征信产品,包括企业基本信息(企业概况、出资人信息、财务报表、管理规范、诉讼信息)、信贷信息及非银行信息。

五、企业合规经营案件审查

(一)司法案件审查

主要审查企业违法经营及司法诉讼案件:

1. 审查医疗器械企业民商合同违约导致的诉讼案件;
2. 审查医疗器械企业劳动合同仲裁、诉讼案件;
3. 审查医疗器械企业是否受到过行政处罚;

4. 审查医疗器械企业及法定代表人是否受到刑事处罚。

企业合规经营司法案件审查的目的是确定企业经营中是否存在前科行为。

(二)行政处罚审查

审查企业在生产经营中因违反国家行政管理法规规章而受到行政执法部门处罚的情况。企业行政处罚包括警告、行政罚款、行政拘留、责令停产停业、没收违法所得、吊销许可证等。

第四章

律师合规服务职责与风险防范

第一节　律师从事合规服务职责

律师从事合规法律服务应当遵循以下职责和义务：

1. 律师从事合规法律服务要严格依据《律师法》《律师职业道德和执业纪律规范》规定，恪守行业规范、职业操守和职业道德。

2. 律师从事合规法律服务应充分了解与客户相关的法律法规，涉及国有企业的，应充分了解国有资产管理的相关规定。

3. 律师从事合规法律服务应了解客户的商业（业务）模式，法律、风控、内控的相关制度，避免与之相脱节。

4. 律师从事国有企业（包括国有独资公司、国有控股公司）合规法律服务时应充分了解其决策机制，使合规制度的构建应与之相匹配。

5. 在担任客户的法务顾问期间，律师需要认真尽职调查，以确保其能够有效地完成投资、收购和建立第三方合作伙伴关系的任务，同时给予充分的专业建议以预测和避免法规风险。

6. 律师在提供合规内部调查服务时，应当协助客户发现违反法律法规的行为、确定责任人，并及时发现合规管理中的漏洞，以便更好地分清员工和企业的责任，并建立和完善有效的合规体系。

7. 作为一名律师，必须具备良好的专业技术，以便在委托代理关系中为公司提供服务，此外，律师还需确保自身的独立，为公司提供全面的法治支持，以便公司得到长期的监管。

8. 律师从事合规法律服务，应当实事求是，杜绝发生伪造证据、协助客户逃避监管等不当行为。

9. 律师应当在从事合规法律服务的过程中遵守保密义务，除按照与客户签订的合同履行相关义务外,还必须对其在提供法律服务过程中接触、了解的国家秘密、商业秘密、不宜公开的情况及个人隐私负有保密的义务。

10. 律师从事合规法律服务要防止利益(执业)冲突义务,并积极向客户等进行解释或说明。

11. 律师从事合规法律服务应当严格按照《律师法》、《律师职业道德和执业纪律规范》以及《律师执业行为规范(试行)》等法律及规范性文件来参与同行业的竞争,防止行业内部出现不正当的竞争行为,以及诋毁同行的行为。

第二节　行业惩戒与行政处罚风险防范

律师从事合规法律服务涉及的风险类型主要包括行业惩戒风险、行政处罚风险、民事责任风险等。

虽然合规法律服务与传统法律服务有一定的区别,但本质上仍然是一种法律服务,因此律师在从事合规法律服务时,也应当清晰地了解提供法律服务过程中应当遵守的执业行为规范及执业纪律要求。

针对合规法律服务涉及对象多、业务细分类型多、工作量大等特点,在开展合规法律服务时应特别关注利益冲突、规范收案收费、代理尽责、保守商业秘密等执业规范,避免因触犯《律师协会会员违规行为处分规则(试行)》《律师和律师事务所违法行为处罚办法》等规定而受到行业惩戒或者行政处罚。

第三节　民事责任风险防范

律师从事合规法律服务应当由律师事务所与客户签订书面委托合同,双方建立民事法律关系,律师在履行委托合同过程中应勤勉尽责,努力钻研业务,掌握从事合规法律业务所应具备的法律知识和服务技能,防止因服务不尽责、提交成果存在错误等原因而被客户要求退还律师费,甚至赔偿损失的民事责任风险。

为防范从事合规法律服务的民事责任风险,从事该业务的律师应建立专业团队、对不同工作类型和阶段进行分工,律师专业团队应针对合规法律服务的综合性,加强执业技能提升,综合学习研究域内相关法律法规、公司治理规范、服务企业所在行业的规则、监管规则、财务/税务等专业知识,构建复合型的合规人才队伍,避免在提供合规法律服务过程中由于对有关专业知识的不熟悉而提供了错误的法律服务成果。

第二编
建筑行业合规经营

目前，市场上的建设工程公司基本包括有限公司和股份公司两种类型。本指南重点讲述建设工程有限公司的合规经营，包括注册资本与建筑资质、专业承包、行政许可及企业用工规范等问题。

第一章

建设工程有限公司设立

第一节　注册资本金缴纳制度

一、建筑企业注册资本的要求

根据工商企字〔2014〕32 号《国家工商总局关于做好注册资本登记制度改革实施前后登记管理衔接工作的通知》第 1 条规定，投资者注册成立建筑工程有限公司，自 2014 年 3 月 1 日起，注册公司时不再需要对注册资本进行验资。《公司法》对建筑工程有限公司没有注册资本的硬性要求，但投资者应考虑到公司的经营范围、经营所需资质等级、类别需求，认缴相应的出资额，以便在公司注册成立后，申报资质类别和等级时，满足资质申报中对注册资本金额的基本要求条件。除了特级资质企业有注册资本金额要求，其他一级、二级、三级各类别的资质只对净资产金额有明确的规定，在申报资质时，由第三方会计事务所出具相应的资产评估报告。

二、注册资本的最新规定

2023 年 12 月 29 日第十四届全国人民代表大会常务委员会第七次会议修订的《公司法》对有限责任公司的注册资本的股东认缴出资年限作出了明确的限制性规定，要求全体股东认缴的出资额由股东按照公司章程的规定自公司成立之日起 5 年内缴足。法律、行政法规以及国务院决定对有限责任公司注册资本实缴、最低限额、股东出资期限另有规定的，从其规定。

第二节　建筑资质对应的注册资本金额或净资产的关系

企业净资产就是企业所有者（投资方或股东）的权益，是指所有者在企业资产中享有的经济利益，其金额为资产减去负债后的余额，即企业年度财务报表中的“所有者权益”。所有者权益包括实收资本（或者股本）、资本公积、盈余公积和未分配利润等。

企业应提供申请资质的上年度或当期合法的财务报表（全套报告）。首次申请资质的，以提供的企业营业执照所载注册资本考核净资产。申请多类资质的，企业净资产不累加计算考核，按企业所申请资质和已拥有资质标准要求的净资产指标最高值为准。

按照 2014 年 11 月 6 日颁布的《建筑业企业资质标准》的要求，建筑业企业资质分为施工总承包、专业承包和施工劳务 3 个序列。其中施工总承包序列设有 12 个类别，一般分为 4 个等级（特级、一级、二级、三级）；专业承包序列设有 36 个类别，一般分为 3 个等级（一级、二级、三级）；施工劳务序列不分类别和等级。施工总承包和专业承包的不同资质、等级、类别对企业净资产均有各自不尽相同的规定，见表 2-1、表 2-2：

表 2-1 为建设工程施工总承包序列净资产指标。

表 2-1　建设工程施工总承包序列净资产指标

序号	资质类别	资质等级	最低净资产要求
1	建筑工程施工总承包	一级	1 亿元
		二级	4000 万元
		三级	800 万元
2	公路工程施工总承包	一级	1 亿元
		二级	4000 万元
		三级	800 万元
3	铁路工程施工总承包	一级	1 亿元
		二级	4000 万元
		三级	800 万元
4	港口与航道工程施工总承包	一级	1 亿元
		二级	4000 万元
		三级	800 万元
5	水利水电工程施工总承包	一级	1 亿元
		二级	4000 万元
		三级	800 万元

续表

序号	资质类别	资质等级	最低净资产要求
6	电力工程施工总承包	一级	1 亿元
		二级	4000 万元
		三级	800 万元
7	矿山工程施工总承包	一级	1 亿元
		二级	4000 万元
		三级	800 万元
8	冶金工程施工总承包	一级	1 亿元
		二级	4000 万元
		三级	800 万元
9	石油化工工程施工总承包	一级	1 亿元
		二级	4000 万元
		三级	1000 万元
10	市政公用工程施工总承包	一级	1 亿元
		二级	4000 万元
		三级	1000 万元
11	通信工程施工总承包	一级	8000 万元
		二级	3200 万元
		三级	600 万元
12	机电工程施工总承包	一级	1 亿元
		二级	4000 万元
		三级	800 万元

表 2-2 为建设工程有限公司专业承包序列净资产指标。

表 2-2 建设工程有限公司专业承包序列净资产指标

序号	资质类别	资质等级	最低净资产要求
1	地基基础工程专业承包	一级	2000 万元
		二级	1000 万元
		三级	400 万元

续表

序号	资质类别	资质等级	最低净资产要求
2	起重设备安装工程专业承包	一级	800 万元
		二级	400 万元
		三级	150 万元
3	预拌混凝土专业承包	不分等级	2500 万元
4	电子与智能化工程专业承包	一级	2000 万元
		二级	800 万元
5	消防设施工程专业承包	一级	1000 万元
		二级	600 万元
6	防水防腐保温工程专业承包	一级	1000 万元
		二级	400 万元
7	桥梁工程专业承包资质	一级	6000 万元
		二级	3000 万元
		三级	800 万元
8	隧道工程专业承包	一级	6000 万元
		二级	2000 万元
		三级	800 万元
9	钢结构工程专业承包	一级	3000 万元
		二级	1500 万元
		三级	500 万元
10	模板脚手架专业承包	不分等级	400 万元
11	建筑装修装饰工程专业承包	一级	1500 万元
		二级	200 万元
12	建筑机电安装工程专业承包	一级	2000 万元
		二级	1000 万元
		三级	400 万元
13	建筑幕墙工程专业承包	一级	2000 万元
		二级	400 万元

续表

序号	资质类别	资质等级	最低净资产要求
14	古建筑工程专业承包	一级	2000 万元
		二级	1000 万元
		三级	400 万元
15	城市及道路照明工程专业承包	一级	1500 万元
		二级	800 万元
		三级	300 万元
16	公路路面工程专业承包	一级	7200 万元
		二级	2500 万元
		三级	800 万元
17	公路路基工程专业承包	一级	5000 万元
		二级	2400 万元
		三级	600 万元
18	公路交通工程专业承包	(公路安全设施)一级	1000 万元
		(公路安全设施)二级	600 万元
		(公路机电工程)一级	1500 万元
		(公路机电工程)二级	800 万元
19	铁路电务工程专业承包	一级	4000 万元
		二级	2000 万元
		三级	500 万元
20	铁路铺轨架梁工程专业承包	一级	4000 万元
		二级	2000 万元
21	铁路电气化工程专业承包	一级	4000 万元
		二级	2000 万元
		三级	1000 万元
22	机场场道工程专业承包	一级	6000 万元
		二级	2500 万元
23	民航空管工程及机场弱电系统工程专业承包	一级	1000 万元
		二级	400 万元

续表

序号	资质类别	资质等级	最低净资产要求
24	机场目视助航工程专业承包	一级	1000 万元
		二级	400 万元
25	港口与海岸工程专业承包	一级	8000 万元
		二级	4000 万元
		三级	800 万元
26	航道工程专业承包	一级	8000 万元
		二级	4000 万元
		三级	800 万元
27	通航建筑物工程专业承包	一级	8000 万元
		二级	4000 万元
		三级	800 万元
28	港航设备安装及水上交管工程专业承包	一级	3000 万元
		二级	800 万元
29	水工金属结构制作与安装工程专业承包	一级	2000 万元
		二级	1000 万元
		三级	400 万元
30	水利水电机电安装工程专业承包	一级	2800 万元
		二级	1000 万元
		三级	400 万元
31	河湖整治工程专业承包	一级	3800 万元
		二级	2000 万元
		三级	400 万元
32	输变电工程专业承包	一级	5000 万元
		二级	3000 万元
		三级	800 万元
33	核工程专业承包	一级	6000 万元
		二级	3200 万元
34	海洋石油工程专业承包	一级	10 亿元
		二级	5000 万元

续表

序号	资质类别	资质等级	最低净资产要求
35	环保工程专业承包	一级	2000 万元
		二级	600 万元
		三级	150 万元
36	特种工程专业承包	不分等级	240 万元

目前,施工总承包企业的特级资质标准被规定在《施工总承包企业特级资质标准》(建市〔2007〕72 号文件)中,对企业资信能力部分的指标要求是四项:企业注册资本金人民币 3 亿元以上;企业净资产 3.6 亿元以上;企业近 3 年上缴建筑业营业税均在 5000 万元以上;企业银行授信额度近 3 年均在 5 亿元以上。

第二章

建设工程有限公司资质

第一节　公司资质申办与填报过程

一、建设工程企业行政许可

建设工程企业资质行政许可包括:工程勘察资质、工程设计资质、建筑企业资质、工程监理企业资质。

1. 工程勘察资质分为三个类别:(1)工程勘察综合资质是指包括全部工程勘察专业资质的工程勘察资质。(2)工程勘察专业资质包括岩土工程专业资质、水文地质勘察专业资质和工程测量专业资质。其中,岩土工程专业资质包括岩土工程勘察、岩土工程设计、岩土工程物探测试检测监测等岩土工程(分项)专业资质。(3)工程勘察劳务资质包括工程钻探和凿井。

2. 工程设计资质分为四个序列:(1)工程设计综合资质是指涵盖 21 个行业的设计资质;(2)工程设计行业资质根据行业需要,分为建筑、市政公用、水利、电力(限送变电)、农林、公路行业等全部设计类型的设计资质;(3)工程设计专业资质是指某个行业资质标准中某一个专业的设计资质;(4)工程设计专项资质是指为适应和满足行业发展的需求,对已形成产业的专项技术独立进行设计以及设计、施工一体化而设立的资质。

3. 建筑企业资质分为三个序列:施工总承包、专业承包和施工劳务资质。

4. 工程监理企业资质分为三个序列:综合资质、专业资质和事务所。综合资质只设甲级。专业资质原则上分为甲、乙、丙三个级别,并按照工程性质和技术特点划分为 14 个专业工程类别;除房屋建筑、水利水电、公路和市政公用四个专业工程类别设丙级资质外,其他专业工程类别不设丙级资质。事务所不分等级。

二、建设工程企业资质标准的获取方式

在住房和城乡建设部网站上获取。具体获取方式为：住房和城乡建设部网站（www.mohurd.gov.cn）→建设工程企业资质行政审批专栏→资质标准，即可获取拟申报资质的相应资质标准。如申报工程设计资质，点击“工程设计资质标准”。

三、建设工程企业资质的申报渠道、材料和要求

（一）申报渠道

建设工程企业资质申报软件下载网址：http://jsb.justonetech.com/main。

对于申请住房和城乡建设部审批的资质，可以通过企业工商注册所在地省级住房和城乡建设主管部门提出申请，其中，国务院国有资产监督管理委员会（以下简称国资委）直接监管的企业及其下属一层级的企业申请工程勘察资质、工程设计资质和建筑业企业资质的（建筑业企业资质仅限国务院国有资产管理部门直接监管的12家建筑企业），可以通过国务院国资委直接监管的企业向住房和城乡建设部提出申请。

申请省级及以下住房和城乡建设主管部门审批的资质，申报程序由省级住房和城乡建设主管部门依法确定。

（二）申报材料

企业申请资质需要提供的符合要求的申请材料如下：

1. 企业申请资质应按照首次、增项、升级、延续、简单变更、遗失补办、重新核定等申请事项和要求，按照《建筑业企业资质管理规定和资质标准实施意见》的附件3：《建筑业企业资质申报材料清单》提交相应材料。

2. 申请材料要求：

（1）对同一审批机关许可的资质，企业应按照《建筑业企业资质管理规定和资质标准实施意见》附件1提供《建筑业企业资质申请表》一式一份，附件材料一套。其中涉及公路、水运、水利、通信、铁路、民航等方面资质的（见《建筑业企业资质管理规定和资质标准实施意见》的“五、有关说明和指标解释”中第35条），每涉及一个方面的，须另增加《建筑业企业资质申请表》一份、附件材料一套。

（2）附件材料应按“综合资料、人员资料、工程业绩资料”的顺序装订，规格为A4（210mm×297mm）型纸（但不得对资料原件放大或缩小），并有标明页码的总目录及申报说明，采用软封面封底，逐页编写页码。

(3)申报材料必须数据齐全、填表规范、印鉴齐全、字迹清晰，材料必须清晰、可辨。

(4)企业的申报材料必须使用中文，材料原文是其他文字的，须同时附翻译准确的中文译本。

(5)资质受理机关受理后，申报材料不得修改更换。

外商投资企业申请建设工程企业资质的申请条件和申报材料与内资企业要求一致。

2018 年 1 月 1 日后，填报企业业绩和个人业绩情况。申报企业应按照建设工程企业资质申报软件提示要求，填报企业业绩和个人业绩资料，并填写全国建筑市场监管公共服务平台相应工程项目的 16 位项目编号，未要求在全国建筑市场监管公共服务平台发布企业业绩和个人业绩的可不填写项目编号。个人业绩需上传本人亲笔签名并加盖申报企业公章的“专业技术人员基本情况及业绩表”原件扫描件，无须提交其他证明材料。

四、建设工程企业资质申请等级要求和升级年限要求

(一)资质申请等级要求

企业首次申请、增项申请资质，其资质等级按照最低等级核定。但符合以下几种情形的，可以受理其资质申请：

1. 具有一级及以上施工总承包资质的企业申请相应类别工程设计甲级资质。

2. 已取得工程设计综合资质、行业甲级资质、建筑工程专业甲级资质的企业，申请相应类别建筑业企业一级资质。

3. 具有甲级设计资质或一级及以上施工总承包资质的企业申请与主营业务相对应的专业工程类别甲级工程监理企业资质。

(二)升级年限要求

以下是关于企业升级年限的要求(见表 2-3)。

表 2-3 相关企业升级年限要求

序号	相关企业资质	年限要求
1	建设工程企业申请工程设计资质	没有年限限制
2	建筑业企业资质	没有年限限制
3	工程监理企业资质	没有年限限制

续表

序号	相关企业资质	年限要求
4	建设工程企业申请工程勘察资质乙级升级	申报企业需要具有5年及以上工程勘察资历
5	工程勘察专业资质升级工程勘察综合资质	申报企业需要具有10年及以上工程勘察资历

五、建设工程企业资质审批流程

住房和城乡建设部负责审批建设工程企业资质审批的基本流程是：

企业申报→住房和城乡建设部办公厅接受申报材料→专家审查→公示审查意见→公告审批结果

公示意见不同意企业资质申请事项的，企业可以在规定时限内针对公示意见提交陈述材料，逾期未提出陈述材料的，视为企业对公示意见无异议，且资质许可机关不再接受任何补充材料。公示期一般要求是15个工作日内，所以申报企业应尽量在10-12个工作日内提交申请并根据存在的情况分类补充完善申报材料。

初审不通过企业资质申请的，存在的情形一般有三类：(1)人员信息不准确。需要补充相应的职称评审文件、职称证书、社保缴纳记录等。(2)材料填报笔误。需要对存在的笔误之处进行陈述说明，再提交修正过的正确信息或补充遗漏的材料。(3)业绩不达标。这是最常见的被拒原因之一。对业绩不达标的不同意初审意见，只能进行针对性补充说明，但不能变更或新增其他业绩。

企业对公示意见有疑义的，提交陈述材料后，可在住房和城乡建设部网站上获取最终审查结论。具体获取方式为：住房和城乡建设部网站(www. mohurd. gov. cn)→政务服务平台→受理发证信息查询。

建设工程企业资质证书全国通用，各级住房和城乡建设主管部门依法颁发的建设工程企业资质证书在全国范围内有效。各地区不得另行设置附加市场准入条件，限制外地企业依法承揽业务。

六、建设工程企业资质审查

在建设工程企业资质审查中，对中、高级职称证书认可的情况。跨省、市注册的中、高级职称证书，需要提供有地市级人力资源和社会保障主管部门授权的文件,且符合授权文件要求评定的中级职称的,即可予以认可。有省级人力资源和社会保障主管部门授权的文件,且符合授权文件要求评定的高级职称的,可予以认可。

存在违法违规行为或发生质量安全事故的企业和个人在申报业绩资质时,相关部门将不予认可。

《住房城乡建设部办公厅关于进一步推进勘察设计资质资格电子化管理工作的通知》(建办市〔2017〕67 号)第 3 条规定,“未进入全国建筑市场监管公共服务平台的企业业绩和个人业绩,在资质审查时不作为有效业绩认定”,相关资质具体情况如下:

1. 申请建筑行业、市政行业及其相应专业(人民防空工程专业除外)工程设计甲级资质,具体如下:(1)建筑行业甲级、市政行业甲级、市政行业(燃气工程、轨道交通工程除外)甲级;(2)建筑行业(建筑工程)甲级、建筑设计事务所甲级、结构设计事务所甲级、机电设计事务所甲级、市政行业(给水工程、排水工程、城镇燃气工程、热力工程、道路工程、桥梁工程、城市隧道工程、公共交通工程、载人索道工程、轨道交通工程、环境卫生工程)专业甲级。

2. 申请上述资质升级、增项、新申请,对于未进入全国建筑市场监管公共服务平台的企业业绩和个人业绩,在资质审查时不作为有效业绩认定。

七、建设工程企业资质变更

根据《住房城乡建设部关于进一步加强建设工程企业资质审批管理工作的通知》的规定,建设工程企业资质变更需要遵守以下规定:

(1)住房城乡建设部负责审批的企业资质,2 个月内完成专家评审、公示审查结果,企业可登录住房城乡建设部政务服务门户,点击“申请事项办理进度查询(受理发证信息查询)”栏目查询审批进度和结果。

(2)自《住房城乡建设部关于进一步加强建设工程企业资质审批管理工作的通知》施行之日起,企业资质审批权限下放试点地区不再受理试点资质申请事项,统一由住房城乡建设部实施。试点地区已受理的申请事项应在规定时间内审批办结。试点期间颁发的资质,在资质证书有效期届满前继续有效,对企业依法处以停业整顿、降低资质等级、吊销或撤销资质证书的,由试点地区住房城乡建设主管部门实施。

(3)企业因发生重组分立申请资质核定的,需对原企业和资质承继企业按资质标准进行考核。企业因发生合并申请资质核定的,需对企业资产、人员及相关法律关系等情况进行考核。

(4)申请由住房和城乡建设部负责审批的企业资质,其企业业绩应当是在全国建筑市场监管公共服务平台(以下简称全国建筑市场平台)上满足资质标准要求的A级工程项目,专业技术人员个人业绩应当是在全国建筑市场平台上满足资质标准要求的A级或B级工程项目。业绩未录入全国建筑市场平台的,申请企业需在提交资质申请前,由业绩项目所在地省级住房城乡建设主管部门确认业绩指标真实性。自2024年1月1日起,申请资质企业的业绩应当录入全国建筑市场平台。申请由有关专业部门配合实施审查的企业资质,相关业绩由有关专业部门负责确认。

(5)住房城乡建设主管部门对企业注册人员等开展动态核查,及时公开核查信息。经核查,企业不满足资质标准要求的,在全国建筑市场平台上标注资质异常,并限期整改。企业整改后满足资质标准要求的,取消标注。标注期间,企业不得申请办理企业资质许可事项。

(6)申请施工总承包一级资质、专业承包一级资质的企业,应当满足《建筑业企业资质标准》(建市〔2014〕159号)要求的注册建造师人数等指标要求。

(7)对存在资质申请弄虚作假行为、发生工程质量安全责任事故、拖欠农民工工资等违反法律法规和工程建设强制性标准的企业和从业人员,住房城乡建设主管部门要加大惩戒力度,依法依规限制或禁止从业,并列入信用记录。企业在申请资质时,应当对法定代表人、实际控制人、技术负责人、项目负责人、注册人员等申报材料的真实性进行承诺,并授权住房城乡建设主管部门核查社保、纳税等信息。

(8)住房城乡建设主管部门可就资质申请相关投诉举报、申报材料等问题向企业发函问询,被函询的企业应如实对有关问题进行说明。经函询,企业承认在资质申请中填报内容不实的,按不予许可办结。

(9)住房城乡建设主管部门要加强对全国建筑市场平台数据的监管,落实平台数据录入审核人员责任,加强对项目和人员业绩信息的核实。全国建筑市场平台项目信息数据不得擅自变更、删除,数据变化记录永久保存。住房和城乡建设部将以实地核查、遥感卫星监测等方式抽查复核项目信息,加大对虚假信息的处理力度,并按有关规定追究责任。

八、建设工程企业资质证书的有效期、期满后延续的办理

建设工程企业资质证书的有效期为5年。企业应在资质证书载明的有效期届满60日前,向原资质许可机关按原申报程序申请办理资质证书有效期延续手续。

应同时对资质证书上的所有资质提出延续申请。逾期未提出延续申请的，资质证书自动失效。

九、注册执业人员

1. 社保要求。注册执业人员的社会保险必须在注册企业所在地以企业名义申报缴纳，用于申请资质的人员的社会保险必须以申报企业或申报企业分支机构名义缴纳，以个人名义缴纳无效。

2. 注册执业人员必须注册在申报企业，不能注册在无建设工程资质的关联企业，注册在其他企业，包括申报企业的上级公司、下级公司、控股公司或参股公司的，对其注册执业资格均不予认可。

3. 企业申报材料中所列的个别注册执业人员存在重复注册问题，剔除该注册执业人员后，企业注册执业人员数量仍然达标，其资质申请在申报企业存在的注册执业人员重复注册问题没有纠正之前，不应被批准。

十、申报注意事项

住房和城乡建设部官网—建设工程企业资质行政审批专栏中明确指出申报资质的注意事项，现分类、总结、归纳如下：

（一）企业资质申请表填写要求

1. 申请表中的每一项都要填写。考核企业申请资质的指标是以企业资质申请表中申报的各项指标为准。凡申请表中未填报的人员、业绩等，均不能作为有效指标认定。申请表中的每一项应据实填报，确无某一项的应填“—”。

2. 企业申请资质时不可以利用其母公司、子公司、管理公司等相应资源。企业申请资质应以独立企业法人所拥有的主要人员、资本、业绩、技术装备等情况进行申报，不能使用其母公司、子公司、管理公司等相应资源，如人员、资产、设备、业绩等。

3. 事业单位不可以申请建筑业企业资质，资质申报单位需具有独立企业法人资格。资质申报中不能有事业编制的人员，对资质申报中有事业编制的人员不予认定。

（二）对资质标准中的“以上”“以下”“不少于”“超过”“不超过”的准确理解

1. “以上”“不少于”“超过”是下限，“以下”“不超过”是上限。

2. “以上”“以下”“不少于”“超过”“不超过”均包含本数。

举例:标准中的“净资产 1000 万元以上”是指净资产最少为 1000 万元(含);标准中的“开挖深度不超过 12 米的基坑围护工程”是指可承接开挖深度最大为 12 米(含)的基坑围护工程。

(三)资质标准对生产厂房要求

1. 生产厂房可以是租赁的,企业具有多处厂房的,可以累计考核。

2. 标准中有明确要求的生产厂房,属企业自有的,需提供厂房面积符合要求的不动产权属证书等材料。

3. 属企业租赁的,需提供厂房面积符合要求的租赁协议和出租方的不动产权属证书等材料,且租赁到期日期应不早于企业资质申请受理之日。

4. 企业具有多处厂房的,可以累计考核。

(四)标准中设备要求

1. 不可以是租赁的,对上级母公司划拨的情况进行认定。

2. 应为企业自有设备,需提供企业设备购置发票(除港口与航道施工总承包资质外)。上级单位划拨的设备应同时提供划拨或分割证明,否则不予认可。

3. 标准中对设备的规格、性能、数量有要求的,发票上不能体现的,企业应进一步提供相关证明材料,如设备使用说明书等。

4. 对港口与航道施工总承包资质要求的设备,应提供所属权证明和检验合格证明。

5. 标准中未明确要求的设备,申请表中可以不填写,也不需要提供证明材料。

(五)标准中企业主要人员要求

1. 企业主要人员包括:注册执业人员、技术职称人员(含技术负责人)、现场管理人员、技术工人 4 类。

2. 企业主要人员年龄均为 60 周岁及以下且由企业为其缴纳社会保险。

3. 企业主要人员不可以受聘或注册于两家或两家以上单位,其证书中所载的单位必须与申报单位一致。企业主要人员不能同时受聘或注册于两家或以上单位。

4. 除注册执业人员外,主要人员的证书上所载单位和申报单位可以不一致,但社会保险必须在申报单位。

(六)一人多证书的注册考核要求

1. 企业申请某一类别资质时,某一个人具有多个证书,不能分别申报考核。企业申请某一类别资质时,主要人员中每类人员数量、专业、工种均应满足相关标准要求。某一个人具有注册证书、技术职称、岗位证书、技术工人培训合格证书或职业技能等级证书中两个及以上的,只能作为一人申报考核。这一规定对于同时拥有注册证书和技术职称的人员有所例外。

2. 一个人同时拥有注册证书和技术职称的,可同时作为注册人员和技术职称人员申报考核。

3. 企业申请多个类别资质时,某一个人具有多个证书,可以分别在各类别资质中申报考核。

4. 企业申请多个类别资质时,主要人员中每类人员数量、专业、工种等应分别满足所申请类别资质相应标准要求,不需要累加每类人员数量指标。

5. 某一个人具有注册证书、技术职称、岗位证书、技术工人培训合格证书或职业技能等级证书中两个及以上的,可分别在各类别资质中申报考核。举例:一个人同时具有建筑工程职称证书和道路工程毕业证书,可分别作为建筑工程和市政公用工程施工总承包资质要求的职称人员申报考核,但在申报市政公用工程施工总承包资质时,应提交其毕业证书。

(七)标准中技术负责人的要求

1.《建筑业企业资质标准》中要求的技术负责人不一定是企业的总工程师。

2. 企业的总工程师可以是某类资质要求的技术负责人。

3. 企业申请一个或多个类别资质的,技术负责人的资历、专业、职称、业绩、注册执业资格(如要求)应满足各类资质标准要求,应在申请表中明确每个类别资质的一名技术负责人。

4. 同一个技术负责人只要分别满足所申请类别资质的相应标准要求,就可以被同时明确为多个类别资质的技术负责人。

5.《建筑业企业资质标准》中对技术负责人有个人业绩要求的,应提供《建筑业企业资质管理规定和资质标准实施意见》中的附件3:技术负责人(或注册人员)基本情况及业绩表,不需要再提供个人业绩的其他材料。

6. 建筑工程施工总承包三级资质的技术负责人业绩要求。技术负责人主持完成过的业绩不少于2项。对于建筑工程施工总承包业绩标准,需满足建筑施工总承包二级或建筑施工总承包一级的业绩标准4类中的2类即可,不考核技术负责人申报业绩年限,不限制技术负责人所在企业资质等级。

(八)技术职称人员的要求

1. 技术职称人员是指取得有职称评审权限的部门颁发的职称证书的人员,不包括经济类人员,也不包括具有教学、研究等系列职称的人员。

2. 职称是指设区的市级及以上人事主管部门或其授权的单位评审的工程系列专业技术职称。

3.《建筑业企业资质标准》中的职称人员均指中级及以上工程系列职称人员，其专业按职称证书的岗位专业或毕业证书中所学专业为准。

4.《建筑业企业资质标准》中对职称人员专业作了限定，且要求专业齐全的，申报人员应由具有相应专业的技术职称人员组成，且每个专业至少有1人。

5.《建筑业企业资质标准》中对技术职称人员专业作了限定，但未要求专业齐全的，按照相应专业的申报人员数量达到标准要求即可，对每一类专业人员数量不作要求。

6.《建筑业企业资质标准》中未对技术职称人员专业作限定，但要求部分专业齐全的，要求齐全的专业应至少有1人，其余申报人员专业不作限定。

7. 提供的技术职称人员的专业与标准要求的专业相近，且资质许可部门认可的是可以申报的。举例：《建筑业企业资质标准》中结构专业包括：土木工程、工民建、结构、建筑施工、建筑工程等专业；岩土专业包括：岩土工程、地下工程、水文地质工程、隧道工程、矿山工程、地质勘探与矿山等专业；机械专业包括：机械工程、自动化、机电工程、设备工程、自动控制、机械设计、机械制造、机械设备、机械电气等专业；焊接专业包括：焊接技术与工程、压力容器、金属材料、热工（热处理）、机械制造（制造工程）、锅炉、材料力学、材料科学与工程等专业；光源与照明专业包括：电光源、光电子技术科学、光电信息工程、光学、光学工程等专业。

（九）代表工程业绩要求

1. 企业申请资质一般应提供代表工程业绩的中标通知书、工程合同（协议书）、竣工验收证明等材料。

2. 建筑工程施工总承包资质标准中涉及的业绩指标（层数、高度、单体建筑面积、跨度），均应提供能反映技术指标的图纸。

3. 除建筑工程施工总承包资质外的资质标准中涉及的业绩指标，中标通知书、工程合同（协议书）、竣工验收证明等材料中能明确反映业绩考核指标的，不需要提供图纸、工程结算单等材料，不能明确反映指标的，需要提供能反映该项技术指标的图纸或其他有效的证明材料。

4.《建筑业企业资质标准》中代表工程业绩要求的“近5年”或“近10年”，是指自申请资质年度起逆推5年或10年期间竣工验收合格的工程业绩。举例：申报年度为2015年，“近5年”的业绩是指2010年1月1日之后竣工（交工）验收合格的工程项目。超过此时限的代表工程业绩不能认可。

5. 实施意见中明确：一项单位工程业绩同时满足多项技术指标的，只能作为一项工程业绩指标申报。企业申报的该项代表工程业绩是一项单位工程，无论满足多少项技术指标，只能作为一项业绩申报。

6. 由多个单位工程组成的单项工程，且每一个单位工程分别满足不同的技术指标，可以作为多项业绩申报。

7.《建筑业企业资质标准》中分别为累计和单项技术指标的，同一工程业绩可同时作为代表工程业绩申报，但铁路方面的资质除外。

8. 企业不能以总承包资质承接的工程业绩中的某项专业工程作为专业承包资质的代表工程业绩申报。申请专业承包资质的企业应提供其依法单独承接的所申请资质类别的专业工程业绩。

9. 配套工程不可以作为单独作为企业施工总承包或专业承包资质的代表工程业绩申报。

10. 企业提供的代表工程业绩图纸的规定：

(1)提供的图纸能清楚有效反映代表工程业绩的技术指标；

(2)工程图纸至少应含图签、设计单位出图章，有些图纸按照相关要求还应包含注册人员签章等；

(3)图签中的工程项目名称、图纸名称、设计人员签字、出图时间、出图版本应是齐全、有效的；

(4)设计单位出图章和注册人员签章的编号应一致；

(5)注册人员签章应按其专业签盖在相应专业图纸上；

(6)设计单位出图章和注册人员签章、印签章的有效期与图纸的出图时间均应符合相应逻辑关系。

11. 标准中“单项合同额”指标代表工程业绩，需要提供结算单。

12. 同一工程项目分期发包，签订多个施工合同的，不可以按照累加的合同额作为代表工程业绩申报。单项合同额是指一个承包合同所载合同价。以承包合同价为准，工程结算单作为工程完成且工程款已到位的验证；承包合同未载明合同价的，以工程结算单为准。同一工程项目分期发包，签订多个施工合同的，不可以作为考核合同额指标的代表工程业绩申报。

13. 建筑工程高度应从标高正负零算起至檐口的高度。

14. 建筑工程层数是指正负零到檐口之间的楼层数，其中，设备层不计算在内，跃层按单层计算。

15. 作为代表工程业绩申报。应申报重组、分立后承接的工程项目作为代表工程业绩;合并后的新企业再申请资质的,原企业在合并前承接的工程项目可作为代表工程业绩申报。

16. 建筑工程中的轻钢、网架结构跨度等专业承包业绩不能作为建筑工程施工总承包业绩进行申报。

17. 代表工程业绩的合同(协议书)不需要全部提供。每项代表工程业绩合同均应提供施工承包合同协议书和专用条款。提供合同的基本组成要素(甲乙双方的基本信息、基本约定、双方签章等)、反映主体内容及技术指标的部分主要内容,合同通用条款不需要提供。

18. 代表工程业绩竣工(交工)证明材料,需要单位认可签章情况。每项代表工程业绩均应提供相应的竣工验收证明材料即工程竣工(交工)验收文件或有关部门出具的工程质量鉴定书,境外工程还应包括驻外使领馆经商部门出具的工程真实性证明文件。竣工验收证明材料需包含参与验收的单位及人员签章、验收的内容、验收的结论、验收的时间等内容。参与验收的单位一般有:建设(业主)、勘察设计、监理、施工等单位。申报建筑工程施工总承包资质的,单位工程竣工验收合格后,方可作为代表工程业绩申报。

(十)不作为代表工程业绩的禁止性情形

1. 超资质范围承接的工程的概念,此类工程不可以作为代表工程业绩。超资质范围承接的工程是指超越本企业资质等级中工程承接范围的工程,包括不是在企业所取得的资质等级所对应的承包工程范围内的、超出所取得资质等级时间的、超出所取得的资质等级有设限要求的等。此类工程不能作为代表工程业绩申报;但企业以境外承包工程作为代表工程业绩的,无论其是否超越资质承包工程范围均可以申报。

2. 保密工程不可以作为代表工程业绩申报资质。

3. 企业因某项工程的问题受到相关处理的,该项业绩不能作为代表工程业绩申报。具体情况有:企业因该工程负有工程质量、生产安全事故责任被降级、吊销、撤销资质、停业整顿,或因该工程业绩弄虚作假申报资质被通报批评或撤销资质的,相应工程业绩不应作为代表工程业绩申报。

4. 企业申报的代表工程业绩中的项目负责人是否存在违反有关规定同时在两个及以上项目担任项目负责人,或在项目实施时(限 2008 年 3 月 1 日以后中标承接的工程)非本企业建造师,或不具备建造师资格,或超越建造师执业范围执业的情形。如果存在以上情况,不予认定该项代表工程业绩,也就是该项工程业绩不能作为代表工程业绩申报。

5. 建筑装修装饰工程专业承包资质的代表工程业绩不可以包括建筑幕墙工程。

每项代表工程业绩均应提供中标通知书。依法可以不进行招标的项目,可以提供业主单位或招标代理机构出具的有关中标文件,如直接发包通知书等。

(十一)特殊规定情形

1. 具有设计资质的企业可以申请建筑业企业资质。已取得工程设计综合资质、行业甲级资质的企业,可以直接申请相应类别施工总承包一级资质,企业自行完成或者以联合体形式完成的相应规模工程总承包业绩可以作为其工程业绩申报。其中,具有工程设计综合资质、建筑行业甲级资质、建筑工程专业甲级资质、市政行业(燃气工程、轨道交通工程除外)甲级资质的企业,可以直接申请相应的建筑工程、市政公用工程施工总承包一级资质,企业自行完成或者以联合体形式完成的工程总承包业绩,可以作为其工程业绩申报。除以上两种情形外,工程设计企业应按照《建筑业企业资质管理规定和资质标准实施意见》中首次申请的要求申请建筑业企业资质。

2. 取得建筑工程施工总承包一级(限钢结构主体工程)资质的企业业务承揽范围:可承担以钢结构为主体的各类建筑工程的施工。包括:单层建筑体系中的排架、框架、钢架结构的柱、梁为钢构件的工程;单层、多层轻钢龙骨房屋;多高层建筑体系中框架、筒体结构中的柱、梁、支撑为钢构件的工程(包括钢结构住宅等);大跨度建筑中钢结构覆盖建筑面积大于其单体建筑面积70%(含)以上的工程,且其中的拱、桁架、网架、网壳、悬索、索网及其组合形成结构中的构件为钢构件的工程;全钢结构的构筑物(包括钢结构立体停车库等)等。

3. 以建筑装修装饰、建筑幕墙等专业承包资质承接项目(工程内容包含模板脚手架)时,不要求同时具有模板脚手架专业承包资质。企业可以对承接的专业工程全部自行组织施工。

4. 施工总承包企业承接工程后,可将劳务作业分包给劳务企业,材料均由施工总承包企业提供,不要求劳务企业具有相关的专业承包资质,但必须具有施工劳务资质。

5. 企业以建筑装修装饰专业承包资质承接工程后,不能将施工范围内的消防、机电等内容分包给具备相应资质的专业承包企业。

十一、新文件和新要求

《住房和城乡建设部办公厅关于建设工程企业资质有关事宜的通知》(建办市函〔2022〕361号)印发后,企业直接申请施工总承包、专业承包二级资质的具体考核指标得以明确。按照该文件的相关规定,具有法人资格的企业可直接申请施工总承包、专业承包二级资质。企业按照新申请或增项提交相关材料,企业资产、技术负责人需满足《建筑业企业资质标准》(建市〔2014〕159号)规定的相应类别的二级资质标准要求,注册建造师、职称人员、技术工人、个人业绩等其他指标需满足相应类别的三级资质标准要求。

第二节 建设工程企业涉及破产时的资质处置

建设工程有限公司因陷入债务危机,被所在地管辖法院宣告破产清算时,该公司的各项资质是重要的无形资产。作为经营者,应如何将破产建筑企业的资质变现成资产,清偿债权人,是破产建筑企业非常重要的工作事项。

首先,破产管理人应当委托合格的第三方资产评估机构对破产建筑企业的资质进行全面评估,确定其评估价值。

其次,管理者制定了需提交破产建筑企业债权人大会表决的“重整计划”。该重组计划是,将该公司原股东100%的股份通过竞价交易,以股票竞价方式引入战略投资者,并获得由战略投资者经营管理剥离后的建筑公司。拟以原破产建筑企业的某全资子公司作为破产建筑企业的清算主体。

再次,破产建筑企业债权人会议通过“重建计划”后,向法院报告并决定予以批准。管理人通过刊登募集公告等多种途径募集投资者,并通过公平的价格竞争确定最终的合格投资者。投资者募集成功的,破产清算建筑企业转入破产重整程序进行。管理人与投资人签订《破产重整协议书》,将破产建筑企业的资质等无形资产及相关公司的管理权限转移给全资子公司后将所得价款给到投资人。投资人持法院的裁定书及相关文件到工商部门办理清算主体公司的股权变更手续。

最后,投资者在完成清算主体公司股权变更手续后,向原进行资质审批的住房和城乡建设管理部门办理资质的重组转移登记手续。

【典型案例】

中广建设集团有限公司破产清算案

金华市中级人民法院根据宁波余丰钢材有限公司的申请于2018年6月13日作出(2018)浙07破申6号民事裁定书,裁定受理中广建设集团有限公司破产清算一案,指定浙江金奥律师事务所担任管理人。管理人接受指定后,对该破产建筑企业的财产进行全面排查、清理、评估工作。其中,破产企业的建设工程施工总承包一级资质等尚在有效期范围内,随即聘请中介机构对中广公司的资质(无形资产)进行了评估,纳入评估范围的三项工程承包资质的评估价值为983.65万元,制定战略投资人引进方案及中广公司100%股份拍卖文件。中广公司所有的商号、施工资质、分公司、子公司股份等依附于中广公司法人之上的有形和无形资产尚有市场价值,战略投资人以接受全部资产、债务的存续式重整缺乏客观基础,管理人通过对中广公司进行清算式重整的方式处置其无形资产。管理人组织招募的投资人进行现场竞价,最终经过多轮竞价,以最高1120万元的报价成交。随后,管理人与中标人签订《破产重整协议书》。管理人请示债权人委员会主席和法院同意后,组织召开第二次债权人全体会议,将重整计划草案交由中广公司第二次债权人会议讨论和表决。经表决,各表决组均通过了重整计划草案,管理人提请法院批准了中广公司重整计划,并终止重整程序。中广公司相关资质的溢价拍卖,最大化地维护了广大债权人的权益。

第三章

建设工程有限公司用工合规

第一节　建筑企业合规用工模式

建筑企业合规用工，是维护建筑企业稳定的基石，在办理合规用工模式时必须保障建筑工人的合法权益。

常见用工模式有以下三类情形。

1. 建设工程有限公司承包项目后可作为用人单位直接聘用施工人员，并与施工人员签订书面劳动合同或者用工协议，施工人员受建设工程有限公司的直接管理，施工人员应服从公司的章程规定。

2. 建设工程有限公司作为工程施工总包单位，对于非主体工程在工程总包合同中明确约定可进行专项工程分包或者在专项工程分包之前取得发包人同意的，工程施工总包单位将专业工程交付有工程项目的资质及能力的单位进行施工，分包后由分包单位作为用人单位聘用施工人员，并与其订立书面劳动合同或者用工协议。

3. 建设工程有限公司作为工程施工总包单位或者专业分包单位，对于项目施工劳务进行分包，由劳务作业分包人派遣施工人员，并由其进行监督和管理。在发放建筑工人工资时，由劳务作业分包单位按实造册名单，从农民工工资保障专户中直接划转工资到劳务作业分包单位，由劳务作业分包单位按核准名单发放劳务工资。施工总承包企业定时或不定时地抽查工资发放情况，对劳务作业分包单位进行有效的监督考核。

第二节　不同用工模式的统一规范

一、建筑工人实名制度

(一)建筑工人进场施工的准入条件

建筑相关用人单位聘用施工人员后,需先行与施工人员签订书面劳动合同书或用工协议书,并进行三级安全培训及教育,签署已进行教育培训的书面证明材料。

2022年8月2日,住房和城乡建设部、人力资源和社会保障部修改后的《建筑工人实名制管理办法(试行)》增加了可以订立用工合同的书面协议的情形,第8条规定:“全面实行建筑工人实名制管理制度。建筑企业应与招用的建筑工人依法签订劳动合同,对不符合建立劳动关系情形的,应依法订立用工书面协议。建筑企业应对建筑工人进行基本安全培训,并在相关建筑工人实名制管理平台上登记,方可允许其进入施工现场从事与建筑作业相关的活动。”

法规理解:建筑工人的年龄应未达到法定退休年龄(男职工60周岁以下、女职工50周岁以下)。上述修改并未明确列举或者释明不符合建立劳动关系的具体情形,因此,在聘用未达到法定退休年龄的施工人员仍以签订劳动合同为准。同时,根据建筑用工现状,针对超过法定退休年龄的情形,明确不符合建立劳动关系的,可以与用工单位签订书面协议,建筑企业尽量避免使用超龄职工,或者在辅助性岗位聘用超龄职工,辅助性岗位如保洁、保安、食堂等。

(二)实名制信息组成及录入

实名制信息录入的基础:项目人员(包括施工人员和项目管理人员)的真实身份情况。

实名制信息录入的内容:项目人员的工种、工作职责、劳动合同或用工协议签署信息、安全教育培训情况、报酬待遇标准及支付情况、考勤记录等。

实名制信息录入的更新周期:1年以上(含1年)。

二、建筑工人工资保障

(一)农民工工资专户制度

由施工总承包单位开设农民工工资专用账户,专门用于农民工工资相关款项的存储和发放,可以有效地保障用于发放农民工工资的资金落实和不被挪用。

(二)总包代发制度

由施工总承包单位负责将工资通过农民工工资专用账户直接转入分包单位农民工本人的银行账户,是针对建设工程领域中存在的层层转包、违法分包等不规范现象的应对措施,减少中间层次用工,保障建筑工人的工资能直接到手,而不被截留,从而解决欠薪的问题。

施工总承包单位在审核分包单位提交的由建筑工人确认的工资支付明细时,应当与项目考勤记录相对应,按照劳动合同或者用工协议约定的工资报酬,结合当月的工程进度情况,审核项目工人的报酬真实性,以防出现虚假情况。施工总承包单位核实无误后,将报酬通过农民工工资专用账户支付至建筑工人确认的账户,并提供相应的转账凭证。

(三)工资及考勤台账制度

实名制管理制度的落实需要完善的工资及考勤台账制度,要求项目施工场地配置软硬件装备,通过电子考勤的方式确保数据准确,可使用人脸、指纹、虹膜等技术进行电子打卡。同时,应确保考勤电子记录的档案留存不少于 2 年。

三、建筑工人人身损害赔偿保障机制

(一)完善社会保险缴费机制

建筑用工单位对于建立劳动关系的项目人员,如行政管理、会计出纳、项目经理等,应为其正常缴纳社会保险。

对因不存在劳动关系而无法参加各项社会保险的项目人员,由项目总承包单位以项目的名义办理工伤保险和缴费手续。项目总承包单位应负责在所有项目人员入场施工前,将项目人员信息录入工伤保险名录进行备案登记。

(二)完善商业保险机制

作为用人单位有必要强化人身损害赔偿保障机制,与相关的保险公司合作,进行团体意外商业险、安全生产责任保险、雇主责任保险、职业责任保险投保。在社会保险不能全部覆盖的情况下,保障对建筑工人的人身损害赔偿,转移施工企业的赔偿风险。

第三编

快递行业合规经营

第一章

总　　则

为维护快递市场秩序，维护国家安全和公共安全，促进快递行业健康发展，根据《民法典》《快递业务经营许可管理办法》《快递暂行条例》等相关法律法规、监管制度的规定，制订本指南。

一、经营原则

为了推进快递市场的规范化、互通有无、公平竞争和良性发展，更好地服务于经济社会的发展需求，快递市场应以公开、公平、正义为管理原则。邮政专营权受法律保护。

快递企业应恪守法律，秉持诚信原则，坚持公平竞争，致力于为用户提供高效、精准、安全且便捷的快递服务。

二、经营主体

快递行业的经营主体是指从事快递经营服务的法人或者其他组织。

三、经营业务

快递行业的经营业务主要包括：国内货物运输代理、道路货物运输、仓储服务、货物搬运装卸服务、寄递服务、海上国际货物运输、物流服务等。

四、监管部门

国家邮政局负责对全国快递市场进行全面监督与管理。各省、自治区、直辖市邮政管理部门则分别负责各自行政区域内的快递市场监督管理工作。

为履行监督管理职责，邮政管理部门有权要求快递企业提供相关的经营情况报告。

邮政管理部门在接到公民、企业和其他组织举报后，应当及时展开调查核实，并采取相应措施处理。

第二章

快递公司的设立要求

第一节　许可及登记

一、快递行业经营许可制度

从事快递业务,必须获取相应的快递业务经营许可证;若无此许可,任何个人或单位均不得擅自经营快递业务。

企业申请快递业务经营许可时,需具备相关的信息处理和服务能力,提供相关的查询服务,具有与申请经营的地域、业务范围相匹配的场地或设施,并能确保保留快递服务信息至少3年。

二、企业登记制度

申请快递业务经营许可,申请者必须满足企业法人的条件并依法完成企业法人登记。企业法人只允许使用一个名称,由登记主管机关进行核定。

在企业法人登记注册的过程中,需要明确包括以下信息:(1)法人名称;(2)住所;(3)法定代表人;(4)经营场所;(5)经营范围;(6)经营方式;(7)经济性质;(8)从业人数;(9)注册资金;(10)经营期限;(11)企业分支机构。

三、快递企业申请法人登记的必备条件

1. 名称、组织机构和章程;
2. 固定的经营场所和必要的设备;
3. 符合国家规定并拥有与其生产经营和服务规模相适应的资金和从业人员;
4. 能够独立承担民事责任;
5. 经营范围符合国家法律法规及相关政策的规定。

四、分支机构注册登记

经营快递业务的企业分支机构，指的是那些依法取得快递业务经营许可的企业所设立的分公司、营业部等不具备法人资格的经营单位。

当这些企业决定设立分公司、营业部等分支机构时，需要凭借企业法人的《快递业务经营许可证》(副本)及其所附的分支机构名录，在分支机构所在地的工商行政管理部门完成注册登记。此外，这些企业分支机构在取得营业执照后，应当在20日内到其所在地的邮政管理部门进行备案。

五、两个以上共同经营快递企业

两个以上的快递企业，在经营业务时，可以选择使用统一的商标、字号或快递运单。

为了确保业务的顺畅和对用户权益的保障，这些企业应签署书面协议，确定彼此之间的权利和义务，共同遵循服务规定。包括对服务质量、业务流程、安全保障的系统性管理，并向用户提供统一的快件追踪与投诉处理服务。

第二节　营业场所相关规定

快递营业场所是指快递服务组织提供快件收寄、投递及其他相关末端服务的场所。

一、快递营业场所设计基本要求

1. 具有固定的独立空间；

2. 场所内的暂存区和业务接待区应当进行物理分隔；

3. 营业场所的面积应与快递业务量大小相适应，基础型营业场所面积不应小于15㎡；

4. 对于同一服务品牌的快递服务组织，场所设计应当风格统一；

5. 符合国家对于营业场所其他方面的要求。

二、快递营业场所基本要求

1. 有企业标识，并配备必要的服务设施；

2. 有符合相关规定的消防设施;

3. 有符合相关规定的视频监控设备,做到工作区域全覆盖;

4. 提供各种业务单据和填写样本;

5. 在显著位置粘贴《禁寄物品指导目录》;

6. 悬挂场所名称牌和营业时间牌,标牌保持干净、整洁;

7. 在显著位置公布服务种类、服务范围、资费标准、服务承诺、服务电话、电子邮箱和企业网址、监督投诉电话或者电子邮箱。

三、快递营业场所变更要求

1. 填写《快递业务经营许可证变更申请表》

企业需要填写《快递业务经营许可证变更申请表》,并签署盖章。其中,申请表需要填写企业新信息,以及需要变更的具体信息。

2. 提交变更材料

企业需要将变更材料和相应的申请表一起提交给当地的快递管理局进行审核。变更材料要确保清晰、完整,各种证件需要齐全,否则审批过程可能会受到影响。

3. 审核

一般情况下,当企业提交了变更材料后,相关部门会进行审核,根据规定的审批要求、时间、流程等指标,对企业的实际情况和申请表中填写的内容进行审核。

4. 审批后领取新的许可证

经过审核确认后,快递企业可以领取新的许可证并退还旧的许可证。此时,企业可以按照新的许可证上的信息进行运营,快递业务正式更改为新的地址。

四、快递营业场所注销要求

在快递业务经营许可证有效期内,若企业决定终止经营,应主动交回许可证,并在停止经营的30日内,向原先颁发许可证的邮政管理部门提交注销快递业务经营许可的申请,同时附上必要的材料。

第三章

快递公司运营管理规定

第一节　快递服务双方义务

一、寄件人应如实提供寄件信息

寄件人交寄快件,应当如实提供以下事项:

1. 寄件人姓名、地址、联系电话;

2. 收件人姓名(名称)、地址、联系电话;

3. 寄递物品的名称、性质、数量。

经营快递业务的企业收寄快件,应当对寄件人身份进行查验,并登记身份信息,但不得在快递运单上记录除姓名(名称)、地址、联系电话以外的用户身份信息。寄件人拒绝提供身份信息或者提供身份信息不实的,经营快递业务的企业不得收寄。

二、快递企业应当告知或提示的内容

(一)收寄提示告知和交寄声明

快递企业在寄件人填写快递运单之前,应当提醒其认真阅读快递服务合同的各项条款,并要求其遵守关于禁止和限制寄递物品的相关规定。同时,快递企业应当向寄件人明确告知相关的保价规则和保险服务选项,以确保其权益得到充分保障。

(二)提醒寄件人阅读快递服务合同条款并遵守禁止寄递和限制寄递物品规定

快递服务合同是一份确立快递业务经营者与用户间权利与义务关系的协议。为明确标注并突出限制或免除经营者责任的条款,快递企业应采用黑体、加粗等特殊字体,或使用特殊颜色、字号、下划线等醒目方式。同时,企业还需对这些格式条

款进行详细的解释和说明。

在寄送物品时，为了确保寄件人的权益和保障快递服务的安全顺利进行，应当特别提醒寄件人认真阅读快递服务合同条款，包括服务范围、收费标准、责任限制等，并严格遵守禁止寄递和限制寄递物品的规定。这些规定是基于维护公共安全、防止物品损坏或丢失、保护个人隐私等目的而设立的。

（三）告知寄件人保险服务项目和保价规则

保价条款被视作一种违约责任条款，它规定了在快件遭受损失时，如果快件已经保价，赔偿责任将依据快递业务经营者和寄件人之间事先约定的保价规则来确定。

为了确保寄件人的权益，快递企业在收寄快递时，不仅应当明确告知寄件人关于快递服务的保价规则，还需提供快递保险服务的相关信息和建议。

第二节　行业管理规定

一、实名收寄制度

企业在收寄邮件、快件时，应当要求寄件人出示有效身份证件，对寄件人身份进行查验，并登记身份信息。寄件人不能提供有效身份信息的，不得收寄。实名收寄一般包含有效身份证件的出示、查验、登记三个主要步骤，其中有效身份证件包括居民身份证、港澳台居民居住证等。

二、节假日快递服务

节假日期间，快递企业可以根据业务量变化的实际情况，向用户提供正常的快递服务。企业应当及时向社会公众告知节假日提供快递服务的情况，不得发布虚假信息。

三、快件投递和验收

（一）投递时的注意事项

签收快件环节，快递人员应对收件人的身份进行核实，确保快件不被"冒领"；如收件人同意他人代收，快递人员应当核实代收人的身份，并告知代收人相关的权利义务。

（二）无法投递快件的处理

1. 退回寄件人；

2. 根据寄件人的要求进行处理。

如属于进出境快件，经营快递业务的企业应当依法办理海关和检验检疫手续。如快件既无法投递又无法退回，经营快递业务的企业依照下列规定进行处理：

（1）如属于信件，自确认无法退回之日起超过6个月无人认领的，由经营快递业务的企业在所在地邮政管理部门的监督下销毁快件；

（2）如属于信件以外的其他快件，经营快递业务的企业应当登记，并按照国务院邮政管理部门的规定处理快件；

（3）如属于进境快件，应交由海关依法进行处理。

（三）使用智能快件箱注意事项

1. 投递至智能快件箱的，应取得收件人同意；

2. 特定物品不能投放至智能快件箱，比如外包装破损的快件、快递运单上标注为易碎品的快件等；

3. 提示收件人从智能快件箱中取出快件时即为签收快件，并提示其验收事项。

四、快件损失赔偿

对于已保价的快件，若发生延误、丢失、损坏或内件数量不符的情况，赔偿责任应基于快递企业与寄件人事先约定的保价规则来确定。而对于未保价的快件，其赔偿责任则需根据民事法律的相关规定来判定。

保价快件出现丢失、损毁或者内件短少情形的赔偿规则含以下几点内容。

（1）快件丢失的，经营快递业务的企业按照保价金额进行赔偿。

（2）快件完全损毁的，按照快件丢失进行赔偿；快件发生部分损毁的，以快件丢失赔偿额度为基准，依照快件内件物品丢失价值占该物品总价值的比例进行赔偿。

（3）快件内件短少的，按照保价额与快件物品全部价值的比例对快件的实际损失予以赔偿。

未保价快件丢失、损毁或者内件缺少的赔偿规则如下：

对于未保价的邮件，如果发生丢失、损坏或内件缺少的情况，将根据实际损失进行赔偿，但最高赔偿额不会超过所收取资费的3倍。同样，对于挂号信件的丢失或损坏，也将按照所收取资费的3倍进行赔偿。寄件人有权选择是否接受这一赔偿方案。如果接受,赔偿将按此方案进行;如果不接受,寄件人可以通过行政申诉途径来解决争议。

五、停止或暂停快递服务行为规范

（一）停止快递服务行为规范

1. 经营快递业务的企业停止经营的,应当提前10日向社会公告;

2. 将停止经营情况书面告知邮政管理部门;

3. 将快递业务经营许可证交回;

4. 对于尚未投递的快件依法妥善处理。

（二）暂停快递服务行业规范

1. 及时向邮政管理部门报告;

2. 向社会公告暂停服务的原因和期限;

3. 依法妥善处理尚未投递的快件。

六、禁寄限寄物品管理

寄件人在寄交包裹时,以及经营快递业务的企业在收寄包裹时,都必须严格遵循国家关于禁止或限制寄递物品的相关规定。

（一）禁寄物品

1. 枪支（含防制品、主要零部件）弹药;

2. 管制物品;

3. 爆炸物品;

4. 压缩和液化气体及其容器;

5. 易燃液体;

6. 易燃固体、自燃物质、遇水易燃物质;

7. 氧化剂和过氧化物;

8. 毒性物质;

9. 生化制品、传染性、感染性物质;

10. 放射性物质;

11. 腐蚀性物质;

12. 毒品及吸毒工具、非正当用途麻醉药品和精神药品、非正当用途的易制毒化学品;

13. 非法出版物、印刷品、音像制品等宣传品；

14. 间谍专用器材；

15. 非法伪造物品；

16. 侵犯知识产权和假冒伪劣物品；

17. 濒危野生动物及其制品；

18. 禁止进出境物品；

19. 其他物品。

（二）限寄物品

1. 当邮寄或异地携带烟叶和烟草制品时，务必遵循国务院相关部门所设定的数量限制。

2. 邮寄麻醉药品和精神药品的，寄件人需出示由所在地设区的市级药品监督管理部门签发的邮寄许可证明。邮政营业机构有责任查证并留存此证明。若无相应的邮寄许可证明，邮政营业机构不得收寄。

3. 在运输或邮寄种子时，必须依照相关法律和行政法规进行检疫。

4. 对于需要检疫的植物和植物产品，交通运输部门和邮政部门均要求凭植物检疫证书进行承运或收寄。同时，植物检疫证书应随货物一同邮寄，以保障植物和植物产品的安全运输。

七、快递收寄验视与安全检查制度

（一）收寄验视制度

经营快递业务的企业收寄快件，应当按照《邮政法》的规定验视内件，验视后应作出验视标识。

如果寄件人拒绝验视，则经营快递业务的企业不得收寄。

如果经营快递业务的企业接受寄件人委托，为寄件人提供长期、批量快递服务，应当与寄件人签订安全协议，对双方的安全保障义务予以明确。

（二）安全检查制度

经营快递企业对快件进行安全检查，既可自行检查也可委托第三方企业检查。参与安全检查的人员必须经过背景审查和技术培训，检查过程中，使用的安全检查设备需符合国家强制性标准。经过收寄验视、过机安检的邮件快件要逐一加盖或者粘贴收寄验视和安检标识，并载明安检单位和省份，确保责任可追溯。

各级邮政管理部门应当以机械操作、车辆交通、消防用电等风险突出环节和部位为重点,督促邮政快递企业深入开展安全隐患排查整治,落实安全生产主体责任。同时,各级邮政管理部门应当联合公安、国家安全等部门督促企业全力查堵涉枪涉爆、涉黄涉非、涉毒涉危等禁寄物品。

企业应当严格落实各项服务标准,着重提高服务质量,做好网络运行监测和指挥调度,灵活调整寄递服务方式,全系统全行业加强运行监测预警,完善各类预案,做好风险防范,强化应急准备,及时妥善应对各类突发事件。

八、用户信息保护

快递企业在收集和处理用户个人信息时,应该遵循相关的隐私政策和法律法规,确保个人信息的安全、保密和合法使用,并遵守合法性原则、透明性原则、限制性原则、安全性原则和用户参与原则。同时,快递企业应提供渠道供用户提出相关申请,以及时响应和解决用户的问题和需求。总之,快递企业作为用户信息的处理者,应当严格遵守相关的法律法规,确保用户信息的合法、安全、透明地处理,并给用户提供相应的权益保护。

快递企业可以采取以下措施来保护用户的个人信息。

1. 完善数据管理。快递企业应建立完善的数据安全管理制度,包括信息分类、存储和访问控制,并采用技术手段来保护用户个人信息的安全,例如:信息加密、防火墙和安全认证等。

2. 加强员工培训。快递企业应加强员工对用户个人信息保护意识和技能培训,确保其严格遵守相关的法律法规和内部制度,不私自泄露或滥用用户的个人信息。

3. 控制访问权限。快递企业应严格限制对个人信息的访问权限,只授权有需要的员工访问相关信息,并建立相应的权限管理机制,以防止未经授权的访问和滥用。

4. 采用技术处理。快递企业可以采用数据加密技术,将个人信息进行加密存储和传输,以保障其安全性。此外,可以采用匿名化处理技术,将个人信息进行去标识化处理,降低信息关联风险。

5. 健全安全审计机制。快递企业应建立安全审计和监控机制,对个人信息的收集、存储、处理和传输过程进行监测和记录,及时发现和处理安全事件。

6. 告知保护政策。快递企业应制定个人信息保护政策并向用户提供透明的个人信息使用通知,告知用户个人信息的收集目的、使用范围、存储期限等,并及时更新。

7. 建立投诉机制。快递企业应建立投诉处理机制，及时处理用户关于个人信息保护的投诉和请求，并提供有效的解决措施。

以上是快递企业保护用户个人信息的一些常见措施，不同的快递企业可以根据自身情况和需求采取不同的保护措施。

九、安全生产责任制和突发事件应对

快递企业应依法建立并不断完善安全生产责任制度和应对突发事件的预案，以保障快递服务的安全性。同时，企业应定期进行突发事件的应急演练，以提高应对能力。若发生突发事件，企业应迅速且妥善地按照预案进行处理，并及时向所在地的邮政管理部门进行报告。

十、快递行业违法行为合规

（一）市场违法行为合规

1. 经依法许可经营快递业务；
2. 设立分支机构、合并、分立未备案的，按规定办理备案手续；
3. 在业务范围、超地域范围经营；
4. 委托经许可企业在委托范围内经营；
5. 提交年度报告、备案材料时不得隐瞒真实情况，弄虚作假；
6. 不得冒用、伪造、倒卖、租借、涂改《快递业务经营许可证》；
7. 依法备案后开办快递末端网点。

（二）安全、质量监管类违法行为合规

1. 不得冒领、私拆、隐匿、毁弃、倒卖，或者非法检查、扣押他人快件；
2. 依法依规建立、执行收寄验视制度；
3. 不得侵犯用户个人信息；
4. 禁止寄收禁限快件或安全性能不能确定的物品；
5. 不得实施具有危害国家、社会安全的行为；
6. 建立突发事件应急机制；
7. 依法记录和保存事故资料；
8. 按要求报送监控资料；
9. 遵守快递服务标准；

10. 遵守加盟管理规定；

11. 按规定分拣作业；

12. 按规定公示服务承诺；

13. 建立与用户沟通的制度和渠道；

14. 按规定和相关标准处理无着快件；

15. 企业、员工不得违法提供用户使用寄递服务的信息。

第四章

快递公司用工合规

第一节　责任与义务

一、快递企业应依法保护从业人员的合法权益

从事快递业务的企业需依法保护其员工的合法权益。同时,这些企业还应注重对其员工的职业道德、服务标准、操作规范、安全生产以及车辆安全驾驶等方面的教育与培训。

二、劳动合同订立、生效以及不订立劳动合同的法律责任

企业需依法与符合劳动关系确立条件的新就业形态劳动者签订劳动合同,不得以任何形式如诱导、欺诈、胁迫等损害劳动者权益。若已建立劳动关系但未及时签订劳动合同,企业需在用工之日起 1 个月内完成劳动合同的签订。若在用工前用人单位与劳动者已签订劳动合同,则劳动关系自用工之日起确立。

劳动合同的内容需经用人单位与劳动者协商一致,双方签字或盖章后生效。

若用人单位自用工之日起超过 1 个月但不满 1 年未与劳动者签订书面劳动合同,应按月向劳动者支付双倍工资。若用人单位违反规定不与劳动者签订无固定期限劳动合同,则应从签订无固定期限劳动合同之日起,按月向劳动者支付双倍工资。

三、用人单位的告知义务和劳动者的说明义务

当用人单位招聘劳动者时,应真实地向劳动者提供工作内容、条件、地点、薪酬和职业危害等信息。同样,用人单位也有权了解劳动者与劳动合同直接相关的基本信息。如果用人单位询问这些情况,劳动者应当诚实地回答,并提供准确的解释

和说明,不应有所隐瞒。

第二节　劳动合同

一、劳动合同的种类

(一)固定期限劳动合同

固定期限劳动合同是指明确规定了合同终止时间的劳动合同。在用人单位与劳动者双方协商一致的条件下,可以订立固定期限劳动合同。

(二)无固定期限劳动合同

无固定期限劳动合同是指不设定具体终止时间的劳动合同。只要用人单位与劳动者在平等、自愿的基础上达成一致意见,便可以订立无固定期限劳动合同。

在以下情况下,如果劳动者提出或同意续订、订立劳动合同,除劳动者主动要求订立固定期限劳动合同外,应默认为订立无固定期限劳动合同:

1. 劳动者在同一用人单位连续工作满 10 年;
2. 当用人单位首次实施劳动合同制度或国有企业进行改制并重新签订劳动合同时,劳动者在该用人单位已连续工作满 10 年,并且距离法定退休年龄不足 10 年;
3. 在连续订立两次固定期限劳动合同后,劳动者没有违反《劳动合同法》第 39 条和第 40 条第 1 项、第 2 项规定的情形,当需要续订劳动合同时;
4. 如果用人单位自用工之日起满 1 年仍未与劳动者签订书面劳动合同,则视为用人单位与劳动者已经建立了无固定期限的劳动合同关系。

(三)以完成一定工作任务为期限的劳动合同

以完成一定工作任务为期限的劳动合同,是指劳动者与用人单位通过合同形式约定,以完成特定工作任务作为合同期限的劳动合同。在双方协商一致的情况下,可以订立此类合同。

二、劳动合同内容

劳动合同需明确列明用人单位与劳动者的基本信息、合同的有效期限、劳动者需承担的工作职责与工作地点、工作时长与休假安排、薪资报酬、社会保险覆盖情况以及劳动保护措施等核心要素。此外,合同还可以约定试用期条款、培训计划以及员工福利等待遇。

若劳动合同中缺少必要的条款,或者用人单位未能向劳动者提供书面的劳动合同,将承担相应的法律责任。劳动行政部门将责令用人单位进行整改,若因此给劳动者带来损害,用人单位需承担相应的赔偿责任。

三、劳动报酬

用人单位有责任及时且足额地支付劳动者的劳动报酬。若用人单位存在拖欠或未足额支付劳动报酬的情况,劳动者有权向法院提出支付令申请,法院应依法发出支付令。

在劳动合同中,若对劳动报酬和劳动条件的约定不够明确,导致劳动争议的产生,用人单位与劳动者应尝试重新协商。若协商无果,可以参照集体合同的规定进行处理。若不存在集体合同,或集体合同中未明确劳动报酬,则应遵循同工同酬的原则。对于集体合同或其中未规定的劳动条件等标准,应适用国家的相关法规。

若用人单位未依法支付劳动报酬或经济补偿,劳动行政部门将责令其限期支付。若劳动者的劳动报酬低于当地的最低工资标准,用人单位应支付差额部分。若用人单位逾期仍未支付,劳动行政部门将责令其按照应付金额的 50% 至 100% 的标准向劳动者支付赔偿金。

四、劳动保障

我国规定的最低就业年龄标准是 16 周岁。根据相关法律法规,严禁任何单位或个人雇用童工。一旦发现存在违反此规定的行为,劳动部门将采取相应的法律措施,要求相关单位或个人将童工送回其原居住地,并由用人单位承担所有相关费用。同时,根据具体情况,还可能对违规单位或个人进行行政处分或罚款。

劳动者应享有的权利包括:(1)平等就业和选择职业的权利,确保公平就业机会;(2)取得劳动报酬的权利,雇主应按月以货币形式支付工资,不得无故拖欠或削减,劳动者在法定假期、婚丧假及社会活动期间亦应享有工资权益;(3)休息和休假的权利,雇主应保障劳动者每周至少休息 1 天,每日工作时间不超过 8 小时,平均每周工作时间不超过 44 小时,如因生产需要延长工作时间,应与劳动者协商,并确保每天延长不超过 3 小时;(4)劳动安全卫生保护的权利,确保工作环境的安全与卫生;(5)接受职业技能培训的权利,提升劳动者的职业技能与素质;(6)享受社会保险和福利的权利,保障劳动者的基本生活需求;(7)劳动争议处理的权利,劳动者有权提请处理劳动争议;(8)拒绝用人单位强令冒险作业的权利,确保劳动者的生命安全。这些权利旨在保护劳动者的合法权益,促进劳动关系的和谐稳定。

劳动者应履行以下义务:(1)努力完成劳动任务;(2)遵守劳动纪律,维护用人单位的财产安全;(3)提高职业技能,执行劳动安全卫生制度。这些义务的规定强调了劳动者在工作中的主动性、责任感以及对工作环境的尊重和维护,有助于确保工作的顺利进行和劳动者的自身安全。

对于未成年工和女职工的特殊保护,有以下规定,(1)女职工应被禁止从事矿山井下作业、重体力劳动及其他不适宜的工作;在经期,女职工应避免从事高空、低温、冷水作业及重体力劳动。(2)怀孕期间的女职工不应被安排进行孕期禁忌工作或重体力劳动。对于怀孕超过7个月的女职工,不应要求她们延长工作时间或进行夜班劳动。女职工生育后应享有不少于90天的产假。对于正在哺乳未满1岁婴儿的女职工,应避免安排她们从事重体力劳动和其他禁忌的工作,并避免要求她们延长工作时间或进行夜班劳动。(3)未成年工同样不应被安排从事矿山井下、有毒有害或重体力劳动,以及其他不适宜他们从事的工作。雇主应定期对未成年工进行健康检查,以确保他们的身心健康。这些规定旨在保护未成年工和女职工的权益,确保他(她)们的工作环境和条件符合他(她)们的生理和心理特点,以增进他(她)们的健康和福祉。

五、劳动仲裁

劳动仲裁是劳动争议当事人向人民法院提起诉讼前的必经程序。劳动争议申请仲裁的时效期间为1年,如果超过1年仍未申请仲裁,则无法通过劳动仲裁解决争议。

当劳动者与用人单位发生下列劳动争议时,可适用劳动仲裁:

1. 因确认劳动关系发生争议;
2. 因订立、履行、变更、解除和终止劳动合同发生争议;
3. 因除名、辞退和辞职、离职发生争议;
4. 因工作时间、休息休假、社会保险、福利、培训以及劳动保护发生争议;
5. 因劳动报酬、工伤医疗费、经济补偿或者赔偿金等发生争议;
6. 发生法律法规规定的其他劳动争议。

当产生劳动争议,劳动者申请劳动仲裁时,首先应当提出自己的诉求,并收集相关的证据,再由仲裁委审理裁决,不服裁决的可以在相应期限内向法院提起诉讼。

劳动仲裁的流程:(1)递交申请书;(2)组成仲裁庭;(3)仲裁委调解;(4)开庭准备工作;(5)开庭、审理、裁判;(6)裁决生效、执行。

【典型案例】

基本案情:2020年7月5日,原告李四到王五经营的某快递公司上班,从事快递员工作,双方未订立书面劳动合同。双方约定,李四没有底薪,每派送一个件,公司向其支付1元的报酬,收揽的快件扣除公司的快递面单和公司收取的快递费用后,剩余的作为揽件的报酬。李四用自己所有的面包车派送快递,自行承担车辆费用,公司对其上班时间没有严格要求。2021年9月13日,因快递驿站成立,王五在微信群中通知快递员不需上班,并于2021年9月23日付清了李四所有薪酬。2021年9月24日,李四向当地劳动人事争议仲裁委员会申请仲裁,申请确认原被告之间存在劳动关系,该劳动人事争议仲裁委员会作出仲裁裁决书,驳回李四的全部仲裁请求。李四对仲裁裁决不服,向法院提起诉讼,请求判决其与某快递公司自2020年7月5日至2021年9月13日存在劳动关系。

裁判结果:法院经审理认为,本案的争议焦点为:李四与某快递公司在2020年7月5日至2021年9月13日是否存在劳动关系。劳动关系是指用人单位招用劳动者为其成员,劳动者在用人单位的管理下提供劳动,由用人单位给付报酬而产生的权利义务关系。劳动关系具有人格上的从属性、组织上的从属性和经济上的从属性三个特征。劳动关系的本质特征在于劳动者牺牲一定的自由度,接受用人单位的管理,在用人单位安排下工作,取得稳定的劳动报酬,避免市场风险。本案中,对于如何派件、揽件,李四无须按某快递公司的指示和派遣工作,李四的工作有极大的自由度,独立完成取件、送件和揽件,自行决定是否接单,工作时间有较大的自主性,某快递公司并不关心李四的劳动过程,只关心李四的劳动成果(将快递送至指定地点),故双方之间不存在人格上和组织上的从属关系。从李四的薪酬来看,其所得报酬一方面来自公司根据其派件的数量按每件1元向其支付的费用,另一方面来自从客户处揽件后向公司提成的费用,以件为单位与劳务付出具有对价性,计酬方式不受达到当地最低工资标准的限制,无固定工资和底薪,完全由派件揽件的数量来决定,与一般劳动者领取的工资在性质上不同,李四与某快递公司之间不具有经济上的从属性。李四自备交通工具派件揽件,自担市场风险,无固定工资,不受快递公司规章制度管理,其实质为承揽一定片区内快递的派件揽件业务,应认定其与某快递公司构成承揽合同关系,而非劳动关系。因此,李四主张其与某快递公司在2020年7月5日至2021年9月13日存在劳动关系的诉讼请求不成立,法院不予支持。

案例解读:随着电子商务的迅速发展和网上购物的盛行,快递行业发展如火如荼,快递员应运而生。快递公司大量招聘快递员,虽然提供了很多工作岗位,但快递员与快递公司之间的法律纠纷不断涌现,容易引发群体诉讼,造成社会不稳定。对于快递员与快递公司之间是否存在劳动关系的问题,法院在处理此类案件时应慎重。

第五章

快递公司反舞弊合规

第一节　反舞弊调查及管理现状

一、反舞弊调查

反舞弊是指在符合现行有效的法律法规的规定下，将企业内部控制和外部审计两种方式结合起来，共同打击和抵触企业腐败行为。企业与外部社会要共同建立一个良好的信息沟通平台，同时快递公司亦需不断创新学习反舞弊的知识，从而不断完善自身的反舞弊制度以及改进自身的反舞弊措施。

二、快递企业反舞弊的监察对象

反舞弊的监察对象包括企业的全体人员，一般包括与企业有劳动关系的人员、与企业有事实劳动关系的人员、与企业有劳务关系的人员、被任命至关联企业任职的人员。反舞弊的重点监察对象一般是公司高管和重点管理岗位的员工，对于快递公司来说，不仅有总公司的高层管理人员、业务部门的负责人，还有各区域公司的直接负责人、负责公司经营及调度平台的核心技术或数据的岗位人员、负责大客户的业务部门岗位人员以及一线的快递配送人员。

三、快递行业反舞弊的管理难度

在快递行业，快件丢失、毁损及监守自盗的情况难免会发生，一般情况下，寄件人自身不主张权利的，快递企业也就会作罢，并不会进行内部调查和追责。这样一来，就会导致基层的业务人员和管理人员经常心存侥幸。同时，基层工作人员与企业之间的劳动关系其实并不稳定，一旦监守自盗等情况被发现，基层业务人员便会立即离职，公司也就联系不到该离职人员。虽然快递业务的客单价并不高，但快递企业对此种行为的处理态度往往是其社会责任感及业务管理能力的体现,并且会影响全体员工的工作态度,从而影响整体工作作风。由此可见,不仅要建立反舞弊相关体系和制度,快递公司也必须重视舞弊的预防工作。

近些年来,大中型快递企业的业务自动化程度较高,但仍然存在人工操作的业务环节,因此控制疏漏的问题难免会出现,比如快件接收的情况登记、货物分段运输的交接验收记录和工作监控缺失等。同时,在日常管理控制上也存在管理不到位的情况,比如没有要求对配送人员进行背景调查和身份核实;未对配送人员进行舞弊与反舞弊的相关培训;缺失对快递配送人员的绩效考核或未能将快递丢失、毁损、有效计入表核;尚未制定违规行为的处理办法,特别是针对监守自盗的情况缺乏严格的惩罚机制和有效措施;另外,由于行业经营特点,区域公司现金流较大,这也正是总公司管控的重点和难点。

第二节　构建反舞弊治理机制

一、预防舞弊体系

反舞弊工作的关键环节在于预防,事前预防能最大限度地减少舞弊行为的出现,将损失降到最低。事前搭建预防舞弊发生的自行检查体系,构建舞弊风险评估系统,制定反舞弊合规企业文化,在企业生产运营全过程中宣传清廉文化,设定基准线,增强预警意识,减少舞弊借口,尽力将舞弊行为的发生率降到最低。

(一)内部控制是预防舞弊行为发生的重要手段

在确定高风险岗位的前提下,全面完善内部控制制度与工作流程,形成一整套企业自主执行、自我检查和自我制约机制,可以最大限度地遏制舞弊行为的发生。做好企业的授权审批管理是企业内控中最有效、最普遍的措施。

一方面,对企业的每项业务均须考虑业务规模及相应的影响力,根据工作内容、工作流程设置不同的审批权限和责任,并明确各级权限的具体审批方式、期限。另外,还需要向员工强调的是,未经授权或未履行审批手续的,不得擅自开展该项业务活动。凭借现代高科技的办公系统,授权审批系统的设置相对容易,重点是后续执行的过程是否真实到位,是否完全遵守审批要求,是否进行了实质性审查,是否做好审查记录的留痕工作等。

另一方面,需要落实每个部门和各个岗位的职责和职权范围,并在相应的劳动合同、岗位职责中予以明确说明。对于高风险岗位，比如总部部门负责人、区域公司负责人、财务部等，更应做好明确的业务授权划分，界定权限范围，特别是对于外地的区域公司负责人，可以给予明确的书面授权文件，明确权利和责任，从而有利于区域公司对内开展、对外拓展工作。对于企业高层管理人员及解除技术、供应商、客户及财务状况的关键岗位员工，应及时签订保密协议、着重做好商业秘密和知识产权保护的培训管理。

（二）构建廉洁、正直、积极的企业文化

快递企业管理层应当构建一个廉洁、诚信、正直、积极向上的企业文化，并建立廉洁教育机制，定期组织反舞弊培训课程，努力提高员工个人的思想道德品质，增强员工的成就感和归属感。同时，企业可向员工层层传递“不能腐、不敢腐、不想腐”的反舞弊工作理念，进而引导员工自觉抵制腐败，共同参与到企业反舞弊的工作中，为营造风清气正的企业营商环境尽一份力。

（三）舞弊风险评估

全面评估企业生产运营各环节中发生舞弊的风险和概率，提高舞弊被发现的概率，并且建立定期的“自行检查”机制，定期全面评估企业的舞弊风险。在对所得结果进行评估的基础上，对不同岗位存在的不同级别的舞弊风险，有针对性地制定相应的预防措施，及时完善企业管理体系及企业治理的规章制度。企业还必须根据舞弊风险进行评估报告，设计一套完善的舞弊风险应对策略。一旦舞弊行为被发现，企业也可从容应对，将舞弊行为造成的损失降到最低。

（四）制定廉洁的反舞弊制度

大多数企业内部均会根据自身的生产经营特点制定一套廉洁的反舞弊制度。制度缺陷、对舞弊者缺乏处罚等都是引发舞弊风险的重要因素。一套完善的、廉洁的反舞弊制度，既能使企业有序开展反舞弊工作，又能让员工在开展反舞弊工作时有据可依。由于很多企业都不会严肃处理未构成刑事犯罪的舞弊者，涉案员工也没有因此受到警示教育，可能会重复实施舞弊的行为。在反舞弊制度中，各项反舞弊工作责任必须落实到人，并且针对舞弊者制定严厉的处罚措施。当前处于大数据时代，很多舞弊风险越发隐蔽，且舞弊行为层出不穷，同时反舞弊制度具有相当大的滞后性，反舞弊制度亦需及时地更新及完善，最大限度地适应企业的发展需求。特别是企业出现舞弊行为后，不仅要对舞弊者予以严厉处罚，还要及时针对出现舞弊行为的岗位制定明确的规则，调整、更新整体反舞弊制度，预防同岗位的员工再次犯错，防止舞弊风险重复发生。

二、建立内部调查机制

建立一个内部调查机制来回应舞弊指控是组织反舞弊的重要一环,同时,建立内部调查机制可以有效地防范企业的舞弊行为,并完善企业内部控制环境的建设。

(一)进行舞弊调查

舞弊调查不仅仅是在收到舞弊指控的情况下才进行的,应当定期开展。对于舞弊风险级别高的重点岗位,更有必要进行定期排查。开展舞弊调查,形成舞弊调查的工作报告,并对是否存在舞弊行为作出结论。舞弊调查团队视舞弊行为的严重等级向反舞弊部门或直接向决策层报告。

(二)证据的获取及分析

对于确实存在舞弊行为的案件,调查组应及时调查取证,固定关键证据、主要证据。目前,大多数企业在日常的生产经营中均采用电子化办公形式,因此涉及相关舞弊行为的证据大部分为电子证据,存在极大可能的灭失风险,致使企业在证据的获取上面临极大挑战。更为复杂的是,证据的固定涉及后续的处理,包括通过举报刑事犯罪或者民事诉讼途径等进行处置,因此无论证据的形式还是获取的途径均需要符合法律的规定,这对于企业来说是非常专业的,因为一般企业配置的法务人员并没有诉讼的经验,所以大多数企业都需寻求律师的协助来完成收集证据的工作。面对收集起来的证据材料,调查组需对相关的证据进行分析,即进行证据与案情之间的关联性的分析,同时还必须对收集的证据是否已形成一条完整的证据链、是否已达到证明标准等作出判断,而以上情形均能影响案件的处理,故取证如何与司法衔接就显得尤为重要,这也需要专业人士把关指导,大多数企业通过寻求律师的帮助来完成调查工作、证据固定及分析。

(三)对舞弊指控作出回应

舞弊调查团队不仅需要将最终的调查结论向企业反舞弊部门或决策层进行报告,还需对举报人等作出回应,同时还应及时通过企业的官网等平台对舞弊案件作出公布及通告。如果舞弊调查团队经调查后认为舞弊指控不成立,就应当向举报人等作出释明,并且针对质疑进行解答。

(四)止损

调查小组通常还负责维护组织的诚信和减轻舞弊行为造成的损失。

(五)严厉打击、制止舞弊行为

对于在舞弊调查环节中确认存在舞弊行为的案件,企业应坚持“严查严办、有错必纠”的理念予以严厉打击,对其他员工起到警示作用。待相关证据固定后,企业可根据舞弊行为的情节及涉案金额制定处理方案。若涉及刑事犯罪,企业可向司法部门报案来维权,追究涉案人员的刑事责任。若涉及金额不大或尚未达到刑事立案标准,企业通常会选择与员工通过谈判方式进行协商解决,以求更快解决问题。企业及其法律顾问律师与涉案员工进行谈判,通过和解协商,或者通过民事诉讼途径追回涉案款项,力争将损失降到最低。但对于涉案争议的员工个人,应将相关的舞弊案件及时向企业内部通报,同时向中国企业反舞弊联盟进行反馈,在员工诚信档案中登记。

同时,企业要及时公开对舞弊行为的处理结果并接受大众的监督建议,若企业对舞弊行为的处理不及时、不严格、不公开,员工就可能存在侥幸心理,而及时公开处理结果,也会对反舞弊行为形成威慑作用,在一定程度上消除舞弊行为。

三、对快递企业进行监察、监督

(一)快递企业内部

反舞弊部门是由数名员工构成的,企业需要通过制定自我监察、他人举报制度,甚至设立一个监察部门,对反舞弊工作的开展进行监察、监督。这不仅对企业内部起到制衡的作用,还能更有序地推进企业的反舞弊工作。监察部门不仅应对反舞弊部门的反舞弊工作开展进行监察,也需对各生产运营部门的自查自纠进行监察,同时对舞弊行为的处理结果进行监察,对快递企业的财务、从业人员、资产、工作流程实行有效而严格的监管。舞弊风险产生的重要因素就是权利失控,在生产运营环节中,大多数身处与款项相关的岗位上的人及掌握职权的人都可能在各种压力与动机下产生舞弊风险。

(二)快递企业外部

为确保反舞弊工作更有效地开展,需同时配合外部的监察、监督。目前,很多大型的快递企业都会加入中国企业反舞弊联盟,并接受联盟相关部门的监管。快递行业协会也有相应的调查与奖惩部门,企业也可以将行业协会监督作为外部监察的主要手段。企业的反舞弊工作进展需通过官网等平台予以公示,通过反舞弊工作透明化监督企业的反舞弊工作。

四、建立举报制度

举报制度包含了对举报人保密、奖励、越级投诉、信访等内容。企业应建立一个开放性的舞弊举报平台,供企业内部员工对身边的舞弊行为进行举报,同时也欢迎合作方、供应方、采购方、客户等通过举报平台对快递企业存在的舞弊行为进行举报。同时,对举报人的身份信息要进行保密处理,这使举报人能更为放心地举报腐败行为,并通过给予奖励等方式鼓励企业之外的合作方、客户等积极向企业举报舞弊行为,让快递企业能更加及时地发现舞弊行为。

五、与外部构建信息沟通交流平台

由于舞弊行为形式种类丰富,企业自身开展反舞弊工作具有局限性,企业应搭建与其他企业或者外界社会信息互通交流的平台,针对共同探讨最新的舞弊行为,并通过学习各企业内部的反舞弊制度及反舞弊措施,更新、完善自身的企业反舞弊制度。同时,共享该行业内舞弊者的诚信档案,以此遏制舞弊者再次实施舞弊行为。

六、建立诚实信用快递企业文化

快递行业中舞弊现象屡发,其中除了企业的管理体系不够完善外,还包括员工的个人道德品质和不纯动机等因素,例如,大部分舞弊案件的发生就是源于滥用职权。通过一系列的清廉教育及思想培训,提高员工的道德标准,对于反舞弊工作非常重要。同时,企业应时刻关注员工对企业的满意度及品德,这将大大减少员工因个人因素而主动实施舞弊行为的情况。

七、快递企业反舞弊管理制度(模板)

第一章 总 则

第一条 为了规范××公司(以下简称公司)员工的职业行为,加强公司治理和内部控制,维护公司合法权益,确保持续、稳定、健康地发展,特制定本制度。

第二条 公司全体员工应严格遵守相关法律法规、行业规范、职业道德及公司各项规章制度,树立廉洁和勤勉敬业的良好风气,杜绝舞弊行为,防止公司及股东利益受到损害。

第三条 为更好落实本制度,公司还将建立以下重要制度:员工手册、岗位职责制度、业务工作规范与流程、教育培训制度、廉洁承诺制度、外部行为规范以及其他内部控制制度等各项重要管理制度。

第二章 舞弊的概念及表现形式

第四条 本制度所称舞弊,是指公司员工或部门采用欺骗、滥用权力等违法违规手段,谋取不正当利益,损害公司利益的行为,或是为公司谋取不当利益,同时可能为个人获取不正当利益的行为。

第五条 有下列情形之一的属于舞弊行为:

(一)故意或过失泄露公司商业和技术秘密,以及其他与第三方恶意串通侵犯公司享有的知识产权的行为;

(二)滥用职权或违反公司管理制度,造成公司利益损失;

(三)未经公司许可,从事与公司存在利益冲突的工作或行为;

(四)违反竞业禁止义务,自营或与他人合作经营与公司同类的业务;

(五)为个人或公司的不正当目的支付相关款项或承担债务的行为;

(六)利用职务便利,行、受贿,索贿或以威胁、敲诈的方式获取不正当利益;

(七)非法使用、贪污、挪用、盗窃公司财产;

(八)虚构交易事项而使公司支付相关款项或承担债务;

(九)故意隐瞒、错报交易事项;

(十)伪造、编造会计记录或凭证;

(十一)出具或串通出具虚假、错误的财务报告;

(十二)隐瞒或删除应对外披露的重要信息;

(十三)其他违反公序良俗,可能给公司造成不良社会评价和影响的行为;

(十四)未给公司造成实际的经济损失,但违反公共管理秩序或侵犯公共利益的行为;

(十五)违反相关制度规定给公司造成损失或潜在损失的行为,或者虽未造成公司损失,但属严重违规或多次违规的行为;

(十六)其他具有主观故意,违反相关制度规定,侵害公司利益,为个人或部门谋取不当利益的行为。

第六条 公司的反舞弊工作坚持惩防并举、重在预防的原则。下列情形将作为反舞弊工作的重点:

(一)未经授权或者采取其他不法方式侵占、挪用公司资产,牟取不当利益;

(二)在财务会计报告和信息披露等方面存在虚假记载、误导性陈述或重大遗漏等;

(三)董事、监事、经理及其他高级管理人员滥用职权;

(四)相关机构或人员串通舞弊。

第三章　反舞弊工作常设机构及职能

第七条　公司董事会对反舞弊工作负全部责任，授权副总经理或适当的人员组建反舞弊工作组并担任工作组组长，工作组组员由公司人力资源部、审计部、法务部相关人员担任。必要时，可由公司聘请第三方机构参与或配合工作组的工作。

（注：反舞弊工作的常设机构的组建及人员构成可以视公司的实际情况设置。如果公司具备一定规模并设立了内审部门。一般由内审部门主要负责反舞弊的工作开展；如未设立内审部门，也可选择相关财务人员参加。）

第八条　反舞弊工作组全面负责开展公司范围内的反舞弊工作，包括各业务部门及跨部门的反舞弊工作的组织及执行，主要工作职责包括：

（一）接受公司股东会及董事会的领导和工作指导；

（二）建设反舞弊机制，起草相关舞弊控制管理制度和工作流程、规则；

（三）健全舞弊风险评估体系，牵头组织各部门的年度舞弊风险评估工作，协助董事会完成管理层的年度舞弊风险评估工作；

（四）主持开展对内对外的反舞弊宣传及公司范围内的反舞弊教育培训；

（五）负责公司范围内的反舞弊制度的实施与各项具体执行工作；

（六）受理舞弊举报及情况反映并进行登记；

（七）组织开展舞弊案件的调查工作；

（八）提出对舞弊案件的处理意见并向董事会报告；

（九）就舞弊案件的调查及最终处理情况向公司各部门及全体员工进行通报；

（十）其他与反舞弊制度及实施相关的工作。

第九条　反舞弊工作组成员应当带头遵守职业道德和工作纪律，保持应有的职业敏感性，积极主动接受反舞弊工作的相关培训，自觉增强反舞弊的意识和反舞弊技术能力水平。

第四章　舞弊的预防

第十条　反舞弊是公司企业文化的重要组成部分，员工应当知晓：

（一）遵守公司的各项制度和规范是每个员工的职责，管理人员更应当做好模范带头作用；

（二）每位员工应坚守遵纪守法、诚实信用的基本原则，自觉杜绝舞弊行为，针对不遵守职业道德和不诚信的行为可以通过举报渠道进行实名或匿名举报，公司坚决保护举报者的合法权益；

（三）公司的反舞弊政策、程序及有关措施体现在公司的各项制度中，包括但不限于员工手册、岗位职责制度、业务规范和工作流程及其他内部控制制度，还体现在培训及培训资料中。不仅包括以印刷品形式登载的内容，还包括以公司官网、电子邮件、微信等电子数据形式发布所登载的内容。

第十一条 公司对准备聘用或晋升到重要岗位的人员均应进行背景调查，例如教育背景、工作经历、犯罪记录等。背景调查过程应有正式的文字记录，查实身份证、学历、学位、专业技术证书等关键资料的真伪，并在公司留档保存。

第十二条 公司应在新员工培训中加强关于员工应当廉洁自律、自觉杜绝舞弊行为的宣讲教育。

第五章 舞弊案件的举报、调查、报告

第十三条 反舞弊工作组负责接受舞弊案件的举报，以及公司其他部门对在履行工作职责时发现的舞弊线索提出的情况反映。

第十四条 反舞弊工作组应建立并公布反舞弊举报热线电话、电子邮件信箱等，鼓励各级员工及与公司直接或间接发生经济关系的外部第三方反映、举报公司及员工对可能违反职业道德或违法违纪问题的揭发、检举。

第十五条 反舞弊工作组应针对其所接受的舞弊案件的举报、业务部门的情况反映，建立工作流程及制度，规定如何受理、保留、处理员工实名或匿名、外部第三方实名或匿名举报，并留下书面记录供案件核查及后续处理。

第十六条 在对举报的受理、调查及处理过程中，要注意对当事人尤其是举报人的信息予以严格保密，并对经查实确认存在舞弊事实、为公司挽回重大损失的举报人给予物质和精神上的奖励。

第十七条 反舞弊工作组对涉及一般员工的举报和反映，可以在对所反映情况进行评估后作出是否立案调查的决定。若事项涉及公司高层管理人员，可以由公司董事会批准后，由公司反舞弊工作组组员和董事会指定人员共同组成特别调查小组进行联合调查。在进行有关调查时，视需要还可聘请外部中介机构参与调查。对于实名举报，无论是否会立案调查，均需要向举报人反馈调查结果及处理决定。

第十八条 对举报或反映的线索经调查不能充分证明存在舞弊事实，但发现该工作岗位的工作流程、规则或职责授权等可能存在潜在的舞弊风险的，应提出风险及解决方案建议。由董事会最终确定是否作出补充或调整。

第十九条 对于举报和调查处理后的舞弊案件报告材料，公司反舞弊工作组按归档工作的规定，应及时立卷归档。有关舞弊案件的个案调查结果及处理建议

要及时向公司董事会报告。

第二十条　反舞弊案件的报告结束并获得董事会的批准后，由反舞弊工作组针对调查和处理结果形成《反舞弊情况通报纪要》，通报公司管理层及各业务部门。

第六章　反舞弊工作的指导和监督

第二十一条　公司董事会每年向股东会至少进行一次反舞弊情况汇报，并听取股东会的有关意见及指示。遇有涉及公司董事会成员、总部部门以上负责人、子(分)公司总经理级别人员舞弊事件、可能导致公司正常生产经营受到较大影响的舞弊事件等重要情况或重大问题时，可随时向股东会报告。

第二十二条　反舞弊工作组每年应至少向董事会进行一次反舞弊工作的总结汇报，主要内容应包括：

(一)已开展的各项反舞弊工作；

(二)反舞弊工作中出现的问题及措施建议；

(三)受理舞弊行为的举报、反映情况及立案情况；

(四)对舞弊案件的调查及处理情况；

(五)舞弊案件给公司带来的损失情况；

(六)公司可能存在的舞弊风险评估及措施改进。

(注：会议的具体内容可根据实际情况进行调整)

第二十三条　董事会对公司的反舞弊工作应当承担指导、监督及必要地参与执行工作职能，主要包括：

(一)带头参与、协助反舞弊工作组在公司范围内建立并推广反舞弊文化环境；

(二)建立并完善反舞弊工作组的组成，监督反舞弊工作组做好反舞弊各项工作；

(三)审核批准工作组的反舞弊制度和其他工作流程、规则；

(四)审核工作组的舞弊风险评估及其工作计划和报告；

(五)了解并监督员工举报机制的运行；

(六)审核批准工作组针对舞弊案件的调查报告和处理意见；

(七)深入参与或指派相关人员参与对重大舞弊事件或有关财务人员舞弊事件的调查工作；

(八)听取并审批反舞弊工作组的各项工作报告；

(九)复核财务审计部门作出的针对反舞弊而提出的会计准则、会计政策的调整；

（十）其他为更好地完成反舞弊任务需要开展的工作。

第七章　舞弊案件的补救措施和处罚

第二十四条　公司发生舞弊案件后，在案件的处理意见中应该同时提出改进和补救措施，由董事会决定对公司相应管理制度予以修正或调整。

第二十五条　反舞弊调查结束后，已构成违反工作纪律及相关工作制度但情节轻微且未给公司造成损失的，由人力资源部对有关部门和人员进行批评教育或给予通报批评；已构成违反工作纪律及相关工作制度且情节较重或给公司造成重大经济损失的，由人力资源部负责解除公司与有关人员的劳动用工关系，并由法务部负责办理可能追讨的民事赔偿事宜；触犯法律构成犯罪的，移交司法机关处理。

第二十六条　处罚措施执行完毕后，应及时将查实的舞弊行为、调查结论、处理意见及处罚措施的执行情况等向公司各部门及必要的外部第三方进行通报。

第八章　适用范围

第二十七条　本制度适用于公司及所属各部门、各分支机构及各子公司。

第九章　附　　则

第二十八条　在董事会授权下，本制度由反舞弊工作组负责解释和修订。

第二十九条　本制度自批准之日（或×年×月×日）起施行。

第六章

附　　则

1. 寄递是指将信件、包裹、印刷品等物品按照封装上的名称、地址递送给特定个人或者单位的活动,包括收寄、分拣、运输、投递等环节。

2. 快递是指在承诺的时限内快速完成的寄递活动。

3. 邮件是指邮政企业寄递的信件、包裹、汇款通知、报刊和其他印刷品等。

4. 快件是指快递企业递送的信件、包裹、印刷品等。

5. 信件是指信函、明信片。信函是指以套封形式按照名称、地址递送给特定个人或者单位的缄封的信息载体,不包括书籍、报纸、期刊等。

6. 包裹是指按照封装上的名称、地址递送给特定个人或者单位的独立封装的物品,其重量不超过50千克,任何一边的尺寸不超过150厘米,长、宽、高合计不超过300厘米。

7. 平常邮件是指邮政企业在收寄时不出具收据,投递时不要求收件人签收的邮件。

8. 给据邮件是指邮政企业在收寄时向寄件人出具收据,投递时由收件人签收的邮件。

第四编

融资租赁行业合规经营

第一章

总　　则

第一节　宗旨及原则

一、经营宗旨

融资租赁具有融资形式便捷、还款方式灵活、压力小、融资期限长等特性，随着我国新冠肺炎疫情形势的好转以及政策的开放，融资租赁已成为支持航空器、船舶、汽车等大型设备产业继续蓬勃发展最普遍、最基本的非银行金融形式。同时，融资租赁凭借其独特优势在拓宽中小微企业融资渠道、推进产业升级等方面发挥了极大的推动作用。为推动融资租赁行业全面性、合规性和高质量发展，根据《民法典》《公司法》《银保监会关于印发融资租赁公司监督管理暂行办法的通知》等相关法律法规、监管制度的规定，明确融资租赁行业的经营宗旨。

融资租赁行业的经营宗旨：促进企业技术改造，提高企业产品竞争力，打造设备投资的重要平台。

二、经营原则

从事融资租赁业务的经营原则与其他民事法律行为基本一致，要遵循诚信、自愿、公正的原则，不得损害国家利益、社会公共利益和他人合法权益，融资租赁业务的经营者应严格遵循以上原则，进而建立可持续发展的经营环境，促进市场经济的发展。

第二节　经营与监管

一、经营主体与业务

我国融资租赁行业的经营主体包括金融租赁公司、内资试点融资租赁公司、外商投资融资租赁公司，本指南不涉及金融租赁公司。上述公司性质应为有限责任公司或者股份有限公司。

我国融资租赁公司的经营范围主要围绕租赁物开展，本指南主要涉及融资租赁这一主要业务。

融资租赁业务主要涉及出租人、出卖人、承租人三方之间的法律关系，包括出租人与出卖人之间货物买卖法律关系，出租人与承租人之间的租赁法律关系。其中出租人系指融资租赁公司，特殊性在于出租人与出卖人供货法律关系的标的物以承租人的要求和选择进行确认，一切均遵从承租人的需求，同时货物买卖法律关系与租赁法律关系的标的物系同一。租赁期间内，承租人按合同约定向出租人支付租金，这主要是以融物的方式达到融资的目的，以解决承租人的资金压力，使整个市场快速发展起来。

二、监管部门

融资租赁行业监管部门包括省级地方金融监督管理局、设区的市的地方金融监督部门以及县（市、区）级地方金融监督部门。省级地方金融监督管理局负责全省范围内的融资租赁公司监管工作，设区的市的地方金融监督部门、县（市、区）级地方金融监督部门各司其职，具体负责辖区内融资租赁公司的变更、日常监管等工作。

第二章

公司市场准入

第一节　公司的设立

一、设立申请

融资租赁公司的设立需要向地方金融监管部门提出申请，由省级地方金融监督管理部门审查并出具同意设立融资租赁公司的意见，并由登记注册机关根据该意见依法办理融资租赁公司登记注册。

二、公司名称、经营场所

融资租赁公司的设立应严格按照相关规定，公司名称应包含“融资租赁”字样。设立公司的注册地应有与业务经营相适应的营业场所，在注册地实际经营。

三、注册资本

申请设立融资租赁公司的，注册资本应为实缴，出资方式应为货币，包括人民币或等值的可自由兑换货币，具体注册资本金额应以各省制定的实施细则规定为指导。

四、公司章程、内部控制制度

申请设立融资租赁公司的，应依据我国《公司法》及中央金融监管部门的要求制定健全的公司章程以及包括业务规范、财务管理制度、风险控制制度在内的内部控制制度，公司经营范围中应标明“融资租赁”字样，全体股东应在公司章程上签字盖章。

第二节　公司成员

一、股东

融资租赁公司的股东需要具备的条件：

1. 应为企业法人或者其他经济组织；

2. 具有完善的公司治理结构和有效的组织管理方式；

3. 信用良好，无重大违法违规行为及重大不良信用记录。

作为控股股东的，应具备足够的资本、资金实力以开展融资租赁业务，承诺3年内不直接或变相转让所持有的股权，并在公司章程中载明。

各股东的出资应均为合法的自有资金。

二、董事、监事、高级管理人员

董事、监事、高级管理人员应具备良好的信用，无重大违法违规行为以及重大不良信用记录，且应具备金融或相关经济专业的背景与从业经验，高级管理人员中应有熟悉风险控制、合规管理的专业人才。

第三节　平台备案

融资租赁公司应在首次登录全国融资租赁企业管理信息系统平台时对公司的基本事项进行初始备案。公司基本事项包括：公司名称、经营范围、注册地址、联系地址、注册资本、公司监管联络人员及联系方式；公司章程；股东名称、实缴资本、持股比例；公司法定代表人及董事、监事、高级管理人员等。

融资租赁公司应定期登录全国融资租赁企业管理信息系统平台填报经营信息以及相关事项的变更信息。

第三章

日常经营规范

第一节　经营规范的具体规定

一、禁止性业务、活动

融资租赁公司不得有下列业务或活动：

1. 非法集资、吸收或变相吸收存款；

2. 发放或受托发放贷款；

3. 与其他融资租赁公司拆借或变相拆借资金；

4. 通过网络借贷信息中介机构、私募投资基金融资或转让资产；

5. 法律法规、国家金融监管部门和省、自治区、直辖市(以下简称省级)地方金融监管部门禁止开展的其他业务或活动。

二、关联交易

承租人为关联企业的,融资租赁公司与其进行交易时应当遵循商业原则,独立交易、定价公允,其交易条件不优于非关联方同类交易。

重大关联交易应当由股东会、董事会或其授权机构批准。

涉及关联交易表决或决策的,融资租赁公司与该交易有关联关系的人员应当回避。

三、租赁物性质与范围

(一)租赁物的性质

融资租赁业务的租赁物应当是法律允许流通的、所有权完整且可转移、可处置、真实存在且能够产生收益的非消耗品。

(二)租赁物范围

适用于融资租赁交易的租赁物应为固定资产,主要包括生产设备、通信设备、医疗设备、科研设备、检验检测设备、工程机械设备、办公设备、飞机、汽车、船舶以及其他符合相关规定的租赁物。

瑕疵租赁物不适用于融资租赁交易,瑕疵租赁物包括以下类型:

1. 设置抵押、质押、权属存在争议的财产;

2. 已被司法机关查封、扣押的财产;

3. 所有权存在瑕疵的财产等。

融资租赁公司不得接受以上财产作为租赁物。

四、租赁物权属及其登记

融资租赁公司应当合法取得租赁物的所有权。

融资租赁公司应就租赁物的权属及时办理相关权属登记手续。

应当在国家认可的登记系统中进行权属登记,目前可登记的系统为中国人民银行征信中心动产融资统一登记公示系统。

法律法规对有关租赁物的权属登记另有规定的,应当依法办理相关登记手续。

五、租赁物购置与管理

(一)租赁物购置

租赁物的购置由融资租赁公司负责,购置前应与承租人签订融资租赁合同或者签订融资租赁业务意向合同。

提前购置租赁物的,应与融资租赁公司自身现有业务统一步调,确保在自己能承受的风险范围内。

融资租赁公司在售后回租业务向承租人买入的租赁物,应当参照会计准则的定价依据,买入价格合理,不可低值高买。

(二)租赁物管理

融资租赁公司应当密切监测租赁物价值对融资租赁债权的风险的覆盖水平,定期评估租赁物未担保余值,建立资产质量分类制度和准备金制度,在准确分类的基础上及时足额计提资产减值损失准备,增强风险抵御能力。

六、租金水平

融资租赁公司应结合租赁物的价值、其他成本以及合理利润等确定租金水平，并在与承租人签订融资租赁合同或者达成融资租赁业务意向时，事先告知具体金额或收取标准。

七、转租赁

转租赁是指融资租赁关系中的出租人将租赁物出租给第一承租人，承租人经出租人同意，又以第二出租人的身份把租赁物转租给第二承租人。第二出租人与第二承租人之间的法律关系是租赁法律关系。

多重买卖型转租赁有同行拆借嫌疑，存在合法、合规风险，应予以纠正或规避。

八、资产比重

融资租赁公司融资租赁和其他租赁资产比重不得低于总资产的60%。

融资租赁公司的风险资产总额不得超过净资产的8倍。

融资租赁公司开展的固定收益类证券投资业务，不得超过净资产的20%。

九、承租人业务比例

（一）单一承租人业务比例

承租人系单一客户的，融资租赁公司对单一承租人的全部融资租赁业务余额不得超过净资产的30%。

承租人系单一集团客户的，融资租赁公司对单一集团的全部融资租赁余额不得超过净资产的50%。

（二）关联承租人业务比例

融资租赁公司对一个关联方的全部融资租赁业务余额不得超过净资产的30%。

融资租赁公司对全部关联方的全部融资租赁业务余额不得超过净资产的50%。

融资租赁公司对单一股东及其全部关联方的融资租赁业务余额不得超过该股东在该融资租赁公司的出资额，且全部融资租赁业务余额不得超过净资产的30%。

第二节　外部报告制度

一、信息报送制度

融资租赁公司应定期向地方金融监管部门报送信息，包括但不限于公司年（季、月）经营信息、统计报表、年度财务会计报告等材料。

二、重大事项报告制度

融资租赁公司应依据地方金融监管部门的规定对重大事项进行报告，包括但不限于重大关联交易、重大待决诉讼、仲裁等。

第四章

公司处置退出

第一节　公司处置

一、正常经营类

正常经营类融资租赁公司应符合以下条件：

1. 依法合规经营，接受并配合监督、在注册地有经营场所且如实完整填报信息；

2. 实质性开展融资租赁相关业务，并持续经营6个月以上；

3. 法律法规规定的其他条件。

对于符合上述条件的融资租赁公司应按照各省关于融资租赁业务监督管理规定进行报送，并经国家金融监督管理总局同意后纳入正常经营类公司名单监管。

二、非正常经营类

失联、空壳等经营异常的融资租赁公司属于非正常经营类。

失联是指满足以下条件之一的企业：

1. 无法取得联系；

2. 在企业登记住所地实地排查无法找到；

3. 虽然可以联系到企业工作人员，但其并不知情且也不能联系企业实际控制人；

4. 连续3个月未按监管要求报送监管信息。

空壳是指满足以下条件之一的企业：

1. 未依法通过国家企业信用信息公示系统报送并公示上一年度年度报告；

2. 近6个月监管信息显示无经营；

3. 近6个月无纳税记录或“零申报”；

4. 近6个月无社保缴纳记录。

非正常类经营企业经公示整改验收不合格或者拒绝整改的，会被纳入非正常经营名录，地方金融监管部门会劝导其变更企业名称和业务范围或自愿注销。

三、违法违规经营类

违法违规经营类是指经营行为违反法律法规和融资租赁公司监督管理办法的企业。经公示整改验收不合格或者违法违规情节严重的，可取缔或吊销营业执照。

第二节　公司退出

一、公司解散类退出

融资租赁公司解散或者被依法宣告破产的，应当进行清算，并按规定办理注销登记。

二、公司不解散类退出

融资租赁公司不再经营融资租赁业务但不解散的，应当依法变更公司名称和经营范围，公司名称和经营范围中不得再出现“融资租赁”字样。

第五章

融资租赁合同

第一节　融资租赁合同的基本概念及业务模型

一、基本概念

融资租赁合同是出租人根据承租人对出卖人、租赁物的选择，向出卖人购买租赁物，提供承租人使用，承租人支付租金的合同。

二、业务模型

（一）直接租赁业务模型

直接租赁业务模型交易结构中通常涉及出卖方、出租方及承租方三方。出卖人与出租人之间一般构成租赁物买卖合同关系；出租人与承租人之间则一般构成融资租赁合同。

（二）售后回租业务模型

售后回租业务模型是指承租人将自有设备等资产出售给出租人，同时再与出租人签订融资合同，承租人通过支付租金的形式再将该资产从出租人处租回使用。

在该交易结构中通常只涉及出租人与承租人两方。

第二节　关联合同及合同条款

一、融资租赁关联合同

融资租赁关联合同包括以下类型：

1. 买卖（建造）合同；

2. 增信类的担保性合同，如抵押合同、回购担保合同；

3. 保险类的合同；

4. 保修合同。

（一）买卖合同要点

融资租赁业务中的买卖合同系根据承租人的选择确认的，包括承租人对出卖人、租赁物的选择。在买卖合同起草过程中需要确认租赁物是否符合承租人的要求，包括但不限于租赁物的规格、型号、等级、产地、质量标准等，同时需要明确租赁物的交付验收对象及违约责任，其中交付验收对象一般约定为承租人。

（二）担保合同要点

担保合同的目的是确保出资方的资金回收、合理收益等。

担保合同起草有以下要点：

1. 明确担保方式、担保范围以及保证期间，其中担保范围应该涵盖本金、利息及合理收益；

2. 明确抵押物、质押物的基本信息；

3. 明确担保人的送达地址，以期涉诉时相关文书能够送达。

二、融资租赁合同条款

融资租赁合同条款主要包括主体条款、租赁物条款、租赁物的交付及检验条款、租赁期限条款、租金条款、租赁物的保管及使用条款、租赁物归属条款、担保条款、违约条款、保险条款、争议解决条款、其他程序性条款等。

（一）主体条款

主体条款起草时应明确承租人与出租人是否为适格主体，明确承租人的姓名、住所等基本信息。

融资租赁合同的主体包括出租人和承租人。融资租赁性质上为非典型担保，承租人类似于抵押人，但为了鼓励融资租赁公司去参与到公益服务当中去，学校、幼儿园、医疗机构等非营利法人可以是融资租赁的承租人。

1. 主体的审查。融资租赁公司可以通过国家企业信用信息公示系统、企查查、全国社会组织信用信息公示平台等网站查询承租人的注册登记、股东出资情况等确认承租人的主体的适格性。

融资租赁公司可以通过中国执行信息公开网、中国裁判文书网、全国企业破产重整案件信息网等平台确认承租人涉诉情况、履约能力以及合同主体资质等。

2. 承租人与实际使用人不一致。承租人与实际使用人不一致的情形主要有以下几种：

(1)挂靠行为，主要发生在大型营运车辆融资租赁业务中，实际使用人为自然人，为方便营运而将车辆挂靠在运输公司名下；

(2)以他人名义签订融资租赁合同，主要发生在实际使用人存在融资障碍或者实际使用人单纯为了套取融资款项进行合同诈骗行为的情形中。

融资租赁公司应当在主体审查时确认承租人与实际使用人一致。

(二)租赁物条款

租赁物条款起草时应确保租赁物系特定物，应明确租赁物的名称、数量、规则、技术性能、生产厂家等基本信息。

1. 虚构租赁物。租赁物应当是真实存在的，如若仅签订了融资租赁协议列明了租赁物信息，无其他证据证明租赁物真实存在，则会因为融资租赁合同丧失了融资物的属性，合同双方不构成融资租赁法律关系，将根据民间借贷等法律关系确认合同双方的权利义务。

2. 新型租赁物。针对新型租赁物，应当判断其是否存在被否定的风险，应当在融资租赁合同中约定该风险的承担方，以确保合同能够顺利地履行。

3. 租赁物的归属。融资租赁物合同应当明确约定合同有效期满后或被认定无效的情况下租赁物的归属。

在融资租赁合同中约定合同到期承租人向出租人支付象征性价款的，应当明确约定租赁期满后租赁物归属于承租人。

租赁物的归属有约定从约定。

融资租赁合同约定租赁物归属承租人，但承租人无力支付租金导致出租人解除合同的，租赁物归属出租人。因承租人已支付大部分租金，收回的租赁物价值大于欠付的租金等费用的，承租人可请求返还相应费用。

融资租赁合同对租赁物归属没有约定或约定不明确的，可依据《民法典》第510条规定确定租赁物归属，无法确认的，租赁物的所有权归出租人所有。

承租人原因导致融资租赁合同无效且合同未约定租赁物的归属的，出租人不请求返还或者返还后会显著降低租赁物效用的，租赁物归属于承租人，但承租人应给予出租人合理的补偿。

4. 租赁物的保管及使用。根据我国《民法典》的规定，承租人对租赁物有保管义务，在占有租赁物期间有维修义务。在融资租赁合同中一般约定由承租人履行对租赁物的维修以及妥善保管的义务,如存在特殊情况也应在合同中明确约定。

(三)租赁物的交付及检验条款

该条款起草时应明确:交付对象、交付方式以及逾期提货或无正当理由不接受租赁物时的责任承担;承租人确定租赁物时是否依靠了出租人的技能或者受到了出租人的干预;验收主体、验收内容、验收期限等。

1. 交付对象为承租人。承租人是租赁物真正的使用权人,一般情况下融资租赁合同约定由出卖人直接向承租人交付租赁物,并约定由承租人对租赁物进行验收,具体验收标准可由承租人与供货商协商确认。

交付对象为承租人的,应在融资租赁合同中约定交付行为不代表所有权的转移。

2. 交付时间。交付时间的约定可以确认风险转移节点。融资租赁合同中应当约定交付前标的物灭失风险由供货商承担,交付后由承租人承担。

3. 拒绝接收。承租人基于以下原因造成出租人损失的,应当承担损害赔偿责任:

(1)承租人拒绝受领租赁物,未及时通知出租人;

(2)承租人无正当理由拒绝受领租赁物。

4. 瑕疵交付。出卖人瑕疵交付的,也就是租赁物不符合约定或者不符合使用目的的,出租人不承担责任。但是如租赁物的选择是出租人做主导确定的,出租人需要承担相应责任。

(四)租赁期限条款

租赁期限条款中应明确约定租赁期限和租赁的起止时间。

租赁期限应结合租赁物的使用寿命及产生经济效益的情况确定。

(五)中途解约禁止特约

因租赁物存在由承租人基于自己的实际需要、具体需求,自行选定的特性,同时为了保障融资租赁公司能够顺利收回所投入的资金,应当在融资租赁合同中约定当事人双方无正当理由不得单方要求解除合同的条款。

(六)租金条款

租金条款起草时应明确租金总额、构成及计算方式,租金支付方式、支付时间及数额。

根据《最高人民法院关于新民间借贷司法解释适用范围问题的批复》,融资租赁公司属于经金融监管部门批准设立的金融机构,因此租金不受贷款市场报价利率(LPR)的4倍上限限制。

(七)商业保险的购买

因融资租赁业务经常涉及飞机、船舶等价值较大的租赁物,为保障租赁物的保管和使用,在融资租赁合同中应约定商业保险的购买条款,一般约定保险购买人为承租人,被保险人应为出租人,并确保保险期限与租赁期限一致,相应保险费用可约定由承租人承担。

(八)担保条款

融资租赁合同担保条款应约定担保方式、担保范围及担保期限等。

融资租赁合同中最常见的担保方式是保证担保中的连带责任保证。连带责任保证的范围应在融资租赁合同中明确约定,主要以承租人的债务范围来确认,即承租人全部未付租金及合同约定的其他费用与收回租赁物价值的差额。

提供抵押担保的,应及时进行物权的登记,以对抗善意第三人。

法人提供担保的,应当就其现行有效的公司章程确认内部担保规则并取得相应同意法人提供担保的股东会决议或董事会决议。

(九)违约条款

融资租赁合同违约条款主要包括未支付租金和未交付租赁物的情形。

未交付租赁物的,违约条款一般约定由出卖人承担违约责任,出租人予以协助。

未支付租金的,违约条款可做如下约定:

1. 约定承租人除应支付已到期的租金以外,还应承担相应的逾期利息并赔偿损失;

2. 约定经催告仍未限期支付的,可加速到期要求承租人支付全部租金,并可就租赁物参照实现担保物权的方式以偿还租金及合同约定的其他合理利润;

3. 约定可解除合同并由出租人收回租赁物。

第2项、第3项中的违约条款不可同时适用。

(十)解除条款

融资租赁合同解除条款应约定法定解除条件以及合同双方约定解除条件,同时应当约定合同解除的救济措施。

合同约定解除条件的确定应当由合同双方在合同签订前进行充分的洽谈和协商,主要是考虑将己方在实现合同目的上可能出现的障碍作为约定解除条款的基础。

合同解除救济措施的约定主要是为了合同争议能够得到有效的解决,避免诉累。其约定主要包括明确出租人可以选择采取的收回并处置租赁物的方式及租赁物价值确定的方式,包括约定由有资质的机构评估或者市场询价等方式。

融资租赁合同法定解除的原则主要是基于合同目的不能实现,法定解除情形有以下几种:

1. 上游合同导致的解除,即买卖合同解除、被确认无效或者撤销,且未能重新签订买卖合同的;

2. 租赁物原因导致的解除,即租赁物因不可归责于当事人的原因毁损、灭失且不能修复或者确定替代物的;

3. 出卖人原因致使租赁和目的合同不能实现。

(十一)争议解决条款

争议解决条款主要是约定争议解决方式、解决地点以及出租人、承租人、担保人的送达地址。

争议解决方式主要分为诉讼或仲裁。约定诉讼作为争议解决方式,当事人为方便己方诉讼的,一般约定由己方所在区法院进行处理。如若诉讼案件量非常多,为确保案件能够有效率地解决,可以约定合同签订地法院作为管辖法院。仲裁相较于诉讼更富有灵活性,约定仲裁作为争议解决方式可以跨越区域的限制,可以在全国乃至世界范围内确认仲裁地。

涉及不动产的融资租赁合同遵循合同纠纷管辖的规定可约定管辖,不适用专属管辖。

第三节　融资租赁合同的签订、履行及租金支付

一、合同签订

融资租赁合同双方可以通过线下或线上的方式签订合同。

采用线上方式签订合同的,应当对电子签章的真实性及其效力进行审查。

电子签章的真实性验证主要分为本地验证和在线验证。

本地验证可以通过 adobereader 软件进行验证,合同双方可在该软件中打开需要验证的文档,单击电子印章的位置选择“签名属性”则会出现电子印章验证结果,包括签署者的身份、签署时间,文件签署后是否被修改。

在线验证主要适用于提供电子印章验证平台的区域,将需验证的文件上传至该平台即可进行验证。

二、合同履行

融资租赁合同履行的要点主要包括租赁物、抵押物的登记以及租金及其他费用的支付。出租人应在租赁物交付之日起10日内对租赁物进行登记进而获得购买价款超级优先权,使融资租赁合同约定的租金及其他合理费用可以优先于其他担保物权受偿。

三、租金及其他费用的支付

承租人租金及合同约定的其他费用的支付对象必须是出租人或者出租人授权的代理人。

第五编

环境资源行业合规经营

第一章

矿产资源合规经营

第一节　矿业企业合规管理

一、资源权定义

矿产资源权是指矿产资源所有权人或其授权的人在法律规定的范围内,为开采矿产资源而依法享有的权利。它包括矿产资源所有权、探矿权、采矿权等。矿产资源是一种重要的自然资源,对国家的经济发展和社会进步具有重要意义。因此,为了合理开发和利用矿产资源,需要制定矿产资源法来规范矿产资源权,确保资源的可持续利用和社会公平正义。同时,还要加大对矿产资源管理的监管力度,打击非法开采和浪费资源的行为,促进资源的可持续发展。

二、开展合规管理的必要性

资源归国家所有,而资源的开发则由政府部门进行严格的监督。在资源监督越来越规范、越来越严格的背景下,采矿权行业也面对着严峻的外部监督,这表现在:一是我国制定了严格的采矿权管理制度,在采矿范围和期限、生产规模、主矿种变更、矿区范围扩大、采矿权延续、采矿权转让等方面都受到了一定的制约,一旦发生了违法行为,将会造成非常严重的后果;二是采矿执法力度不断加大,除了全方位加大日常执法力度,还对煤炭、黄金、稀土和砂石等矿产资源进行了一次大型整治;三是我国矿山开采行业在近几年的改革中,在审批权限、出让方式和有偿取得等方面发生了较大变化,矿山企业的采矿权经营面临着新的形势和新的挑战。

在实际工作中,矿山企业在开采活动中往往存在着合规意识不强、合规机制不健全、合规管理措施不力等问题。一些企业没有取得开采许可擅自开采;一些企业超过核准的开采面积;有些企业开采到期后仍在开采;有些企业没有按法定时限申请继续开采;企业在停产之前没有完成生态恢复、恢复耕地等工作。矿业企业在采矿活动中的非法经营活动已经成为矿业企业的一个严重的合规风险,严重威胁着矿业企业的持续、稳定和健康发展。

三、开采范围和期限

矿山企业在获得采矿权后,必须按照采矿许可证所确定的采矿区域及有效期进行采矿活动,并遵守下列法律法规:

1. 遵守矿山开采规则;所谓"采矿许可证划定的面积",就是指以地质构造的拐点为坐标,以采深为依据,划分出的三维空间。矿山企业在获得的采矿许可证上一般都有矿区的面积,拐点坐标,以及采深(标)。采矿企业必须严格按照核准的区域进行采矿,禁止超越权限进行采矿活动。

2. 严格遵守采矿时间规则。采矿许可证的有效时间是根据矿区的建设规模来决定的。矿产的开采年限是在矿产许可证上记录的,超过矿产规定的时间就有可能被认定为违法采矿。

四、生产规模

生产规模是一种矿产企业在正常生产期间,在单位时间里可以开采的矿石数量,是矿产管理机关在对矿产企业进行监督管理时的一个主要检查项目,应该考虑下列应遵守的责任。

1. 根据核准的产品规格开展产品的制作。一般情况下,要根据矿产储量规模、矿区自然经济地理条件、市场需求程度等多种情况来确定矿产生产规模,其主要依据是:开采利用计划(或设计)和相关主管机关的批准(备案)文件或批准的生产能力。

2. 生产规模的变化需办理相关手续。在 2017 年,矿产企业若要改变其生产经营范围,必须获得有关产业主管机关关于技术改造和扩建工程的批准(或备案)或生产能力核定,并办理开发利用方案审查、环评变更、矿产安全设施设计变更等审批。

五、矿区范围

拓展开采区域是采矿企业保持现有采矿规模,提高资源安全保障水平的一个主要途径。开采区域扩展时,采矿企业应当视情况酌情遵守下列规定。

1. 采用“探转采”的方法，拓宽“采区”的面积。探矿权人在完成了部分勘探地区的“探转采”手续并获得采矿权后，由于一些勘探地区已经达到了转采的要求，可以通过“探转采”的形式扩展开采面积。

2. 以竞争性出让的形式拓展矿产用地。《自然资源部关于推进矿产资源管理改革若干事项的意见（试行）》[1]（自然资规〔2019〕7号）出台后，采矿权拍卖在全国范围内广泛开展，采矿企业通过竞购获取纵向或横向的矿产资源，是目前我国拓展采地规模的常用手段。

3. 以协议方式拓展矿产规模。按照有关政策要求，矿产企业在满足一定条件后，可以通过协议转让的形式进行拓展。

六、开采主矿种变更

根据矿产资源储量的不确定等因素，在满足变化主体采矿条件的情况下，经自然资源管理机关批准，在满足下列规定条件的前提下，可向自然资源主管机关申报主体矿产的变更注册：

1. 对主要矿产进行变更采矿。

2. 根据相关规定递交相关资料。

第二节　采矿权

一、采矿权延续登记及转让

（一）采矿权延续登记

采矿许可证到期后仍需进行开采时，应及时向注册行政机构申请延期注册。继续采矿勘探时，须遵守下列规定。

1. 矿区范围内必须有一定的矿产资源储备。一些矿业许可期限过短，矿区内又有新的储备，致使已经转让的矿产资源在采矿许可证有效期内尚未开发完，矿业权人可以向登记机构提出申请。

2. 限时办理续期手续。矿业权人必须在采矿许可证到期后30天内向国家有关部门申请注册。

---

〔1〕 该意见已失效。

3. 依规定递交注册资料。申请继续开采的，应当提供采矿权延续申请登记书、剩余保有资源储量资料、矿产资源开发利用计划及审查意见、矿产地质环境保护和土地复垦方案评审意见及公告结果、矿业权出让收益（价款）支付或有偿处置材料等。

（二）采矿权的转让

矿业权人在取得矿业权后，可以向社会公开出让其采矿权。矿业权的转移必须遵守下列规定：

1. 采矿权转让应当符合相关规定。第一，煤矿企业已投产 1 年以上；矿业权人通过协议出让获得的矿业权在 10 年内不能进行转让和变更，但由其控股子公司进行的矿业权变更除外。第二，矿业权的归属不存在纠纷。第三，依照国家相关法规缴纳相应的税费。

2. 矿业权转移申请须依相关规定办理。提交采矿权转让、转让合同、矿山投产满 1 年的证明材料等材料。

（三）矿山关闭程序

煤矿企业因生产经营终止而必须关闭的，应当按照规定办理相关手续，办理相关手续后，依法吊销营业执照。在矿井封闭过程中，必须遵守下列规定：

1. 履行矿井封闭地质调查和矿井停产汇报的批准手续。采矿企业应当在采矿完成 1 年之前，向将其关闭矿井的审批机关报送采矿许可证，并递交封闭矿井地质调查报告。关闭矿井的地质调查工作必须经过原核准设立矿井的机关（通常指的是最初批准或核准矿山开采活动的行政机关）核准，并报国家地质矿产管理机关核准。经核准后，矿业权人应编制一份关闭矿井的报告书，由原核准开采的主管机关、同级地质矿产主管机关及相关主管部门，依照相关行业规定，对报告书进行审查和核准。在获得所有相关部门的核准后，矿业权人按照关闭矿井报告书的计划，开始实施关闭矿井工作。

2. 结束挖掘作业。关闭矿山经核准后，应按国家规定，对地质、测绘和采矿资料进行整理和存档，报送关闭矿井的地质报告、关闭矿井的报告和相关资料；依照核准的关矿申报书，办理与劳工安全、水土保持、土地复垦及环保工作相关事宜，或办理土地复垦及环保相关事宜。

3. 矿业权取消注册。矿山关闭工作结束后，由矿山企业向矿山主管部门申请撤销采矿许可证。

二、采矿权管理中的主要合规风险

(一)刑事责任法律风险

1. 触犯非法采矿罪的风险。矿业企业越界开采、无证开采,情节严重构成犯罪的,对单位判处罚金,并对其直接负责的主管人员和其他直接责任人员判处刑罚。

2. 触犯危险作业罪的风险。矿业企业存在超生产规模采矿行为,具有发生重大伤亡事故或者其他严重后果的现实危险,构成犯罪的,对单位判处罚金,并对其直接负责的主管人员和其他直接责任人员判处刑罚。

(二)民事责任法律风险

1. 合同纠纷风险。矿业企业在对外转让采矿权,以及投资收购他人采矿权过程中,可能因合同签订、履行问题形成采矿权转让合同纠纷。

2. 一般侵权责任纠纷。因矿业企业越界开采他人矿区范围内的矿产资源,以及建设项目压覆采矿权等原因,矿业企业和其他主体之间常出现侵权责任纠纷。

3. 生态环境损害赔偿纠纷。矿业企业存在破坏生态环境、未履行生态修复义务等情形的,有关机构可依法向矿业企业提起民事公益诉讼。

(三)行政责任法律风险

1. 行政审批风险。采矿权人逾期申请采矿权延续的,以及扩大矿区范围、变更开采主矿种、采矿权转让等不符合法定条件的,自然资源主管部门将不予批准。

2. 行政处罚风险。采矿权人越界开采,采矿许可证到期后继续开采的,将面临被自然资源主管部门处以罚款、吊销采矿许可证、没收违法所得等行政处罚。

3. 行政强制执行风险。探矿权人未按规定缴纳采矿权出让收益、采矿权使用费等费用的,由登记管理机关责令限期缴纳,并从滞纳之日起每日加收2‰的滞纳金。

4. 行政协议纠纷风险。采矿权人和自然资源主管部门之间,可能因采矿权出让合同的履行问题产生行政协议纠纷。

第三节 探矿权

一、探矿权定义

探矿权是根据勘探开发许可证确定的勘探区域,对勘探活动进行勘探的权利。

探矿权作为矿山企业的重要财产，在其存续过程中企业既要遵守勘查规范、地质资料汇交、勘查矿种变更等勘查行业监管义务，还可能需要取得探矿权延续、探矿权分立、探矿权保留、探矿权转让等行政许可，不同的领域和环节均存在合规风险点。为了有效地预防和解决探矿权经营过程中的合规风险，必须根据相关的法规和政策，结合公司的具体情况，构建一套系统化、专业化的探矿权合规治理体系，从而提高探矿权人的合规管理水平。

二、探矿权合规管理的必要性

矿业是我国政府严格管制的产业。近几年，我国对矿产资源的开采管理越来越关注，对其进行的监督也越来越严格，而探矿权是我国矿产资源管理中的一个重要方面，国家对探矿权的严格监督体现在：一是国家对探矿权管理出台了严格规定，探矿权取得、探矿权延续、探矿权分立、探矿权保留、探矿权转让等环节均受到法律法规的严格约束和限制，违法违规行为的后果严重；二是勘探开发管理工作的力度越来越大，勘查单位对勘查资金的投资，对勘查项目的管理，对勘查活动进行的监督，对地质资料的汇交都有很强的监督作用，在勘探过程中一些企业因被发现一些违法活动而被追究行政责任甚至刑事责任，这在以前并不罕见；三是随着我国探矿权资源开发利用的深入，探矿权出让方式、出让权限、期限、勘查阶段、储量等均出现较大变化，对探矿权的管理提出了新的要求。

在实践中，采矿企业普遍存在着合规意识薄弱、合规机制缺失、合规管理手段缺失等问题。例如，未经勘探许可而开展勘探活动，或超过勘探许可的区域；没有达到勘探投资的最低限额，没有按要求进行勘探建设；未按法定时限办理探矿权延续和保留探矿权等相关事项；在勘探工作中，未经批准，私自开采等。勘探开发活动中存在各种违法违规行为，这已是勘探开发活动中一个非常突出的问题，也是勘查活动保持公司长期、平稳发展所面临的一个重大问题。

针对目前探矿权行业的严格监管状况和企业在勘探活动中存在的一些违法行为，对探矿权进行合规管理，对探矿企业存在的风险进行有效的防范与解决，这对提高矿山企业的合规经营管理能力，促进企业的持续、健康发展，是十分必要的。

三、探矿权出让取得

探矿权出让是指自然资源主管部门以招拍挂、协议等方式依法向探矿权申请人出让探矿权的行为。探矿权出让中受让人的合规义务主要包括以下几方面。

1. 探矿权申请人应符合相应条件。一是申请人原则上应当为营利法人或者非营利法人中的事业单位法人。二是申请人在90日内未注销该申请区块范围内的探矿权,在6个月内未被吊销过勘查许可证。三是探矿权申请人的资金能力必须与申请的勘查矿种、勘查面积和勘查工作阶段相适应。

2. 探矿权出让机关须具备法定权限。《矿产资源法》《矿产资源勘查区块登记管理办法》规定,我国探矿权实行中央和省级政府自然资源主管部门两级出让。

3. 探矿权出让方式须符合规定。我国矿业权出让方式经历了从无偿行政审批,到以有偿行政审批为主、招拍挂市场竞争方式出让为辅,再到以招拍挂市场竞争方式出让为主、协议出让和行政审批为辅的变化。

四、矿产资源勘查

采矿企业在获得探矿权后,必须按照勘探规程规定在勘探区块进行勘探,以查明可开采的矿产资源储备。在进行矿产勘探时,应当遵守下列规定。

1. 汇报开工进度。勘探单位取得勘探许可后,须于6个月之内动工建设,并将工程启动前的工作报告给当地的县级以上人民政府,并将其开工建设过程上报给登记管理机关。

2. 完成勘探的最低投资。勘探者应按要求足额缴纳最小勘查投资,如遇天灾或其他不可抗力因素,无法继续勘探时,应在恢复正常勘查工作之日起30天内向登记管理机关提交申请核减相应的最低勘查投入的报告。

3. 对勘探活动进行标准化。勘探单位应当严格遵循地质勘探规程,严格依照勘探项目的要求进行勘探,不能未经勘探的情况下开展勘探。

4. 汇总各地区的地质数据。勘探者应于采矿许可证到期30日以前,将其从事各种工作所得的地质数据,报送国家自然资源管理机关。

五、勘查主矿种变更

由于勘探工作存在一定的不确定性等因素,在满足勘探主体类型变化的情况下,国家可以在自然资源管理机关提出对勘查主体矿种变更登记,前提是要遵守下列合规义务:

1. 勘查矿产资源的改变,应当按照土地出让协议规定办理。以招标、拍卖、挂牌、协议等形式获得的勘探矿产资源,经批准后,拟变更勘查矿种,在出让合同中另有规定的,从其规定。

2. 铀矿,稀土矿石有特殊的规定。有条件的,可以向有关部门提出申请。在勘探活动中,若有其他矿产资源,则应开展全面勘探,并将有关勘探结果报送主管部门。申请矿产资源勘探的主要矿产由原矿产改为稀土矿产的,申报单位必须是国家认定的规模较大的稀土企业集团。

六、探矿权延续、分立、保留、转让

(一)探矿权延续

勘探许可证到期后,如仍需进行勘探活动,应当在法定时限之内向登记机构申请延续。勘探证的继续须遵守下列规定:

1. 在规定的时间内提出延长的要求。以出让形式设置的勘查许可证,其有效期为5年,每次可延长5年。探矿权人在取得采矿权后,应当向国家有关机关申请延长采矿许可证。

2. 按照规定提交申请材料。探矿权人申请探矿权延续的,应提交探矿权延续申请登记书、勘查工作计划、勘查合同或者委托勘查的文件、勘查实施方案及评审意见、勘查项目资金来源文件、主体资格文件、勘查许可证、下级自然资源主管部门意见等要件材料。

3. 探矿权延续须扣减区块面积。在提出继续注册时,对初次设立勘探许可证中规定面积的25%进行扣除(不包括未申报的、未申报的油气资源/已申报的勘探,以及在已经设立矿业区的纵向投影上进行的勘探或深层勘探)。因生态保护、规划调整和重大公益性工程等需要,对已经设立的勘探区域进行勘探的,可以根据国家有关部门出具的有关批准文件,予以扣除。

(二)探矿权分立

探矿权人实施探矿期间,出现需要分立探矿权的情形,应当在勘查许可证有效期内,向自然资源主管部门申请办理变更登记。申请探矿权分立应遵守以下合规义务:

1. 探转采时可以申请探矿权分立。探矿权人因部分勘查区域转采矿权需要,依据经资源储量评审备案的地质报告,可以申请探矿权分立,探矿权人在分立后的探矿权勘查区域继续开展地质勘查。

2. 严格限制其他情形的探矿权分立。探矿权人因探矿权分割、转让部分勘查区域等目的申请探矿权分立的,受到政策的严格限制,有的省份规定因规划调整、资源整合及资源合理开发利用需要等才允许进行探矿权分立。

(三)探矿权保留

探矿权人在勘查许可证有效期内探明可供开采的矿体后,经登记管理机关批准,可以停止对相应区块的最低勘查投入,并保持该范围内的探矿权继续有效。申请探矿权保留应注意以下合规义务:

1. 探矿权保留应具备相应条件。一是符合勘查程度要求。探矿权人首次申请探矿权保留,应当依据经资源储量评审备案的地质报告。对资源储量规模达到大中型的煤和大型非煤探矿权申请保留,应当达到勘探程度。二是按照规定提出申请。探矿权人须在勘查许可证有效期届满的30日前,向登记管理机关提交探矿权保留申请登记书及有关证明材料。三是不属于延期开采情形。为了公共利益或者因技术条件暂时难以利用等情况,对于需要延期开采的矿产地的探矿权,不得申请探矿权保留。

2. 探矿权保留的期限和范围。保留探矿权的期限最长不得超过2年,需要延长保留期的,可以申请延长两次,每次不得超过2年。保留探矿权的范围,为可供开采的矿体范围。

(四)探矿权转让

探矿权转让须经自然资源主管部门审批,探矿权人在符合规定条件的情况下,经批准可以将探矿权对外转让。探矿权转让应注意以下合规义务:

1. 转让探矿权应具备相应条件。第一,以申请在先、招拍挂方式取得的探矿权,应当持有探矿权满2年,或者持有探矿权满1年且提交经资源储量评审备案的普查及以上地质报告;以协议方式取得的探矿权,应当持有探矿权满10年。第二,探矿权人须完成最低勘查投入。第三,探矿权属无争议。第四,已缴纳探矿权使用费(矿业权占用费)、探矿权出让收益(价款)。

2. 转让探矿权应履行审批程序。探矿权人申请转让探矿权时,应向审批管理机关提交转让申请书及相关材料。审批管理机关应当自收到转让申请之日起40日内,作出准予转让或者不准转让的决定,并通知转让人和受让人。转让人和受让人应当自收到批准转让通知之日起60日内,到原发证机关办理变更登记手续。

七、探矿权管理中的主要合规风险

(一)民事责任法律风险

1. 合同纠纷风险。矿业企业在对外转让探矿权,以及投资收购他人探矿权的过程中,可能因合同签订、履行问题形成探矿权转让合同纠纷。

2. 侵权责任纠纷。因建设项目压覆探矿权等原因，探矿权人和项目建设单位等主体之间常出现侵权责任纠纷。

（二）行政责任法律风险

1. 行政审批风险。探矿权人逾期申请探矿权延续、探矿权保留的，以及探矿权分立、探矿权转让不符合法定条件的，自然资源主管部门将不予批准。

2. 行政处罚风险。探矿权人存在无证勘查，未完成最低勘查投入，探矿过程中擅自进行采矿等情形的，将面临被自然资源主管部门处以罚款、吊销勘查许可证、没收违法所得等行政处罚。

3. 行政强制执行风险。探矿权人未按规定缴纳探矿权价款、探矿权使用费等费用的，由登记管理机关责令限期缴纳，并从滞纳之日起每日加收 2/1000 的滞纳金。

4. 行政协议纠纷风险。探矿权人在通过政府出让方式取得探矿权过程中，可能因合同的签订、履行等问题形成探矿权出让合同纠纷。

第二章

土地资源合规经营

根据《土地管理法》“三大类”的划分，土地资源包括农用地、建设用地、未利用地。

第一节　农用地

一、农用地合规必要性

企业在经营过程中，可能会存在租赁农用地用于生产经营的情形。当公司申请首次公开发行股票并上市时，监管部门通常会关注公司相关农用地使用的合规性。如果与公司主要生产经营相关的土地使用存在权属瑕疵，则可能对上市造成实质性障碍，故公司在申请上市前努力解决相关瑕疵、着重规范土地使用显得尤为重要。因此，本文就农用地使用合规进行了分析讨论。

二、农用地的取得与使用

（一）集体农用地（耕地）

根据《农村土地承包法》及《农村土地经营权流转管理办法》的规定，公司通过租赁方式取得集体农用地（耕地）经营权的，由公司直接与土地承包方签署土地流转协议，具体流程为：

1. 公司与土地承包经营权人签署流转意向书，如涉及未发包到户的农用地，则需要取得村民会议 2/3 以上成员或者 2/3 以上村民代表的同意，并与村集体经济组织签订意向书；

2. 公司向农村土地流转主管部门提出流转申请；

3. 取得人民政府出具的审查审核意见；

4. 签订正式的土地流转协议；

5. 向土地发包方备案。

在前述土地流转过程中，如涉及委托，则土地承包经营权人或村集体经济组织与受托方签署委托合同后，由受托人与公司代表与公司签署土地流转相关文件。如公司从第三方处再流转取得农村土地经营权，则需在签署土地再流转协议前取得承包方的书面同意，并完成土地再流转的备案手续。

如要在流转取得土地上修建农业生产设施，根据《自然资源部、农业农村部关于设施农业用地管理有关问题的通知》第 4 条的规定，修建农业生产服务工程设施的集体土地属于设施农用地，需要根据当地政策办理设施农用地备案。

（二）集体农用地（林地）

根据《农村土地承包法》《森林法》的规定，公司通过租赁方式取得集体农用地（林地）经营权的，由公司直接与林地经营权人签署流转协议，具体流程为：

1. 向县级以上地方人民政府林业和草原主管部门申请取得林地经营权流转相关行政许可；

2. 公司与林地经营权人签署流转协议。如涉及未发包到户的林地，则需要取得村民会议 2/3 以上成员或者 2/3 以上村民代表的同意，并与村集体经济组织签订协议；

3. 向林地发包方备案。

三、企业承包农村土地

除了通过前述程序以租赁方式取得集体农用地使用权外，根据《农村土地承包法》的规定，公司可以直接承包集体农用地，但需要事先经本集体经济组织成员的村民会议 2/3 以上成员或者 2/3 以上村民代表的同意，并取得乡（镇）人民政府的批准。

公司承包土地后的具体使用与流转取得的农用地的使用一致。

四、国有农用地承包

根据《民法典》《土地管理法》等相关法律法规的规定，公司直接向国有农用地主管部门承包国有农用地的，则可以由公司直接与主管部门签署农用地承包合同。如公司从第三方处取得国有农用地使用权的，则由公司直接与第三方签署农用地流转协议，同时应当提前取得主管部门的书面同意。

国有农用地的使用审批程序与集体农用地一致。

第二节 建设用地

一、建设用地合规必要性

根据我国《土地管理法》规定,任何建设均必须使用建设用地。我们的住宅楼、商场、道路、公园等,都使用的建设用地。同时,建设用地是一种稀缺资源,也是企业取得开发利益的重要途径。因此,建设用地的合理性使用就显得尤为重要。

二、建设用地的取得、使用与转让

建设单位通常情况下通过出让等有偿使用方式取得国有建设用地,在国家机关用地和军事用地、城市基础设施用地和公益事业用地、国家重点扶持的能源、交通、水利等基础设施用地等相关领域法律法规规定的情况下,可以以划拨方式取得国有建设用地。农村村民建房可以通过宅基地审批方式取得集体建设用地。

土地市场是中国现代市场体系的重要组成部分,也是资源要素市场的重要内容。改革开放以来,我国大力推行国有建设用地有偿使用制度,基本形成了以政府供应为主的土地一级市场和以市场主体之间转让、出租、抵押为主的土地二级市场。集体土地只有在符合特定条件的情况下,才能以经营为目的进行转让。

三、建设用地的监管

建设项目用地审批后监管职责包括:强化建设项目用地制度管理;合理设定开工、竣工标准;严格延期开工、竣工处置;规范建设项目延期开工、竣工审批。

第三章

环境行业合规经营

第一节　环境行业类型及制度

一、环境行业的定义和类型

环境行业是一种旨在预防环境污染,改善生态环境,保护自然资源的产业,是通过运用环境科学的原理和方法,在技术研发、产品生产、商业流通、资源利用、信息服务、工程承包、自然保护发展等方面为保护环境、实现可持续发展而进行的各种活动的总和。

二、环境行业开展企业合规的合法性和合理性

目前,国家、企业在环境保护过程中仍存在种种问题,例如环境保护机制不完善、产品不达标、环境污染严重等。2015 年国家正式施行的《环境保护法》,被称为“史上最严格的环保法”,新环保法中明确规定了企业应依法开办、经营,同时,实践中各级政府和职能部门对环保检查的力度和频率越发频繁。

第二节　排污许可申请及违法排污责任

一、排污许可申请与审批

本单位应当按照有关规定办理登记手续。有两处以上的生产、营业地点的,应依其所在地分别办理。

企业可以通过“国家污染物排放许可管理系统”提交申请,也可以通过信件或其他途径提交。属于重点污染物排放许可管理、城镇及工业废水集中处理设施、重

点污染物排放的新建/改/扩建项目,或进行技改项目的,均须按规定提交相关证明文件。

二、排污许可证

排污许可证有效期5年。有效期即将届满的,企业应当于届满的60日前向审批部门提出申请。

在排污许可证有效期内,排污单位有下列情形之一的,应当重新申请取得排污许可证:

1. 新建、改建、扩建排放污染物的项目;
2. 生产经营场所、污染物排放口位置或者污染物排放方式、排放去向发生变化;
3. 污染物排放口数量或者污染物排放种类、排放量、排放浓度增加。

三、排污费与环境保护税

排污单位及其他生产经营者,必须依照国家规定交纳排污费。任何单位和个人不得截留、挤占、挪用。对已征收环保税的单位、个人,不予重复征税。

排污单位应依照规定交纳排污费。环境保护部门应当按照排污单位的收费标准,以及排污单位所排放的污染物的种类和数量,制定相应的收费标准并进行公布。排污收费标准确定后,应当将排污许可证发给排污单位。排污单位在收到排污费通知书后,应在7日之内到指定的商业银行缴纳。商业银行收取的排污费用应按一定比例上缴中央、地方财政。

四、责令改正违法行为决定书

(一)列明事项

1. 污染物排放者的基本资料包括其姓名或名称,营业执照号码或居民身份证号码等内容;
2. 违反环境法规的事实及证据;
3. 违反相关法律法规规定的具体规定及处罚依据;
4. 立即纠正命令的具体要素;
5. 拒不改正的法律后果;
6. 申请行政复议的程序、时限;
7. 环保部门的名称、印章及作出决定的日期。

(二)行政主管部门复查

环保机关自收到责令改正决定之日起30日内,应组织对排污单位违法排污行为的整改情况进行暗查。

排污单位可以在环保机关对其进行复查之前,向其提出整改意见,并附上相应的证明。

环保机关对排污单位进行检查时,若发现排污单位拒绝改正,则可对其实行每日连续罚款。

环保部门对排污单位进行检查,如果发现排污单位已经停止了排污,或者已经停产、停业或者关闭,则不适用每日的连续处罚。

五、违法排污

(一)无证排污

(1)无许可证擅自排污的;

(2)排污许可证到期后不办理延续或继续办理排污许可证的;

(3)排污许可证经依法撤销、撤销或者吊销后仍继续排污的;

(4)依法应当办理新的排污许可证而不办理新的排污许可证的。

责令其停止生产,并对其进行处罚,并对其处以20万元至100万元的罚款;情节特别严重的,由有批准权的人民政府决定,责令其停业或者关闭。

(二)不按许可证进行排放管理

(1)未按排污许可证要求对空气中的无组织污染物进行治理的;

(2)在特定时段内,不按排污许可证的要求,停止、限制污染物的排放。

有下列情形的,由生态环境部门责令其改正,可以并处5万元至20万元的罚款;情节严重的,可以对其处以20万元至100万元的罚款,并责令其停产整顿:

(1)污染物排放地点、排放总量未达到排放许可证要求的;

(2)污染物的排放模式或流向未达到排放许可要求的;

(3)损坏或者未经许可,擅自移动或者更换污染物排放自动监控装置的;

(4)不按许可证规定安装和使用污染物排放自动监测装置,或与其联网,或不能确保其正常工作;

(5)没有根据排污许可证的要求,制订自我监控计划并进行自我监控;

(6)未按污染物排放许可证要求保留原始的监控记录;

(7)未按照排污许可证要求对污染物的排放情况进行披露或未充分披露;

(8)在发现污染物排放自动监控装置发生异常或超标的情形时,未及时上报;

(9)违反法律法规对污染物排放进行限制的其他情形。

对其进行处罚的,可以并处20 000至200 000元以下的罚款;对不采取措施的,给予停产整顿。

(1)没有建立环境管理台账和档案系统,或没有按要求进行登记;

(2)不如实记载主要生产设备和污染控制设备的运转状况或污染物的浓度和排放量;

(3)未按要求报送排污许可证实施情况的;

(4)不如实申报排污活动或排污浓度、排污总量。

对违法行为进行处罚的,可以对违法行为进行处罚,并对违法行为进行处罚。本法规定的,依照其规定办理。

(三)行政拘留

企业事业单位和其他生产经营者有下列行为之一,尚不构成犯罪的,除依照有关法律法规规定予以处罚外,由县级以上人民政府环境保护主管部门或者其他有关部门将案件移送公安机关,对其直接负责的主管人员和其他直接责任人员,处10日以上15日以下拘留;情节较轻的处5日以上10日以下拘留:

(1)建设项目未依法进行环境影响评价,被责令停止建设,拒不执行的;

(2)违反法律规定,未取得排污许可证排放污染物,被责令停止排污,拒不执行的;

(3)通过暗管、渗井、渗坑、灌注或者篡改、伪造监测数据,或者不正常运行防治污染设施等逃避监管的方式违法排放污染物的;

(4)生产、使用国家明令禁止生产、使用的农药,被责令改正,拒不改正的。

(四)违法办证的后果

排污单位以欺骗、贿赂等不正当手段申请取得排污许可证的,由审批部门依法撤销其排污许可证,处20万元以上50万元以下的罚款,3年内不得再次申请排污许可证。

伪造、变造、转让排污许可证的,由生态环境主管部门没收相关证件或者吊销排污许可证,处10万元以上30万元以下的罚款,3年内不得再次申请排污许可证。

需要填报排污登记表的企业事业单位和其他生产经营者,未依照本条例规定填报排污信息的,由生态环境主管部门责令改正,可以处5万元以下的罚款。

（五）不配合执法的后果

排污单位违反本条例规定排放污染物，受到罚款处罚，被责令改正的，生态环境主管部门应当组织复查，发现其继续实施该违法行为或者拒绝、阻挠复查的，依照《环境保护法》的规定按日连续处罚。

排污单位拒不配合生态环境主管部门监督检查，或者在接受监督检查时弄虚作假的，由生态环境主管部门责令改正，处 2 万元以上 20 万元以下的罚款。

第六编
房地产企业合规经营

第一章

房地产开发企业的设立

第一节　房地产开发项目主体及原则

一、房地产开发

房地产开发是指房地产开发主体以营利为目的对房地产项目进行投资开发，按照城市规划进行基础设施或房屋建设的一种经营行为。房地产开发是房地产建造、销售等环节中的第一个环节，依据《城市房地产管理法》第2条第1款的规定，房地产开发需要取得开发地块的国有土地使用权。

二、房地产开发项目主体、类型和原则

（一）主体

依据《房地产开发企业资质管理规定》第2条的规定，开发房地产项目一般应依法设立具有企业法人资格的经济实体作为项目开发主体。

（二）类型

房地产开发主体应按照《公司法》规定设立公司法人。房地产开发主体依法成立，须取得营业执照和相应的房地产开发资质等级证书。

（三）原则

在城市规划区国有土地范围内从事房地产开发项目应当遵守依法、统一、综合、符合政策开发的基本原则。

第二节　房地产开发企业的设立备案、条件及资质等级

一、房地产开发企业的设立备案

房地产开发企业需要有自己的名称和组织机构、有固定的经营场所、符合规定的注册资本(100万元以上)、相应的专业技术人员(房地产专业、建筑工程专业)以及专职会计人员。

房地产开发企业应当自领取营业执照之日起30日内,提交营业执照、企业章程及专业技术人员的资格证书和聘用合同报登记机关所在地的房地产开发主管部门备案。

二、房地产开发企业资本金制度

依据《城市房地产管理法》和《城市房地产开发经营管理条例》的规定,房地产开发企业的注册资本与投资总额的比例应当符合国家有关规定。房地产开发项目应当建立资本金制度,资本金占项目总投资的比例不得低于20%。

房地产开发企业分期开发房地产的,分期投资额应当与项目规模相适应,并按照土地使用权出让合同的约定,按期投入资金,用于项目建设。

三、房地产开发企业的资质等级及条件

房地产开发企业按照企业条件分为一级、二级两个资质等级。其中一级资质应当符合的条件有:从事房地产开发经营5年以上;近3年房屋建筑面积累计竣工30万平方米以上,或者累计完成与此相当的房地产开发投资额;连续5年建筑工程质量合格率达100%;上一年度房屋建筑施工面积15万平方米以上,或者完成与此相当的房地产开发投资额;有符合法律规定的相关数量的专业管理人员;相关专业的业务负责人具有中级以上职称;有质量保证体系,商品住宅销售中实行了《住宅质量保证书》和《住宅使用说明书》制度;未发生过重大工程质量事故。

二级资质应当符合:有符合法律规定的相关数量的专业管理人员;相关专业的业务负责人具有中级以上职称;具有完善的质量保证体系。

第二章

房地产开发项目的前期准备

第一节　房地产项目可行性研究

一、项目的可行性研究的主要内容

房地产开发项目经企业权力机构批准初步立项后,转入可行性研究阶段。开展可行性研究可以减少或避免投资决策的失误,增强项目开发建设的经济、社会和环境效益的统一性。可行性研究的主要内容包括项目概况、开发项目土地的现场调查及动迁安置情况、市场分析和建设规模、规划设计影响和环境保护、资源供给及资本运作方案、环境影响和环境保护、项目开发模式、组织机构、岗位需求、管理费用的研究、开发建设节点计划、项目经济及社会效益分析、结论及建议。

二、可行性研究的工作阶段及步骤

可行性研究工作分为投资机会研究、初步可行性研究、详细可行性研究、项目的评估和决策四个阶段。投资机会研究的主要任务是对项目土地进行初步摸底和意向性谈判,并对投资项目或投资方向提出建议,寻找有利的投资机会。初步可行性研究是在机会研究的基础上,进一步对项目的可能性与潜在效益进行论证分析。详细可行性研究是从技术、财务、经济上对项目进行分析,是开发建设项目投资决策的基础。项目的评估和决策是指按照法律规定对于建设的项目必须经过有权审批单位的,应当委托有资格的咨询评估单位就项目可行性研究报告进行评估论证。未经评估的建设项目,任何单位不准审批,更不准组织建设。

可行性研究按项目公司接受委托或集团公司董事会立项、调查研究、方案选择与优化、财务评价和经济评价、编制可行性研究报告五个步骤进行。

第二节　土地使用权

房地产开发原则上应当以依法取得国有土地使用权为前提。土地使用权可以通过出让取得或划拨取得。

一、土地使用权出让

依据《国有土地使用权出让和转让暂行条例》第 8 条第 1 款的规定,土地使用权出让,是指国家以土地所有者的身份,将国有土地使用权在一定年限内出让给土地使用者,并由土地使用者向国家支付土地使用权出让金的行为。

(一)土地使用权出让的要求

依据《城市房地产管理法》的相关规定,土地使用权出让,须符合土地利用总体规划、城市规划和年度建设用地计划。用于房地产开发的,须根据省级以上人民政府下达的控制指标拟订年度出让土地使用权总面积方案,按照国务院规定,报国务院或者省级人民政府批准。

土地使用权出让,由市、县人民政府有计划、有步骤地进行。出让的每幅地块、用途、年限和其他条件,由市、县人民政府土地管理部门会同城市规划、建设、房产管理部门共同拟订方案,按照国务院规定,报经有批准权的人民政府批准后,由市、县人民政府土地管理部门实施。

(二)土地使用权出让的方式

土地使用权出让,可以采取拍卖、招标或者双方协议的方式。商业、旅游、娱乐和豪华住宅用地,有条件的,必须采取拍卖、招标方式。

(三)土地使用权出让合同的签订

房地产开发企业以出让方式取得土地使用权的,应当与市、县人民政府土地管理部门签订书面出让合同并依法支付土地出让金。

二、土地使用权划拨

依据《城市房地产管理法》第 23 条的规定,土地使用权划拨,是指县级以上人民政府依法批准,在土地使用者缴纳补偿、安置等费用后将该幅土地交付其使用,或者将土地使用权无偿交付给土地使用者使用的行为。除法律、行政法规另有规定外,没有使用期限的限制。

土地使用权出让或者划拨前,县级以上地方人民政府城市规划行政主管部门和房地产开发主管部门应当对下列事项提出书面意见,作为土地使用权出让或者划拨的依据之一:(1)房地产开发项目的性质、规模和开发期限;(2)城市规划设计条件;(3)基础设施和公共设施的建设要求;(4)基础设施建成后的产权界定;(5)项目拆迁补偿、安置要求。

三、土地使用权转让

土地使用权转让是指土地使用者通过出售、交换或者赠与的方式将土地使用权再次进行转移的行为。

房地产开发企业通过出让方式取得土地使用权,依据《城市房地产管理法》第39条第1款的规定,转让房地产时应当符合以下条件:已经支付全部的土地出让金并取得土地使用权合同;属于房屋建设工程的,完成开发投资总额的25%以上,属于成片开发土地的,形成工业用地或者其他建设用地条件。

四、土地使用权被提前收回

(一)土地使用权因公共利益被提前收回

依据《城市房地产管理法》第19条的规定,国家对房地产开发企业依法取得的土地使用权,在出让合同约定的使用年限届满前不收回;在特殊情况下,根据社会公共利益的需要,可以依照法律程序提前收回,并根据使用土地的实际年限和开发土地的实际情况给予相应的补偿。

(二)土地使用权因闲置被提前收回

依据《城市房地产管理法》第25条的规定,房地产开发企业以出让方式取得土地使用权,必须按照土地使用权出让合同约定的土地用途、动工开发期限开发土地。否则,超过出让合同约定的动工开发日期满1年未动工开发的,可能会被征收土地闲置费;满2年未动工开发的,可以无偿收回土地使用权;但是,因不可抗力或者政府、政府有关部门的行为或者动工开发必需的前期工作造成动工开发迟延的除外。

【典型案例】

最高人民法院(2020)最高法行再425号行政判决书裁判观点:《闲置土地处置办法》第8条及《某省闲置土地认定和处置规定》第13条规定,因未按照国有建设用地使用权出让合同或划拨决定书的约定条件交付土地,因土地利用总体规划、城乡规划依法修改,因国家出台相关政策需要修改规划建设条件,因行政机关未依法实施涉及土地开发建设相关行政许可,因处置土地上相关群众信访,因军事管制、文物保护等,以及政府及其有关部门其他行为导致国有建设用地无法动工开发,出现闲置的,属于政府原因……涉案土地始终未动工开发建设,已经构成土地闲置的客观事实。虽然绿丰公司在涉案土地上建设一栋二层楼房、种植林木,出租给农民养殖等,但是该建设行为没有取得施工许可,依法不能认定涉案土地已经动工开发建设,且种植林木、出租养殖等系绿丰公司按农用地性质对涉案土地进行经营管理,不属于建设开发行为,不能据此认定涉案土地没有闲置。

第三节 土地用途变更

房地产开发企业需要改变土地使用权出让合同约定的土地用途的,必须取得出让方和市、县人民政府城市规划行政主管部门的同意,签订土地使用权出让合同变更协议或者重新签订土地使用权出让合同,相应调整土地使用权出让金。未按合同规定的期限和条件开发、利用土地的,房地产开发主体可能会受到政府部门的警告、罚款甚至无偿收回土地使用权的处罚。

一、申请核发建设用地规划许可证

依据《城乡规划法》第37条第1款的规定,以划拨方式提供国有土地使用权的建设项目,经有关部门批准、核准、备案后,建设单位应当向城市、县人民政府城乡规划主管部门提出建设用地规划许可申请,由城市、县人民政府城乡规划主管部门依据控制性详细规划核定建设用地的位置、面积、允许建设的范围,核发建设用地规划许可证。

以出让方式提供国有土地使用权的,在国有土地使用权出让前,城市、县人民政府城乡规划主管部门应当依据控制性详细规划,提出出让地块的位置、使用性质、开发强度等规划条件,作为国有土地使用权出让合同的组成部分。未确定规划条件的地块,不得出让国有土地使用权。

以出让方式取得国有土地使用权的建设项目,建设单位在取得建设项目的批准、核准、备案文件和签订国有土地使用权出让合同后,向城市、县人民政府城乡规划主管部门领取建设用地规划许可证。对未取得建设用地规划许可证的建设单位批准用地的,由县级以上人民政府撤销有关批准文件;占用土地的,应当及时退回;给当事人造成损失的,应当依法给予赔偿。

二、申请办理建设工程规划许可证

依据《城乡规划法》第40条第1款、第2款的规定,房地产开发应当向城市、县人民政府城乡规划主管部门或者省、自治区、直辖市人民政府确定的镇人民政府申请办理建设工程规划许可证。申请办理建设工程规划许可证,应当提交使用土地的有关证明文件、建设工程设计方案等材料。需要建设单位编制修建性详细规划的建设项目,还应当提交修建性详细规划。对符合控制性详细规划和规划条件的,由城市、县人民政府城乡规划主管部门或者省、自治区、直辖市人民政府确定的镇人民政府核发建设工程规划许可证。

如果房地产开发企业未依法取得建设工程规划许可证,将导致所签订的建设工程施工合同无效,所建的建筑属违法建筑。

第四节 房地产开发项目分包、承包、发包

一、项目的分包、承包、发包

依据《民法典》第791条第1款的规定,房地产开发企业作为发包人可以与总承包人订立建设工程合同,也可以分别与勘察人、设计人、施工人订立勘察、设计、施工承包合同。发包人不得将应当由一个承包人完成的建设工程肢解成若干部分发包给数个承包人,相关合同应当采用书面形式。

房地产开发企业应当将工程项目发包给具有相应资质等级的单位,在进行项目发包时进行严格的资质核查,并做好监督工作,定期核查施工单位资质,否则,面临责令改正,50万元以上100万元以下罚款的行政处罚。

二、项目进行招标投标的依据、原则

房地产开发企业开发房地产项目应当依据《招标投标法》《必须招标的工程项目规定》等法律法规确定所开发的项目是否是必须招标的工程项目。房地产开发企业就项目建设进行招标的,应当依据《招标投标法》《招标投标法实施条例》等法律法规进行。房地产开发项目进行招标投标活动,应当遵守公开、公平、公正的原则。房地产开发项目工程建设属于应招标的项目,如未招标,房地产开发企业所签订的建设工程合同无效,同时面临责令限期改正,并被处项目合同金额5‰以上10‰以下罚款的行政处罚。

第三章

房地产开发项目的施工建设

第一节　施工工作及开工条件

一、房地产开发项目施工阶段工作

房地产开发项目施工阶段的工作包括:保证施工需要的用水、用电及通信线路接通;施工场地平整,达到施工条件;施工通道疏通,满足施工运输要求;施工图纸等资料准备;施工材料及设备的准备;临时用地或临时占道手续办理;施工许可批文及办理开工手续;确定水准点与坐标控制点,进行现场交验;组织图纸会审和设计交底;编制工程进度计划;协调设计、施工、监理单位。

二、房地产开发项目建设的开工条件

开工条件的具备主要包括以下几个方面:(1)签订了相关合同或协议;(2)领取了建筑工程施工许可证;(3)落实了“三材”指标或实物;(4)施工组织设计(或施工方案)已经编制,并经批准;(5)临时设施、工棚、“三通”(通路、通水、通电)等条件已基本具备;(6)工程定位测量已具备条件;(7)施工图纸预算已经编制和审定。

连续施工要求:临时设备能满足施工和生活的需要;施工器械经过检修能保证正常运转;劳动力已调集且能满足施工需要;安全消防设备已经备齐等条件。

三、建设工程施工许可证

(一)申领

房地产开发项目开工建设前,应当按照国家有关规定向工程所在地县级以上人民政府建设行政主管部门申请领取施工许可证。依据《建筑工程施工许可管理办法》申请领取施工许可证的,应当具备下列条件,并提交相应的证明文件。

1. 依法应当办理用地批准手续的，已经办理该建筑工程用地批准手续。

2. 已经取得建设工程规划许可证。

3. 施工场地已经基本具备施工条件。

4. 已经确定施工企业。按照规定应当招标的工程没有招标，应当公开招标的工程没有公开招标，或者肢解发包工程，以及将工程发包给不具备相应资质条件的企业的，所确定的施工企业无效。

5. 有满足施工需要的技术资料，施工图设计文件已按规定审查合格。

6. 有保证工程质量和安全的具体措施。施工企业编制的施工组织设计中有根据建筑工程特点制定的相应质量、安全技术措施。建立工程质量安全责任制并落实到人。专业性较强的工程项目编制了专项质量、安全施工组织设计，并按照规定办理了工程质量、安全监督手续。

7. 建设资金已经落实。房地产开发企业应当有满足施工需要的资金。没有满足施工所需要的资金安排的，工程建设项目不得开工建设；依法需要办理施工许可证的，相关行业工程建设主管部门不予颁发施工许可证。

8. 法律、行政法规规定的其他条件。

（二）擅自施工或违法取得施工许可证的后果

依据《建筑法》第64条的规定，房地产开发企业在项目开发建设中应遵守办理施工许可的有关规定，对必须申请领取施工许可证的建筑工程，应先合法取得施工许可证再开工建设，不得擅自施工。未取得施工许可证或者开工报告未经批准擅自施工的，责令停止施工，限期改正，处工程合同价款1%以上2%以下的罚款。

第二节　项目工程相关要求

一、施工图设计文件报批

房地产开发企业应当将施工图设计文件进行报批，未获审查批准的，不得擅自使用。否则，面临责令改正，20万元以上50万元以下罚款的行政处罚。

二、必须依法实行监理的工程

房地产开发企业对成片开发建设的住宅小区工程必须实行监理，否则，面临责令改正，20万元以上50万元以下罚款的行政处罚。

三、确保工程质量

房地产开发企业不得以任何理由要求建筑设计单位或者建筑施工企业在工程设计或者施工作业中违反法律、行政法规和建筑工程质量、安全标准,降低工程质量,不得明示或者暗示设计单位或者施工单位违反工程建设强制性标准,降低建设工程质量。否则,面临责令改正,20万元以上50万元以下罚款的行政处罚,构成犯罪的,还将被依法追究刑事责任。

四、不得压缩合理工期

房地产开发企业在确定工期时,应综合考虑施工规范、典型工程设计、施工企业的平均水平等因素,不得任意压缩合理工期。否则,面临责令改正,20万元以上50万元以下罚款的行政处罚。

五、影响施工单位使用材料

房地产开发企业不得明示或者暗示施工单位使用不合格的建筑材料、建筑构配件和设备。否则,面临责令改正,20万元以上50万元以下罚款的行政处罚。

六、安全保障义务

依法批准开工报告的建设工程,房地产开发企业应当依法将保证安全施工的措施报送建设工程所在地的县级以上地方人民政府建设行政主管部门或者其他有关部门备案。如未提供建设工程安全生产作业环境及安全施工措施所需费用,将面临责令限期改正;如逾期未改正,必须停止施工。

七、建筑垃圾处理

房地产开发项目施工建设过程中,房地产开发企业有义务处理好建筑垃圾,要避免将建筑垃圾混入生活垃圾,更不能将危险废物与建筑垃圾混合,不得擅自设立弃置场收纳建筑垃圾,对建筑垃圾进行处理。否则,面临责令限期改正,警告或罚款的行政处罚。

【典型案例1】

某市投资商务服务有限公司建筑垃圾环境污染案

某市投资商务服务有限公司未及时清运工程施工过程中产生的建筑垃圾，造成环境污染，其行为违反了《城市建筑垃圾管理规定》第12条的规定。根据《城市建筑垃圾管理规定》第22条的规定，某市城市管理综合行政执法局对其作出罚款的行政处罚。

【典型案例2】

某省工程检测服务有限公司建筑垃圾遗撒案

该公司运输建筑垃圾车辆未采取完全密闭措施，造成遗撒，其行为违反了《某省大气污染防治条例》第41条的规定。根据《某省大气污染防治条例》第85条的规定，某市城市管理综合行政执法局对其作出罚款10 000元的行政处罚。

八、工程款及农民工工资支付

房地产开发企业应当向施工单位提供工程款支付担保，应当与施工总承包单位依法订立书面工程施工合同，应当约定工程款计量周期、工程款进度结算办法以及人工费用拨付周期，并按照保障农民工工资按时足额支付的要求约定人工费用，费用的支付周期不得超过1个月。房地产开发企业应当将项目工程施工合同保存以备查。

房地产开发企业应当将人工费用及时足额拨付至农民工工资专用账户，并对施工总包单位是否按时足额支付农民工工资有监督的义务。对于未及时拨付工程款导致拖欠农民工工资的，房地产开发企业应当以未结清的工程款为限对被拖欠的农民工工资有垫付义务。房地产开发企业应当加强项目管理，建立保障农民工工资支付协调机制和工资拖欠预防机制，要求施工总承包单位加强用工管理，对于发生农民工集体讨薪事件的，房地产开发企业应当和施工总承包单位及时处理，并有义务向项目所在地人力资源和社会保障行政部门和项目工程建设主管部门报告农民工工资讨薪事件的处理情况。

九、竣工验收

（一）竣工验收的组织、要求

房地产开发项目的竣工验收由房地产开发企业负责组织实施，项目竣工验收需要满足以下条件:(1)已经完成了房地产开发项目建设合同约定的内容;(2)项目工程质量符合法律法规和工程建设的强制性标准,与项目工程的设计文件和建设合同要求相符,项目竣工报告经过项目经理和施工单位负责人审核签字;(3)项目监理单位完成了对项目的质量评估,出具了由总监理工程师和监理单位负责人审核签字的质量评估报告;(4)项目的勘察、设计单位提交了由勘察、设计负责人和单位负责人审核签字的质量检查报告;(5)技术档案和施工管理资料完整;(6)项目工程主要建筑材料、设备的进场实验报告、工程质量检测实验资料;(7)已经按约定支付了项目工程款;(8)有项目工程质量保证书;(9)收集完成《住宅工程质量分户验收表》。

(二)提出竣工验收报告

依据《房屋建筑工程和市政基础设施工程竣工验收规定》第5条的规定,对于竣工验收合格的房地产开发项目,房地产开发企业应当及时提出竣工验收报告对工程项目的概况,竣工验收报告应当包括工程报建日期,施工许可证号,施工图设计文件审查意见,勘察、设计、施工、工程监理等单位分别签署的质量合格文件及验收人员签署的竣工验收原始文件,市政基础设施的有关质量检测和功能性试验资料以及备案机关认为需要提供的有关资料,同时对项目竣工验收时间、程序、内容和组织形式及竣工验收意见等内容予以明确。

(三)竣工验收备案

对于房地产开发项目工程竣工验收合格后,房地产开发企业应当在15日内,向房地产开发项目所在地的县级以上地方人民政府建设主管部门备案。依照《房屋建筑和市政基础设施工程竣工验收备案管理办法》的规定,房地产开发企业进行竣工备案时要提交工程竣工验收备案表,工程竣工验收报告,规划、环保等部门出具的认可或准许使用文件、工程质量保修书;对于大型的人员密集场所和其他特殊建设工程还需要消防部门出具的验收合格的证明文件;住宅项目需要提交《住宅质量保证书》和《住宅使用说明书》。房地产开发企业未依法及时办理竣工验收备案的,将可能面临备案机关的行政处罚。

(四)规划条件对竣工验收的影响

依据《城乡规划法》第45条之规定,县级以上地方人民政府城乡规划主管部门按照国务院规定对建设工程是否符合规划条件予以核实。未经核实或者经核实不符合规划条件的,房地产开发公司不得组织竣工验收。

第四章

商品房销售及物业服务

第一节　商品房预售及销售

商品房销售包括商品房现售和商品房预售,本指南主要指的是商品房预售。商品房预售是房地产开发的重要环节,也是房地产法律合规的重点。商品房预售是指房地产开发企业与购房者约定,将正在建设中的商品房出售给购房者,并由购房者预付一定房款或支付定金,买受人在未来一定时间拥有现房的房产交易行为。这是一种附加期限的交易行为,并且具有较强的国家干预性。

一、商品房预售

(一)商品房预售条件

房地产企业预售商品,应当具备下列条件:

1. 已取得房地产开发资质证、营业执照;

2. 已支付全部土地使用权出让金,并取得土地使用权证;

3. 已取得建设工程规划许可证;

4. 已取得建设工程施工许可证;

5. 按提供预售的商品房计算,开发商投入开发建设的资金应达到工程建设总投资的25%以上,并已经确定施工进度和竣工交付时间;

6. 已办理预售登记;

7. 已取得商品房预售许可证明。

(二)商品房预售登记办理

房地产企业向房地产开发主管部门申请办理商品房预售登记,须提交以下材料:

1. 土地出让金支付凭据;

2. 取得土地使用权权属证明；

3. 建设工程规划许可证、建设工程施工许可证；

4. 已投入资金达25%证明；

5. 施工进度和竣工交付时间；

6. 营业执照、资质登记证书；

7. 工程施工合同、商品房预售方案；

8. 预售商品房分层平面图。

房地产开发主管部门应在收到房地产开发企业商品房预售登记申请之日起10日内答复是否同意预售。若同意，则核发商品房预售许可证，若不同意，则说明理由。

房地产开发企业预售商品房时，应当向预购人出示商品房预售许可证明。若未取得预售许可证就销售，将由县级以上房地产开发主管部门责令停止违法行为，没收违法所得，可以并处已收取的预付款的1%以下的罚款。同时，已签订的商品房预售合同亦将无效，房地产开发企业将承担缔约过失责任。

二、商品房销售

（一）商品房销售模式

商品房销售模式主要有自销模式、协同销售模式、独家代理销售模式、代理销售模式等。房地产开发企业根据自身的营销水平和项目情况，选择合适的商品房销售模式。

自销模式又称直销模式，是指房地产开发企业建立自己的独立销售团队，根据销售情况支付销售人员提成的模式。

代理销售模式是房地产开发企业委托房地产销售代理公司进行销售，双方根据销售代理合同约定，向房地产代理销售公司支付佣金的销售模式。

（二）销售涉税风险

1. 采用自行销售模式，往往由公司员工组建一支销售团队，支付员工的销售提成即职工薪酬的组成部分，相应地产生较大的个人所得税，建议由企业来履行代扣代缴义务以避免产生税务风险。

2. 采用代理销售模式，房地产企业按照委托代理约定，向代理机构支付佣金并取得代理机构开具的佣金发票，进而将佣金计入销售费用，方可在企业所得税前扣除佣金。

3. 根据《财政部、国家税务总局关于企业手续费及佣金支出税前扣除政策的通知》(财税〔2009〕29 号)、《房地产开发经营业务企业所得税处理办法》(国税发〔2009〕31 号)、《关于保险企业手续费及佣金支出税前扣除政策的公告》(财政部、税务总局公告 2019 年第 72 号)规定进行税前扣除,需注意:

(1)扣除限额的涉税风险:保险企业发生与其经营活动有关的手续费及佣金支出,不超过当年全部保费收入扣除退保金等后余额的 18%(含本数)的部分,在计算应纳税所得额时准予扣除;超过部分,允许结转以后年度扣除。其他企业:按与具有合法经营资格的中介服务机构或个人(不含交易双方及其雇员、代理人和代表人等)所签订服务协议或合同确认的收入金额的 5%计算限额。

(2)代理机构资质的涉税风险:房地产销售代理机构必须具备合法经营资格的中介服务机构,否则所支付的佣金不得在所得税前扣除。

(3)佣金支付方式涉税风险:支付的佣金必须通过银行转账方式,方能在所得税前扣除。

(4)财务处理涉税风险:房地产企业支付的佣金或手续费,不得直接冲减合同金额,必须如实入账;不得将佣金或手续费支出计入回扣、业务提成、返利、进场费等费用。

(三)违规销售行为

房地产开发企业在未取得商品房预售许可证前,不得以认购、认筹、预订、排号、售卡等方式向购房人收取或者变相收取定金、预订款、诚意金等费用。

在与购房者签订商品房预售合同中,不得以捆绑车位、装修等方式变相实行价外加价,不得限制购房人选择住房公积金贷款或者按揭贷款。

(四)申请销售价格备案

商品房销售价格实行“一房一价”的形式,房地产开发企业应当在商品房达到预售条件 1 个月前,在当地主管机关处申请价格备案,如有相关限价政策,应当在限价范围内定价公示。

房地产开发企业申请价格备案需提供的材料:

1. 申请报告,写明开发企业及楼盘基本情况、本次开盘的面积、申请备案价格、拟开盘时间等;

2. 商品住宅销售明码标价备案表、商品住房销售明码标价价目表;

3. 建设工程规划许可证、国有土地使用证、项目规划总平面图、经备案的前期物业服务合同;

4. 销售价格构成表；

5. 企业对申报材料的真实性负责的承诺书等。

（五）商品房价格构成和公示

国家根据不同类型的商品房采取不同的价格管理方式，如国家定价、政府指导价及市场调节价相结合的管理形式。商品房（住宅）由房地产开发企业自主定价，综合平均价格报房地产主管部门备案。商品房价格由开发成本（如基地开发、勘察设计、建筑安装、市政公用设施等费用）、商品房利润、建设资金贷款利息、管理费、税费、附加费等构成。

房地产开发企业在销售现场公示价格应与备案价一致，不得在标价之外加价，不得收取任何未经公示的费用。根据法律法规及政府文件规定应当由购房者承担并由房地产开发企业代收代缴费用的，应当予以公示，未经公示的不得向购房者收取。

（六）未明码标价责任

房地产开发企业应当进行价格备案、明码标价、公示收费，不得串通、操纵市场价格，不得哄抬价格，不得使用虚假的价格标示，否则有关管理部门可依据《价格法》《价格违法行为行政处罚规定》《商品房销售明码标价规定》等予以处罚，对违法情节严重的企业可实施信用联合惩戒。

（七）销售合同示范文本及备案

浙江省结合本省推行住宅全装修的工作，根据国家2014年版《商品房买卖合同示范文本》，制定了2023版《浙江省商品房买卖合同示范文本》，包括预售合同示范文本和现售合同示范文本，供各地推行使用。

自房地产开发企业与购房者签订商品房预售合同之日起30日内，向房地产管理部门和负责土地管理的部门办理商品房预售合同登记备案手续。

后续签订的补充协议，一些地区（如杭州）也要求进行工商备案，否则将面临暂停网签、罚款等行政处罚。房地产企业应当遵守法律及当地政策程序规范，谨慎合理设计商品房买卖合同文本和补充条款，并及时进行备案。

（八）销售人员行为

房产销售人员包括房产开发企业自身员工和销售中介机构，在与购房者交易的过程中，应当遵守个人信息保护的相关规定，禁止将经手的购房者个人信息销售或交换与他人。否则，受侵犯的公民个人相关信息若涉及影响人身、财产安全的，房产销售人员可能涉嫌侵犯公民个人信息罪等罪名。

房产销售中介机构应当与房地产开发企业签订委托销售合同,在未签订的情况下,即使购房者签订房屋销售合同,也可能面临合同无效的情形。

房产销售人员不得有夸大说辞、描述不实等营销行为,不得乱立名目收费,不得协助或引导购房者伪造验资、冻资证明、社保缴纳证明、无房证明等材料。否则不仅面临合同无效等民事责任,甚至可能涉嫌犯罪,如伪造、变造国家机关公文、证件、印章罪。

(九)销售案场公示

销售案场就是指售楼处现场,现场的公示内容和样板房展示是购房者对商品房获取信息最直接的方式,也是企业对销售风险的防范设置。

房地产开发企业应遵守当地销售现场公示制度的规范要求,按规定在其销售现场显著位置完整公示:企业执照、开发建筑资质证书、商品房预售许可证、经备案的当期合同示范文本及附件补充协议。

三、样板房管理

预售全装修商品房的,浙江省的相关规定要求应提供样板房,且保留时间为自全装修商品房交付购房者之日起不少于6个月,或者自建设项目竣工验收合格之日起不少于2年。

精装修样板房一般作为购房者交房标准,房地产开发企业在宣传及合同订立过程中应当说明实际交付的商品房质量、设备及装修与样板房是否一致,避免产生纠纷。

第二节　商品房销售广告

一、邀约邀请

房地产开发企业在宣传销售过程中应将有关广告限定为邀约邀请,非要约,避免广告内容合同化,同时广告宣传不得弄虚作假、随意变更广告内容,以利于后续合同签订、合同履行与广告宣传一致。

二、销售广告载明事项

房地产开发企业在制作房产预售、销售广告时,广告内容必须载明以下事项:

1. 房地产开发企业名称；

2. 房产代理销售中介机构名称；

3. 预售销售许可证件号。

三、房地产广告要求

房地产广告应当符合下列要求：

1. 广告中的价格应为实际销售价格，并标明有效期限；

2. 广告中的房产项目位置示意图及有关房产内部结构、装饰装修等房源信息，应真实、准确、清楚；

3. 广告中的房产面积应当载明建筑面积或者套内面积；

4. 广告中若涉及的周边环境设施、交通等尚在规划建设中，应当注明；

5. 广告中若涉及房屋设计效果图、模型图（如户型模型、户型图、效果图），应当注明；

6. 广告中涉及贷款服务的，应写明提供贷款服务的银行信息及贷款额度、贷款年限；

7. 广告中涉及尚未实现的物业管理信息的，应注明“规划中”字样。

四、房地产广告禁止行为

房地产广告不得含有下列内容：

1. 不得发布不实或曲解房地产政策、误导消费者市场预期的广告；不得发布虚假房源和价格信息。

2. 不得通过风水、占卜等封建迷信宣传房地产项目。

3. 不得有投资回报、就业、办理户口、升值、升学等内容的承诺。

4. 不得有融资或变相融资的内容。

5. 不得利用其他项目的形象来渲染本项目。

6. 不得违反国家有关价格管理的法律法规。

五、避免侵权行为

房地产广告中的图片、书法、文字、音乐等均有可能涉及他人的知识产权，甚至涉及侵害他人肖像权等人身权，在发布前应当取得权利人的书面同意。房地产广告中不得出现有贬低其他房地产开发商的信息，以避免构成不正当竞争。

第三节　房屋交付

一、房屋交付条件

(一)房屋交付需具备的文件

在交房现场,房地产企业应提供《建设工程规划验收合格证》《建设工程竣工验收备案证明书》《建设工程竣工验收备案表》《住宅质量保证书》《住宅使用说明书》《房屋面积测绘报告》等应当具备交房条件的证明材料,方符合法律规定。

(二)按期交房义务

房地产企业的基本义务是按照合同约定时间交房,否则需承担延期交房等违约赔偿责任。

(三)提前书面通知

房地产企业应当在合同交房期限内按照买受人预留地址提前书面通知房屋买受人携带证件材料办理交付手续,并妥善保存邮寄凭证以证明企业已履行通知收房的义务。

(四)房屋交付使用标志

根据《关于审理商品房买卖合同纠纷案件适用法律若干问题的解释》房屋的交付使用以房屋的转移占有为标志,现实中,房地产企业将房屋钥匙交付买受人、业主签署《住宅钥匙收到书》即视为已将房屋交接完毕,除合同另有约定外。

(五)房屋风险承担

房地产企业在交付使用前承担房屋毁损、灭失的风险,在交付使用后则由购房户承担该风险,但房地产企业须对房屋的质量瑕疵承担保修义务。

购房户在收到房地产企业书面交付通知书后无正当理由拒绝办理接收的,房屋毁损、灭失的风险自通知书中载明的交付使用时间之日起由购房户承担。

二、全装修房

(一)"精装修房"概念

全装修房是相对毛坯房而言的,是根据《商品住宅装修一次到位实施导则》要求,在房屋交付使用前,房屋内所有空间都已经全部铺装粉刷完成,卧室、厨房、卫生间的基本设备已全部安装完成。

(二)精装房分户验收

根据浙江省有关规定,全装修住宅的主体结构和装修部分均应办理施工许可证且实行分户验收,还需对房屋所有空间内装修部分请第三方专业机构进行分户室内环境检测,达标后才能办理竣工验收手续。

(三)全装修房交付标准

全装修房的交付除应当符合国家有关的标准和规范外,根据浙江省《全装修住宅室内装饰工程质量验收规范》的要求,还需符合室内环境污染控制等相关规定。

房地产企业在商品房买卖合同中可合理确定精装修交付标准,明确装修内容、标准以及配套设施,但不应排除国家强制性的标准。是现房销售的,可约定按现状交付。

第四节　物业服务

一、前期物业服务

(一)前期物业服务管理

物业服务企业是指依法具有独立法人资格,从事物业管理服务活动的企业,是与业主签订委托合同,从而对小区内建筑物共有区域、场所、设施实施管理的服务主体。

前期物业管理是在房地产企业开发项目完成后,业主大会成立前,由开发商选聘物业服务企业,并与其签订有关书面协议。在业主大会成立后即由业主大会选聘物业服务企业,由业主委员会与物业服务企业签订合同。

房地产企业应当在选聘物业之前,制定临时管理规约,对有关物业的使用、维护、管理,业主的共同利益,业主应当履行的义务,违反临时管理规约应当承担的责任等事项依法作出约定。房地产企业制定的临时管理规约,不得侵害物业买受人的合法权益。

房地产企业应当在物业选聘时将临时管理规约向物业买受人进行明示和说明。物业买受人在与房地产企业签订物业买卖合同时,应当对遵守临时管理规约予以书面承诺。

(二)选聘原则与方式

国家提倡房地产企业按照房地产开发与物业管理相分离的原则,通过招投标的方式选聘物业服务企业。住宅物业的房地产企业,应当通过招投标的方式选聘物业服务企业;投标人少于3个或者住宅规模较小的,经物业所在地的区、县人民政府房地产行政主管部门批准,可以采用协议方式选聘物业服务企业。

(三)违法选聘的行政责任

房地产企业未经批准或未以招投标方式擅自与物业服务企业签订协议的,将面临县级以上房地产行政主管部门的警告和限期改正要求,并可能被处以10万元以下罚款。

(四)移交资料及物业管理用房

房地产开发企业在依法选聘物业服务企业后,应按《物业管理条例》的规定向前期物业服务企业移交以下资料:(1)竣工总平面图,单体建筑、结构、设备竣工图,配套设施、地下管网工程竣工图等竣工验收资料;(2)设施设备的安装、使用和维护保养等技术资料;(3)物业质量保修文件和物业使用说明;(4)物业管理所必需的其他资料。

物业管理用房属于业主物业共用部分,其符合竣工交付条件,是房地产企业申请办理预售许可证的条件之一。房地产企业应当按照规划条件建设、配置物业管理用房并移交给前期物业服务企业。

(五)前期物业服务未到期

在业主大会选聘物业服务企业后,业主委员会与物业服务企业签订合同生效时,前期物业服务合同即使期限未满但依然已终止。

二、物业服务违法行为

(一)物业服务管理过程中的违法行为

物业服务企业在物业服务管理过程中,不得有下列行为:

1. 擅自“转委托”,即将一个区域内的全部物业服务内容全部委托其他公司;
2. 挪作他用,即将专项维修基金用于投资或者外借谋取利益;
3. 擅自改变物业用房、公共建筑及设施的用途;
4. 擅自将共用车位、设施设备进行经营活动等。

(二)对业主的制约

在房地产企业与物业服务企业签订的合同中,业主委员会与物业服务企业签订的合同中,业主均受上述合同约束,按合同约定交纳物业费是业主的主要义务,不管业主是否居住或者使用物业服务均不影响物业费的交纳。

第七编

政府依法行政重点领域合规

第一章

行政自由裁量权

第一节　概念与特征

行政自由裁量权是行政主体根据法律法规赋予的权力，在特定行政领域法律关系中，可以在法律规定的权限内自由裁量，作出行政行为。自由裁量权具有选择性和任意性，行政机关有权自主决定是否采取行动以及如何采取行动。行政自由裁量权与羁束裁量权相对，体现了行政机关在法律规定的权限内的自由裁量权和决策权。

第二节　相关原则

一、合法性原则

行政机关实施行政行为需要切实遵守法律规定，不得私设特权，任何超越权限的行为均属无效，违法必受法律制裁，行政违法行为必须承担法律责任。有法可依是行政合法性的前提，违法必须受到追究是行政合法性的关键。行政机关及其从业人员与普通公民一样，如有违法行为，必须承担法律责任。

合法性原则的具体要求：

1. 任何行政权力必须基于法律授权才可行使，不得擅设权力，亦不得越权行使行政权力；

2. 行使任何行政权力必须依据法律规定，须与法律保持一致，不得触犯法律，需遵守实体法规和程序法规。

二、合理性原则

合理性原则强调了行政机关作出的行政行为必须在合理范围内，在符合法律规定的同时，也需要符合一般人的常理及人情，即行政机关作出行政行为时应考虑具体情况，使行政行为合法、合理、合情，适度、得当。

三、正当程序原则

程序乃是现今行政法的首要准则之一。其要求行政机构在履行具体行政行为时必须严格遵循法定程序，绝不得违反规定如回避、公开等，以确保公民的合法权益不受政府权力的侵犯。

第二章

投诉举报

在这个制度下,所谓行政执法投诉举报,是指当公民、法人或其他团体认为行政执法机关及其从业人员在履行职责时存在违法、不当、懒惰或混乱行为时,根据法律向受理机构投诉或者举报的行为。

第一节 对重复投诉与不属于职责范围事项之处理

一、重复投诉情形

投诉人为同一人;投诉对象为同一对象;投诉内容为同一内容;投诉请求为相同或相似的请求;投诉事项已经本机关处理完毕。

二、对不属于职责范围事项之处理

对于举报或投诉事项,行政机关应根据其职责范围进行调查处理,以处理相关请求。对于超出本机关职责范围的举报或投诉事项,行政机关无权进行调查,故不予受理。

三、投诉举报和信访处理的区别

行政机关的投诉举报与信访处理虽然都是公众与政府互动的重要方式,但它们在目的、内容、处理方式和法律依据上存在明显区别,不可将两者混为一谈。投诉举报侧重于揭露违法行为,旨在维护公共利益和社会秩序,通常涉及对违法行为的举报和查处;而信访处理则更侧重于公众对行政机关工作的建议和意见,旨在通过公众参与和表达来改进政府工作、解决问题和维护社会稳定,处理过程更强调调解和协商。

第二节　调查要求及注意事项

一、调查要求

将调查询问情况、拒绝配合及拒绝签字的情况做好工作记录，由负责调查的两名工作人员签字。

制作调查笔录注意事项：

1. 调查人员必须是两人；
2. 调查笔录基本信息填写完整、准确；
3. 调查笔录最后应有被调查人认可调查内容真实的意思表示；
4. 调查过程中不能直接告知被调查人其已存在违法行为、违法事实。

二、应予调查

投诉和举报都要求行政机关查处违法行为。因此，行政机关对于接到的投诉或者举报事项，属于本机关职权范围内的，都应进行调查。

法律法规规章或其他规范性文件对本机关投诉/举报程序处理流程作出规定的，按该规定流程办理投诉/举报事项。若无具体流程规定，建议自收到投诉/举报之日起两个月内完成调查，并将调查处理结果送达投诉/举报人。

根据相关法律法规的要求，必须在规定的时间内作出答复。在没有具体规定时间的限制情形下，需要在两个月内作出答复。

三、调查注意事项及告知义务

（一）在现场调查方面的注意事项

对现场调查的文件资料应进行复印保存；

对于现场调查的物品，应制作物品清单并由被调查人签字确认；

现场调查时对被投诉/举报人的工作人员进行询问，亦应要求其出示身份证明、与被投诉/举报人的工作关系证明。

（二）在人员调查方面的注意事项

代表被投诉/举报人进行调查的，应出示授权委托手续；

调查人必须有两人，调查时明示身份证；

调查人和被调查人员应在每页调查笔录上签字,被调查人应对笔录内容的真实性作出意思表示。

(三)其他应予注意事项

对于调查到的文件需核对其真实性;

对于调取的视听资料应确认设备原件,注明制作人、制作时间;

证据中涉及域外证据的,应确认是否办理相关证据证明手续;

证据中有鉴定意见的,应关注鉴定机构的资质是否合法;

行政机关应当履行告知义务,投诉人和举报人均对其投诉举报事项享有知情权。

第三章

行政处罚

行政处罚是指政府机构根据法律对违反行政规定的个人、法人或其他团体进行处罚，以减少其权利或增加其责任。

第一节　处罚原则及类型

一、处罚原则

执行行政处罚应当遵循公平、透明的准则。

行政处罚的设定和执行必须建立在客观事实之上，且必须与违法行为的实际情况、性质、严重程度和对社会造成的影响相符。

所有关于行政处罚的规定必须公开披露；未经公开披露的规定将不被视为执行行政处罚的依据。

二、行政处罚的类型

行政处罚的种类主要有警告、通报批评、罚款、没收违法所得、没收非法财物、暂扣许可证件、限制开展生产经营活动、行政拘留等。

第二节　实施行政处罚

一、实施机关

行政处罚是由具备行政处罚权限的行政机关在法定职权范围内执行的，具体如下所述：

1. 针对行政机关职权范围内的事项；

2. 授权管理公共事务的组织可以依法在规定范围内实施行政处罚。

【典型案例】

基本案情：环保局对周某经营的嘉善浩天拼板厂进行检查，并发现该厂中板项目未经过环保审批，也未按规定进行环保验收就开始投产。环保局之前已要求周某在特定日期前完成相关审批手续，但周某并未遵守。最终，环保局作出了责令停产以及罚款人民币5.5万元的处罚决定。

案例分析：未经审批擅自开工建设的单位可能面临罚款，因此责令停工是罚款前的必要程序。在这起案件中，环保局在作出处罚决定前以自己名义发出了通知书，超越了职权，违反了法律规定。

二、设立行政处罚的依据

法律、行政法规、国务院部门规章、地方性法规、地方政府规章均有权制定行政处罚。设定行政处罚的具体情况如下：

限制人身自由的行政处罚只能由法律规定；

除限制人身自由之外的行政处罚可以由行政法规规定；

除限制人身自由和吊销营业执照以外的行政处罚可以由地方性法规规定；

国务院部门规章可在法律和行政法规授权范围内制定具体行政处罚规定。

三、行政处罚的管辖及管辖异议

行政处罚的管辖权确定应取决于违法行为发生地（其他法律规定除外）。若在管辖权方面存在争议，可向上一级行政机关申请指定管辖。在都有管辖权的情况下，行政机关是不能自行移送案件去另一个行政机关的。

四、违法行为处理

对当事人的同一个违法行为，不得给予两次以上罚款的行政处罚。但是不同行政机关依据不同的规定，对同一违法行为可以作出不同种类的行政处罚。

五、不得给予行政处罚的主体

未满14周岁的个体若有违法行为，将不受行政处罚，而需由其监护人进行管教；对于精神病患者在无法识别或控制自身行为时犯罪的情形，不施以行政处罚，而是要求其监护人加强看护和治疗;而对于间歇性精神病患者在精神状态正常时犯罪的情形,则该患者应受到行政处罚。

六、重复罚款

对于同一违规行为,不得重复处以行政罚款。若一项违规行为涉及多项法规,将按照罚款数额较高的标准进行处罚。

七、违法行为处罚时间及公示

若两年内未发现违法行为,则不会施加行政处罚,特殊情况除外。相关部门应公布有关行政处罚的执行机构、立案依据、实施程序和救济渠道等信息。

第三节　行政执法相关规定

一、执法人员

在执法过程中,执法人员必须具备相应的行政资格,并且至少应有两名执法人员参与。

二、回避

若执法人员与当事人存在直接利益冲突,应当采取回避措施。执法人员未能回避导致所获证据无法作为行政处罚的证据;如果该证据是行政处罚的主要依据,行政处罚决定可能会被视为无效。

三、执法程序

1. 主动出示执法证件;

2. 当事人或相关人员应如实回答问题,并配合调查或检查,不得拒绝或阻挠,调查或检查应当做笔录。

四、证据收集

1. 抽样取证;

2. 可能灭失的情况下,可以经批准先行登记保存,在 7 日内需要作出决定。

五、保障当事人权益

行政机关及执法人员应主动告知当事人享有陈述申辩权利。

第四节　听证程序及当场作出行政处罚决定

一、听证程序

1. 在作出责令停产停业、吊销许可证或执照，或者处以较大数额罚款等行政处罚决定之前，行政机关有义务告知当事人享有请求举行听证的权利。

2. 若当事人要求举行听证，应在收到相关通知后的 5 日内提出请求。

3. 行政机关应在听证前 7 日内通知当事人听证的时间和地点。

4. 听证结束后，听证主持人组织听证会组成人员依法对案件作出独立、客观、公正的判断，制作听证报告书，连同听证笔录一并报告行政机关负责人。听证会组成人员有不同意见的，应当如实报告。

二、当场作出行政处罚决定

在违法事实确凿并有法定依据，对公民处以 200 元以下、对法人或者其他组织处以 3000 元以下罚款或者警告的行政处罚的，可以当场作出行政处罚决定。

（一）程序

1. 展示执法身份证件给当事人；

2. 填写经过编号的行政处罚决定书；

3. 行政处罚决定书应立即交付给当事人；

4. 当场作出的行政处罚决定必须报告所属行政机关备案。

（二）行政处罚决定书

当场做出的行政处罚决定书应当载明当事人的违法行为，行政处罚的种类和依据、罚款数额、时间、地点，申请行政复议、提起行政诉讼的途径和期限以及行政机关名称，并由执法人员签名或者盖章。

（三）备案

执法人员当场作出的行政处罚决定，应当报所属行政机关备案。

三、交警执法

根据《道路交通安全违法行为处理程序规定》第43条第1款、第44条第1款规定，处以警告或者200元以下罚款的，可以适用简易程序。适用简易程序处罚的，可由1名交通警察作出。

四、处罚询问

《行政处罚法》没有规定询问的时长(其他法律规定除外)。在行政处罚调查过程中，当事人或者有关人员应当如实回答询问，并协助调查或检查，不得阻挠。对于拒绝回答问题的情况，行政机关应如实记录，并由执法人员签字保存。

五、逾期不履行处罚

当事人逾期不履行行政处罚决定的，作出行政处罚决定的行政机关可以采取下列措施：

1. 到期不缴纳罚款的，每日按罚款数额的百分之三加处罚款，加处罚款的数额不得超出罚款的数额；
2. 根据法律规定，将查封、扣押的财物拍卖、依法处理或者将冻结的存款、汇款划拨抵缴罚款；
3. 根据法律规定，采取其他行政强制执行方式；
4. 依照《行政强制法》的规定申请人民法院强制执行。

六、调查终结

调查结束后，行政机关负责人应当仔细审阅调查结果，并根据不同情况作出以下决定：

1. 对于确有应受行政处罚的违法行为，根据情节轻重和具体情况作出相应的行政处罚决定；
2. 对于轻微违法行为，符合法律规定可以不予行政处罚的，将不予行政处罚；
3. 如果违法事实无法成立，不予行政处罚；
4. 对于涉嫌犯罪的违法行为，移交给司法机关处理。

在面对情节复杂或严重违法行为时，行政机关负责人需要召集全体成员集体讨论并作出决定。

七、法制审核

在下列情况之一出现时，行政机关负责人在做出行政处罚决定之前，必须让专门负责行政处罚决定法制审核的人员进行审核：

1. 涉及重大公共利益；
2. 直接关系当事人或第三方重大权益，并经过听证程序；
3. 案情复杂、涉及多个法律关系；
4. 其他法律规定需要进行法制审核的情况。

第五节　行政处罚决定书

一、内容

行政机关根据《行政处罚法》第 57 条的规定对违法行为进行处罚时，必须书面制作行政处罚决定书。行政处罚决定书必须包含以下内容：

1. 当事人的姓名（名称）、地址信息；
2. 违反法律法规、规章的具体情况和相关证据；
3. 行政处罚的种类及依据；
4. 履行行政处罚的方式和期限；
5. 可申请行政复议或提起行政诉讼的路径和截止日期；
6. 行政处罚决定的机关名称及决定日期。

行政处罚决定书必须加盖行政机关的公章。

二、期限

行政处罚需要在立案之日起 90 日内作出。法律法规、规章另有规定的，从其规定。

三、送达方式

1. 宣告后交付；
2. 当事人不在场的情形下，7 日内送达；
3. 电子送达。

第六节　其他事项

一、对罚款、非法财物之处理

除依法应当予以销毁的物品外，依法没收的非法财物必须按照国家规定公开拍卖或者按照国家有关规定处理。

罚款、没收的违法所得或者没收非法财物拍卖的款项，必须全部上缴国库，任何行政机关或者个人不得以任何形式截留、私分或者变相私分。罚款、没收的违法所得或者没收非法财物拍卖的款项，不得同作出行政处罚决定的行政机关及其工作人员的考核、考评直接或者变相挂钩。

除依法应当退还、退赔的外，财政部门不得以任何形式向作出行政处罚决定的行政机关返还罚款、没收的违法所得或者没收非法财物拍卖的款项。

二、监督检查

行政机关应当建立健全对行政处罚的监督制度。县级以上人民政府应当定期组织开展行政执法评议、考核，加强对行政处罚的监督检查，规范和保障行政处罚的实施。行政机关实施行政处罚应当接受社会监督。公民、法人或者其他组织对行政机关实施行政处罚的行为，有权申诉或者检举；行政机关应当认真审查，发现有错误的，应当主动改正。

第四章

行政处罚监督

行政处罚监督是指为了保障行政处罚的正确实施,在行政处罚设定、实施和适用等情况下实施的监督行为,主要包括对行政处罚的行政监督和对行政处罚的群众监督。行政监督是行政体系的内部监督,是由行政机关自身实施的经常性地对行政机关及其执法人员的执法活动实施监察和督导的活动。

第一节 行政处罚监督情形

行政处罚监督的情形分为以下几种:

(1)没有法定的行政处罚依据的;

(2)擅自改变行政处罚种类、幅度的;

(3)违反法定的行政处罚程序的;

(4)违反《行政处罚法》第20条关于委托处罚的规定的;

(5)执法人员未取得执法证件的。

第二节 行政处罚监督机关

行政监督的监督机关主要包括:(1)国务院对行政处罚的监督,比如可以改变不当的规章、决定和命令;(2)国务院所属各部门对各级政府职能部门的监督,比如有权纠正错误的行政处罚决定;(3)上级人民政府对下级人民政府、同级人民政府对下属各职能部门、上级人民政府所属职能部门对下级人民政府所属职能部门实施的行政处罚进行监督。

关于县级以上人民政府对行政处罚的监督检查方式,《行政处罚法》第75条第1款明确规定"应当定期组织开展行政执法评议、考核",但实际上县级以上人民政府对行政处罚的监督方式还包括三种类型:一是复议监督,即行政复议程序;二是复查监督,即当事人对已经生效的行政处罚决定不服并请求再复查;三是监察监督,即行政监察部门针对行政相对人提出检举或控告的处罚行为进行了解审查。行政处罚的群众监督是行政体系的外部监督。

第五章

政府信息公开

政府信息是指政府机构在履行行政职责时所制作或获得的,并以特定形式记录和保存的信息。

第一节　适用范围及基本原则

一、适用范围

公共企事业单位在提供社会公共服务时,应根据相关法律法规和国务院有关主管部门或机构的规定执行信息公开规定,而不再适用《政府信息公开条例》。

行政机关设立的派出机构和内设机构,除了需要公开执法职责的相关信息外,其他信息不再受内设机构和派出机构的信息公开义务约束。

二、基本原则

政府信息应当在行政机关中得以公开,应当坚持以公开为常态、不公开为例外的原则。

第二节　政府信息产生

一、政府信息产生过程及方式

(一)产生过程

政府信息形成的过程是指在行政机关履行行政管理职责时,所产生的信息流动。这些信息不仅包括行政机关自身制作和加工的数据,还包括从其他机构、组织以及个人处获取的信息内容。

(二)产生方式

政府信息即由行政机关制作或者获取的信息。获取是指行政机关基于行政管理的需要,从公民、法人或其他组织处获取并加以保存的各种信息。

(三)存储形式

存储形式指的是行政机关记录或保存生成的信息的方式,政府向申请人提供的信息应当是已经存在的,通常情况下不需要行政机关进行信息的整理、加工或重新制作工作(特殊情况除外)。

二、单个行政机关制作或保存的政府信息的公开主体

谁制作谁公开,谁保存谁公开。行政机关制作的政府信息,由制作该政府信息的行政机关负责公开,行政机关从公民、法人和其他组织获取的政府信息,由保存该政府信息的行政机关负责公开。这两个原则共同构成了政府信息公开的基本框架,旨在确保政府信息的及时、准确、全面地公开,保障公众的知情权和监督权。

三、两个以上行政机关共同制作的政府信息的公开主体

如果多个行政机关合作发布政府信息文件,所有在文件上盖章、署名的行政机关都有公开信息的责任。

四、行政机关从其他行政机关获取的信息的公开主体

若有多个行政机关最初接收信息,则它们均有公开信息的义务。

在寻求其他机关协助查找信息时,需要请求协助的机关。其他机关不配合或者不回复,可以留存向其他机关发送的函件,作为本机关亦尽力充分查找信息的证据。而后直接根据现有信息查找情况,向申请人作出答复即可。

第三节　政府信息公开类型

一、主动公开

政府信息涉及公众利益调整、需要公众广泛知晓或者需要公众参与决策时,行政机关应主动披露相关信息。

(一)主动公开的类型

行政机关应当依照《政府信息公开条例》的规定,主动公开本行政机关的下列政府信息:(1)行政法规、规章和规范性文件;(2)机关职能、机构设置、办公地址、办公时间、联系方式、负责人姓名;(3)国民经济和社会发展规划、专项规划、区域规划及相关政策;(4)国民经济和社会发展统计信息;(5)办理行政许可和其他对外管理服务事项的依据、条件、程序以及办理结果;(6)实施行政处罚、行政强制的依据、条件、程序以及本行政机关认为具有一定社会影响的行政处罚决定;(7)财政预算、决算信息;(8)行政事业性收费项目及其依据、标准;(9)政府集中采购项目的目录、标准及实施情况;(10)重大建设项目的批准和实施情况;(11)扶贫、教育、医疗、社会保障、促进就业等方面的政策、措施及其实施情况;(12)突发公共事件的应急预案、预警信息及应对情况;(13)环境保护、公共卫生、安全生产、食品药品、产品质量的监督检查情况;(14)公务员招考的职位、名额、报考条件等事项以及录用结果;(15)法律、法规、规章和国家有关规定规定应当主动公开的其他政府信息。

设区的市级、县级人民政府及其部门还应当根据本地方的具体情况,主动公开涉及市政建设、公共服务、公益事业、土地征收、房屋征收、治安管理、社会救助等方面的政府信息;乡(镇)人民政府还应当根据本地方的具体情况,主动公开贯彻落实农业农村政策、农田水利工程建设运营、农村土地承包经营权流转、宅基地使用情况审核、土地征收、房屋征收、筹资筹劳、社会救助等方面的政府信息。

(二)主动公开的时限

形成或变更之日起20个工作日内。

二、依申请公开

(一)政府信息公开申请接收渠道

行政机关可以根据自身情况开通网络申请、虚拟信箱等多元化接收途径。行政机关应当在政府信息公开手册中明确列出本单位开通的接收途径和具体使用须知,并向社会公布,对已经明确公布的接收途径承担相应法律责任。未按照上述要求明确公布的行政机关,应当充分尊重请求人的选择。

(二)一事一申请

针对那些要求公开项目较多的申请,接收机构有权要求申请人遵守“一事一申请”原则。

（三）政府信息公开申请形式要件

个人、法人或其他实体如欲申请政府信息公开，需向行政机关的信息公开管理机构递交书面申请，可采用信函、电子邮件等方式。政府信息公开申请需包括以下内容：

1. 申请者的姓名（或名称）、身份证明、联系信息；

2. 所需政府信息的名称、文号或其他可辨识特征；

3. 信息获取要求，包括取得信息的方式、途径等。

即使未提供身份证明，行政机关也应受理申请。

（四）口头申请

只有那些在提供书面形式上遇到困难的个人才能以口头形式提出政府信息公开请求。而以口头形式提出请求的人必须由相关行政机关代为填写政府信息公开申请表。行政机关在代填写申请表时必须准确记录申请人提出的内容，并要求申请人确认其准确性。

（五）政府信息公开申请实质要件

政府信息公开申请需要提供申请者的姓名或名称、身份证明以及联系方式。此外，申请中必须清晰描述所要求公开的政府信息内容。申请者还需明确指出所要求公开的政府信息的形式需求，这些是决定信息公开的主要条件。

如果申请内容与申请人无关，行政机关将无法受理申请。

对于不明确的政府信息公开申请，行政机关应提供指导和解释，并在收到申请后的 7 个工作日内书面通知申请人进行补正。

补正是在答复之前进行的更正和补充程序，而非答复的一种方式。因此，政府信息公开的补正通知通常不涉及行政复议、诉讼的范围。

（六）告知补正的方式

行政机关可以随时通过电话与申请人沟通申请内容，但补正通知必须在行政机关收到信息公开申请的 7 个工作日内，通过书面形式告知申请人。如仅通过电话通知申请人补正，则不能适用《政府信息公开条例》第 30 条中关于答复期限及申请人逾期补正后果的规定。

如果行政机关认为申请人在进行补正后仍未提供清晰的信息，应根据申请人当前提供的信息检索相关材料，并做出实质性判断，而不再重复告知申请人其信息仍不明确。

在行政机关要求申请人进行更改或补充时，应及时告知，补正通知发出后的时限将暂停计算，直至收到申请人的补正材料后，继续计算其余期限。补正通知发出当天及收到申请人补正材料当天不计入时限。

【典型案例】

基本案情：原告朱某亮和潘某仁于2013年向平阳县国土资源局提交了政府信息公开请求，要求公开有关“国有土地使用证书”的信息。国土资源局以该证书由县级以上政府颁发的理由拒绝了公开申请。

同年10月19日，朱某亮和潘某仁再次向平阳县政府提出了相同的信息公开要求。县政府在2013年12月9日回复称，土地证书的制作由国土部门负责，县政府审核后发放给土地使用权人，不保留原件，相关批准手续和材料由国土部门保存。原告对此回复感到不满，于是提起了行政诉讼。

温州市中级人民法院经审理，以权利人持有原件且无存档的理由拒绝公开，回复不够详尽。因此，法院做出判决撤销了原回复，并要求重新作出回应。

案例分析：1. 未准确理解政府信息的范围。县政府作为土地登记发证机关，核发土地使用权证书是其法定职责，因此属于政府信息。因此，县政府以未保留档案为由不公开信息的理由不成立。

2. 未通知申请人修改或补充申请内容。根据相关规定，对于不清晰的信息公开请求，应告知申请人进行修改或补充。原告虽然请求公开土地使用权证书，但实际上是希望了解土地登记内容。县政府未要求原告明确说明申请内容，仅仅将其简单视为要求对文本进行公开，回复不够详尽。

三、答复时限

答复包括：当场答复和不能当场答复应在20个工作日内答复。

（一）延长答复期限

延长期限不得超过20个工作日。

（二）处理决定类型化

除了法定处理决定类型外，行政机关不得自行创造新的处理决定类型。不应再以“超出条例规定范围”、“属于政策咨询”或“非政府信息”等理由或方式作出处理决定。

以下是可以采用的回复方式：

1. 明确告知申请政府信息公开的途径和方式。如果所请求的政府信息已经主动公开，行政机关可以指明获取途径；

2. 提供政府信息给申请人，作为替代书面公开决定的实际行动；

3. 告知申请人获取政府信息的方式、途径和时间。

四、公开信息相关规定

（一）现场查阅的前提条件

行政机关答复公开相应政府信息的，可以要求申请人来现场查阅，但有前提条件。政府机构应当在符合要求的前提下向申请者提供政府信息，但如果这可能对政府信息的安全造成威胁，或者公开成本太高，那么可以考虑通过电子数据或其他适当方式提供信息，或者安排申请者查看、复制相关资料。

（二）公开材料复印件留存

行政机关答复公开相应政府信息的，建议留存公开材料的复印件，并且留存的材料应为加盖信息公开印章后的公开材料复印件。

实践工作中，曾有部分行政机关未留存当时公开的材料，导致无法证明自身公开信息的准确性、完整性，进而败诉。

（三）非本机关信息的答复

若所请求的信息并非由本机关负责披露，应告知申请者并解释原因；若能确定负责公开政府信息的机构，应告知申请者该机构的名称和联系方式。

（四）职能划转后的公开责任

在申请人向职权划入的行政机关申请公开相关政府信息时，职权划入行政机关应按法律严格处理，并与职权划出的行政机关协调，不能以信息尚未转移为由拒绝。

第四节　不予公开信息的情形

对于不予公开的信息，应告知申请人不予公开并说明理由，不予公开的政府信息主要有涉及国家秘密的信息、危害公共安全的信息、过程性信息等。

一、国家秘密

国家秘密不允许公开，政府信息确定已被定密的，行政机关应提供盖有“秘密”“机密”“绝密”印章的文件封面。

未经授权，拥有定密权的最低级别行政机关应为设区的市或自治州，区县级、区属各“委办局”“街乡镇”则无权定密。公安和国家安全机关应根据规定权限，在其工作范围内确定国家秘密的密级。当涉密信息中包含可公开内容且能够进行区分处理时，行政机关应向申请人提供可公开信息的内容。

二、商业秘密、个人隐私

包含机密商业信息、私人隐私等内容的政府数据一旦公之于众将对相关主体的合法权益造成危害，因此行政机构不得随意披露。但是，如果第三方同意披露或者行政机关认为保密会严重损害公共利益，那么可以考虑公开。首先需要明确是否可以对包含商业机密和私人隐私的政府信息进行分离处理，以便作出决定，这并非易事，不具有分割公开的可操作性时，应当履行征求第三方意见的程序。

三、征求第三方意见

如有政府信息公开申请可能影响第三方合法权益时，行政部门有责任在书面上征求第三方的意见。

1. 第三方答复时限

在接收征求意见书后，第三方有15个工作日的时间提出意见，若逾期则行政机关将根据规定决定是否公开信息。

2. 第三方同意公开的处理方式

对于需要征求第三方意见的信息，第三方同意公开时，必须公开。除非该信息涉及国家秘密。

3. 第三方不同意公开的处理方式

政府信息的公开不应也不必以权利人的同意为前提条件。

对于需要征求第三方意见的信息，第三方不同意公开时，行政机关需要进一步考虑以下三个问题：

第一，第三方是否就不同意公开的理由作出了合理的解释说明。

第二，不公开是否会对公共利益造成重大影响。

第三，案涉信息材料中，公开会损害第三方合法权益的内容能否被区分处理，进而仅公开其中不会影响第三方合法权益的内容。如第三方已作出合理解释，且案涉信息不公开并不会对公共利益造成重大影响，亦无法区分处理，则方可告知申请人不予公开，并说明理由。

四、内部事务信息

行政机关的内部工作流程、人事管理、财务管理信息和党政联合文件(如三定方案)等可以不予公开。

五、过程性信息

过程性信息在行政事项终结后一般应予公开,但属内部决策性(如讨论记录、会议纪要、磋商信函、请示报告等)的过程信息应不予公开。

六、上级行政机关对下级行政机关请示的批复

上级机关对下属机关的回复是否应公开,需根据政府信息公开法规和具体案情做出判断。若内部回复仅涉及行政系统内部执法问题的讨论或指导,属于内部运作程序,未明确规定应主动公开,因此机关有权自行决定是否公开。

七、行政执法案卷信息

行政执法案卷信息可以不予公开。

第五节 政府信息不存在的情形

一、政府信息不存在时的理由说明

行政机关答复"政府信息不存在"时,需要解释说明理由。有具体原因的,则可以说明具体原因,如"未制作、未获取、未保存"相应信息。没有具体原因可供解释说明的,则可以将"经检索没有所申请公开信息"作为答复"政府信息不存在"的理由。

二、政府信息不存在的举证责任

行政机关应当对"政府信息不存在"承担举证责任,应提供证据证明其已经尽到合理的查找和检索义务,并将相应情况告知申请人,对应当制作、获取、保存但未制作、获取、保存等情况也应作出合理说明。

依法应当制作、获取、保存政府信息但没有制作、获取或遗失导致信息不存在

的,不是判定政府信息公开行为是否合法的依据。

三、电子档案关键词检索

从申请人的信息描述中直接提取关键词,但不宜直接引用整句或大段文字;分析申请人信息描述所对应的事件,结合对相应事件的了解来设置关键词;应选取简短的关键词,同一个关键词中不宜存在多个定语或状语;尽量设置4个以上的关键词,分别进行检索。

四、不予处理的情形

1. 提请政府公开包括信访、举报、投诉等内容,但以政府信息公开申请的形式呈现;

2. 重复向同一行政机关申请曾已合法处理过的内容,提请内容相近的信息公开要求;

3. 要求行政机关提供政府公报、刊物或其他公开出版物;

4. 申请人过度申请公开政府信息,超出合理限度并未提供充分理由;

5. 申请人已通过其他途径获取信息,要求行政机关确认或重新提供。

五、对滥用政府信息公开申请权的规制

(一)重复申请

行政机关已就申请人提出的政府信息公开申请作出答复、申请人重复申请公开相同政府信息的,告知申请人不予重复处理。

(二)数量、频次超过合理范围

数量、频次超过合理范围的,建议针对具体申请人行政部门、司法部门、政府联席会议讨论发文进行规制。

六、区分处理

申请公开的信息中含有不应当公开或者不属于政府信息的内容,但是能够作区分处理的,行政机关应当向申请人提供可以公开的政府信息内容,并针对不予公开的内容说明理由。

七、咨询类申请

(一)咨询类申请的类型

一类是申请人要求行政机关就其提出的,另一类是申请人要求行政机关提供解释。

(二)对咨询类申请的处理

1. 申请人描述指向的是明确的政府信息,应予以公开。

2. 申请人描述指向的是不特定的政府信息,启动补正程序。

八、分渠道处理及提供政府信息的具体形式

申请人以政府信息公开申请的形式进行信访、投诉、举报等活动,行政机关应当告知申请人不作为政府信息公开申请处理并可以告知其应通过相应渠道提出。

第六节　邮寄方式及文书送达

一、邮寄方式

根据《邮政法》等有关法律法规及司法实践,行政机关需要使用邮政专营方式寄递信息公开文书,以确保文件的安全和法律效力。选择顺丰等其他快递寄送不会导致败诉后果,但会收到法院的司法建议。

邮寄送达信息公开文书时,需要注意:

第一,应按照申请人提供的联系方式,准确填写收件人姓名、收件地址、联系电话;

第二,应在信封或邮单等邮寄凭证上注明交寄时间、寄送的文书名称或文号等信息;

第三,应确保信封或邮单等邮寄凭证上的字迹清晰、易于辨认。

二、文书送达

登记回执和补正告知书或者延期告知书、答复告知书不建议一起送达。虽然现行法律法规并未具体规定登记回执的制作和送达时间,但登记回执是对收到及受理信息公开申请这一行为的记录,因此一般应在收到及受理信息公开申请的当

时制作并向申请人送达。如登记回执与补正告知书或者延期告知书、答复告知书一起送达，不会直接导致程序违法的败诉后果，但可能会收到法院的司法建议。

延期告知书可以和最终的答复告知书不可以一起送达。根据司法裁判经验，延期告知书最迟应于一般答复期限到期之日当面交付给申请人，或向申请人寄出。否则，一旦申请人在复议或诉讼阶段对信息公开答复的程序合法性提出疑问，则法院将会认定行政机关的信息公开答复程序存在违法。

三、对于申请人拒绝领取文书的处理方法

申请人明确拒绝当面领取信息公开文书，或者在相应期限届满前未前往现场领取信息公开文书时，不能搁置，等其日后前来领取。如申请人已明确拒绝当面领取信息公开文书，或已约定现场领取而未在相应文书送达期限届满前领取，则行政机关可保存沟通录音，并在超过相应告知期限之前直接将文书材料向申请人寄出。

第六章

信访事项

第一节　信访的判断及相关规定

一、信访的判断

对于反映的情况或者咨询的问题要看是否有明确的诉求，以及诉求是否涉及本机关某一具体、明确的法定职责。

二、相关法律规定

1.《信访工作条例》（2022 年 2 月 25 日中共中央、国务院公布）；

2.《国家信访局关于印发依法分类处理信访诉求工作规则》（国信发〔2022〕9 号）；

3. 各地的地方性法规；

4. 其他。

三、重点注意事项

1. 根据《信访工作条例》，规定的“5 日”“15 日”“30 日”均指自然日。

2. 若接到与本机关职责无关的信访事项，自接到投诉之日起 15 日内，必须以书面形式通知信访人拒绝受理，并指引其向相关机构申诉。若可确认责任机构，必须在书面通知中明确指出。

3. 若信访人提出的请求缺乏具体事实和理由，但能够调查核实，可正常办理。若无法展开工作，可通过电话要求信访人提供详细情况，并录音保存。

4. 必须以书面形式告知信访人是否受理，同时指定最晚答复日期。即使现场可确认受理情况，也需书面确认。

第二节 重复信访

一、重复信访事项判定标准

重复信访必须同时符合以下条件:

1. 信访人为同一信访人;

2. 信访人反映的问题与信访系统中已登记的事项基本相同。

二、信访名义提出的投诉举报

以信访名义提出,但实际是投诉举报的,行政机关应在收到信访请求之日起15日内,告知信访人进入投诉举报程序处理。

(一)办结时限

应自受理之日起60日内办结。

(二)延长办结期限

延长期限不得超过30日。

(三)相关文书送达及时限

信访答复书,自受理之日起60日内送达。

第七章

政府采购

政府采购受到严格的主体、采购对象和资金使用限制,不能简单地将政府购买商品称为“政府采购”。工会经费、党费和团费并非财政性资金,用这些非财政性资金购买商品或服务并不属于政府采购的范畴。

第一节　政府采购的方式及招标评标方法

一、法定方式

比选不是政府采购的法定方式。政府采购的法定方式目前只有“5+1”。

二、招标评标方法

政府采购招标评标的方法有最低评标价法和综合评分法两种。

【典型案例】

基本案情:A 供应商参加了代理机构组织的采购人“×××发行项目”,该项目采购文件评审因素规定:服务方案(10 分);方案全面,合理可行(7~10 分);方案全面,较为合理可行(3~7 分);方案基本可行(0~3 分);没有此项描述的不计分。同时评审因素规定“根据供应商对本项目的理解程度综合对比打分”。A 供应商认为本项目采购文件评审因素设置不清晰、未量化,不符合项目需求特点,遂提出疑问,并因对质疑答复不满提起投诉。

投诉人 A 供应商认为:评审因素未根据项目特点和采购需求设置,评审分值未细化且未与评审因素的量化指标相对应。

当地财政部门作出投诉处理决定:责令重新开展采购活动。

案例分析:该项目采用综合评分法,磋商文件评审因素服务方案设置了区间分值，但未根据采购需求设定明确的量化指标，且评审因素规定“根据供应商对本项目的理解程度综合对比打分”，因此采购文件评审因素除设置区间分值外，还需根据采购需求设定明确的量化指标，且不得设置横向比较的评分标准。

（一）《政府采购法》和《招标投标法》的关系

《政府采购法》和《招标投标法》是交叉关系。政府采购有6种方式，其中公开招标和邀请招标只是其中的两种方式，而只有在涉及采购工程且用招标方式采购工程的，才会适用《招标投标法》。

（二）“借钱”采购属于政府采购

行政机关“借钱”采购，以财政性资金作为还款来源的借贷资金，视同财政性资金。因此，尽管借来的钱不是财政资金，但还款的时候还是需要动用财政性资金，所以也算作政府采购。

（三）公开招标的限额标准

各个行政区域内依法必须招标的限额以下工程建设项目是指单项合同估算价未达到《必须招标的工程项目规定》第5条规定的规模标准的项目。

（四）超过100万元的工程建设项目的法定采购方式

超过100万元的工程建设项目，不一定要采用公开招标方式。

（五）禁止差别待遇和歧视待遇

不能在采购文件中列明品牌等不合理的限定条件。

（六）投标供应商资质中途到期

投标供应商的资质在采购需求时间中途到期，不能以此为由认为其不符合资格，供应商的资格应当以参加投标时已经具有的资格为准，采购文件不可以对未来的资质证照和条件进行限制。

（七）资格性审查和符合性审查的区别

资格性审查和符合性审查的审查对象不同。资格性审查主要审查投标企业的资质证照、投标资格；而符合性审查主要审查投标文件是否符合文件该有的形式格式，如是否有法定代表人签字，是否盖章等。

（八）磋商小组和评标委员会人数要求

磋商小组由采购人代表和评审专家共3人以上单数组成，评标委员会由采购人代表和评审专家5人以上单数组成，特殊项目为7人以上单数。

三、总公司与分公司

总公司不可以直接以分公司名义参加政府采购。

第二节　费用支付

一、评审专家费用支付

评审专家的费用不可以由采购代理机构支付。

二、采购代理机构的费用支付

采购代理机构的费用可以由采购人支付,也可以由成交供应商支付,在采购文件中列明即可。

第三节　串　　标

一、常见情形

串标没有法律上的定义,可以理解为招标人与投标人、投标人与其他投标人之间暗中联络,影响控制招投标结果的行为。

常见情形如下:

1. 投标人相互商议调整投标报价及其关键细节;
2. 投标人之间达成秘密协议确定中标者;
3. 投标人之间达成协议,某些投标者退出竞标或放弃中标;
4. 同属一集团、协会或商会的投标者根据组织规定联合投标;
5. 投标人为达成中标或排斥特定竞标者而采取其他合作行动。

二、推定投标人串标的情形

1. 不同投标人的投标文件由同一单位或者个人编制;
2. 不同投标人委托同一单位或者个人办理投标事宜;
3. 不同投标人的投标文件载明的项目管理成员为同一人;
4. 不同投标人的投标文件异常一致或者投标报价呈规律性差异;
5. 不同投标人的投标文件相互混装;
6. 不同投标人的投标保证金从同一单位或者个人的账户转出。

三、推定招标人与投标人串标的情形

1. 在开标前，招标人泄露投标文件相关信息给其他竞标者；
2. 招标人直接或间接透露标底和评标委员会成员等信息给投标人；
3. 招标人暗示或者明示投标人去调整竞标价格；
4. 招标人指示投标人更改或者撤销投标文件；
5. 招标人表示或者示意投标人需要为某特定投标者中标提供便利；
6. 招标人与投标者串通，共同谋求某特定投标者中标而采取其他不正当行为。

第四节　其他事项

一、招标文件撤销和撤回的区别

从时间点上看，投标文件在提交截止时间之前收回的叫撤回，之后的叫撤销。从性质上看，撤回是投标人主动收回文件，是投标人的权利；撤销是指投标人提出申请，是否支持要看招标人的意思。

二、投标不足3家的处理方式

公开招标时，如果投标截止后投标人不足3家，必须根据情况做出相应处理。如果招标文件存在问题，则应进行修正并重新进行招标，但采购方式不得改变；如果招标文件没有问题，则需获得财政部门批准，而不能自行更改。

三、招投标或竞争性磋商合同履行内容变更

不能将合同的任何变更都视为实质性变更，对于双方在履行合同过程中适当的调整、依据实际情况的变动，不应视为实质性变更。

四、签订政府采购合同时间

中标通知书发出后，第30日是周六日的，不能顺延至第一个工作日再签订政府采购合同。

第八章

行政机关改进建议

一、决策公开

政府决策和执行信息的公开对于强调公平公正、确保科学合理的决策和执行过程至关重要。这不仅能够受到群众监督和实践检验,同时也能提升政府的公信力,增加行政相对人的认同感,促进干部与群众之间的关系。然而,目前出于各种原因,基层政府信息公开的效果并不理想,导致群众对基层政府的信任度大幅下降。因此,必须加大政府信息公开力度,所有涉及公共利益、公众权益、社会关注和广泛社会知晓的事项都应在法律规定下全面、准确、及时地公开。公示制度也应成为必要的工作环节,确保行政权力运作和财政资金运转在阳光下进行,避免非公开操作和自行决策的情况发生。

二、法治宣传

建立基层法律普及培训机制和审查监督机制至关重要。要着重清除行政机关工作人员,特别是领导干部中官本位思想的影响,增强依法行政的理念和依法行政观念,让群众了解法律、学习法律、理解法律,帮助他们运用法律武器维护自身合法权益,增强法治意识,从而推动政府依法行政;同时也要教导群众正确使用法律手段维护合法权益,避免利用维权手段谋求私利。

三、综合执法体制的推行

推动综合执法,减少摩擦和冲突,以提高行政执法效率。整合行政执法权责,实行相对集中的执法权,将行政检查权、行政强制权、行政处罚权统一配置给一个执法部门,由该部门统一行使全过程职能。

第八编

文化出版行业合规经营

第一章
总　　则

为推动文化出版行业全面加强合规管理，加快提升依法合规经营管理水平，着力提高文化出版行业法治化水平，保障文化出版行业持续健康发展，根据《公司法》《著作权法》《出版管理条例》等相关法律法规，制定有关合规规范。

第一节　经营原则及释义

从事文化传播活动，应当将社会效益放在首位，实现社会效益与经济效益相结合，依法从事的文化传播活动受法律法规保护。

公民依法行使出版自由的权利，各级人民政府应当予以保障。公民在行使出版自由的权利时，必须遵守宪法和法律，不得损害国家、社会的公共利益和其他公民的合法权利。

一、文化传播

本编所称文化传播活动，是指以文化为核心内容而进行的创作、生产、传播、展示文化产品和提供文化服务的产物，以及为实现上述经营性活动所需的文化辅助生产和中介服务、文化装备生产和文化消费终端生产等活动的集合。

二、出版活动

本编所称出版活动，包括出版物的出版、印刷或者复制、进口、发行。

本编所称发行，包括总发行、批发、零售以及出租、展销等活动。

三、出版物

本编所称出版物，是指图书、报纸、期刊、音像制品、电子出版物、收藏产品等。

四、行业合法性与合理性

国家将促进文化产业发展纳入国民经济和社会发展规划,并制定促进文化产业发展的专项规划,发布文化产业发展指导目录,促进文化产业结构调整和布局优化。

文化产业行业组织依法制定行业自律规范,依据章程开展业务活动,加强职业道德教育,维护其成员的合法权益。

国家坚持以人民为中心,坚定文化自信,坚持中国特色社会主义文化发展道路,坚持为人民服务、为社会主义服务,坚持百花齐放、百家争鸣,坚持创造性转化、创新性发展,坚持弘扬社会主义核心价值观,坚持社会效益优先、社会效益与经济效益相统一,推动文化出版产业高质量发展。

第二节　合规经营机制

为促进文化出版活动依法健康发展,必须建立以文化出版管理部门为主导的企业合规咨询、培训、监督、考核、奖惩等一系列合规经营机制。

一、合规咨询及培训

当相关部门、分支机构和员工遇到合规风险事项时,应及时寻求合规咨询或审查支持。行业应为合规风险较高的领域制定强制合规咨询的范围。对于重点领域和关键业务,业务部门会咨询合规部门,合规管理部门应在适当的时间内回答。合规部门规定,对于复杂的事项和专业性高、有重大合规风险的事项,应听取法律顾问和公司律师的意见。

企业必须将合规培训纳入员工培训计划,并根据企业内外环境的变化对培训内容进行动态调整。海外经营相关部门和海外分公司的所有员工必须接受合规培训,了解和掌握企业的合规管理制度和风险防范要求。决策层和高层管理人员要带头接受合规培训,高风险领域、关键岗位的从业人员要接受针对性的专项合规培训。合规培训需要留下记录。

二、合规汇报

企业合规负责人与合规管理部门应享有通畅的合规汇报渠道。汇报内容包括文化传播活动的项目、执行及社会影响,也包括出版年度计划、方案、与出版社合作的项目及数量、与印刷企业合作具体情况。坚持每月一报,及时向合规管理部门备案。

三、合规监督及调查

(一)合规监督

合规管理部门应当定期向决策层和上级管理层通报合规管理情况。通报内容包括:合规风险评估情况;合规培训组织情况及效果评估;发现的违规行为及处理情况;违规行为可能给组织带来的合规风险;识别包括但不限于对多合规漏洞或缺陷、建议的纠正措施、合规管理工作的总体评估和分析等。发生性质严重或可能给企业带来重大合规风险的违规行为时,合规管理部门应当及时对决策层和高级管理层进行监督,提出风险警示,并采取纠正措施。

(二)合规考核

合规考核要全面覆盖文化出版企业各项管理工作。合规考核结果应作为企业绩效考核的重要依据,与评优评先、企业信用等考核挂钩。考核内容包括按时参加合规培训,严格执行合规管理制度,积极支持和配合合规管理机构的工作,及时报告合规风险等,但不限于此。

(三)合规调查

合规管理部门或其他受理举报的监督部门应针对举报信息制定调查方案并开展调查,形成调查结论以后,企业应按照相关管理制度对违规行为进行处理。

四、合规经营评估

企业可以通过分析违规或可能造成违规的原因、源头、发生的可能性、后果的严重性等进行合规风险评估。企业可以根据企业规模、目标、市场环境和风险状况确定合规风险评估标准和合规风险管理的优先级。企业在进行合规风险评估后,必须撰写评估报告,供决策层、高级管理层、商务部门等使用。评估报告内容包括风险评估实施概况、合规风险基本评估、成因机制、可能的损失、处置建议、应对措施等。

五、奖惩机制及非合规经营整改

企业应建立全面有效的合规问责制度,明晰合规责任范围,细化违规惩处标准,严格认定和追究违规行为责任。

文化出版行业应当按照以下原则加快建立健全合规管理体系。

(一)全面覆盖

坚持将合规要求覆盖各业务领域、各部门、各级子企业和分支机构、全体员工,贯穿决策、执行、监督全流程。

(二)强化责任

把加强合规管理作为企业主要负责人履行推进法治建设第一责任人职责的重要内容。建立全员合规责任制,明确管理人员和各岗位员工的合规责任并督促其有效落实。

(三)协同联动

推动合规管理与法律风险防范、监察、审计、内控、风险管理等工作相统筹、相衔接,确保合规管理体系有效运行。

(四)客观独立

严格依照法律法规等规定对企业和员工行为进行客观评价和处理。合规管理牵头部门独立履行职责,不受其他部门和人员的干涉。

第二章

文化出版运营

报纸、期刊、图书、音像制品和电子出版物等应当由出版单位出版。以文化为核心内容的创作、传播、展示、服务及其文化中介、装备、消费等应当由文化经营企业、个人来完成。

第一节　主体类型与创作

一、文化出版主体类型

国家鼓励公民、法人和非法人组织依法设立文化企业,尊重各类文化企业的市场主体地位和自主经营权,保障其合法权益,营造公平竞争的发展环境。

文化出版主体为公司,按照《公司法》规定设立公司法人、按照相关民事法规设立其他经济组织。

文化出版主体依法成立,必须取得《营业执照》《文化经营许可证》《出版物经营许可证》等才可开始运营。

文化出版主体包括文化经营公司及书店、出版单位(报社、期刊社、图书出版社、音像出版社和电子出版物出版社)、印刷单位、展览单位等,法人出版报纸、期刊,不设立报社、期刊社的,其设立的报纸编辑部、期刊编辑部视为出版单位。

二、文化产品创作与传播

国家尊重和保障公民、法人和非法人组织的创作自由,激发全民族文化创新创造活力,鼓励创作生产和提供健康向上、品质优良、种类丰富、业态多样的文化产品和服务。

国家鼓励和支持综合运用文化表达方式进行创作,支持对多种文化艺术题材、体裁、形式、风格、流派的探索和创新。

县级以上人民政府及有关部门应为创作人员蹲点生活、挂职锻炼、采风创作提供必要的工作条件和成果展示平台。

剧场、影院、书店等场所，博物馆、图书馆、美术馆、文化馆等机构应当大力传播优秀作品。

三、文化产品数字权属与交流

（一）文化产品数字化

国家鼓励创作生产与数字化、网络化、智能化的新技术、新应用、新业态、新模式有机融合，丰富创作生产手段和表现形式，拓展创作生产空间。

国家鼓励和扶持优秀网络文化作品的创作，培养和扶持优秀网络文化创作、生产、传播和评论人才。

国家倡导创作人员深入生活、扎根人民、贴近实际，不断进行生活积累和艺术提炼。

国家建立科学合理的文化艺术作品评价体系、文化艺术评奖机制，鼓励开展文化艺术评论。

（二）文化产品对外交流与权属

国家支持适合对外传播的优秀文化产品和服务的创作生产、翻译、国际合作制作，综合利用外交、旅游、商务、教育等对外交流渠道，开展优秀文化产品和服务境外推广、营销活动。

文化产品创作产生的权属，属于著作权，依法受国家法律法规保护，任何人不得侵犯著作权。

1. 改编、翻译、注释、整理已有作品而产生的作品，著作权归改编、翻译、注释、整理人。

2. 两人共同合作创作的作品，著作权归合作创作人共同享有。

3. 合作创作作品可以分割使用的，作者对各自创作的部分单独享有著作权。

4. 汇编作品的著作权由汇编人享有。

5. 电影作品和以类似摄制电影的方法创作的作品的著作权由制片人享有。

6. 电影作品和以类似摄制电影的方法创造的作品中的剧本、音乐等可以单独使用的作品的作者，可单独行使著作权。

（三）文化职务作品和委托创作作品

文化职务作品是指公民或单位工作人员为完成法人或非法人单位工作任务所创作的作品，作者享有受体现单位的意志。委托创作作品是基于委托合同进行的创作，主要体现委托人的意愿。

在著作权归属上，委托创作作品的著作权归属可以通过合同约定，合同未作明确约定或者没有订立合同的，著作权属于受托人。而职务作品的著作权归属则根据作品的具体类型有所不同。

第二节　文化作品著作权及出版许可

一、文化作品著作权

（一）文化作品著作权转移

1. 美术作品原件所有权转移的，其著作权仍归作者享有。

2. 著作权属于公民的，公民死亡后，其发表权、使用权、获取报酬权在保护期内依照《民法典》继承编的规定转移至继承人享有。

3. 著作权属于法人和其他组织的，法人和其他组织变更、终止的，其著作权中的发表权、使用权、获取报酬权在法定的保护期内依法转移至承受其权利义务的法人或者其他组织享有，没有其承受权利义务的法人或者其他组织的，由国家享有。

（二）文化产品的著作权权能

著作权是指自然人、法人或者其他组织对文学、艺术和科学作品享有的财产权利和精神权利的总称，包括以下人身权和财产权：

1. 发表权，即决定作品是否公之于众的权利；

2. 署名权，即表明作者身份，在作品上署名的权利；

3. 修改权，即修改或者授权他人修改作品的权利；

4. 保护作品完整权，即保护作品不受歪曲、篡改的权利；

5. 复制权，即以印刷、复印、拓印、录音、录像、翻录、翻拍等方式将作品制作一份或者多份的权利；

6. 发行权，即以出售或者赠与方式向公众提供作品的原件或者复制件的权利；

7. 出租权，即有偿许可他人临时使用电影作品和以类似摄制电影的方法创作的作品、计算机软件的权利，计算机软件不是出租的主要标的的除外；

8. 展览权，即公开陈列美术作品、摄影作品的原件或者复制件的权利；

9. 表演权，即公开表演作品，以及用各种手段公开播送作品的表演的权利；

10. 放映权，即通过放映机、幻灯机等技术设备公开再现美术、摄影、电影和以类似摄制电影的方法创作的作品等的权利；

11. 广播权，即以无线方式公开广播或者传播作品，以有线传播或者转播的方式向公众传播、广播的作品，以及通过扩音器或者其他传送符号、声音、图像的类似工具向公众传播、广播的作品的权利；

12. 信息网络传播权，即以有线或者无线方式向公众提供作品，使公众可以在其个人选定的时间和地点获得作品的权利；

13. 摄制权，即以摄制电影或者以类似摄制电影的方法将作品固定在载体上的权利；

14. 改编权，即改编作品，创作出具有独创性的新作品的权利；

15. 翻译权，即将作品从一种语言文字转换成另一种语言文字的权利；

16. 汇编权，即将作品或者作品的片段通过选择或者编排，汇集成新作品的权利；

17. 应当由著作权人享有的其他权利。

著作权属于作者，《著作权法》另有规定的除外。创作作品的自然人是作者。

由法人或者非法人组织主持，代表法人或者非法人组织意志创作，并由法人或者非法人组织承担责任的作品，法人或者非法人组织视为作者。

（三）文化产品的发行权与出版权

1. 发行权。即以出售或者赠与方式向公众提供作品的原件或者复制件的权利。

发行权一次用尽原则的适用：

第一，作品复制件必须经著作权人授权或根据法律规定合法制作，对于非法制作的作品复制件，如盗版光碟等，不适用“发行权一次用尽原则”；

第二，作品原件或合法制作的复制件已经经过著作权人许可或根据法律规定向公众销售或赠与。

2. 出版权。出版权是指出版单位通过和作者订立合同，在预定的期限或地域内，获得出版作者作品的一种专有权利。专有出版权受法律保护。

出版者享有的专有出版权是依据合同获得的，专有出版权受法律保护的时间、范围也依据出版合同的约定。

对于图书出版合同中约定图书出版者享有专有出版权但没有明确其具体内容

的,按照《著作权法实施条例》第 28 条的规定,图书出版者享有在合同有效期限内和在合同约定的地域范围内以同种文字的原版、修订版出版图书的专有权利。

二、文化出版许可

任何单位和个人不得委托非出版物批发、零售单位或者个人销售出版物或者代理出版物销售业务。

委托无出版物批发、零售资质的单位或者个人销售出版物或者代理出版物销售业务的,由出版行政主管部门责令停止违法行为,并作出相应的处罚。

国家对文化产业的大部分行业实行行政许可制度。从事文化经营活动,应当按照有关行政法规的规定,取得有关行政部门的许可、批准、审批(以下简称许可),包括演出、出版、音像、广播等。

(一)演出许可

设立文艺演出团体、演出场所、演出经纪机构等营业性演出单位,经文化行政部门批准,向市场监督管理部门申请注册登记,取得营业执照后(国家核拨经费的文艺演出团体除外)可以从事营业性演出活动。由演出经纪机构承办组台演出,每次演出前必须取得文化行政部门的许可,其中包括主体资格许可和演出项目许可。随着改革的深化,文化行政部门主要负责营业性演出项目、内容的审查和活动的监督管理。

(二)出版许可

设立报社、期刊社、图书出版社、音像出版社、电子出版物出版社等出版单位以及出版物进口经营单位;从事报纸、期刊、图书的全国性连锁经营业务、发行业务;出版物进口经营单位在境内举办境外出版物展览,均应当取得国家新闻出版总署的许可。

从事出版物印刷或者复制业务和报纸、图书、期刊的批发、零售业务,应当取得省级或者县级人民政府出版行政部门的许可。从事出版经营活动还应当取得工商行政管理部门颁发的营业执照,其中,从事出版物印刷或者复制业务还应当取得公安机关的相应许可。

(三)音像制品许可

从事音像制品的全国性连锁经营业务,应当取得文化和旅游部的许可。

从事音像制品的批发业务,应当取得省级人民政府文化行政部门的许可。从事音像制品的零售、出租业务,应当取得县级人民政府文化行政部门的许可。

（四）广播电台、电视台许可

广播电台、电视台由广播电视行政部门、教育行政部门（教育台）设立。需要取得国家广播电影电视总局许可的事项包括：设立广播电台、电视台；设立电视剧制作单位；举办国际性、全国性的广播电视节目交流、交易活动。

（五）电影许可

国家对电影摄制、进口、出口、发行、放映和电影片公映实行许可制度。需要取得国家广播电影电视总局许可的事项包括：设立电影制片单位；电影制片单位以外的单位独立从事电影摄制业务；电影制片单位与境外电影制片者合作摄制电影片；电影底片、样片的冲洗及后期制作需要在境外完成的；电影洗印单位接受委托洗印加工境外的电影底片、样片和电影拷贝的；举办中外电影展、国际电影节，提供电影片参加境外电影展、电影节等；设立跨省、自治区、直辖市的电影发行单位。

第三节　文化产品印刷权与传播权

一、文化产品印刷权

从事出版物印刷或者复制业务的单位，应当向所在地省、自治区、直辖市人民政府出版行政主管部门提出申请，经审核许可，并依照国家有关规定到工商行政管理部门办理相关手续后，方可从事出版物的印刷或者复制。

未经许可并办理相关手续的，不得印刷报纸、期刊、图书，不得复制音像制品、电子出版物。出版单位不得委托未取得出版物印刷或者复制许可的单位印刷或者复制出版物。出版单位委托印刷或者复制单位印刷或者复制出版物的，必须提供符合国家规定的印刷或者复制出版物的有关证明，并依法与印刷或者复制单位签订合同。

印刷或者复制单位不得接受非出版单位和个人的委托印刷报纸、期刊、图书或者复制音像制品、电子出版物，不得擅自印刷、发行报纸、期刊、图书或者复制、发行音像制品、电子出版物。印刷或者复制单位经所在地省、自治区、直辖市人民政府出版行政主管部门批准，可以承接境外出版物的印刷或者复制业务；但是，印刷或者复制的境外出版物必须全部运输出境，不得在境内发行。

境外委托印刷或者复制的出版物的内容，应当经省、自治区、直辖市人民政府出版行政主管部门审核。委托人应当持有著作权人授权书，并向著作权行政管理部门登记。

印刷或者复制单位应当自完成出版物的印刷或者复制之日起2年内,留存一份承接的出版物样本备查。单位从事出版物批发业务的,须经省、自治区、直辖市人民政府出版行政主管部门审核许可,取得《出版物经营许可证》。单位和个体工商户从事出版物零售业务的,须经县级人民政府出版行政主管部门审核许可,取得《出版物经营许可证》。

印刷或者复制单位、发行单位或者个体工商户不得印刷或者复制、发行有下列情形之一的出版物:

1. 含有《出版管理条例》第25条、第26条规定的禁止内容的;
2. 非法进口的;
3. 伪造、假冒出版单位名称或者报纸、期刊名称的;
4. 未署出版单位名称的;
5. 中学、小学教科书未经依法审定的;
6. 侵犯他人著作权的。

二、文化产品传播权

传播权是指以有线或者无线方式向公众提供,使公众可以在其选定的时间和地点获得作品的权利。

任何组织和个人传播、展示文化产品和提供文化服务,应当遵守宪法和法律法规,遵守公共秩序,尊重社会公德,不得危害国家统一、主权和领土完整,不得危害国家安全、荣誉和利益,不得宣扬恐怖主义、极端主义,不得违反国家民族宗教政策、煽动民族仇恨、破坏民族团结,不得歪曲、丑化、亵渎、否定英雄烈士事迹和精神,不得宣扬邪教、迷信、淫秽、赌博、暴力、吸毒和教唆犯罪,不得损害未成年人身心健康,不得侵害他人名誉、隐私、知识产权和其他合法权益。

第四节 文化音像产品录制权与翻录权

一、文化音像产品录制权

录音录像制作者使用他人作品制作录音录像制品的,应当取得著作权人的许可,并支付报酬。

录音制作者使用他人已经合法录制为录音制品的音乐作品制作录音制品的,可以不经著作权人许可,但应当按照规定支付报酬;著作权人声明不许使用的不得使用。

录音录像制作者制作录音录像制品,应当同表演者订立合同,并支付报酬。录音录像制作者对其制作的录音录像制品,享有许可他人复制、发行、出租、通过信息网络向公众传播并获得报酬的权利;权利的保护期为50年。

被许可人复制、发行、通过信息网络向公众传播录音录像制品,应当同时取得著作权人、表演者许可,并支付报酬;被许可人出租录音录像制品,还应当取得表演者许可,并支付报酬。

将录音制品用于有线或者无线公开传播,或者通过传送声音的技术设备向公众公开播送的,应当向录音制作者支付报酬。

二、文化音像产品翻录权

音像复制单位接受委托复制音像制品的,应当按照国家有关规定,与委托的出版单位订立复制委托合同;验证委托的出版单位的《音像制品出版许可证》、营业执照副本、盖章的音像制品复制委托书以及出版单位取得的授权书;接受委托复制的音像制品属于非卖品的,应当验证委托单位的身份证明和委托单位出具的音像制品非卖品复制委托书。

音像复制单位不得接受非音像出版单位或者个人的委托复制经营性的音像制品;不得自行复制音像制品;不得批发、零售音像制品。

从事光盘复制的音像复制单位复制光盘,必须使用刻有国务院出版行政主管部门核发的激光数码储存片来源识别码的注塑模具。

音像复制单位接受委托复制境外音像制品的,应当经省、自治区、直辖市人民政府出版行政主管部门批准,并持著作权人的授权书依法到著作权行政管理部门登记;复制的音像制品应当全部运输出境,不得在境内发行。

三、文化产品展览权

展览权是指公开陈列美术作品、摄影作品的原件或者复制件的权利。

作品原件所有权的转移,不改变作品著作权的归属,但美术、摄影作品原件的展览权由原件所有人享有。

作者将未发表的美术、摄影作品的原件所有权转让给他人,受让人展览该原件不构成对作者发表权的侵犯。

第三章

文化出版管理

从事出版物批发、零售活动的单位和个人凭出版物经营许可证开展出版物批发、零售活动；未经许可，任何单位和个人不得从事出版物批发、零售活动。

任何单位和个人不得委托非出版物批发、零售单位或者个人销售出版物或者代理出版物销售业务。

第一节　许可证颁发条件及年检

一、许可证颁发条件

（一）单位从事出版物批发业务的，应当具备下列条件

1. 已完成工商注册登记，具有法人资格；

2. 工商登记经营范围含出版物批发业务；

3. 有与出版物批发业务相适应的设备和固定的经营场所，经营场所面积合计不少于50平方米；

4. 具备健全的管理制度并具有符合行业标准的信息管理系统。

（二）单位、个人从事出版物零售业务的，应当具备下列条件

1. 已完成工商注册登记；

2. 工商登记经营范围含出版物零售业务；

3. 有固定的经营场所。

（三）单位从事中小学教科书发行业务的，应取得国家新闻出版署批准的中小学教科书发行资质，并在批准的区域范围内开展中小学教科书发行活动。单位从事中小学教科书发行业务的，应当具备下列条件

1. 设立以出版物发行为主营业务的公司法人。

2. 有与中小学教科书发行业务相适应的组织机构和发行人员。

3. 有能够保证中小学教科书储存质量要求的、与其经营品种和规模相适应的储运能力。

4. 有与中小学教科书发行业务相适应的发行网络。

5. 具备符合行业标准的信息管理系统。

6. 具有健全的管理制度及风险防控机制和突发事件处置能力。

7. 从事出版物批发业务5年以上。最近3年内未受到出版行政主管部门的行政处罚,无其他严重违法违规记录。

审批中小学教科书发行资质,除依照前款所列条件外,还应当符合国家关于中小学教科书发行单位的结构、布局的宏观调控和规划。

二、许可证年检

从事出版物发行业务的单位、个人应当按照出版行政主管部门的规定接受年度核验,并按照《统计法》、《新闻出版统计管理办法》及有关规定如实报送统计资料,不得以任何借口拒报、迟报、虚报、瞒报以及伪造和篡改统计资料。

出版物发行单位、个人不再具备行政许可的法定条件的,由出版行政主管部门责令限期改正;逾期仍未改正的,由原发证机关撤销该单位、个人的出版物经营许可证。

中小学教科书发行单位不再具备中小学教科书发行资质的法定条件的,由出版行政主管部门责令限期改正;逾期仍未改正的,由原发证机关撤销该单位、个人的中小学教科书发行资质证。

第二节　文化出版

一、文化出版执法检查与日记报表

出版行政主管部门应履行下列职责:

1. 对出版物的出版、印刷、复制、发行、进口单位进行行业监管,实施准入和退出管理;

2. 对出版活动进行监管,对违反《出版管理条例》的行为进行查处;

3. 对出版物内容和质量进行监管;

4. 根据国家有关规定对出版从业人员进行管理。

二、文化出版日记报表

完善文化出版日记账制度，具体包括：

1. 企业必须设置"现金日记账"，按照现金业务发生的先后顺序逐笔序时登记；

2. 企业应当设置"银行存款日记账"，按照银行存款收付业务发生的先后顺序逐笔序时登记，每日终了应结出余额。

三、文化出版销售自查制度

建立健全文化出版销售自查制度，定期开展对文化出版销售的自查。自查的重点内容有两方面：一是出版销售重大选题出版物的情况，特别是涉及政治类、历史类、军事类、民族宗教类出版物以及少儿出版物的情况，严禁出版销售含有诋毁攻击党，歪曲筹划否定党史、国史、军史、党的领袖、党的基本路线、宣扬历史虚无主义和"港独"、"台独"等政治性有害内容，以及淫秽色情、暴力恐怖、封建迷信等内容的出版物；二是对执行出版物进销货清单制度、擅自从事出版物发行活动的情况进行自查，以确定是否存在违法违规印刷、复制、销售、传播各类非法有害出版物、制品等情况，并进行相应整改。

第三节　企业相关管理

一、企业员工管理

建立健全企业员工管理规范，具体包括：

1. 对于处在试用期限的员工，企业必须与员工约定具体的录用条件，同时在试用期限内做好试用员工考核证据的收集保存工作；

2. 企业应当与员工签订书面的劳动合同，可以避免企业支付员工双倍工资或被视为订立了无固定期限劳动合同的风险；

3. 企业在制定、修改或者决定有关劳动报酬、工作时间、休息休假、劳动安全卫生、保险福利、职工培训、劳动纪律以及劳动定额管理等直接涉及劳动者切身利益的规章制度或者重大事项时，应当经职工代表大会或者全体职工讨论，提出方案和意见，与工会或者职工代表平等协商确定，企业应当将直接涉及劳动者切身利益的规章制度和重大事项决定进行公示或者通知劳动者；

4. 企业应当完善薪酬制度、奖惩制度、休假休息制度等用工管理制度，同时要对企业员工进行企业规章制度培训，并由企业员工签名确认；

5. 根据企业的用工模式，企业应当完善劳动合同、劳务合同、实习协议、培训/服务协议、保密及竞业限制协议、医疗期协议等劳动用工法律文件，积极应对和防范劳动用工法律风险；

6. 对劳动争议进行风险评估和提供建议，提出专属争议解决方案。

二、企业合同管理

（一）完善合同管理制度和管理流程

1. 设置合同管理专项部门。企业需要设置负责合同管理的专门部门和专业合同管理人员来开展合同的归档管理工作，使企业员工完成合同签订后，及时向企业设立的合同管理专属部门进行合同的登记、报备与归档工作。

2. 完善合同管理制度和管理流程。

第一，完善合同管理制度。按照合同管理全周期的要求，就合同管理全过程的每个环节，建立和健全具体的、操作性强的管理制度，使合同管理有章可循。这些制度包括但不限于：（1）合同管理基本制度，包括立项、审核、批准、履行等环节的基本制度；（2）合同管理其他制度，如合同归口管理制度、合同授权委托制度、合同审查制度、合同会签和审批制度、合同专用章管理制度、合同监督检查制度、合同台账及统计报表制度、合同归档制度等；（3）合同重大失误追究制度，问责、容错纠错、追责制度等。

第二，健全合同管理流程。定期开展合同统计和分类工作，做好对合同的分类管理，实现对企业所签订合同的全过程管理，确保备案台账能够实现对合同签订、合同履行以及合同变更情况的详细记录，在各个环节设置相应的责任人，并要求从合同的谈判、签订到履行封闭各个环节的过程资料（包含书面、短信、邮件等）随合同文本一同归档保管，保证管理目标能够有效落实，以此保障合同管理的全面性、完整性、精准性。

（二）合同履行管理和跟踪监督

1. 合同监督管理工作。在合同签订执行阶段中，需要合同相关管理人员重视对合同执行情况的实时跟踪与监督工作。出现不按照合同规定开展交易、合同执行期间的违约或者疑似违约行为，就需要合同监管人员及时向企业相关部门负责人进行汇报,由企业负责人及时采取对应的措施,促使合同继续依据原规定计划实施。

2. 合同变更管理工作。在合同履行和实施中,出现情势变化时,企业双方再次对合同进行重新约定,补充签订变更合同。

3. 合同纠纷处理工作。合同在执行实施过程中,如果产生了合同纠纷,首先应采取协商、调解等方式,有效处理合同纠纷。如协商无果可采取仲裁或诉讼等方式处理,保护自身合法权益。

(三)合同存证管理工作

企业要维护自己的合法权益,存证就显得尤为重要。企业要注意留存可以证明合同流转、财务损失结果等方面的相关证据,以及可以与损失结果相印证的其他证据,一般包括财务账目以及一些文档材料,如申请书、合同、资产证明、发票,等等。企业在日常管理中应当建立重要文档资料原件的收集、签收、保管、存档制度,确保原始件可调可查。

三、文化企业财务管理

建立健全企业财务管理制度,具体包括以下几方面内容。

(一)凭证账册制度

1. 财会人员审核原始凭证,原始凭证应当手续完备、合法,内容真实,数字正确,日期和印章齐全,大、小写相符等。

2. 财会记账员应对原始凭证记账负责,账簿的记载应明确、清晰。凭证、账册应由专人列册登记,妥善保管。有关会计报表、账册、会计凭证保存年限按上级规定办理。

3. 指定专人保管未使用的重要空白凭证,如支票、现金收据、发货票据等,确需领用的,由领用人办理领用手续。

(二)货币资金管理制度

1. 严格按照国家有关现金管理制度的规定管理企业资金,除抵补现金库存外,非经银行同意,不得将业务收入坐支留用,严格分清收支两条线。

2. 做好库存现金的保管工作,有关证券和现金必须放在银箱内,确保安全。建立健全现金账目,做到日清月结,钱账相符。对于超过现金收付限额的收付款项,必须通过银行结算。

（三）往来账目清理制度

财务人员要及时结账收款，催收应收账款。对于月终尚未清理的债权债务，应查明原因，列出清册。

（四）会计报表制度

要保证会计报表的数据准确、内容完整、报送及时、手续完备。对于年度结算报表，应附有分析收支计划执行情况的说明。

四、企业税务管理

建立健全企业税务管理制度，具体包括以下5点内容。

1. 税款的计算、申报、缴纳管理。企业办理税务登记，必须及时积极申报。

2. 发票管理。发票应当据实开具、发票的开具项目真实齐全等。

3. 涉税的会计处理。必须严格按照税务会计准则，做好税金核算工作。

4. 合同涉税管理。企业可以设定合同模板，对常见的涉税条款如何描述做好示例，对合同各方的涉税权利义务做好约定。

5. 税收政策的收集及培训。企业应当做好和自身行业、企业有关的税收政策收集和归纳，参加相应的内外部培训。

五、文化企业委托印刷管理

1. 印刷企业接受出版单位委托印刷图书、期刊的，必须验证并收取有出版单位盖章的印刷委托书，并在印刷前报出版单位所在地省、自治区、直辖市人民政府出版行政部门备案；印刷企业接受所在地省、自治区、直辖市以外的出版单位的委托印刷图书、期刊的，印刷委托书还必须事先报印刷企业所在地省、自治区、直辖市人民政府出版行政部门备案。

2. 印刷企业接受出版单位委托印刷报纸的，必须验证报纸出版许可证；接受出版单位的委托印刷报纸、期刊的增版、增刊的，还必须验证主管的出版行政部门批准出版增版、增刊的文件。

3. 印刷企业接受委托印刷内部资料性出版物的，必须验证县级以上地方人民政府出版行政部门核发的准印证。

4. 印刷企业接受委托印刷宗教内容的内部资料性出版物的，必须验证省、自治区、直辖市人民政府宗教事务管理部门的批准文件和省、自治区、直辖市人民政府出版行政部门核发的准印证。

5. 印刷企业接受委托印刷境外的出版物的，必须持有关著作权的合法证明文件，经省、自治区、直辖市人民政府出版行政部门批准；印刷的境外出版物必须全部运输出境，不得在境内发行、散发。

6. 委托印刷单位必须按照国家有关规定在委托印刷的出版物上刊载出版单位的名称、地址，书号、刊号或者版号，出版日期或者刊期，接受委托印刷出版物的企业的真实名称和地址以及其他有关事项。

7. 印刷企业接受委托印刷广告宣传品、作为产品包装装潢的印刷品的，应当验证委托印刷单位的营业执照或者个人的居民身份证；接受广告经营者的委托印刷广告宣传品的，还应当验证广告经营资格证明。

第四节　著作权

一、著作权保护

1. 设立专职管理部门，协调与处理跨部门著作权问题。从著作权兼具风险防范与市场拓展的双重特性出发，整合流程管理、权利审查、风险防范、权利保护、维权诉讼以及对外授权等功能，组建著作权专职管理部门，处理所有著作权保护相关事项。

2. 利用多种技术手段，加强对作品传播的追踪监控。在作品传播的追踪监控上必须与时俱进，以信息网络传播的监控为主，实物侵权的追踪为辅，积极采用新兴技术，对所有通过互联网传播的作品进行追踪与监控。

出版集团直接运营的数字出版平台，更应该加强著作权保护力度，对数字资源和平台本身同时采取严密的安全保护措施。如果发现盗链行为，也可依据《信息网络传播权保护条例》除追究实体权利的侵权责任外，同时追究其破坏权利电子管理信息与著作权权利保护技术措施的责任，加大对侵权行为的打击力度。

3. 完善作品授权管理，确保传播范围的可控性。当前出版社侵犯的著作权主要是复制权、发行权、信息网络传播权以及汇编权。必须强化作品授权管理，对作品传播范围进行把控。包括准确界定复制权和发行权，以及强化对合理注意义务的审查，再次明确转授权要谨慎使用，严格控制。

4. 通过诉讼维权战略，实现综合性效益的最大化。

二、著作权相关利益保护

图书出版者对著作权人交付出版的作品，按照合同约定享有的专有出版权受法律保护，他人不得出版该作品。侵犯专有出版权的主体，应当根据情况，承担停止侵害、消除影响、赔礼道歉、赔偿损失等民事责任。侵权行为同时损害公共利益的，由主管著作权的部门责令停止侵权行为，并做出相应的行政处罚；构成犯罪的，依法追究刑事责任。

未经出版者许可，使用其出版的图书、期刊的版式设计的，应当根据情况，由相关侵权主体承担停止侵害、消除影响、赔礼道歉、赔偿损失等民事责任。

三、出版物超印纠错

承印者、承制者以牟取非法利润为目的，擅自加印、加制的出版物，属于非法出版物。

图书出版者重印、再版作品的，应当通知著作权人，并支付报酬。

企业或个人以牟取非法利润为目的，超印出版物的，应当与出版社和著作权人协商，取得出版社授权，补交出版费用和支付著作权人报酬，纠正错误，接受管理部门处理。

第九编

物流运输行业合规经营

为推动物流运输企业的规范化管理，提升企业经营的风险防控能力，降低经营风险，实现经营目的，物流运输企业应在日常经营活动中着力打造合规经营体系，以创建物流运输行业的法治化标杆，保障物流运输企业的可持续健康发展。

本编所称的物流运输企业，是指从事货物运输或者仓储经营活动的经济组织。

本编内容依据《航空法》《海商法》《国际海运条例》《道路运输条例》《国际货物运输代理业管理规定》《道路货物运输及站场管理规定》《道路危险货物运输管理规定》《放射性物品道路运输管理规定》等法律、行政法规和部门规章的规定汇编而成。其中涉及的任何规定与届时生效的法律、行政法规及部门规章以及当地的规章制度及司法实践有冲突的，以届时生效的法律、行政法规及部门规章以及当地的规章制度及司法实践为准。

本编仅作为物流运输行业合规经营的参考性指引，不具有强制性。

第一章

物流运输企业的设立条件

第一节　公共航空运输业

公共航空运输企业，是指以营利为目的使用民用航空器从事货物等运输的企业法人。

一、设立条件

设立公共航空运输企业应当具备下列条件：

1. 使用的民用航空器（购买或者租赁）不少于3架且符合相关要求；

2. 企业的法定代表人应为中国公民，其中负责企业全面经营管理的主要负责人应当具备公共航空运输企业管理能力，负责主管飞行、航空器维修和其他专业技术工作的负责人应当符合有关民航管理规章的相应要求；

3. 企业中的专业技术人员应当符合有关民航管理的规章要求；

4. 注册资本应不少于国务院规定的最低限额；

5. 具有运营所需要的主运营基地机场和其他固定经营场所及设备；

6. 符合中国民用航空局（以下简称民航局）规定的其他必要条件。

二、不予受理情形

具有下列情形之一的，民航局不受理设立公共航空运输企业的申请：

1. 不符合建立和完善统一、开放、竞争、有序的航空运输市场，国家航空运输发展和宏观调控政策，保障航空运输安全、提高运输服务质量和维护消费者合法权益基本原则的规定的；

2. 用以筹建公共航空运输企业的民用航空器是属于我国现有公共航空运输企业或者外国公共航空运输企业的；

3. 民用机场、空中交通管理、航空器制造、航油供应、民航计算机信息等与公共航空运输企业有直接关联关系、可能影响航空运输市场公平竞争的企业或单位,单独设立或者违反规定参股设立公共航空运输企业的;

4. 不符合民航局规定的其他条件的。

第二节 国际船舶运输业

国际船舶运输业务,是指国际船舶运输经营者使用自有或者经营的船舶、舱位,提供国际海上货物等运输服务以及为完成这些服务而围绕其船舶、货物等开展的相关活动。

一、国际散装液体危险品船运输业务

申请经营国际散装液体危险品船运输业务,应当具备下列条件:

1. 取得企业法人资格;

2. 有与经营国际海上运输业务相适应的船舶,其中必须有中国籍船舶;

3. 投入运营的船舶符合国家规定的海上交通安全技术标准;

4. 有提单、客票或者多式联运单证;

5. 具备国务院交通主管部门规定的从业资格的高级业务管理人员。

二、国际集装箱船、国际普通货船运输业务

经营国际集装箱船、国际普通货船运输业务,应当取得企业法人资格,并有与经营业务相适应的船舶。

三、无船承运业务

无船承运业务,是指无船承运业务经营者以承运人身份接受托运人的货载,签发自己的提单或者其他运输单证,向托运人收取运费,通过国际船舶运输经营者完成国际海上货物运输,承担承运人责任的国际海上运输经营活动。

在中国境内经营无船承运业务的,应当在中国境内依法设立企业法人。

四、国际班轮运输业务

国际班轮运输业务,是指以自有或者经营的船舶,或者以共同派船、舱位互换、

联合经营等方式,在固定的港口之间提供的定期国际海上货物等运输业务。

国际船舶运输经营者经营进出中国港口的国际班轮运输业务,应当依照《国际海运条例》的规定取得国际班轮运输经营资格。未取得国际班轮运输经营资格的,不得从事国际班轮运输经营活动,不得对外公布班期、接受订舱。

第三节　国际货物运输代理企业

国际货运代理企业应当依法取得中华人民共和国企业法人资格。承运人以及其他可能对国际货运代理行业构成不公平竞争的企业不得申请经营国际货运代理业务。

一、设立条件

设立国际货物运输代理企业应当具备下列条件:

1. 有与其从事的国际货物运输代理业务相适应的专业人员,有至少5名从事国际货运代理业务3年以上的业务人员,其资格由业务人员原所在企业证明或者取得商务部颁发的资格证书;

2. 有固定的营业场所,自有房屋、场地的须提供产权证明,租赁房屋、场地的须提供租赁契约;

3. 有必要的营业设施,包括一定数量的电话、传真、计算机、短途运输工具、装卸设备、包装设备等;

4. 有稳定的进出口货源市场,在本地区进出口货物运量较大,货运代理行业具备进一步发展的条件和潜力,并且申报企业可以揽收到足够的货源。

二、注册资本要求

国际货物运输代理企业的注册资本最低限额应当符合下列要求:

1. 经营海上国际货物运输代理业务的,注册资本最低限额为500万元人民币;

2. 经营航空国际货物运输代理业务的,注册资本最低限额为300万元人民币;

3. 经营陆路国际货物运输代理业务或者国际快递业务的,注册资本最低限额为200万元人民币。

经营前款两项以上业务的,注册资本最低限额为其中最高一项的限额。

国际货物运输代理企业每设立一个从事国际货物运输代理业务的分支机构,

应当增加注册资本50万元人民币。

第四节　道路货物运输业和道路货物运输站(场)经营

一、道路货物运输经营

道路货物运输经营,是指为社会提供公共服务、具有商业性质的道路货物运输活动。

申请从事道路货物运输经营的,应当具备下列条件:

(一)有与其经营业务相适应并经检测合格的运输车辆

1. 对车辆的技术要求应当符合《道路运输车辆技术管理规定》的有关规定。

2. 对车辆的其他要求:

(1)从事大型物件运输经营的,应当具有与所运输的大型物件相适应的超重型车组;

(2)从事冷藏保鲜、罐式容器等专用运输的,应当具有与运输货物相适应的专用容器、设备、设施,并固定在专用车辆上;

(3)从事集装箱运输的,车辆还应当有固定集装箱的转锁装置。

(二)有符合规定条件的驾驶人员

1. 取得与驾驶车辆相应的机动车驾驶证;

2. 年龄不超过60周岁;

3. 经设区的市级交通运输主管部门对有关道路货物运输法规、机动车维修和货物及装载保管基本知识考试合格,并取得从业资格证(使用总质量4500千克及以下普通货运车辆的驾驶人员除外)。

(三)有健全的安全生产管理制度

包括安全生产责任制度、安全生产业务操作规程、安全生产监督检查制度、驾驶员和车辆安全生产管理制度等。

二、道路危险货物运输

道路危险货物运输,是指使用载货汽车通过道路运输危险货物的作业的全过程。

危险货物,是指具有爆炸、易燃、毒害、感染、腐蚀等危险特性,在生产、经营、运输、储存、使用和处置中,容易造成人身伤亡、财产损毁或者环境污染而需要特别防护的物质和物品。危险货物以列入《危险货物道路运输规则》(JT/T 617—2018)的为准,未列入《危险货物道路运输规则》(JT/T 617—2018)的,以有关法律、行政法规的规定或者国务院有关部门公布的结果为准。

申请从事道路危险货物运输经营,应当具备下列条件:

(一)有符合下列要求的专用车辆及设备

1. 自有专用车辆(挂车除外)5 辆以上;运输剧毒化学品、爆炸品的,自有专用车辆(挂车除外)10 辆以上。

2. 专用车辆的技术要求应当符合《道路运输车辆技术管理规定》的有关规定。

3. 配备有效的通讯工具。

4. 专用车辆应当安装具有行驶记录功能的卫星定位装置。

5. 运输剧毒化学品、爆炸品、易制爆危险化学品的,应当配备罐式、厢式专用车辆或者压力容器等专用容器。

6. 罐式专用车辆的罐体应当经检验合格,且罐体载货后总质量与专用车辆核定载质量相匹配。运输爆炸品、强腐蚀性危险货物的罐式专用车辆的罐体容积不得超过 20 立方米,运输剧毒化学品的罐式专用车辆的罐体容积不得超过 10 立方米,但符合国家有关标准的罐式集装箱除外。

7. 运输剧毒化学品、爆炸品、强腐蚀性危险货物的非罐式专用车辆,核定载质量不得超过 10 吨,但符合国家有关标准的集装箱运输专用车辆除外。

8. 配备与运输的危险货物性质相适应的安全防护、环境保护和消防设施设备。

(二)有符合下列要求的停车场地

1. 自有或者租借期限为 3 年以上,且与经营范围、规模相适应的停车场地,停车场地应当位于企业注册地市级行政区域内。

2. 运输剧毒化学品、爆炸品专用车辆以及罐式专用车辆,数量为 20 辆(含)以下的,停车场地面积不低于车辆正投影面积的 1.5 倍,数量为 20 辆以上的,超过部分,每辆车的停车场地面积不低于车辆正投影面积;运输其他危险货物的,专用车辆数量为 10 辆(含)以下的,停车场地面积不低于车辆正投影面积的 1.5 倍;数量为 10 辆以上的,超过部分,每辆车的停车场地面积不低于车辆正投影面积。

3. 停车场地应当封闭并设立明显标志,不得妨碍居民生活和威胁公共安全。

(三)有符合下列要求的从业人员和安全管理人员

1. 专用车辆的驾驶人员取得相应机动车驾驶证,年龄不超过 60 周岁。

2. 从事道路危险货物运输的驾驶人员、装卸管理人员、押运人员应当经所在地设区的市级人民政府交通运输主管部门考试合格，并取得相应的从业资格证；从事剧毒化学品、爆炸品道路运输的驾驶人员、装卸管理人员、押运人员，应当经考试合格，取得注明为“剧毒化学品运输”或者“爆炸品运输”类别的从业资格证。

3. 企业应当配备专职安全管理人员。

（四）有健全的安全生产管理制度

1. 企业主要负责人、安全管理部门负责人、专职安全管理人员安全生产责任制度；

2. 从业人员安全生产责任制度；

3. 安全生产监督检查制度；

4. 安全生产教育培训制度；

5. 从业人员、专用车辆、设备及停车场地安全管理制度；

6. 应急救援预案制度；

7. 安全生产作业规程；

8. 安全生产考核与奖惩制度；

9. 安全事故报告、统计与处理制度。

三、放射性物品道路运输

放射性物品道路运输，是指使用专用车辆通过道路运输放射性物品的作业过程。

放射性物品，是指含有放射性核素，并且其活度和比活度均高于国家规定的豁免值的物品。

申请从事放射性物品道路运输经营的，应当具备下列条件。

（一）有符合要求的专用车辆和设备

1. 专用车辆要求。

（1）专用车辆的技术要求应当符合《道路运输车辆技术管理规定》的有关规定；

（2）车辆为企业自有，且数量为 5 辆以上；

（3）核定载质量在 1 吨及以下的车辆为厢式或者封闭货车；

（4）车辆配备满足在线监控要求，且具有行驶记录仪功能的卫星定位系统。

2. 设备要求。

（1）配备有效的通信工具；

(2)配备必要的辐射防护用品和依法经定期检定合格的监测仪器。

(二)有符合要求的从业人员

1. 专用车辆的驾驶人员取得相应机动车驾驶证,年龄不超过60周岁;

2. 从事放射性物品道路运输的驾驶人员、装卸管理人员、押运人员经所在地设区的市级人民政府交通运输主管部门考试合格,取得注明从业资格类别为“放射性物品道路运输”的道路运输从业资格证;

3. 有具备辐射防护与相关安全知识的安全管理人员。

(三)有健全的安全生产管理制度

1. 有关安全生产应急预案;

2. 从业人员、车辆、设备及停车场地安全管理制度;

3. 安全生产作业规程和辐射防护管理措施;

4. 安全生产监督检查和责任制度。

四、道路货物运输站(场)经营

道路货物运输站(场)(以下简称货运站),是指以场地设施为依托,为社会提供有偿服务的具有仓储、保管、配载、信息服务、装卸、理货等功能的综合货运站(场)、零担货运站、集装箱中转站、物流中心等经营场所。

从事货运站经营的,应当具备下列条件:

1. 有与其经营规模相适应的货运站房、生产调度办公室、信息管理中心、仓库、仓储库棚、场地和道路等设施,并经有关部门组织的工程竣工验收组织验收合格;

2. 有与其经营规模相适应的安全、消防、装卸、通信、计量等设备;

3. 有与其经营规模、经营类别相适应的管理人员和专业技术人员;

4. 有健全的业务操作规程和安全生产管理制度。

第二章

物流运输企业的经营许可和备案

第一节　公共航空运输业

设立公共航空运输企业,应当向国务院民用航空主管部门申请领取经营许可证,并依法办理工商登记;未取得经营许可证的,工商行政管理部门不得办理工商登记。

民航局负责公共航空运输企业筹建认可、经营许可。中国民用航空地区管理局(以下简称民航地区管理局)负责所辖地区公共航空运输企业筹建认可和经营许可的初步审查。

一、申请筹建认可

申请公共航空运输企业经营许可证应首先申请筹建认可。

(一)所需文件、资料

申请人申请筹建公共航空运输企业,应当提交下列文件、资料一式三份:

1. 筹建申请报告;

2. 投资人的资信能力证明;

3. 投资各方签订的协议(合同)以及企业法人营业执照(或者注册登记证明)复印件或者自然人身份证明复印件;

4. 筹建负责人的任职批件、履历表;

5. 企业法人营业执照;

6. 民航局规定的其他文件、资料。

(二)申请报告

筹建公共航空运输企业的申请报告应当包括以下内容:

1. 拟经营航线的市场分析;

2. 拟选用的民用航空器型号、来源和拟使用的主运营基地机场条件；

3. 专业技术人员的来源和培训渠道；

4. 拟申请的经营范围。

（三）申请流程

申请人申请筹建公共航空运输企业，应当将申请材料提交所在地民航地区管理局初审。民航地区管理局收到申请人的申请材料后，应将其置于民航局网站（WWW. CAAC. GOV. CN），供申请人、利害关系人及社会公众查阅和提出意见。利害关系人和社会公众如有意见，应当自上网公布之日起10个工作日内提出意见。

民航地区管理局应当自收到申请人的申请材料之日起20个工作日内提出初审意见并连同申报材料一起报民航局。

对申请人申请筹建公共航空运输企业没有重大异议的，民航局应当自受理其申请之日起10个工作日内作出准予筹建的初步决定，并将其置于民航局网站，供申请人、利害关系人及社会公众查阅和提出意见。民航局应自受理申请之日起20个工作日内作出是否准予筹建的决定。

对申请人的筹建申请有重大异议的，申请人、利害关系人如果要求听证，民航局应按规定组织听证。民航局根据听证的结果作出是否准予筹建的初步决定并置于民航局网站予以公布，供申请人、利害关系人及社会公众查阅和提出意见。申请人、利害关系人及社会公众如有意见，应当自上网公布之日起10个工作日内提出意见。民航局根据征求意见的情况作出是否准予筹建的决定。

民航局对准予筹建的公共航空运输企业，应当自作出决定之日起10个工作日内送达筹建认可决定，并予以公告。

对不予筹建的，应当自作出决定之日起10个工作日内书面通知申请人、说明理由，并告知申请人享有依法申请行政复议或者提起行政诉讼的权利。

（四）筹建决定

公共航空运输企业筹建决定应当包括以下内容：

1. 筹建企业名称；

2. 筹建企业地址；

3. 筹建企业拟使用的主运营基地机场；

4. 筹建企业负责人；

5. 筹建企业类型；

6. 筹建企业经营范围；

7. 其他必要内容。

(五)筹建期与筹建资格

经民航局认可的筹建公共航空运输企业的有效期限为2年。

申请人自民航局准予其筹建之日起2年内未能按规定条件取得经营许可证的，确有充足的事由，经申请人申请、所在地民航地区管理局初审，民航局可准予其延长1年筹建期。在延长筹建期内仍未取得经营许可证的，申请人丧失筹建资格。

对于丧失筹建资格的申请人，民航局2年内不再受理其筹建申请。

(六)筹建延期

申请公共航空运输企业筹建延期，应当向民航局提交书面材料，说明理由。民航局应自收到申请人申请之日起20个工作日内，作出是否同意延期的决定。

民航局对准予筹建延期的公共航空运输企业，应当自作出决定之日起10个工作日内送达同意筹建延期的决定，并予以公告。

对不予筹建延期的，应当自作出决定之日起10个工作日内书面通知申请人、说明理由，并告知申请人享有依法申请行政复议或者提起行政诉讼的权利。

二、申请经营许可

筹建企业完成筹建工作后应申请经营许可。

(一)所需文件、资料

申请人申请公共航空运输企业经营许可，应当提交下列文件、资料一式三份：

1. 公共航空运输企业经营许可申请书；
2. 企业法人营业执照；
3. 企业章程；
4. 购买或者租赁民用航空器的证明文件；
5. 客票、货运单格式样本及批准文件；
6. 与拟使用的主运营基地机场签订的机坪租赁协议和机场场道保障协议；
7. 法定代表人、负责企业全面经营管理的主要负责人的任职文件、履历表、身份证复印件；
8. 投保地面第三人责任险的证明文件；
9. 企业董事、监事的姓名、住所及委派、选举或者聘任的证明；
10. 民航局规定的其他文件、资料。

（二）申请流程

申请人申请经营许可，应当将申请材料提交所在地民航地区管理局初审。民航地区管理局收到申请人的申请材料后，应将其置于民航局网站，供申请人、利害关系人及社会公众查阅和提出意见。利害关系人和社会公众如有意见，应当自上网公布之日起10个工作日内提出。

民航地区管理局应当自收到申请人的申请材料之日起20个工作日内提出初审意见并连同申报材料报民航局。

对申请人的经营许可申请没有重大异议的，民航局应当自受理其申请之日起10个工作日内作出准予经营许可的初步决定，并将其置于民航局网站，供申请人、利害关系人及社会公众查阅和提出意见。民航局应自受理申请之日起20个工作日内作出是否准予经营许可的决定。

对申请人的经营许可申请有重大异议的，申请人、利害关系人如果要求听证，由民航局按规定组织听证。民航局根据听证的结果作出是否准予经营许可的初步决定并置于民航局网站予以公布，供申请人、利害关系人及社会公众查阅和提出意见。申请人、利害关系人及社会公众如有意见，应当自上网公布之日起10个工作日内提出意见。民航局根据征求意见的情况作出是否准予经营许可的决定。

民航局对准予经营许可的，应当自作出决定之日起10个工作日内，向申请人颁发公共航空运输企业经营许可证。

对不予其经营许可的，应当自作出决定之日起10个工作日内书面通知申请人、说明理由，并告知申请人享有依法申请行政复议或者提起行政诉讼的权利。

（三）经营许可证

公共航空运输企业经营许可证应当载明下列内容：

1. 企业名称；

2. 主运营基地机场；

3. 经营范围。

公共航空运输企业经营许可证在未被依法吊销、撤销、注销等情况下，长期有效。

公共航空运输企业变更经营许可证所载企业名称的，应当自企业法人营业执照变更之日起1个月内向民航局提交下列材料：

1. 申请书；

2. 股东会决议；

3. 修改后的公司章程或者公司章程修正案；

4. 经营许可证复印件；

5. 企业法人营业执照复印件。

公共航空运输企业申请扩大经营许可证所载明的经营范围的，应当向民航局提交下列文件、资料：

1. 申请报告；

2. 企业主运营基地机场所在地民航地区管理局出具的初审意见；

3. 经营许可证复印件；

4. 法人营业执照复印件；

5. 不具有最近 3 年发生重大以上（含重大）运输飞行事故、严重失信行为、连续 3 年经营亏损以及民航局规定的其他情形的说明材料；

6. 民航局规定的其他文件、资料。

公共航空运输企业申请变更经营许可证所载明的主运营基地机场的，应当向民航局提交下列文件、资料：

1. 申请报告；

2. 企业现主运营基地机场所在地民航地区管理局和拟使用主运营基地机场所在地民航地区管理局出具的初审意见；

3. 与拟使用的主运营基地机场签订的机坪租赁协议和机场场道保障协议；

4. 经营许可证复印件；

5. 法人营业执照复印件；

6. 民航局规定的其他文件、资料。

公共航空运输企业取得经营许可证后 1 年内未能实际安排航班经营的，由民航局注销其经营许可证。

第二节　国际船舶运输业

一、国际散装液体危险品船运输业务

经营国际散装液体危险品船运输业务，应当向国务院交通主管部门提出申请，并附送符合经营国际散装液体危险品船运输业务条件的相关材料。

（一）申请材料或信息

申请经营国际散装液体危险品船运输业务应当向交通运输部提出申请，报送相关材料或信息。申请材料或信息应当包括：

1. 申请书；

2. 申请人的企业统一社会信用代码、公司章程的复印件；

3. 公司与船舶名称及船舶识别号；

4. 提单、客票或者多式联运单证样本；

5. 符合交通运输部规定的高级业务管理人员的从业资格证明。

（二）申请流程

交通运输部收到申请人的申请材料或信息后，应当在申请材料或信息完整齐备之日起30个工作日内按照《国际海运条例》第5条和第6条的规定进行审核，作出许可或者不许可的决定。决定许可的，向申请人颁发《国际船舶运输经营许可证》，并将许可情况抄送有关省、自治区、直辖市人民政府交通运输主管部门；决定不许可的，应当书面通知申请人并告知理由。

取得《国际船舶运输经营许可证》的企业在经营国际客船、国际散装液体危险品船运输业务期间，应当确保上述所列规定的申请材料持续合法有效。

（三）变更备案

有下列变更情形之一的，应当自变更之日起15日内向交通运输部备案：

1. 变更企业名称；

2. 企业迁移；

3. 变更出资人；

4. 歇业、终止经营；

5. 减少运营船舶；

6. 变更提单、客票或者多式联运单证；

7. 在境外设立分支机构或者子公司经营相应业务；

8. 拥有的船舶在境外注册，悬挂外国旗。

前述情形涉及经营许可证信息变更的，由交通运输部换发相关经营许可证；企业终止经营的，应当将有关许可证书交回交通运输部。

二、国际集装箱船、国际普通货船运输业务

(一)备案

国际集装箱船、国际普通货船运输经营者应当自开业之日起15日内,向注册所在地的省、自治区、直辖市人民政府交通运输主管部门提供完整准确的备案信息,包括企业名称、企业统一社会信用代码、注册地址、办公地址、联系方式以及自有船舶相关信息。

(二)变更备案

有下列变更情形之一的,应当自变更之日起15日内向企业注册地省、自治区、直辖市人民政府交通运输主管部门备案:

1. 变更企业名称;
2. 企业迁移;
3. 歇业、终止经营;
4. 调整运营船舶;
5. 在境外设立分支机构或者子公司经营相应业务;
6. 拥有的船舶在境外注册,悬挂外国旗。

三、无船承运业务

(一)备案

经营无船承运业务,应当自开业之日起15日内向注册所在地或者业务主要发生地的省、自治区、直辖市人民政府交通运输主管部门提供完整准确的备案信息,包括企业名称、企业统一社会信用代码、注册地址、办公地址、联系方式等。

(二)变更备案

有下列变更情形之一的,应当自变更之日起15日内向企业注册地或者业务主要发生地省、自治区、直辖市人民政府交通运输主管部门备案:

1. 变更企业名称;
2. 企业迁移;
3. 歇业、终止经营。

四、国际班轮运输业务

国际船舶运输经营者申请经营进出中国港口国际班轮运输业务,应当向交通

运输部提出申请,并报送材料。

(一)申请材料

经营国际班轮运输业务,应当向国务院交通主管部门提出申请,并附送下列材料:

1. 国际船舶运输经营者的名称、注册地、营业执照副本、主要出资人;

2. 经营者的主要管理人员的姓名及其身份证明;

3. 运营船舶资料;

4. 拟开航的航线、班期及沿途停泊港口;

5. 运价本;

6. 提单、客票或者多式联运单证。

(二)申请流程

国务院交通主管部门应当自收到经营国际班轮运输业务申请之日起30日内审核完毕。申请材料真实、齐备的,予以登记,颁发《国际班轮运输经营资格登记证》,并通知申请人;申请材料不真实或者不齐备的,不予登记,书面通知申请人并告知理由。

取得《国际班轮运输经营资格登记证》的企业在经营国际班轮运输业务期间,应当确保有关证书、证明持续合法有效。

(三)开航

取得国际班轮运输经营资格的国际船舶运输经营者,应当自取得资格之日起180日内开航;因不可抗力并经国务院交通主管部门同意,可以延期90日。逾期未开航的,国际班轮运输经营资格自期满之日起丧失。

(四)变更备案

新开、停开国际班轮运输航线,或者变更国际班轮运输船舶、班期的,应当提前15日予以公告,并应当自行为发生之日起15日内向国务院交通主管部门备案。

第三节　国际货物运输代理企业

申请设立国际货物运输代理企业,应当向拟设立国际货物运输代理企业所在地的地方对外贸易主管部门提出申请,由地方对外贸易主管部门提出意见后,转报国务院对外贸易经济合作主管部门审查批准。

(一)报送文件

申请经营国际货运代理业务的单位应当报送下列文件:

1. 申请书,包括投资者名称、申请资格说明、申请的业务项目;

2. 可行性研究报告,包括基本情况、资格说明、现有条件、市场分析、业务预测、组建方案、经济预算及发展预算等;

3. 投资者的企业法人营业执照(影印件);

4. 董事会、股东会或股东大会决议;

5. 企业章程(或草案);

6. 主要业务人员情况(包括学历、所学专业、业务简历、资格证书);

7. 资信证明(会计师事务所出具的各投资者的验资报告);

8. 投资者出资协议;

9. 法定代表人简历;

10. 国际货运代理提单(运单)样式;

11. 企业名称预先核准函(影印件,工商行政管理部门出具);

12. 国际货运代理企业申请表;

13. 交易条款。

以上文件除第3项、第11项外,均须提交正本,并加盖公章。

(二)审核

行业主管部门应当对申请项目进行审核,该审核包括:

1. 项目设立的必要性;

2. 申请文件的真实性和完整性;

3. 申请人资格;

4. 申请人信誉;

5. 业务人员资格。

(三)审批

地方商务主管部门对申请项目进行审核后,应将初审意见(包括建议批准的经营范围、经营地域、投资者出资比例等)及全部申请文件报商务部审批。

有下列情形之一的,商务部驳回申请,并说明理由:

1. 文件不齐;

2. 申报程序不符合要求;

3. 商务部已经通知暂停受理经营国际货运代理业务的申请。

有下列情形之一的,商务部经过调查核实后,给予不批准批复:

1. 申请人不具备从事国际货运代理业务的资格;

2. 申请人自申报之日前5年内非法从事代理经营活动,受到国家行政管理部门的处罚;

3. 申请人故意隐瞒、谎报申报情况;

4. 其他不符合《国际货物运输代理业管理规定》第5条规定的适应对外贸易发展需要,促进国际货物运输代理业的合理布局,保护公平竞争,促进国际货物运输代理业服务质量提高等有关原则的情况。

申请人收到商务部同意的批复的,应当于批复之日起60日内持修改后的企业章程(正本),凭地方商务主管部门介绍信到商务部领取批准证书。

(四)登记

国际货物运输代理企业应当凭国务院对外贸易经济合作主管部门颁发的批准证书,依照有关法律、行政法规的规定,办理企业登记、税务登记手续。

(五)批准证书

批准证书的有效期为3年。

申请人自收到批准证书之日起180日内无正当理由未开始营业的,国务院对外贸易经济合作主管部门应当撤销批准证书。

国际货物运输代理企业在批准证书有效期届满时,需要继续从事国际货物运输代理业务的,应当在批准证书有效期届满的30日前向国务院对外贸易经济合作主管部门申请换领批准证书。

国际货物运输代理企业未依照前款规定申请换领批准证书的,其从事国际货物运输代理业务的资格自批准证书有效期届满时自动丧失。

第四节　道路货物运输业和道路货物运输站(场)经营

一、道路货物运输

(一)申请材料

申请从事道路货物运输经营的,应当在依法向市场监督管理部门办理有关登记手续后,向县级交通运输主管部门提出申请,并提供以下材料:

1.《道路货物运输经营申请表》。

2. 负责人身份证明,经办人的身份证明和委托书。

3. 机动车辆行驶证、车辆技术等级评定结论复印件;拟投入运输车辆的承诺书,承诺书应当包括车辆数量、类型、技术性能、投入时间等内容。

4. 聘用或者拟聘用驾驶员的机动车驾驶证、从业资格证及其复印件。

5. 安全生产管理制度文本。

6. 法律法规规定的其他材料。

(二)经营许可

交通运输主管部门对道路货物运输经营申请予以受理的,应当自受理之日起20日内作出许可或者不予许可的决定。

交通运输主管部门对符合法定条件的道路货物运输经营申请作出准予行政许可决定的,应当出具《道路货物运输经营行政许可决定书》,明确许可事项。在10日内向被许可人颁发《道路运输经营许可证》,在《道路运输经营许可证》上注明经营范围。

对道路货物运输经营不予许可的,应当向申请人出具《不予交通行政许可决定书》。

使用总质量4500千克及以下普通货运车辆从事普通货运经营的,无须申请取得《道路运输经营许可证》及《道路运输证》。

(三)子公司和分公司

道路货物运输经营者设立子公司的,应当向设立地的交通运输主管部门申请经营许可;设立分公司的,应当向设立地的交通运输主管部门报备。

(四)货运代理(代办)

从事货运代理(代办)等货运相关服务的经营者,应当依法到市场监督管理部门办理有关登记手续,并持有关登记证件到设立地的交通运输主管部门备案。

(五)变更事项

道路货物运输经营者变更许可事项、扩大经营范围的,按《道路货物运输及站场管理规定》有关许可规定办理。

道路货物运输经营者变更名称、地址等,应当向作出原许可决定的交通运输主管部门备案。

(六)终止经营

道路货物运输经营者需要终止经营的,应当在终止经营之日30日前告知原许可或者备案的交通运输主管部门,并按照规定办理有关注销手续。

二、道路危险货物运输

(一)申请材料

申请从事道路危险货物运输经营的企业,应当在依法向市场监督管理部门办理有关登记手续后,向所在地设区的市级交通运输主管部门提出申请,并提交以下材料。

1.《道路危险货物运输经营申请表》,包括申请人基本信息、申请运输的危险货物范围(类别、项别或品名,如果为剧毒化学品应当标注“剧毒”)等内容。

2. 拟担任企业法定代表人的投资人或者负责人的身份证明及其复印件,经办人身份证明及其复印件和书面委托书。

3. 企业章程文本。

4. 证明专用车辆、设备情况的材料,包括:

(1)未购置专用车辆、设备的,应当提交拟投入专用车辆、设备承诺书,承诺书内容应当包括车辆数量、类型、技术等级、总质量、核定载质量、车轴数以及车辆外廓尺寸;通讯工具和卫星定位装置配备情况;罐式专用车辆的罐体容积;罐式专用车辆罐体载货后的总质量与车辆核定载质量相匹配情况;运输剧毒化学品、爆炸品、易制爆危险化学品的专用车辆核定载质量等有关情况;承诺期限不得超过1年。

(2)已购置专用车辆、设备的,应当提供车辆行驶证、车辆技术等级评定结论;通讯工具和卫星定位装置配备;罐式专用车辆的罐体检测合格证或者检测报告及复印件等有关材料。

5. 拟聘用专职安全管理人员、驾驶人员、装卸管理人员、押运人员的,应当提交拟聘用承诺书,承诺期限不得超过1年;已聘用的应当提交从业资格证及其复印件以及驾驶证及其复印件。

6. 停车场地的土地使用证、租赁合同、场地平面图等材料。

7. 相关安全防护、环境保护、消防设施设备的配备情况清单。

8. 有关安全生产管理制度文本。

申请从事非经营性道路危险货物运输的单位,向所在地设区的市级交通运输主管部门提出申请时,除提交上述第4项至第8项规定的材料外,还应当提交以下材料。

1.《道路危险货物运输申请表》,包括申请人基本信息、申请运输的物品范围(类别、项别或品名,如果为剧毒化学品应当标注“剧毒”)等内容。

2. 下列形式之一的单位基本情况证明：

(1)省级以上应急管理部门颁发的危险化学品生产、使用等证明；

(2)能证明科研、军工等企事业单位性质或者业务范围的有关材料。

3. 特殊运输需求的说明材料。

4. 经办人的身份证明及其复印件以及书面委托书。

(二)经营许可

设区的市级交通运输主管部门应当按照《道路运输条例》和《交通行政许可实施程序规定》,以及《道路危险货物运输管理规定》所明确的程序和时限实施道路危险货物运输行政许可,并进行实地核查。

决定准予许可的,应当向被许可人出具《道路危险货物运输行政许可决定书》,注明许可事项,具体内容应当包括运输危险货物的范围(类别、项别或品名,如果为剧毒化学品应当标注“剧毒”),专用车辆数量、要求以及运输性质,并在10日内向道路危险货物运输经营申请人发放《道路运输经营许可证》,向非经营性道路危险货物运输申请人发放《道路危险货物运输许可证》。

决定不予许可的,应当向申请人出具《不予交通行政许可决定书》。

(三)撤销许可

道路危险货物运输企业未在承诺期限内落实专用车辆、设备的,原许可机关应当撤销许可决定,并收回已核发的许可证明文件。

道路危险货物运输企业未在承诺期限内按照承诺聘用专职安全管理人员、驾驶人员、装卸管理人员和押运人员的,原许可机关应当撤销许可决定,并收回已核发的许可证明文件。

(四)子公司和分公司

道路危险货物运输企业设立子公司从事道路危险货物运输的,应当向子公司注册地设区的市级交通运输主管部门申请运输许可。设立分公司的,应当向分公司注册地设区的市级交通运输主管部门备案。

(五)变更事项

道路危险货物运输企业或者单位需要变更许可事项的,应当向原许可机关提出申请,按照本章有关许可的规定办理。

道路危险货物运输企业或者单位变更法定代表人、名称、地址等工商登记事项的,应当在30日内向原许可机关备案。

（六）终止经营

道路危险货物运输企业或者单位终止危险货物运输业务的，应当在终止之日的30日前告知原许可机关，并在停业后10日内将《道路运输经营许可证》或者《道路危险货物运输许可证》以及《道路运输证》交回原许可机关。

三、放射性物品道路运输

（一）申请材料

申请从事放射性物品道路运输经营的企业，应当向所在地设区的市级交通运输主管部门提出申请，并提交下列材料。

1.《放射性物品道路运输经营申请表》，包括申请人基本信息、拟申请运输的放射性物品范围（类别或者品名）等内容。

2. 企业负责人身份证明及复印件，经办人身份证明及复印件和委托书。

3. 证明专用车辆、设备情况的材料，包括：

（1）未购置车辆的，应当提交拟投入车辆承诺书，内容包括拟购车辆数量、类型、技术等级、总质量、核定载质量、车轴数以及车辆外廓尺寸等有关情况；

（2）已购置车辆的，应当提供车辆行驶证、车辆技术等级评定结论及复印件等有关材料；

（3）对辐射防护用品、监测仪器等设备配置情况的说明材料。

4. 有关驾驶人员、装卸管理人员、押运人员的道路运输从业资格证及复印件，驾驶人员的驾驶证及复印件，安全管理人员的工作证明。

5. 企业经营方案及相关安全生产管理制度文本。

申请从事非经营性放射性物品道路运输的单位，向所在地设区的市级交通运输主管部门提出申请时，除提交上述第3项、第5项规定的材料外，还应当提交下列材料：

1.《放射性物品道路运输申请表》，包括申请人基本信息、拟申请运输的放射性物品范围（类别或者品名）等内容；

2. 单位负责人身份证明及复印件，经办人身份证明及复印件和委托书；

3. 有关部门依法批准生产、销售、使用或者处置放射性物品的有效证明；

4. 放射性物品运输容器、监测仪器检测合格证明；

5. 对放射性物品运输需求的说明材料；

6. 有关驾驶人员的驾驶证、道路运输从业资格证及复印件；

7. 有关专业技术人员的工作证明,依法应当取得相关从业资格证件的,还应当提交有效的从业资格证件及复印件。

(二)经营许可

设区的市级交通运输主管部门应当按照《道路运输条例》和《交通行政许可实施程序规定》以及《放射性物品道路运输管理规定》规定的程序实施行政许可。

决定准予许可的,应当向被许可人作出准予行政许可的书面决定,并在10日内向放射性物品道路运输经营申请人发放《道路运输经营许可证》,向非经营性放射性物品道路运输申请人颁发《放射性物品道路运输许可证》。决定不予许可的,应当书面通知申请人并说明理由。

(三)终止经营

放射性物品道路运输企业或者单位终止放射性物品运输业务的,应当在终止之日30日前书面告知做出原许可决定的交通运输主管部门。属于经营性放射性物品道路运输业务的,做出原许可决定的交通运输主管部门应当在接到书面告知之日起10日内将放射性道路运输企业终止放射性物品运输业务的有关情况向社会公布。

放射性物品道路运输企业或者单位应当在终止放射性物品运输业务之日起10日内将相关许可证件缴回原发证机关。

四、货运站经营

(一)备案材料

从事货运站经营的,应当在依法向市场监督管理部门办理有关登记手续后,最迟不晚于开始实施货运站经营活动的15日内,向所在地县级交通运输主管部门备案,并提供以下材料,保证材料真实、完整、有效:

1.《道路货物运输站(场)经营备案表》;

2. 负责人的身份证明,经办人的身份证明和委托书;

3. 经营货运站的土地、房屋的合法证明;

4. 货运站竣工验收证明;

5. 与业务相适应的专业人员和管理人员的身份证明、专业证书;

6. 业务操作规程和安全生产管理制度文本。

(二)经营备案

交通运输主管部门收到货运经营备案材料后,对材料齐全且符合要求的,应当予以备案并编号归档;对材料不全或者不符合要求的,应当场或者自收到备案材料之日起5日内一次性书面通知备案人需要补充的全部内容。

(三)变更事项

货运站名称、经营场所等备案事项发生变化的,应当向原办理备案的交通运输主管部门办理备案变更。

(四)终止经营

货运站经营者需要终止经营的,应当在终止经营之日的30日前告知原许可或者备案的交通运输主管部门,并按照规定办理有关注销手续。

第三章

物流运输企业的经营管理

第一节　公共航空运输业

公共航空运输企业必须遵守国家法律、行政法规和涉及民航管理的规章的规定,依法开展经营活动。

一、持证经营

企业从事公共航空运输,应当向国务院民用航空主管部门申请领取经营许可证。

二、服务准则

公共航空运输企业应当以保证飞行安全和航班正常,提供良好服务为准则,采取有效措施,提高运输服务质量。

公共航空运输企业应当教育和要求本企业职工严格履行职责,以文明礼貌、热情周到的服务态度,认真做好货物运输的各项服务工作。

三、定期航班运输

公共航空运输企业申请经营定期航班运输的航线,暂停、终止经营航线的,应当报经国务院民用航空主管部门批准。

公共航空运输企业经营定期航班运输,应当公布班期时刻。

四、营业收费

公共航空运输企业的营业收费项目,由国务院民用航空主管部门确定。

国内航空运输的运价管理办法,由国务院民用航空主管部门会同国务院物价主管部门制定，报国务院批准后执行。

国际航空运输运价的制定按照中国政府与外国政府签订的协定、协议的规定执行；没有协定、协议的，参照国际航空运输市场价格确定。

五、不定期运输

公共航空运输企业从事不定期运输，应当经国务院民用航空主管部门批准，并不得影响航班运输的正常经营。

六、安全保卫方案

公共航空运输企业应当依照国务院制定的《公共航空运输企业航空安全保卫规则》的规定，制定安全保卫方案，并报国务院民用航空主管部门备案。

七、禁运物品

公共航空运输企业不得运输法律、行政法规规定的禁运物品。

公共航空运输企业未经国务院民用航空主管部门批准，不得运输作战军火、作战物资。

八、危险品运输

公共航空运输企业运输危险品，应当遵守国家有关规定。禁止以非危险品品名托运危险品。

九、安全保证措施

公共航空运输企业不得违反国家规定运输未经安全检查的行李。

公共航空运输企业必须按照国务院民用航空主管部门的规定，对承运的货物进行安全检查或者采取其他保证安全的措施。

十、接受检查

公共航空运输企业从事国际航空运输的民用航空器及其所载行李、货物应当接受边防、海关等主管部门的检查；但是，检查时应当避免不必要的延误。

十一、优先运输

公共航空运输企业应当依照有关法律、行政法规的规定优先运输邮件。

十二、责任保险

公共航空运输企业应当投保地面第三人责任险。

第二节　国际船舶运输业

从事国际海上运输经营活动以及与国际海上运输相关的辅助性经营活动，应当遵循诚实信用的原则，依法经营，公平竞争。

一、航线、船舶、班期公告与报备

国际班轮运输经营者新开或者停开国际班轮运输航线，或者变更国际班轮运输船舶、班期的，应当在交通运输部指定的媒体上公告，并按规定报备。

二、增加运营船舶

国际散装液体危险品船运输经营者增加运营船舶，包括以光船租赁方式租用船舶增加运营船舶的，应当于投入运营前15日向交通运输部备案，取得备案证明文件。

备案材料应当载明公司名称、注册地、船名、船舶国籍、船舶类型、船舶吨位、拟运营航线。

三、禁止擅自使用已登记提单

任何单位和个人不得擅自使用国际班轮运输经营者已经登记的提单。

四、委托签发提单、单证

无船承运业务经营者需要委托代理人签发提单或者相关单证的，应当委托依法取得经营资格或者办理备案的国际船舶运输经营者、无船承运业务经营者和国际海运辅助业务经营者代理上述事项。

五、协议运价

国际班轮运输经营者与货主和无船承运业务经营者协议运价的，应当采用书面形式。

协议运价号应当在提单或者相关单证上显示。

六、公布代理人

国际班轮运输经营者和无船承运业务经营者应当将其在中国境内的船舶代理人、签发提单代理人在交通运输部指定的媒体上公布。

公布事项包括代理人名称、注册地、住所、联系方式。代理人发生变动的，应当于有关代理协议生效前的7日内公布上述事项。

国际班轮运输经营者、无船承运业务经营者应当及时将公布代理事项的具体名称向交通运输部备案。

七、班轮公会协议、运营协议、运价协议等备案

国际船舶运输经营者之间订立的涉及中国港口的班轮公会协议、运营协议、运价协议等，应当自协议订立之日起15日内，按下列规定向交通运输部备案：

1. 班轮公会协议，由班轮公会代表其所有经营进出中国港口海上运输的成员备案，班轮公会备案时，应当同时提供该公会的成员名单；

2. 对于国际船舶运输经营者之间订立的运营协议、运价协议，应由参加订立协议的国际船舶运输经营者分别备案。

八、船舶安全和防止污染义务

国际船舶管理经营者应当根据合同的约定和国家有关规定，履行有关船舶安全和防止污染的义务。

九、报送统计信息

国际海运业及辅助业经营者，应当按照有关统计报表制度的要求，真实、准确、完整、及时地报送相关统计信息。

十、禁止行为

国际船舶代理经营者、国际船舶管理经营者,不得有下列行为:

1. 以非正常、合理的收费水平提供服务,妨碍公平竞争;

2. 在会计账簿之外暗中给予客户回扣,以承揽业务;

3. 滥用优势地位,限制交易当事人自主选择国际海运辅助业务经营者,或者以其相关产业的垄断地位诱导交易当事人,排斥同业竞争;

4. 其他不正当竞争行为。

十一、海运运价和附加费报备

国际集装箱班轮运输经营者在报备运价时,应当报备中国港口至外国基本港的出口集装箱的海运运价和附加费。

第三节　国际货物运输代理业

从事国际货物运输代理业务的企业,应当遵守我国的法律、行政法规,接受有关行业主管机关依照有关法律、行政法规规定实施的监督管理。

一、经营范围

国际货物运输代理企业可以作为代理人或者独立经营人从事经营活动。其经营范围包括:

1. 揽货、订舱(含租船、包机、包舱)、托运、仓储、包装;

2. 货物的监装、监卸、集装箱装拆箱、分拨、中转及相关的短途运输服务;

3. 报关、报检、报验、保险;

4. 缮制签发有关单证、交付运费、结算及交付杂费;

5. 国际展品、私人物品及过境货物运输代理;

6. 国际多式联运、集运(含集装箱拼箱);

7. 国际快递(不含私人信函);

8. 咨询及其他国际货运代理业务。

二、照证经营

国际货物运输代理企业应当按照批准证书和营业执照所列明的经营范围和经营地域从事经营活动。

三、交易条款的引用、备案

国际货物运输代理企业无须商务部同意即可引用商务部委托行业协会参照国际惯例制订的国际货运代理标准交易条款。

国际货物运输代理企业也可自己制订交易条款,但必须在商务部备案后方可使用。

四、报送业务统计

国际货物运输代理企业应当向行业主管部门报送业务统计,并对统计数字的真实性负责。

五、委托协议

国际货物运输代理企业作为代理人接受委托办理有关业务,应当与进出口收货人、发货人签订书面委托协议。双方发生业务纠纷时,应当以所签书面协议作为解决争议的依据。

六、运输单证、运输合同

国际货物运输代理企业作为独立经营人,从事其经营范围中的有关业务时,应当向货主签发运输单证。

与货主发生业务纠纷时,应当以所签运输单证作为解决争议的依据;与实际承运人发生业务纠纷时,应当以其与实际承运人所签运输合同作为解决争议的依据。

七、国际货运代理提单

国际货物运输代理企业使用的国际货运代理提单实行登记编号制度。凡在我国境内签发的国际货运代理提单必须由国际货运代理企业报商务部登记,并在单据上注明批准编号。

国际货物运输代理企业应当加强对国际货运代理提单的管理工作。禁止出借。如遇遗失、版本修改等情况应当及时向商务部报备。

国际货运代理提单的转让依照下列规定执行:

1. 记名提单,不得转让;

2. 指示提单,经过记名背书或者空白背书转让;

3. 不记名提单,无须背书,即可转让。

国际货运代理提单实行责任保险制度,企业须到经中国人民银行批准开业的保险公司投保责任保险。

八、国际多式联运合同责任期间

国际货物运输代理企业作为独立经营人,负责履行或组织履行国际多式联运合同时,其责任期间自接收货物时起至交付货物时止。其承担责任的基础、责任限额、免责条件以及丧失责任限制的前提依照有关法律规定确定。

九、企业名称和企业编号

国际货物运输代理企业应当使用批准证书上的企业名称和企业编号从事国际货运代理业务,并在主要办公文具及单证上印制企业名称及企业编号。

十、禁止行为

国际货物运输代理企业不得将规定范围内的注册资本挪作他用。

国际货物运输代理企业不得将国际货运代理经营权转让或变相转让;不得允许其他单位、个人以该国际货运代理企业或其营业部名义从事国际货运代理业务;不得与不具有国际货运代理业务经营权的单位订立任何协议而使之可以单独或与之共同经营国际货运代理业务,进而收取代理费、佣金或者获得其他利益。

国际货物运输代理企业不得以发布虚假广告、分享佣金、退返回扣或其他不正当竞争手段从事经营活动。

十一、代理费、佣金

国际货物运输代理企业作为代理人,可向货主收取代理费,并可从承运人处取得佣金。国际货运代理企业不得以任何形式与货主分享佣金。

国际货物运输代理企业作为独立经营人,从事其经营范围中的有关业务,应当依照有关运价向货主收取费用。此种情况下,不得从实际承运人处接受佣金。

十二、发票

国际货物运输代理企业应当凭批准证书向税务机关领用发票,并按照税务机关的规定使用发票。

第四节　道路货物运输业和道路货物运输站(场)经营

从事道路货物运输、道路危险货物运输、放射性物品道路运输和货运站经营应当依法经营,保障安全,诚实信用,公平竞争。

一、道路货物运输

(一)道路运输经营许可证

道路货物运输经营者应当按照《道路运输经营许可证》核定的经营范围从事货物运输经营。

不得转让、出租道路运输经营许可证件。

(二)从业人员培训

道路货物运输经营者应当对从业人员进行经常性的安全、职业道德教育和业务知识、操作规程培训。

(三)行驶记录仪

道路货物运输经营者应当按照国家有关规定在其重型货运车辆、牵引车上安装、使用行驶记录仪,并采取有效措施,防止驾驶人员连续驾驶时间超过4小时。

(四)道路运输证

道路货物运输经营者应当要求其聘用的车辆驾驶员随车携带按照相关规定的要求取得的《道路运输证》。

《道路运输证》不得转让、出租、涂改、伪造。

(五)从业资格证

道路货物运输经营者应当聘用按照相关规定要求持有从业资格证的驾驶人员。

营运驾驶员应当按照规定驾驶与其从业资格类别相符的车辆。驾驶营运车辆时,应当随身携带按照相关规定要求取得的从业资格证。

(六)禁止违法装载

运输的货物应当符合货运车辆核定的载质量,载物的长、宽、高不得违反装载要求。

禁止货运车辆违反国家有关规定超限、超载运输。

禁止使用货运车辆运输旅客。

(七)大型物件运输

道路货物运输经营者运输大型物件,应当制定道路运输组织方案。涉及超限运输的应当按照交通运输部颁布的《超限运输车辆行驶公路管理规定》办理相应的审批手续。

从事大型物件运输的车辆,应当按照规定装配统一的标志和悬挂标志旗;夜间行驶和停车休息时应当设置标志灯。

(八)禁止运输和限运、凭证运输

道路货物运输经营者不得运输法律、行政法规禁止运输的货物。

道路货物运输经营者在受理法律、行政法规规定限运、凭证运输的货物时,应当查验并确认有关手续齐全有效后方可运输。

(九)禁止不正当竞争

道路货物运输经营者不得采取不正当手段招揽货物、垄断货源。不得阻碍其他货运经营者开展正常的运输经营活动。

道路货物运输经营者应当严格遵守国家有关价格的法律、法规和规章的规定,不得恶意压价竞争。

(十)货物保障措施

道路货物运输经营者应当采取有效措施,防止货物变质、腐烂、短少或者损失。

道路货物运输经营者应当采取有效的措施,防止货物脱落、扬撒等情况发生。

(十一)道路货物运输合同

道路货物运输经营者和货物托运人应当按照《民法典》的要求,订立道路货物运输合同。

鼓励道路货物运输经营者采用电子合同、电子运单等信息化技术,提升运输管理水平。

(十二)道路运输应急预案

道路货物运输经营者应当制定有关交通事故、自然灾害、公共卫生以及其他突发公共事件的道路运输应急预案。应急预案应当包括报告程序、应急指挥、应急车辆和设备的储备以及处置措施等内容。

发生交通事故、自然灾害、公共卫生以及其他突发公共事件,道路货物运输经营者应当服从县级以上人民政府或者有关部门的统一调度、指挥。

二、道路危险货物运输

(一)许可经营

道路危险货物运输企业或者单位应当严格按照交通运输主管部门决定的许可事项从事道路危险货物运输活动,不得转让、出租道路危险货物运输许可证件。

严禁非经营性道路危险货物运输单位从事道路危险货物运输经营活动。

(二)专用车辆、设备

道路危险货物运输企业或者单位应当按照《道路运输车辆技术管理规定》中有关车辆管理的规定,维护、检测、使用和管理专用车辆,确保专用车辆技术状况良好。

禁止使用报废的、擅自改装的、检测不合格的、车辆技术等级达不到一级的和其他不符合国家规定的车辆从事道路危险货物运输。

除铰接列车、具有特殊装置的大型物件运输专用车辆外,严禁使用货车列车从事危险货物运输;倾卸式车辆只能运输散装硫磺、萘饼、粗蒽、煤焦沥青等危险货物。

禁止使用移动罐体(罐式集装箱除外)从事危险货物运输。

罐式专用车辆的常压罐体应当符合国家标准《道路运输液体危险货物罐式车辆第1部分:金属常压罐体技术要求》(GB 18564.1)、《道路运输液体危险货物罐式车辆第2部分:非金属常压罐体技术要求》(GB 18564.2)等有关技术要求。

使用压力容器运输危险货物的,应当符合国家特种设备安全监督管理部门制订并公布的《移动式压力容器安全技术监察规程》(TSG R0005—2011)等有关技术要求。

压力容器和罐式专用车辆应当在压力容器或者罐体检验合格的有效期内承运危险货物。

道路危险货物运输企业或者单位对重复使用的危险货物包装物、容器,在重复使用前应当进行检查;发现存在安全隐患的,应当维修或者更换。道路危险货物运输企业或者单位应当对检查情况作出记录,记录的保存期限不得少于2年。

道路危险货物运输企业或者单位应当到具有污染物处理能力的机构对常压罐体进行清洗(置换)作业,将废气、污水等污染物集中收集,消除污染,不得随意排放,污染环境。

【典型案例】

2022 年 6 月，苏州市某某货运有限责任公司接受交通运输执法人员检查，经查，该公司有从事道路危险货物运输车辆 20 辆，从业驾驶员和押运人员共计 40 余人；另查，该公司所属车辆的道路运输车辆技术档案中均缺少车辆主要零部件更换、车辆变更等内容。该公司的行为违反了《道路运输车辆技术管理规定》的规定，其道路运输车辆技术档案不符合规定，依据《道路运输车辆技术管理规定》的规定，应当处以 1000 元以上 5000 元以下罚款。

道路运输经营者应当建立车辆技术档案，实行一车一档。档案内容主要包括：车辆基本信息，机动车检验、检测报告（含车辆技术等级），道路运输达标车辆核查记录表，客车类型等级审验、车辆维护和修理（含机动车维修竣工出厂合格证）、车辆主要零部件更换、车辆变更、行驶里程、对车辆造成损伤的交通事故等记录。档案内容应当准确、翔实。

（转载自苏州市交通运输局法规处、苏州市交通运输综合行政执法支队《2022 年苏州交通运输执法十大典型案例》）

（三）混装运输

不得使用罐式专用车辆或者运输有毒、感染性、腐蚀性危险货物的专用车辆运输普通货物。

其他专用车辆可以从事食品、生活用品、药品、医疗器具以外的普通货物运输，但应当由运输企业对专用车辆进行消除危害处理，确保不对普通货物造成污染、损害。

不得将危险货物与普通货物混装运输。

（四）悬挂标志、警示标牌

专用车辆应当按照国家标准《道路运输危险货物车辆标志》的要求悬挂标志。

运输剧毒化学品、爆炸品的企业或者单位，应当配备专用停车区域，并设立明显的警示标牌。

（五）应急处理器材和安全防护设备

专用车辆应当配备符合有关国家标准以及与所载运的危险货物相适应的应急处理器材和安全防护设备。

（六）禁止运输和限运、凭证运输

道路危险货物运输企业或者单位不得运输法律、行政法规禁止运输的货物。

法律、行政法规规定的限运、凭证运输货物，道路危险货物运输企业或者单位应当按照有关规定办理相关运输手续。

(七)危险货物保障措施

道路危险货物运输企业或者单位应当采取必要措施,防止危险货物脱落、扬散、丢失以及燃烧、爆炸、泄漏等。

(八)道路运输证、道路运输危险货物安全卡

驾驶人员应当随车携带《道路运输证》。

驾驶人员或者押运人员应当按照《危险货物道路运输规则》(JT/T 617—2018)的要求,随车携带《道路运输危险货物安全卡》。

(九)押运人员

在道路危险货物运输过程中,除驾驶人员外,还应当在专用车辆上配备押运人员,确保危险货物处于押运人员监管之下。

(十)途中停车

道路危险货物运输途中,驾驶人员不得随意停车。

因住宿或者发生影响正常运输的情况需要较长时间停车的,驾驶人员、押运人员应当设置警戒带,并采取相应的安全防范措施。

运输剧毒化学品或者易制爆危险化学品需要较长时间停车的,驾驶人员或者押运人员应当向当地公安机关报告。

(十一)装卸作业

危险货物的装卸作业应当遵守安全作业标准、规程和制度,并在装卸管理人员的现场指挥或者监控下进行。

危险货物运输托运人和承运人应当按照合同约定指派装卸管理人员;若合同未予约定,则由负责装卸作业的一方指派装卸管理人员。

在危险货物装卸过程中,应当根据危险货物的性质,轻装轻卸,堆码整齐,防止混杂、撒漏、破损,不得与普通货物混合堆放。

【典型案例】

2022年10月,苏州市交通运输执法部门对苏州某某物流有限公司进行检查。经查发现,2022年10月5日,当事人苏州某某物流有限公司在其所经营的某码头1号泊位装卸了700余吨燃料油及60余吨乙烯焦油(燃料油、乙烯焦油均为危险货物),但当事人未在指定的监管系统进行危险货物装卸作业申报,也没有向所在地港口行政管理部门进行危险货物装卸作业申报。其行为违反了《港口危险货物安全管理规定》第45条的规定,后苏州市交通运输执法部门依据《港口危险货物安全

管理规定》第81条的规定，对该公司作出了罚款5000元的行政处罚，并责令其改正。

危险货物由于其特殊属性，根据《港口危险货物安全管理规定》，危险货物港口经营人在危险货物港口装卸、过驳作业开始24小时前，应当将作业委托人以及危险货物品名、数量、理化性质、作业地点和时间、安全防范措施等事项向所在地港口行政管理部门报告。未经所在地港口行政管理部门批准的，不得进行危险货物港口作业。部分经营者为了片面追求效率和速度，而进行违规作业，给生产经营带来了安全隐患。广大从业单位和从业人员一定要摒弃侥幸心理，认识到违规作业的危害性和严重性，规范作业行为，坚决不踩雷区。

（转载自苏州市交通运输局法规处、苏州市交通运输综合行政执法支队《2022年苏州交通运输执法十大典型案例》）

（十二）从业资格证

驾驶人员、装卸管理人员和押运人员上岗时应当随身携带从业资格证。

（十三）禁止违法装载

严禁专用车辆违反国家有关规定超载、超限运输。

道路危险货物运输企业或者单位使用罐式专用车辆运输货物时，罐体载货后的总质量应当和专用车辆核定载质量相匹配；使用牵引车运输货物时，挂车载货后的总质量应当与牵引车的准牵引总质量相匹配。

（十四）遵守通行规定

道路危险货物运输企业或者单位应当要求驾驶人员和押运人员在运输危险货物时，严格遵守有关部门关于危险货物运输线路、时间、速度方面的有关规定，并遵守有关部门关于剧毒、爆炸危险品道路运输车辆在重大节假日通行高速公路的相关规定。

道路危险货物运输企业或者单位应当通过卫星定位监控平台或者监控终端及时纠正和处理超速行驶、疲劳驾驶、不按规定线路行驶等违法违规驾驶行为。监控数据应当至少保存6个月，违法驾驶信息及处理情况应当至少保存3年。

（十五）熟知安全法规和处置措施

道路危险货物运输从业人员必须熟悉有关安全生产的法规、技术标准和安全生产规章制度、安全操作规程，了解所装运危险货物的性质、危害特性、包装物或者容器的使用要求和发生意外事故时的处置措施，并严格执行《危险货物道路运输规则》（JT/T 617—2018）等标准，不得违章作业。

（十六）教育培训

道路危险货物运输企业或者单位应当通过岗前培训、例会、定期学习等方式，对从业人员进行经常性安全生产、职业道德、业务知识和操作规程的教育培训。

【典型案例】

2022年4月29日，执法人员对危险货物运输企业天津某货运有限公司进行执法检查中发现，该公司2022年3月组织的2次安全生产教育和培训活动中没有考核内容，4月该公司在安全生产教育和培训活动中增加了考核内容。4月《安全培训及评价记录》中"参加培训人员"为"全体员工"，"受训人员签到簿和考核记录"只有3名驾驶员和1名押运员签字和考核结果。该公司上述行为构成未按规定对本单位从业人员进行安全生产教育、培训，违反了《天津市生产经营单位安全生产主体责任规定》第14条的规定，依据《天津市生产经营单位安全生产主体责任规定》第41条第1项的规定，给予罚款1万元的行政处罚。

安全生产教育和培训是安全生产管理工作的重要部分，危险货物运输从业人员的安全生产教育和培训工作的缺失，可能造成重大安全事故。危险货物运输车辆相比普通车辆在发生事故后，更具有复杂性和危害性，对人民群众的生命财产安全更具有危险性。2021年颁布的《天津市生产经营单位安全生产主体责任规定》着重细化了考核要求，进一步明确未经安全生产教育、培训并考核合格的从业人员，不得上岗作业。该案件的查处进一步强化了危险货物运输经营者及从业人员的安全生产意识；督促企业树立维护危险货物运输市场秩序、保障人民群众生命财产安全的责任观念。

（十七）安全生产管理

道路危险货物运输企业或者单位应当加强安全生产管理，制定突发事件应急预案，配备应急救援人员和必要的应急救援器材、设备，并定期组织应急救援演练，严格落实各项安全制度。

道路危险货物运输企业或者单位应当委托具备资质条件的机构，对本企业或单位的安全管理情况每3年至少进行一次安全评估，出具安全评估报告。

（十八）运输事故

在危险货物运输过程中发生燃烧、爆炸、污染、中毒或者被盗、丢失、流散、泄漏等事故时，驾驶人员、押运人员应当立即根据应急预案和《道路运输危险货物安全卡》的要求采取应急处置措施，并向事故发生地公安部门、交通运输主管部门和本运输企业或者单位报告。运输企业或者单位接到事故报告后，应当按照本单位危险货物应急预案组织救援,并向事故发生地应急管理部门和生态环境、卫生健康主管部门报告。

(十九)承运人责任险

道路危险货物运输企业或者单位应当为其承运的危险货物投保承运人责任险。

(二十)异地经营

道路危险货物运输企业异地经营(运输线路起讫点均不在企业注册地市域内)累计3个月以上的,应当向经营地设区的市级交通运输主管部门备案并接受其监管。

三、放射性物品道路运输

(一)运输资质许可

道路运输放射性物品的承运人应当取得相应的放射性物品道路运输资质,并对承运事项是否符合本企业或者单位放射性物品运输资质许可的运输范围负责。

放射性物品道路运输企业或者单位不得转让、出租、出借放射性物品道路运输许可证件。

(二)非经营性放射性物品道路运输

非经营性放射性物品道路运输单位应当按照《放射性物品运输安全管理条例》、《道路运输条例》和《放射性物品道路运输管理规定》的要求履行承运人的义务,并负相应责任。

非经营性放射性物品道路运输单位不得从事放射性物品道路运输经营活动。

(三)承运人查验、收存义务

承运人与托运人订立放射性物品道路运输合同前,应当查验、收存托运人提交的下列材料:

1. 运输说明书,包括放射性物品的品名、数量、物理化学形态、危害风险等内容。

2. 辐射监测报告,其中一类放射性物品的辐射监测报告由托运人委托有资质的辐射监测机构出具;二类、三类放射性物品的辐射监测报告由托运人出具。

3. 核与辐射事故应急响应指南。

4. 装卸作业方法指南。

5. 安全防护指南。

托运人将上述第4项、第5项要求的内容在运输说明书中一并作出说明的,可以不提交第4项、第5项要求的材料。

托运人提交材料不齐全的,或者托运的物品经监测不符合国家放射性物品运输安全标准的,承运人不得与托运人订立放射性物品道路运输合同。

（四）查验审批文件

一类放射性物品启运前,承运人应当向托运人查验国务院核安全监管部门关于核与辐射安全分析报告书的审批文件以及公安部门关于准予道路运输放射性物品的审批文件。

三类放射性物品启运前,承运人应当向托运人查验公安部门关于准予道路运输放射性物品的审批文件。

（五）专用车辆、设备管理

放射性物品道路运输企业或者单位应当按照有关车辆及设备管理的标准和规定,维护、检测、使用和管理专用车辆和设备,确保专用车辆和设备技术状况良好。

禁止使用报废的、擅自改装的、检测不合格的或者其他不符合国家规定要求的车辆、设备从事放射性物品道路运输活动。

禁止将专用车辆用于非放射性物品运输,但集装箱运输车（包括牵引车、挂车）、甩挂运输的牵引车以及运输放射性药品的专用车辆除外。使用专用车辆运输非放射性物品的,不得将放射性物品与非放射性物品混装。

（六）警示标志

专用车辆运输放射性物品过程中,应当悬挂符合国家标准《道路运输危险货物车辆标志》要求的警示标志。

（七）禁止超载、超限运输

专用车辆不得违反国家有关规定超载、超限运输放射性物品。

（八）押运人员、技术指导

在放射性物品道路运输过程中,除驾驶人员外,还应当在专用车辆上配备押运人员,确保放射性物品处于押运人员监管之下。运输一类放射性物品的,承运人在必要时可以要求托运人随车提供技术指导。

（九）从业资格证、道路运输证

驾驶人员、装卸管理人员和押运人员上岗时应当随身携带道路运输从业资格证,专用车辆驾驶人员还应当随车携带《道路运输证》。

（十）了解放射性物品情况和处置措施

驾驶人员、装卸管理人员和押运人员应当按照托运人所提供的资料了解所运输的放射性物品的性质、危害特性、包装物或者容器的使用要求、装卸要求以及发生突发事件时的处置措施。

（十一）运输事故处置

放射性物品在运输中发生核与辐射事故的，承运人、托运人应当按照核与辐射事故应急响应指南的要求，结合本企业安全生产应急预案的有关内容，做好事故应急工作，并立即报告事故发生地的县级以上人民政府生态环境主管部门。

（十二）业务培训与考核

放射性物品道路运输企业或者单位应当聘用具有相应道路运输从业资格证的驾驶人员、装卸管理人员和押运人员，并定期对驾驶人员、装卸管理人员和押运人员进行运输安全生产和基本应急知识等方面的培训，确保驾驶人员、装卸管理人员和押运人员熟悉有关安全生产法规、标准以及相关操作规程等业务知识和技能。

放射性物品道路运输企业或者单位应当对驾驶人员、装卸管理人员和押运人员进行运输安全生产和基本应急知识等方面的考核；考核不合格的，不得从事相关工作。

（十三）个人剂量监测

放射性物品道路运输企业或者单位应当按照国家职业病防治的有关规定，对驾驶人员、装卸管理人员和押运人员进行个人剂量监测，建立个人剂量档案和职业健康监护档案。

（十四）承运人责任险

放射性物品道路运输企业或者单位应当投保危险货物承运人责任险。

四、货运站经营

（一）禁止随意改变用途和服务功能

货运站经营者应当按照国家有关标准运营，不得随意改变货运站用途和服务功能。

（二）安全生产管理

货运站经营者应当依法加强安全管理，完善安全生产条件，健全和落实安全生产责任制。

货运站经营者应当对出站车辆进行安全检查，防止超载车辆或者未经安全检查的车辆出站，保证安全生产。

（三）存放要求

货运站经营者应当按照货物的性质、保管要求进行分类存放，保证货物完好无损，不得违规存放危险货物。

（四）包装要求

货物运输包装应当按照国家规定的货物运输包装标准进行作业，包装物和包装技术、质量要符合运输要求。

（五）环境要求

货运站要保持清洁卫生，各项服务标志醒目。

（六）搬运装卸

货运站经营者应当按照规定的业务操作规程进行货物的搬运装卸。搬运装卸作业应当轻装、轻卸，堆放整齐，防止混杂、撒漏、破损，严禁有毒、易污染物品与食品混装。

（七）价格收费

货运站经营者应当严格执行价格规定，在经营场所公布收费项目和收费标准。严禁乱收费。

（八）禁止不正当竞争

货运站经营者应当公平对待使用货运站的道路货物运输经营者，禁止无证经营的车辆进站从事经营活动，无正当理由不得拒绝道路货物运输经营者进站从事经营活动。

货运站经营者不得垄断货源、抢装货物、扣押货物。

（九）配载服务

货运站经营者经营配载服务应当坚持自愿原则，提供的货源信息和运力信息应当真实、准确。

（十）禁止行为

货运站经营者不得超限、超载配货。

货运站经营者不得为无道路运输经营许可证或证照不全者提供服务。

货运站经营者不得违反国家有关规定，为运输车辆装卸国家禁运、限运的物品。

（十一）应急预案

货运站经营者应当制定有关突发公共事件的应急预案。应急预案应当包括报告程序、应急指挥、应急车辆和设备的储备以及处置措施等内容。

（十二）台账和档案

货运站经营者应当建立和完善各类台账和档案，并按要求报送有关信息。

第四章

物流运输企业的法律责任

第一节　行政法律责任

一、公共航空运输企业

（一）擅自从事航空运输经营活动

未经同意，擅自从事航空运输经营活动的，由民航局责令其停止经营活动；情节严重的，处以1万元以上3万元以下的罚款。

（二）未办理企业经营许可证变更手续

公共航空运输企业，在经营许可证所载明的事项变更时，未向民航局申请办理企业经营许可证的变更手续，擅自对外开展经营活动的，给予警告，责令其办理有关手续。情节严重的，处以1万元以上3万元以下的罚款。

（三）以不正当手段申请、取得筹建认可或者经营许可

申请人隐瞒有关情况或者提供虚假材料申请筹建认可、经营许可，或者以欺骗、贿赂等不正当手段取得筹建认可或者经营许可的，民航局应依照《行政许可法》的有关规定予以处理。

（四）超越核准的范围经营

超越经营许可证载明的经营范围从事公共航空运输经营活动，由民航局责令其停止违法活动，没收非法所得，情节严重的，处以1万元以上3万元以下的罚款。

（五）未按要求履行报告、报送义务

公共航空运输企业应当自发生下列任一情形之日起10日内向民航局、主运营基地机场所在地民航地区管理局报告：

1. 3个月内发生1/3以上高级管理人员变动的；

2. 决定暂停运营的；

3. 申请或者被申请破产的。

发生此处第 2 项或者第 3 项情形的，公共航空运输企业还应当每月向民航局、民航地区管理局报送情况报告。

公共航空运输企业应当在每年 6 月 30 日前，向民航局和主运营基地机场所在地民航地区管理局报送上一年度的年度报告和审计报告。

违反上述规定，由民航局给予警告，责令企业办理有关手续；情节严重的，处以 1 万元以上 3 万元以下的罚款。

(六)涂改、倒卖、出租、出借、转让经营许可证或者隐瞒情况、提供虚假材料

公共航空运输企业有下列行为之一的，由民航局责令其停止违法活动，并处以 3 万元以下的罚款；构成犯罪的，依法追究刑事责任：

1. 涂改、倒卖、出租、出借经营许可证或者转让经营许可的；

2. 向负责监督检查的行政机关隐瞒有关情况、提供虚假材料或者拒绝提供反映其活动情况的真实材料的。

(七)违反规定共用信息

公共航空运输企业违反规定，共用企业名称、字号、二字代码、三字代码、客票、货运单、经营范围，或者未经备案商务合作协议共用二字代码、三字代码，或者共用二字代码、三字代码未履行告知义务，或者未履行法定手续使用其他企业的服务标志的，限期改正，可以根据情节警告、单处或者并处 3 万元以下的罚款。

涉及消费者权益保护的，依照消费者权益保护有关法律法规的规定予以处理。

(八)信用信息记录

将对公共航空运输企业的撤销许可、行政处罚、行政强制等处理措施及其执行情况记入民航行业信用信息记录，并按照有关规定进行公示。

二、国际船舶运输业

(一)无证擅自经营国际散装液体危险品船运输业务

未取得《国际船舶运输经营许可证》，擅自经营国际散装液体危险品船运输业务的，由国务院交通主管部门或者其授权的地方人民政府交通主管部门责令停止经营；有违法所得的，没收违法所得；违法所得 50 万元以上的，处违法所得 2 倍以上 5 倍以下的罚款；没有违法所得或者违法所得不足 50 万元的，处 20 万元以上 100 万元以下的罚款。

（二）开展业务无相适应船舶

从事国际集装箱船、国际普通货船运输业务没有与经营国际海上运输业务相适应的船舶的，由省、自治区、直辖市人民政府交通主管部门责令改正；情节严重的，责令停业整顿。

（三）无资格擅自经营国际班轮运输

未取得国际班轮运输经营资格，擅自经营国际班轮运输的，由国务院交通主管部门或者其授权的地方人民政府交通主管部门责令停止经营；有违法所得的，没收违法所得；违法所得 50 万元以上的，处违法所得 2 倍以上 5 倍以下的罚款；没有违法所得或者违法所得不足 50 万元的，处 20 万元以上 100 万元以下的罚款。拒不停止经营的，拒绝进港。

（四）违法转让经营资格

国际散装液体危险品运输经营者将其依法取得的经营资格提供他人使用的，由国务院交通主管部门或者其授权的地方人民政府交通主管部门责令限期改正；逾期不改正的，撤销其经营资格。

（五）未履行备案手续

未履行《国际海运条例》规定的备案手续的，由国务院交通主管部门或者省、自治区、直辖市人民政府交通主管部门责令限期补办备案手续；逾期不补办的，处 1 万元以上 5 万元以下的罚款，并可以撤销其相应资格。

未履行《国际海运条例》规定的运价备案手续或者未执行备案运价的，由国务院交通主管部门或者其授权的地方人民政府交通主管部门责令限期改正，并处 2 万元以上 10 万元以下的罚款。

（六）行政处罚

依据调查结论应当给予行政处罚或者有《国际海运条例》第 18 条所列违法情形的，由交通主管部门、市场监督管理部门依照有关法律、行政法规的规定给予处罚。

（七）有拒绝调查或隐匿、谎报行为

拒绝调查机关及其工作人员依法实施调查，或者隐匿、谎报有关情况和资料的，由国务院交通主管部门或者其授权的地方人民政府交通主管部门责令改正，处 2 万元以下的罚款；情节严重的，处 2 万元以上 10 万元以下的罚款。

（八）非法经营

非法从事进出中国港口的国际海上运输经营活动以及与国际海上运输相关的

辅助性经营活动，扰乱国际海上运输市场秩序的，依照刑法关于非法经营罪的规定，依法追究刑事责任。

（九）信用记录

交通运输部或者有关省、自治区、直辖市人民政府交通运输主管部门应当将国际海上运输及其辅助性业务经营者和从业人员违反《国际海运条例》及其实施细则有关规定的违法行为记入信用记录，并将相关信用记录纳入全国信用信息共享平台。

三、国际货物运输代理业

（一）违规确定收费标准

国际货物运输代理企业未依照国家有关规定确定收费标准，并在其营业地点予以公布的，由国务院对外贸易经济合作主管部门予以警告并责令限期改正；未在限期内改正的，可以撤销其批准证书。

（二）未按时报送经营情况资料

国际货物运输代理企业未在每年3月底前向其所在地的地方对外贸易主管部门报送上一年度的经营情况资料的，由国务院对外贸易经济合作主管部门予以警告并责令限期改正；未在限期内改正的，可以撤销其批准证书。

（三）超范围经营或未依法注册

国际货物运输代理企业未在批准的业务经营范围内从事经营活动，或者未依照有关法律、行政法规的规定向有关主管机关注册的，由国务院对外贸易经济合作主管部门予以警告、责令停业整顿直至撤销其批准证书；工商行政管理、海关、税务等有关主管机关可依照有关法律、行政法规的规定予以处罚。

（四）违规使用发票

国际货物运输代理企业从事国际货物运输代理业务未使用经税务机关核准的发票的，由国务院对外贸易经济合作主管部门予以警告、责令停业整顿直至撤销其批准证书；工商行政管理、海关、税务等有关主管机关可依照有关法律、行政法规的规定予以处罚。

（五）不正当竞争或出借、出租、转让批准证书和业务单证

国际货物运输代理企业有下列行为的，由国务院对外贸易经济合作主管部门予以警告、责令停业整顿直至撤销其批准证书；工商行政管理、海关、税务等有关主管机关可依照有关法律、行政法规的规定予以处罚：

1. 以不正当竞争手段从事经营活动;

2. 出借、出租或者转让批准证书和有关国际货物运输代理业务单证。

(六)擅自从事国际货物运输代理业务

擅自从事国际货物运输代理业务的,由国务院对外贸易经济合作主管部门取缔非法经营活动,并由工商行政管理机关依照有关法律、行政法规的规定予以处罚。

四、道路货物运输

(一)未取得、使用无效道路运输经营许可证件或超越许可的事项经营

有下列行为之一的,由交通运输主管部门责令停止经营;有违法所得的,没收违法所得,处违法所得 2 倍以上 10 倍以下的罚款;没有违法所得或者违法所得不足 2 万元的,处 3 万元以上 10 万元以下的罚款;构成犯罪的,依法追究刑事责任:

1. 未按规定取得道路货物运输经营许可,擅自从事道路货物运输经营的;

2. 使用失效、伪造、变造、被注销等无效的道路运输经营许可证件从事道路货物运输经营的;

3. 超越许可的事项范围,从事道路货物运输经营的。

(二)非法转让、出租道路运输经营许可证件

道路货物运输经营者非法转让、出租道路运输经营许可证件的,由交通运输主管部门责令停止违法行为,收缴有关证件,处 2000 元以上 1 万元以下的罚款;有违法所得的,没收违法所得。

(三)使用无《道路运输证》的车辆

取得道路货物运输经营许可的道路货物运输经营者使用无《道路运输证》的车辆参加普通货物运输的,由交通运输主管部门责令改正,处 1000 元以上 3000 元以下的罚款。

使用无《道路运输证》的车辆参加危险货物运输的,由交通运输主管部门责令改正,处 3000 元以上 1 万元以下的罚款。

(四)不按规定携带《道路运输证》

道路货物运输经营者不按照规定携带《道路运输证》的,由交通运输主管部门责令改正,处警告或者 20 元以上 200 元以下的罚款。

(五)强行招揽货物、未采取必要措施防止货物脱落、扬撒

道路货物运输经营者有下列情形之一的,由交通运输主管部门责令改正,处

1000元以上3000元以下的罚款；情节严重的，由原许可机关吊销道路运输经营许可证或者限制其相应的经营范围：

1. 强行招揽货物的；

2. 没有采取必要措施防止货物脱落、扬撒的。

【典型案例】

2021年10月20日，执法人员在和平县城河西路路口进行执法检查时，发现叶某云驾驶粤P31××0重型货车从河西路口往东莞，运载河沙遗撒路面3.22平方米，当事人造成公路路面污染的行为，事实清楚。上述行为违反了《公路安全保护条例》第43条、《广东省公路条例》第18条第2项的规定，根据《公路安全保护条例》第69条、《广东省公路条例》第50条第1项及《广东省交通运输行政处罚裁量标准（道路运政）（修订）》的规定，责令当事人自行改正，并处以罚款。

一般情况下，拉运砂石料、水泥、江砂等货物的车辆极易发生遗撒货物的情况，此行为不仅会对公路环境造成污染，还影响公路行车安全和行人生命安全。为保持公路整洁、确保行车安全，货运车辆应文明洁净行车，货车车辆运载液体、散装货物时，必须按标准密封、包扎覆盖，同时货运源头企业也应该督促货运司机用篷布捆扎严实，在确认货物不会脱落、遗撒后再予以放行。

（六）未按规定备案

从事货运站经营，未按规定进行备案的，由交通运输主管部门责令改正；拒不改正的，处5000元以上2万元以下的罚款。备案时提供虚假材料情节严重的，其直接负责的主管人员和其他直接责任人员5年内不得从事原备案的业务。

五、道路危险货物运输

（一）未取得、使用无效道路危险货物运输经营许可证件或超越许可的事项范围经营

有下列情形之一的，由交通运输主管部门责令停止运输经营，违法所得超过2万元的，没收违法所得，处违法所得2倍以上10倍以下的罚款；没有违法所得或者违法所得不足2万元的，处3万元以上10万元以下的罚款；构成犯罪的，依法追究刑事责任：

1. 未取得道路危险货物运输许可，擅自从事道路危险货物运输的；

2. 使用失效、伪造、变造、被注销等无效道路危险货物运输许可证件从事道路危险货物运输的；

3. 超越许可事项，从事道路危险货物运输的；

4. 非经营性道路危险货物运输单位从事道路危险货物运输经营的。

【典型案例】

9月22日，执法人员在G50申苏浙皖高速公路长兴服务区收到湖州高速交警移送函，浙D×××厢式货车涉嫌违法。经查，王某驾驶该车从安徽广德至绍兴柯桥，车内装载138个充满液化气的钢瓶。液化气属于危险货物，该车未取得道路危险货物运输证。上述行为属于未取得道路危险货物运输许可擅自从事道路危险货物运输经营的违法行为，市交通运输局依据《道路运输条例》第63条、《道路危险货物运输管理规定》第56条规定，对当事人作出罚款3万元的行政处罚。

运输危险货物对运输车辆要求较高，无经营资质运输危险货物极易发生安全事故，产生燃烧、爆炸、泄漏，造成经济损失、环境污染、人员伤亡。从事危险化学品道路运输，应当取得危险货物道路运输许可。本案交通执法部门在作出行政处罚后，以当事人涉嫌"危险驾驶"以及"非法经营"刑事犯罪移送公安侦办。此类案件的查处，能有效地震慑危险货物道路运输违法行为，保障人民群众生命、财产安全。

（转载自湖州市交通运输局《2022年度湖州交通运输执法十大典型案例出炉》）

（二）非法转让、出租道路危险货物运输许可证件

道路危险货物运输企业或者单位非法转让、出租道路危险货物运输许可证件的，由交通运输主管部门责令停止违法行为，收缴有关证件，处2000元以上1万元以下的罚款；有违法所得的，没收违法所得。

（三）未投保、未继续投保承运人责任险

道路危险货物运输企业或者单位有下列行为之一，由交通运输主管部门责令限期投保；拒不投保的，由原许可机关吊销《道路运输经营许可证》或者《道路危险货物运输许可证》，或者限制相应的经营范围：

1. 未投保危险货物承运人责任险的；

2. 投保的危险货物承运人责任险已过期，未继续投保的。

（四）无从业资格上岗、无安全防护措施

道路危险货物运输企业或者单位有下列情形之一的，由交通运输主管部门责令改正，并处5万元以上10万元以下的罚款，拒不改正的，责令停产停业整顿；构成犯罪的，依法追究刑事责任：

1. 驾驶人员、装卸管理人员、押运人员未取得从业资格上岗作业的；

2. 未根据危险化学品的危险特性采取相应的安全防护措施，或者未配备必要

的防护用品和应急救援器材的。

(五)未配备专职安全管理人员

道路危险货物运输企业或者单位未配备专职安全管理人员的,由交通运输主管部门依照《安全生产法》的规定进行处罚。

(六)擅自改装专用车辆及罐体

道路危险货物运输企业擅自改装已取得《道路运输证》的专用车辆及罐式专用车辆罐体的,由交通运输主管部门责令改正,并处5000元以上2万元以下的罚款。

六、放射性物品道路运输

(一)拒绝、阻碍安全监督检查或在接受监督检查时弄虚作假

拒绝、阻碍交通运输主管部门依法履行放射性物品运输安全监督检查,或者在接受监督检查时弄虚作假的,由交通运输主管部门责令改正,处1万元以上2万元以下的罚款;构成违反治安管理行为的,交由公安机关依法给予治安管理处罚;构成犯罪的,依法追究刑事责任。

(二)未取得有关放射性物品道路运输资质许可

未取得有关放射性物品道路运输资质许可,有下列情形之一的,由交通运输主管部门责令停止运输,违法所得超过2万元的,没收违法所得,处违法所得2倍以上10倍以下的罚款;没有违法所得或者违法所得不足2万元的,处3万元以上10万元以下的罚款。构成犯罪的,依法追究刑事责任:

1. 无资质许可擅自从事放射性物品道路运输的;

2. 使用失效、伪造、变造、被注销等无效放射性物品道路运输许可证件从事放射性物品道路运输的;

3. 超越资质许可事项,从事放射性物品道路运输的;

4. 非经营性放射性物品道路运输单位从事放射性物品道路运输经营的。

(三)擅自改装专用车辆

放射性物品道路运输企业或者单位擅自改装已取得《道路运输证》的专用车辆的,由交通运输主管部门责令改正,处5000元以上2万元以下的罚款。

(四)驾驶人员不符合规定条件

放射性物品道路运输活动中,不符合《放射性物品道路运输管理规定》所规定条件的人员驾驶专用车辆的,由交通运输主管部门责令改正,处200元以上2000元以下的罚款;构成犯罪的,依法追究刑事责任。

(五)未投保、未继续投保承运人责任险

放射性物品道路运输企业或者单位有下列行为之一,由交通运输主管部门责令限期投保;拒不投保的,由原许可的设区的市级交通运输主管部门吊销《道路运输经营许可证》或者《放射性物品道路运输许可证》,或者在许可证件上注销相应的许可范围:

1. 未投保危险货物承运人责任险的;

2. 投保的危险货物承运人责任险已过期,未继续投保的。

(六)非法转让、出租放射性物品道路运输许可证件

放射性物品道路运输企业或者单位非法转让、出租放射性物品道路运输许可证件的,由交通运输主管部门责令停止违法行为,收缴有关证件,处 2000 元以上 1 万元以下的罚款;有违法所得的,没收违法所得。

(七)不具备安全条件

放射性物品道路运输企业或者单位已不具备许可要求的有关安全条件,存在重大运输安全隐患的,由交通运输主管部门依照《安全生产法》的规定,给予罚款、停产停业整顿、吊销相关许可证件等处罚。

七、货运站经营

(一)未按规定进站、出站

货运站经营者允许无证经营的车辆进站从事经营活动以及超载车辆、未经安全检查的车辆出站或者无正当理由拒绝道路运输车辆进站从事经营活动的,由交通运输主管部门责令改正,处 1 万元以上 3 万元以下的罚款。

(二)擅自改变货运站用途和服务功能

货运站经营者擅自改变货运站的用途和服务功能,由交通运输主管部门责令改正;拒不改正的,处 3000 元的罚款;有违法所得的,没收违法所得。

第二节 刑事法律责任

一、企业设立领域

(一)虚报注册资本

申请公司登记使用虚假证明文件或者采取其他欺诈手段虚报注册资本,欺骗

公司登记主管部门，取得公司登记，虚报注册资本数额巨大、后果严重或者有其他严重情节的，构成虚报注册资本罪，处3年以下有期徒刑或者拘役，并处或者单处虚报注册资本金额1%以上5%以下罚金。

单位犯该罪的，对单位判处罚金，并对其直接负责的主管人员和其他直接责任人员，处3年以下有期徒刑或者拘役。

（二）虚假出资、抽逃出资

公司发起人、股东违反《公司法》的规定未交付货币、实物或者未转移财产权，虚假出资，或者在公司成立后又抽逃其出资，数额巨大、后果严重或者有其他严重情节的，构成虚假出资罪或者抽逃出资罪，处5年以下有期徒刑或者拘役，并处或者单处虚假出资金额或者抽逃出资金额2%以上10%以下罚金。

单位犯该罪的，对单位判处罚金，并对其直接负责的主管人员和其他直接责任人员，处5年以下有期徒刑或者拘役。

二、投融资领域

（一）非法吸收公众存款

非法吸收公众存款或者变相吸收公众存款，扰乱金融秩序的，构成非法吸收公众存款罪，处3年以下有期徒刑或者拘役，并处或者单处罚金；数额巨大或者其他严重情节的，处3年以上10年以下有期徒刑，并处罚金；数额特别巨大或者有其他特别严重情节的，处10年以上有期徒刑，并处罚金。

单位犯该罪的，对单位判处罚金，并对其直接负责的主管人员和其他直接责任人员，依照相关规定处罚。

（二）集资诈骗

以非法占有为目的，使用诈骗方法非法集资，数额较大的，构成集资诈骗罪，处3年以上7年以下有期徒刑，并处罚金；数额巨大或者其他严重情节的，处7年以上有期徒刑或者无期徒刑，并处罚金或者没收财产。

单位犯该罪的，对单位判处罚金，并对其直接负责的主管人员和其他直接责任人员，依照相关规定处罚。

（三）票据诈骗、金融凭证诈骗

有下列情形之一，进行金融票据诈骗活动，数额较大的，构成票据诈骗罪，处5年以下有期徒刑或者拘役，并处2万元以上20万元以下罚金；数额巨大或者有其他严重情节的，处5年以上10年以下有期徒刑，并处5万元以上50万元以下罚金；数额特别巨大或者有其他特别严重情节的，处 10 年以上有期徒刑或者无期徒刑，并处 5 万元以上 50 万元以下罚金或者没收财产：

1. 明知是伪造、变造的汇票、本票、支票而使用的；

2. 明知是作废的汇票、本票、支票而使用的；

3. 冒用他人的汇票、本票、支票的；

4. 签发空头支票或者与其预留印鉴不符的支票，骗取财物的；

5. 汇票、本票的出票人签发无资金保证的汇票、本票或者在出票时作虚假记载，骗取财物的。

使用伪造、变造的委托收款凭证、汇款凭证、银行存单等其他银行结算凭证的，构成金融凭证诈骗罪，依照相关规定处罚。

单位犯票据诈骗、金融凭证诈骗罪的，对单位判处罚金，并对其直接负责的主管人员和其他直接责任人员，处 5 年以下有期徒刑或者拘役，可以并处罚金；数额巨大或者有其他严重情节的，处 5 年以上 10 年以下有期徒刑，并处罚金；数额特别巨大或者有其他特别严重情节的，处 10 年以上有期徒刑或者无期徒刑，并处罚金。

（四）信用证诈骗

有下列情形之一，进行信用证诈骗活动的，构成信用证诈骗罪，处 5 年以下有期徒刑或者拘役，并处 2 万元以上 20 万元以下罚金；数额巨大或者有其他严重情节的，处 5 年以上 10 年以下有期徒刑，并处 5 万元以上 50 万元以下罚金；数额特别巨大或者有其他特别严重情节的，处 10 年以上有期徒刑或者无期徒刑，并处 5 万元以上 50 万元以下罚金或者没收财产：

1. 使用伪造、变造的信用证或者附随的单据、文件的；

2. 使用作废的信用证的；

3. 骗取信用证的；

4. 以其他方法进行信用证诈骗活动的。

单位犯信用证诈骗罪的，对单位判处罚金，并对其直接负责的主管人员和其他直接责任人员，处 5 年以下有期徒刑或者拘役，可以并处罚金；数额巨大或者有其他严重情节的，处 5 年以上 10 年以下有期徒刑，并处罚金；数额特别巨大或者有其他特别严重情节的，处 10 年以上有期徒刑或者无期徒刑，并处罚金。

（五）有价证券诈骗

使用伪造、变造的国库券或者国家发行的其他有价证券，进行诈骗活动，数额较大的，构成有价证券诈骗罪，处 5 年以下有期徒刑或者拘役，并处 2 万元以上 20

万元以下罚金;数额巨大或者有其他严重情节的,处5年以上10年以下有期徒刑,并处5万元以上50万元以下罚金;数额特别巨大或者有其他特别严重情节的,处10年以上有期徒刑或者无期徒刑,并处5万元以上50万元以下罚金或者没收财产。

三、物流运输领域

(一)走私武器、弹药、核材料、假币

走私武器、弹药、核材料或者伪造货币的,构成走私武器、弹药罪,走私核材料罪或者走私假币罪,处7年以上有期徒刑,并处罚金或者没收财产;情节特别严重的,处无期徒刑,并处没收财产;情节较轻的,处3年以上7年以下有期徒刑,并处罚金。

单位犯走私武器、弹药罪,走私核材料罪,走私假币罪的,对单位判处罚金,并对其直接负责的主管人员和其他直接责任人员,依照相关规定处罚。

(二)走私文物、贵重金属、珍贵动物、珍贵动物制品

走私国家禁止出口的文物、黄金、白银和其他贵重金属或者国家禁止进出口的珍贵动物及其制品的,构成走私文物罪、走私贵重金属罪或者走私珍贵动物、珍贵动物制品罪,处5年以上10年以下有期徒刑,并处罚金;情节特别严重的,处10年以上有期徒刑或者无期徒刑,并处没收财产;情节较轻的,处5年以下有期徒刑,并处罚金。

单位犯走私文物罪,走私贵重金属罪,走私珍贵动物、珍贵动物制品罪的,对单位判处罚金,并对其直接负责的主管人员和其他直接责任人员,依照相关规定处罚。

(三)走私国家禁止进出口的货物、物品

走私珍稀植物及其制品等国家禁止进出口的其他货物、物品的,构成走私国家禁止进出口的货物、物品罪,处5年以下有期徒刑或者拘役,并处或者单处罚金;情节严重的,处5年以上有期徒刑,并处罚金。

单位犯该罪的,对单位判处罚金,并对其直接负责的主管人员和其他直接责任人员,依照相关规定处罚。

(四)走私淫秽物品

以牟利或者传播为目的,走私淫秽的影片、录像带、录音带、图片、书刊或者其他淫秽物品的,构成走私淫秽物品罪,处3年以上10年以下有期徒刑,并处罚金;情

节严重的,处10年以上有期徒刑或者无期徒刑,并处罚金或者没收财产;情节较轻的,处3年以下有期徒刑、拘役或者管制,并处罚金。

单位犯该罪的,对单位判处罚金,并对其直接负责的主管人员和其他直接责任人员,依照相关规定处罚。

(五)走私废物

逃避海关监管将境外固体废物、液态废物和气态废物运输进境,情节严重的,构成走私废物罪,处5年以下有期徒刑,并处或者单处罚金;情节特别严重的,处5年以上有期徒刑,并处罚金。

单位犯该罪的,对单位判处罚金,并对其直接负责的主管人员和其他直接责任人员,依照相关规定处罚。

(六)走私普通货物、物品

走私前述第1项至第5项以及毒品以外的货物、物品的,构成走私普通货物、物品罪,根据情节轻重,分别依照下列规定处罚:

1. 走私货物、物品偷逃应缴税额较大或者1年内曾因走私被给予2次行政处罚后又走私的,处3年以下有期徒刑或者拘役,并处偷逃应缴税额1倍以上5倍以下罚金;

2. 走私货物、物品偷逃应缴税额巨大或者有其他严重情节的,处3年以上10年以下有期徒刑,并处偷逃应缴税额1倍以上5倍以下罚金;

3. 走私货物、物品偷逃应缴税额特别巨大或者有其他特别严重情节的,处10年以上有期徒刑或者无期徒刑,并处偷逃应缴税额1倍以上5倍以下罚金或者没收财产。

单位犯走私货物、物品罪的,对单位判处罚金,并对其直接负责的主管人员和其他直接责任人员,处3年以下有期徒刑或者拘役;情节严重的,处3年以上10年以下有期徒刑;情节特别严重的,处10年以上有期徒刑。

对多次走私未经处理的,按照累计走私货物、物品的偷逃应缴税额处罚。

四、涉知识产权领域

(一)假冒注册商标

未经注册商标所有人许可,在同一种商品、服务上使用与其注册商标相同的商标,情节严重的,构成假冒注册商标罪,处3年以下有期徒刑,并处或者单处罚金;情节特别严重的,处3年以上10年以下有期徒刑,并处罚金。

（二）假冒专利

假冒他人专利，情节严重的，构成假冒专利罪，处 3 年以下有期徒刑或者拘役，并处或者单处罚金。

（三）侵犯商业秘密

有下列侵犯商业秘密行为之一，情节严重的，构成侵犯商业秘密罪，处 3 年以下有期徒刑，并处或者单处罚金；情节特别严重的，处 3 年以上 10 年以下有期徒刑，并处罚金：

1. 以盗窃、贿赂、欺诈、胁迫、电子侵入或者其他不正当手段获取权利人的商业秘密的；

2. 披露、使用或者允许他人使用以前项手段获取的权利人的商业秘密的；

3. 违反保密义务或者违反权利人有关保守商业秘密的要求，披露、使用或者允许他人使用其所掌握的商业秘密的。

明知存在上述行为，获取、披露、使用或者允许他人使用该商业秘密的，以侵犯商业秘密论。其中，权利人是指商业秘密的所有人和经商业秘密所有人许可的商业秘密使用人。

五、涉税领域

（一）逃税

纳税人采取欺骗、隐瞒手段进行虚假纳税申报或者不申报，逃避缴纳税款数额较大并且占应纳税额 10%以上的，构成逃税罪，处 3 年以下有期徒刑或者拘役，并处罚金；数额巨大并且占应纳税额 30%以上的，处 3 年以上 7 年以下有期徒刑，并处罚金。

扣缴义务人采取前款所列手段，不缴或者少缴已扣、已收税款，数额较大的，依照相关规定处罚。

对于多次实施上述行为，未经处理的，按照累计数额计算。

有逃税行为，经税务机关依法下达追缴通知后，补缴应纳税款，缴纳滞纳金，已受行政处罚的，不予追究刑事责任；但是，5 年内因逃避缴纳税款受过刑事处罚或者被税务机关给予 2 次以上行政处罚的除外。

（二）逃避追缴欠税

纳税人欠缴应纳税款，采取转移或者隐匿财产的手段，致使税务机关无法追缴欠缴的税款，数额在 1 万元以上不满 10 万元的，构成逃避追缴欠税罪，处 3 年以下有期徒刑或者拘役,并处或者单处欠缴税款1倍以上5倍以下罚金;数额在10万元以上的,处3年以上7年以下有期徒刑,并处欠缴税款1倍以上5倍以下罚金。

(三)虚开增值税专用发票,用于骗取出口退税、抵扣税款发票

虚开增值税专用发票或者虚开用于骗取出口退税、抵扣税款的其他发票的,构成虚开增值税专用发票罪、虚开用于骗取出口退税、抵扣税款发票罪,处3年以下有期徒刑或者拘役,并处2万元以上20万元以下罚金;虚开的税款数额较大或者有其他严重情节的,处3年以上10年以下有期徒刑,并处5万元以上50万元以下罚金;虚开的税款数额巨大或者有其他特别严重情节的,处10年以上有期徒刑或者无期徒刑,并处5万元以上50万元以下罚金或者没收财产。

单位犯该罪的,对单位判处罚金,并对其直接负责的主管人员和其他直接责任人员,处3年以下有期徒刑或者拘役;虚开的税款数额较大或者有其他严重情节的,处3年以上10年以下有期徒刑;虚开的税款数额巨大或者有其他特别严重情节的,处10年以上有期徒刑或者无期徒刑。

虚开增值税专用发票或者虚开用于骗取出口退税、抵扣税款的其他发票,是指有为他人虚开、为自己虚开、让他人为自己虚开、介绍他人虚开的行为之一。

【典型案例】

2016年7月至12月,宁夏某物流有限公司煤炭的采购、销售及货物交割未形成实际控制,利用虚假银行承兑汇票虚收虚支往来款项,非法取得北京某商贸有限公司、北京某科贸有限公司、北京某物资有限公司等35家企业开具的增值税专用发票3600份,价税合计4.17亿元。税务稽查部门依据《增值税暂行条例》《税收征收管理法》等相关规定,对该物流有限公司依法追缴税费及滞纳金合计1.48亿元。该案件相关主体由于涉嫌税收违法犯罪,已移交司法程序处理。

通过取得虚开发票以达到少缴增值税、企业所得税的目的是物流企业引发税务风险的重要原因。大部分传统物流企业因难以负担高额的车辆养护与司机工资社保等成本支出,倾向于在社会上寻找散户完成运输,但司机个体因未进行税务登记等原因无法给物流企业开具发票,催生了传统物流企业寻票、找票的动机。而随着"互联网+"、无车承运人的发展,物流行业出现了新型业态组织网络货运平台,可为符合条件的注册会员向托运方代开征收率为3%的增值税专用发票,在一定程度减轻了企业的税负压力,一些不法分子利用平台能够为企业解决发票问题的条件,成立平台,暴力虚开发票,侵蚀国家税收利益。坚守业务真实性是货运行业长久发展的原则与底线。货运行业应当坚持学习并深入理解税收政策,定期检查自身的

涉税风险。例如，自查是否存在白条抵账、发票不合规风险，是否存在私户收款行为，是否按照《增值税暂行条例》的规定上传运输数据，信息资料是否保存齐全，对运输、交易过程是否进行了实时监控与动态管理，是否履行依法纳税义务。

（四）虚开发票

虚开增值税专用发票、用于骗取出口退税、抵扣税款发票以外的其他发票，情节严重的，构成虚开发票罪，处2年以下有期徒刑、拘役或者管制，并处罚金；情节特别严重的，处2年以上7年以下有期徒刑，并处罚金。

单位犯虚开发票罪的，对单位判处罚金，并对其直接负责的主管人员和其他直接责任人员，依照相关规定处罚。

（五）伪造、出售伪造的增值税专用发票

伪造或者出售伪造的增值税专用发票的，构成伪造、出售伪造的增值税专用发票罪，处3年以下有期徒刑、拘役或者管制，并处2万元以上20万元以下罚金；数量较大或者有其他严重情节的，处3年以上10年以下有期徒刑，并处5万元以上50万元以下罚金；数量巨大或者有其他特别严重情节的，处10年以上有期徒刑或者无期徒刑，并处5万元以上50万元以下罚金或者没收财产。

单位犯伪造、出售伪造的增值税专用发票罪的，对单位判处罚金，并对其直接负责的主管人员和其他直接责任人员，处3年以下有期徒刑、拘役或者管制；数量较大或者有其他严重情节的，处3年以上10年以下有期徒刑；数量巨大或者有其他特别严重情节的，处10年以上有期徒刑或者无期徒刑。

（六）非法出售增值税专用发票

非法出售增值税专用发票的，构成非法出售增值税专用发票罪，处3年以下有期徒刑、拘役或者管制，并处2万元以上20万元以下罚金；数量较大的，处3年以上10年以下有期徒刑，并处5万元以上50万元以下罚金；数量巨大的，处10年以上有期徒刑或者无期徒刑，并处5万元以上50万元以下罚金或者没收财产。

第十编

旅游文化行业合规经营

第一章

总　　则

为维护旅游市场秩序、保障游客和旅游经营者各方的合法权益,根据《民法典》《旅游法》《旅行社条例》等相关法律法规以及其他管理制度的规定,旅游文化企业必须依法合规经营。

一、经营原则

从事旅游业活动应当遵循社会、经济和生态三个效益相统一的原则。

旅游经营者在经营活动中应当遵循自愿、平等、公平、诚信原则。

二、经营主体

旅游行业的经营主体是指从事旅行社经营服务、经营线上旅游经营服务的法人或者其他组织。

三、经营业务

旅游行业的业务类型主要有国内、入境、边境以及出境等。

四、监管部门

旅游行业监管部门包括国务院文化和旅游部、省一级文化和旅游厅、市一级文化和旅游局,县级的市场监督管理局、物价局、外汇管理局等。

国务院文化和旅游部负责监督管理全国范围内的旅行社。

市级、县级文化和旅游局根据规定负责监督管理本区域内的旅行社。

县级以上各级市场监督管理局、物价局、外汇管理局,根据法律法规规定监督管理旅行社。

第二章

旅游文化经营者市场准入

第一节　设立申请

旅行社要开展国内及入境旅游业务的，需要在准备相应的材料后向经营地的文化和旅游厅或者设区的市级文化和旅游局进行申请。

旅行社要开展出境旅游业务的，需要在准备相应的材料后向国务院文化和旅游部或者其委托的省级文化和旅游厅进行申请。

一、申请资料

旅行社开展国内旅游业务和入境旅游业务的，需要准备以下文件：

(1)设立旅行社的申请书。内容包括旅行社的名字、经营地址，企业性质、出资人、出资额和出资方式，也要写明申请人、受理申请部门的全称、申请书名称和申请的时间。

(2)法定代表人履历表及身份证明。

(3)企业章程。

(4)经营场所的证明。

(5)营业设施、设备的证明或者说明。

(6)市场监督管理局出具的企业法人营业执照。

旅行社开展国内旅游业务和入境旅游业务的，就只能经营这两项业务，经营范围不能包括边境旅游和出境旅游。

旅行社开展出境旅游业务的，还需要满足开展旅游业务满两年且两年内没有因与游客的纠纷被处罚的条件，且需要出具承诺书和变更经营范围后的企业法人营业执照。

文化旅游部(厅、局)审核后认为旅行社可以开展上述旅游业务的，向申请的旅行社颁发或者更换旅行社业务经营许可证。

二、注册资本

旅行社申请开展国内旅游业务和入境旅游业务的,注册资本实行认缴制,认缴的注册资本不少于30万元。

三、经营场所

根据《旅游法》的相关规定,经营旅游业务的旅行社必须有固定的经营场所。

四、营业设施

根据《旅游法》的相关规定,经营旅游业务的旅行社必须有必要的营业设施。

第二节　质量保证金

设立旅行社质量保证金是为了维护游客的合法权益,避免旅行社不承担或者没有能力承担赔偿,在其不承担或没有能力承担赔偿时用旅行社缴纳的质量保证金赔偿游客。质量保证金的管理需遵循"统一制度、统一标准、分级管理"的原则。质量保证金的制度和办法由文化和旅游部制定,由省级文化和旅游厅、市县级文化和旅游局按照各自的职责进行管理。

质量保证金的所有权按照"谁缴纳、谁所有"的原则确定归属,产生的利息亦按照此原则。

旅行社应在拿到旅行社业务经营许可证之日起3个工作日内到文化和旅游部指定的银行开设专户并将质量保证金存入,另旅行社也可以选择提交与质量保证金等额或者超额的银行担保。

旅行社开展国内旅游业务和入境旅游业务的,应当存入质量保证金20万元;开展出境旅游业务的旅行社,应当增加质量保证金120万元(专户内应为140万元及以上)。

旅行社每设立一个开展国内旅游业务和入境旅游业务的分社,应当向其质量保证金专户增存5万元;每设立一个开展出境旅游业务的分社,应当向其质量保证金专户增存30万元,保证金必须保持满额。

第三节　经营许可制度

旅游文化行业是一个大而复杂的行业，涉及许多不同的领域和服务。根据我国针对旅游文化行业所规定的经营许可制度，旅行社根据实际从事的业务范围和领域，需要办理不同种类的许可证。

一、经营许可的类型

1. 导游证：导游是旅游活动中的重要角色，提供专业的导游服务。导游证是导游人员必备的证件，可以证明其具备专业知识和服务能力。

2. 食品经营许可证：如果旅游企业还提供餐饮服务，需要办理相应的食品经营许可证。这个许可证是为了保障企业提供卫生安全的餐饮服务。

3. 道路运输经营许可证：如果旅行社提供乘车服务，例如旅游包车或旅游大巴，需要办理道路运输经营许可证，以确保运输安全和合法经营。

4. 高风险旅游项目的许可：经营高空、水上运动、潜水、探险等高风险的旅游项目时，应当按照国家有关规定取得经营许可，例如高危险性体育项目经营许可证、航空许可证等。

二、经营许可的取得条件

1. 导游证取得条件：拥有导游人员资格证书、与旅行社签订正式劳动合同、品行端正且无违法犯罪记录。

2. 食品经营许可证取得条件：有营业执照；有食品加工、销售、贮存场所，保持该场所环境整洁，远离有毒、有害场所以及其他污染源；有经营设备或者设施，包括消毒、更衣、盥洗、采光、照明、通风、防腐、防尘、防蝇、防鼠、防虫、洗涤以及处理废水、存放垃圾和废弃物的设备或者设施；有专门食品安全管理员工和保证食品安全的规章制度；有合理的设备布局和工艺流程。

3. 道路运输经营许可证取得条件：运输车辆（需与经营业务一致且检测合格）；有持有合法有效驾驶证的驾驶人员；有完整的安全生产管理制度。

4. 高危险性体育项目经营许可证取得条件：相关体育设施符合国家标准；具有达到规定数量、取得国家职业资格证书的社会体育指导人员和救助人员；具有安全生产岗位责任制度，安全操作规程，突发事件应急预案，体育设施、设备、器材安全检查制度等安全保障制度和措施。

5. 航空许可证取得条件：担任航空器飞行教员的，其技术等级与其所担任的教学任务，应当与民航局签发的民用航空器飞行驾驶执照相符合；担任跳伞、悬挂滑翔教练员的，应持有国家体委颁发的教练员证书；所用航空器和航空器维修工作必须符合《民用航空器适航管理条例》和民航局颁发的有关规定；训练场地必须符合所从事航空体育运动项目的技术要求；飞行区域和空域必须获得空中交通管制部门的批准；航空体育运动机场应与当地空中交通管制主管部门建立有线电通信联系；使用民用航空器从事经营性活动的，应当按照《市场主体登记管理条例》及其施行细则和《开办通用航空业审批程序》的有关规定，领取营业执照。使用航空运动器材从事以营利为目的的经营性活动的，应当向当地体育行政主管部门申请登记，并向工商行政管理部门领取营业执照。

三、经营许可的取得程序

1. 申请：申请人把资料准备齐全后，向当地主管部门（旅游行政部门、食品药品监督管理局、道路运输管理部门、体育行政主管部门）提交申请。

2. 受理：主管部门对提交的文件材料进行审核、登记，之后作出受理或不予受理决定。

3. 审查：受理后，主管部门对申请的旅行社及材料进行审查及现场核查，作出通过或不予通过决定。

4. 颁证：审查通过的，主管部门对符合规定的旅行社准予许可并颁发证件。

第三章

旅游文化经营者经营规范

第一节　证　　照

按照《旅游法》的规定，旅行社禁止出租、出借旅行社业务经营许可证，或者以其他形式非法转让旅行社业务经营许可。

旅行社及其分支机构、服务网点，需要将营业执照及其他证件（如旅行社业务经营许可证、旅行社分社备案登记证明或者旅行社服务网点备案登记证明）挂在营业场所的显著位置。

通过互联网等方式开展旅行社业务的，除了旅行社业务经营许可证之外，还应该在其网站主页的显著位置标明其业务经营许可证信息（包括名称、法定代表人、许可证编号、经营范围等），在网站上发布的信息应当真实、准确。

第二节　信息发布及组织旅游活动

一、信息发布

旅行社发布的信息、广告等必须真实、准确，不能进行虚假宣传，欺骗和诱导游客。

旅行社通过网络交易平台开展旅游业务的，需要向网络交易平台经营者提供真实、有效的旅行社业务经营许可证。网络交易平台经营者需要尽审核义务。

二、组织旅游活动

旅行社在开展组织旅游活动时要审核供应商的资质，保证与合格的供应商进行合作。

旅行社禁止以不合理的低价吸引游客,诱骗游客,通过安排购物点或者另行增加付费旅游项目等强迫游客消费的方式获取回扣。

游客在旅游活动中对购物场所拥有自主选择权,旅行社不能干扰或者指定游客进入指定的购物场所,也不能安排另行付费旅游项目。但是,经旅行社和游客双方协商一致或者游客要求,且不影响其他游客行程安排的除外。

第三节　旅行社义务

一、信息保密

根据《旅游法》规定,旅行社对游客的个人信息负有保密义务。

二、安全保障义务

旅行社在经营过程中应遵守相关安全、消防等规定,制定保护游客安全的制度以及应急预案。

旅行社要对导游等提供服务的人员开展技能培训,尤其是紧急救助方面,预防风险,确保在游客发生危险时能够及时救助。

旅行社在组织、接待老年人、未成年人、残疾人等特殊的游客时,还需要采取增加导游、安全告知等其他安全保障行为。

三、安全告知义务

在组织开展旅游活动时,旅行社及其工作人员应该向游客明示或者警示以下内容:

(1)正确使用相关设施、设备的方法;

(2)必要的安全防范和应急措施;

(3)景点内不对游客开放的场所、设施设备;

(4)不适宜参加相关活动的群体;

(5)可能危及游客人身、财产安全的其他情形。

四、安全报告义务

旅游活动过程中,如游客发生突发事件或者旅游安全事故,旅行社及其工作人员应根据现场情况采取救助行动,报告事故情况,妥善安排游客和后续行程。

第四节 财税管理

一、财务管理

建立健全企业财务管理制度,具体包括:

(一)凭证账册制度

1. 财会人员审核原始凭证,原始凭证应当手续完备、合法,内容真实,数字正确,日期和印章齐全,大、小写相符等。

2. 财会记账员应对原始凭证记账负责,账簿的记载应明确、清晰。凭证、账册应由专人列册登记,妥善保管。有关会计报表、账册、会计凭证保存年限按上级规定办理。

3. 指定专人保管未使用的重要空白凭证,如支票、现金收据、发货票据等,确需领用的,由领用人办理领用手续。

(二)货币资金管理制度

1. 严格按照国家有关现金管理制度的规定,除抵补现金库存外,非经银行同意,不得将业务收入坐支留用,严格分清收支两条线。

2. 做好库存现金的保管工作,有关证券和现金必须放在银箱内,确保安全。

建立健全现金账目,做到日清月结,钱账相符。对超过现金收付限额的收付款项,必须通过银行结算。

(三)往来账目清理制度

财务人员要及时结账收款,催收应收账款。对月终尚未清理的债权债务,应查明原因,列出清册。

(四)会计报表制度

要保证会计报表数据准确、内容完整、报送及时、手续完备。对年度结算报表,应附有分析收支计划执行情况的说明。

二、税务管理

建立健全企业税务管理制度,具体包括:

(1)税款的计算、申报、缴纳管理。企业办理工商税务登记,必须及时积极申报。

(2)发票管理。发票应当据实开具、发票的开具项目真实齐全等。

(3)涉税的会计处理。必须严格按照税务会计准则,做好税金核算工作。

(4)合同涉税管理。企业可以设定合同模板,对常见的涉税条款如何描述做好示例,对合同各方的涉税权利义务做好约定。

(5)税收政策的收集及培训。企业应当做好和自身行业、企业有关的税收政策收集和归纳,参加相应的内外部培训。

第四章

旅游服务合同

旅游服务合同通常是指旅行社与游客针对本次旅游活动过程中旅游活动基本情况、双方的权利义务、违约责任等的约定的合同。

第一节 内 容

旅行社为游客提供服务，应当与游客签订具体的旅游合同，且旅游合同需包括以下内容：

(1)旅行社的名称及经营范围、经营地址、联系电话和旅行社业务经营许可证编号。

(2)旅行社经办人的姓名、联系电话。

(3)签约地点和日期。

(4)旅游活动中的具体行程，包括出发城市、景点安排和目的地。

(5)旅游行程中交通方式、住宿标准、餐标等。

(6)游客自由活动的时间和次数。

(7)旅行社收取的费用。

(8)旅行社安排的购物点及停留时间。

(9)需要游客自费的项目及价格。

(10)解除或者变更合同的约定。

(11)合同违约责任。

(12)旅游服务监督、投诉电话。

(13)双方协商一致的其他内容。

旅行社应当在旅游行程开始前向游客提供旅游行程单。

旅行社应当按照旅游服务合同的约定履行义务，禁止未经游客同意变更旅游行程安排。

【典型案例】

基本案情:2023年2月26日,北京市文化市场综合执法总队接举报称,有三名游客滞留在故宫神武门外。执法人员第一时间与游客电话联系,及时督导涉事旅行社妥善安排好游客后续行程。事后,北京市文化市场综合执法总队对涉事旅行社及导游员分别进行立案。经查,北京M旅行社与游客签订的旅游合同未载明具体法定事项违反了《旅行社条例》第28条的规定,导游付某存在向游客推销另行付费项目的行为违反了《导游人员管理条例》第24条的规定,依据《旅行社条例》第55条、《导游人员管理条例》第24条的规定,北京市文化市场综合执法总队对涉案旅行社作出警告并罚款20 000元的行政处罚,对带团导游付某作出罚款2000元的行政处罚。

案例分析:旅行社在经营活动中严禁通过诱导、欺骗和向游客推销另行付费项目来弥补成本、获取利润。执法部门将持续打击"不合理低价游""零负团费"等经营行为。提醒各旅行社经营者及从业人员一定要依法诚信经营,不断提升服务质量,共同营造公平竞争、良性发展的旅游消费环境。

第二节　告知义务

旅行社在和游客订立旅游服务合同时,应当向游客告知下列事项:

(1)游客不适合参加旅游活动的情形。

(2)旅游活动中的安全注意事项。

(3)明确说明旅行社依法可以减免责任情形。

(4)提醒游客应当注意的旅游目的地相关法律法规和风俗习惯、宗教禁忌,依照中国法律不宜参加的活动等。

(5)法律法规规定的其他应当告知的事项。

另外,为了最大程度保护游客,减少损失,旅行社在签订旅游合同时应提醒游客自觉为其购买个人旅游意外险。

第三节　旅行社与地接社

旅行社要将旅游服务合同中的接待业务委托给其他旅行社(这种负责接待的

旅行社称地接社)时,应当经过游客同意,并且需要选任有资质的地接社,签订正式的委托合同,以约定双方权利和义务,该合同需要提供给游客,地接社应按照旅游服务合同和委托合同约定提供旅游服务。

【典型案例1】

基本案情:四川某国际旅行社有限公司作为四川地接社,未经组团社许可,未征得游客书面同意,擅自将詹某等2人旅游合同义务委托给成都某旅行社履行。

成都市文化广电旅游局根据相关线索立案查处,依据《旅行社条例》第55条的规定,依法责令当事人改正违法行为,并给予罚款2万元的行政处罚。

案例分析:现实生活中,个别旅行社招揽游客后,为赚取旅行社成团价格间的差价,擅自"转团""卖人头",严重侵犯了游客知情权和自主选择权。更有一些旅行社多次"转团""卖团",层层盘剥团费价差,出现旅游团费低于接待成本,使精品团降为普通团、纯玩团变为购物团,出现"强制购物""诱骗购物"等违法行为,侵害游客合法利益,引发旅游质量服务纠纷,严重扰乱旅游市场秩序。在这里也提醒游客朋友们,在与旅行社签订合同时需留意或要求旅行社写明是否转团,以及转团旅行社的名称。一旦发现旅行社有违规转团现象,应指出并及时向旅游管理部门举报。同时,旅行社擅自转团也是违反民事合同约定的违约行为,也可提出解除旅游合同或主张违约索赔。

【典型案例2】

基本案情:某日,作为游客的张女士向成都某A国际旅行社缴纳旅游费用3080元前往湘西,在旅游过程中,张女士发现实际接待的旅行社是B公司,而不是合同中约定的A旅行社。张女士认为A旅行社擅自转团的行为侵害了她的权益,故在行程结束后向有关部门投诉。

该纠纷经成都市文化广电旅游局调解,A旅行社向张女士赔偿2000元,并对A旅行社作出行政处罚。

案例分析:本案为"未经游客书面同意,将其转团至其他旅行社操作"的典型投诉案件,A旅行社的行为违反了旅游法的规定,应当受到行政处罚。本案应当从两个维度处理,一是旅行社违反《旅游法》,应当承担行政责任,旅游行政执法部门可根据《旅游法》第100条对旅行社或者旅行社直接负责人进行处罚;二是旅行社违反旅游合同,应当承担对游客的民事责任,游客可根据旅游合同的约定或者法律规定,要求旅行社赔偿违约金或者实际损失。

第四节　变更与解除

一、游客单方变更与解除

旅游行程开始前，游客享有单方变更旅游合同的权利，可以将合同中的权利义务转让给其他人，增加的费用由游客及受让的其他人承担，旅行社一般不能拒绝；但是旅行社有正当理由的，可以拒绝。

旅游行程结束前，游客单方解除合同的，扣除必要费用后，旅行社将余款退还。

二、组团游的解除和变更

境内旅游行程开始前，旅行社发现人数不够成团标准时，可以解除合同，但是需提前 7 日通知，境外旅游活动则是提前 30 日；合同解除时，旅行社应退还游客全部的费用。

人数不够成团的情形下，旅行社与游客协商一致时可以委托其他旅行社履行合同；无法征得游客同意的，可以解除合同。

三、旅行社解除合同情形

游客有下列情形之一的，旅行社可以解除合同：

1. 可能患有危害其他游客健康和安全的传染病。
2. 携带危害公共安全的物品，游客不同意移交处理的。
3. 游客从事违法犯罪活动的。
4. 游客的行为严重影响其他游客合法权益的。
5. 法律规定的其他情形。

四、合同解除后的费用承担

旅游行程中，由于旅行社或者履行辅助人的原因解除合同的，旅行社应当协助游客返回出发地或者游客指定的合理地点，产生的费用由旅行社一方承担。

第五节　不可抗力

因不可抗力或者旅行社、旅行辅助人已尽合理注意义务仍不能避免的事件，影响旅游行程的，按照下列情形处理：

(1)旅游服务合同已经不能继续履行的，旅行社和游客均享有解除合同的权利。旅游服务合同不能完全履行的，与游客协商一致的前提下可以变更合同；协商不成的，可以解除合同。

(2)合同解除的，旅行社扣除必要费用之后将余款退回游客；合同变更的，采用"多退少补"的原则，由游客承担。

(3)旅行社为了游客人身、财产安全采取相应安全措施产生的费用，由旅行社与游客按照约定或者责任比例分担。

(4)不可抗力造成游客滞留的，旅行社应当采取相应的安置措施。因此增加的食宿费用，由游客承担；增加的返程费用，由旅行社与游客分担。

第五章

旅游经营者的行政责任

第一节　未经许可经营

一、未经许可经营旅行社业务

《旅游法》第 95 条第 1 款规定，旅行社未经许可开展旅行社业务的，由旅游主管部门或者市场监督管理部门责令改正，没收违法所得，并处 1 万元以上 10 万元以下罚款；违法所得 10 万元以上的，并处违法所得 1 倍以上 5 倍以下罚款；对有关责任人员，处 2000 元以上 2 万元以下罚款。

【典型案例】

基本案情：2022 年 9 月 21 日，溧阳市文体广电和旅游局执法人员在接到群众举报陈某某通过某副食店招揽组织游客外出旅游，随即某副食店进行检查。现场发现游客正好在上车，现场一共有 48 名游客，经询问游客得知本次旅游陈某某收取了每位游客 39 元的费用。检查询问过程中了解到，陈某某通过溧阳市某副食店招揽店内顾客和会员进行溧阳一日游活动，同时在现场发现了当事人制作的招徕游客的宣传单，并租用一辆大巴车接送游客，且当事人无法出示旅行社业务经营许可证。最终，溧阳市文体广电和旅游局根据《旅游法》等规定对当事人违法行为，作出了没收违法所得 1872 元的处罚；对陈某某作出了罚款 10 000 元的处罚。

典型意义：近年来，非旅行社企业招徕游客手段多样，常见的有借助抖音、小红书、微信平台从事在线经营旅游业务。本案特殊之处在于招徕游客的当事人经营社区团购副食品店，利用副食品店向店内顾客和会员进行招徕组织旅游。这种方式具有很大的隐蔽性，其招徕活动限定在店内，影响范围较小，发现比较困难，需要通过市民和游客举报才能得到线索。本案就是群众举报的，通过举报人的线索深入排查，才能得知溧阳市某副食店利用店内资源进行招徕旅游的行为。本案也是一例典型的未经许可经营旅行社业务的案件,案件当事人因为不了解法律的相关规定,导致了本案的发生,所以本案具有一定的引导、警示与教育意义。同时,随着生活水平的提高和社会技术的发展,针对中老年人的违法事件越发严重,本次案件中的游客基本上是该副食店消费的中老年顾客,这类群体对类似手段的警惕性较弱,容易受骗。因此,在未来的工作中,执法人员应当加强对中老年群体的法律宣传教育,提高防骗意识,避免类似事件的发生。

二、未经许可经营出境、边境旅游业务

《旅游法》第 95 条第 2 款规定,旅行社未经许可经营出境、边境旅游业务的由旅游主管部门或者市场监督管理部门责令改正,没收违法所得,并处 1 万元以上 10 万元以下罚款;违法所得 10 万元以上的,并处违法所得 1 倍以上 5 倍以下罚款;对有关责任人员,处 2000 元以上 2 万元以下罚款,并责令停业整顿;情节严重的,吊销旅行社业务经营许可证;对直接负责的主管人员,处 2000 元以上 2 万元以下罚款。

第二节　出租、出借或者转让经营许可

《旅游法》第 95 条第 2 款规定,出租、出借旅行社业务经营许可证,或者以其他方式非法转让旅行社业务经营许可的,由旅游主管部门或者市场监督管理部门责令改正,没收违法所得,并处 1 万元以上 10 万元以下罚款;违法所得 10 万元以上的,并处违法所得 1 倍以上 5 倍以下罚款;对有关责任人员,处 2000 元以上 2 万元以下罚款,并责令停业整顿;情节严重的,吊销旅行社业务经营许可证;对直接负责的主管人员,处 2000 元以上 2 万元以下罚款。

第三节　虚假宣传

《旅游法》第 97 条规定,旅行社进行虚假宣传,误导游客的,由旅游主管部门或者有关部门责令改正,没收违法所得,并处 5000 元以上 5 万元以下罚款;违法所得 5 万元以上的,并处违法所得 1 倍以上 5 倍以下罚款;情节严重的,责令停业整顿或者吊销旅行社业务经营许可证;对直接负责的主管人员和其他直接责任人员,处 2000 元以上 2 万元以下罚款。

【典型案例】

基本案情:2023 年 3 月 16 日至 19 日,游客王女士添加黄山某国际旅行社有限公司客服经理漆某霖微信,了解黄山旅游行程相关信息。漆某霖与王女士沟通时,使用“旅游局规定是一天一个(购物店)”“购物店全部是国家开的”“但是旅游局规定了,我们旅行社只能按照规定来办事”等虚假用语,误导王女士选择含有购物内容的旅游线路产品。该公司行为违反《旅游法》第 32 条之规定,依据《旅游法》第 97 条第 1 项之规定,应予以行政处罚。故黄山市文化和旅游局依法对黄山某国际旅行社有限公司作出罚款 5000 元的行政处罚,对相关责任人员漆某霖作出罚款 2000 元的行政处罚。

第四节　向不合格的供应商订购产品和服务

《旅游法》第 97 条规定,旅行社向不合格的供应商订购产品和服务的,由旅游主管部门或者有关部门责令改正,没收违法所得,并处 5000 元以上 5 万元以下罚款;违法所得 5 万元以上的,并处违法所得 1 倍以上 5 倍以下罚款;情节严重的,责令停业整顿或者吊销旅行社业务经营许可证;对直接负责的主管人员和其他直接责任人员,处 2000 元以上 2 万元以下罚款。

【典型案例】

基本案情:2023 年 1 月 18 日,北京市文化市场综合执法总队执法人员对什刹海及其周边旅游市场进行执法检查时,发现多个旅游团队进入一店名为“汇某堂”的场所观看传统相声表演。经查,该演出场所不具备营业性演出资质,且存在一定的安全隐患。为此,北京市文化市场综合执法总队会同多部门现场对该场所予以关停,同时对相关责任主体立案调查。经查,涉案旅行社存在向不合格供应商订购产品的违法行为,违反了《旅游法》第 34 条的规定,依据《旅游法》第 97 条第 2 项的规定,对涉案的 4 家旅行社作出没收违法所得和罚款 10 000 元的行政处罚。

案例分析:旅行社组织旅游活动应该向合格的供应商订购安全合法的产品及服务。否则,订购“黑车”“黑店”等不具备合法资质的供应商接待游客,易发生损害游客权益,扰乱市场秩序的行为。同时,游客也要自觉远离“不合理低价游”和“零负团费”等旅游陷阱。

第五节 未按照规定投保旅行社责任保险

《旅游法》第97条规定，旅行社未按照规定投保旅行社责任保险的，由旅游主管部门或者有关部门责令改正，没收违法所得，并处5000元以上5万元以下罚款；违法所得5万元以上的，并处违法所得1倍以上5倍以下罚款；情节严重的，责令停业整顿或者吊销旅行社业务经营许可证；对直接负责的主管人员和其他直接责任人员，处2000元以上2万元以下罚款。

【典型案例】

基本案情：2021年5月10日，新疆游客杨某通过携程平台购买四川省××旅行社的“乐山、峨眉山一日游”旅游产品，并于当日参团。在旅游途中杨某意外受伤，返程后向成都市文化广电旅游局进行投诉。经成都市文化广电旅游局调查，在峨眉山景区，投诉人杨某向导游黄某支付了5元用于购买景区保险，导游黄某收取费用后，并未为投诉人杨某购买景区险投保，导致投诉人受伤医疗费用无法用景区险报销。

经成都市文化广电旅游局调解，游客杨某与四川省××旅行社达成一致意见，由四川省××旅行社向杨某一次性支付赔偿金9万元。

案例分析：旅行社责任保险是国家强制性保险，由旅行社购买；而旅游意外险是任意险，一般由游客自己购买，但旅行社应尽到提示义务。在本投诉案中，导游黄某是接受四川省××旅行社委派并为游客提供相关服务的导游员，在带团旅游过程中，其行使职务、履行职责的行为代表旅行社，其民事行为法律后果依法由行为人授权单位承担。游客杨某意欲购买意外保险且向导游黄某支付了相关保费，但导游并未实际购买和投保，导致游客受到意外伤害后无法获得保险理赔。为此，导游杨某职务行为所导致的后果应由旅行社承担，对游客的医疗费用及相关损失进行赔付。

（转载自成都市文化广电旅游局《成都市旅游市场2021年违法违规典型案例》）

第六节 低价组织旅游，指定购物地点

旅行社以不合理的低价组织旅游或者指定游客购物的，由旅游主管部门责令改正，没收违法所得，责令停业整顿，并处3万元以上30万元以下罚款；违法所得30

万元以上的,并处违法所得 1 倍以上 5 倍以下罚款;情节严重的,吊销旅行社业务经营许可证;对直接负责的主管人员和其他直接责任人员,没收违法所得,处 2000 元以上 2 万以下罚款,并暂扣或者吊销导游证。

第十一编
医疗器械行业合规经营

第一章
总　　则

为了保证医疗器械的安全、有效，保障人体健康，根据《医疗器械监督管理条例》(2021年修订)、《医疗器械注册与备案管理办案》等法律条文，结合司法实践，对医疗器械行业合规经营进行总结。

第一节　医疗器械行业经营管理

一、经营管理活动

经营活动是指从事医疗器械的研制、生产、经营、使用活动及其监督管理。

从事医疗器械经营活动，应当将社会效益放在第一位，充分考虑社会效益和经济性。

医疗器械的研制应当遵循安全、有效、健康和生命安全的原则，全面加强医疗器械行业的合规管理，加快提高依法合规经营管理水平，着力推进医疗器械行业法治化，保障医疗器械行业持续健康发展，同时注重节约原则。国家支持医疗器械的研究与创新，借助市场机制推动医疗器械新技术的普及和应用，以促进医疗器械行业的蓬勃发展。

二、医疗器械管理

医疗器械是指直接或间接用于人体的各种仪器、设备、工具、体外诊断试剂及校准物、材料以及其他类似或者相关的物品，还包括所需的计算机软件。医疗器械包括国内器械和进口器械。

大型医疗设备是指那些采用复杂技术、需要投入大量资金、运行成本较高、对医疗费用有重要影响并被纳入目录管理的医疗器械。

（一）医疗器械的效用和目的

1. 医疗器械主要是通过物理等方式实现其医疗效果，虽然在一些情况下，医疗器械的使用可能会涉及药理学、免疫学或者代谢的辅助作用，但并非医疗器械的主要效用来源。

2. 医疗器械的目的：诊断、预防、监护、治疗或者缓解疾病；诊断、监护、治疗、缓解损伤或者功能补偿；生理结构或者生理过程的检验、替代、调节或者支持；生命的支持或者维持；妊娠控制；通过对人体的样本进行检查，为医疗或者诊断目的提供相应的信息。

（二）医疗器械通用名称

1. 医疗器械通用名称应当符合国家有关法律法规的规定，科学、明确，与产品的真实属性相一致，应遵循国家语言文字规范，以其中文名称作为通用术语，由一个核心词和一般不超过三个特征词组成。具有相同或者相似的预期目的、共同技术的同品种医疗器械应当使用相同的通用名称。

2. 医疗器械通用名称不得含有下列内容：型号、规格；图形、符号等标志；人名、企业的名称、注册商标或者其他类似名称；绝对化、排他性的词语或者表示产品功效的断言或者保证，如"最佳""唯一""精确""速效"等；说明有效率、治愈率的用语；尚未经过科学证实或者临床评估，或者是基于虚构、假设的概念性术语；明确或者暗示能够治愈各种疾病，夸大具体适用范围，或者包含其他具有误导性、欺骗性的信息；"美容""保健"等宣传性词语；有关法律法规禁止的其他内容。

（三）医疗器械说明书和标签管理

1. 医疗器械说明书和标签应当使用中文并符合国家通用的语言文字规范，确保在中国市场流通的医疗器械能够被广大的用户理解和使用。虽然可以附加其他语种的文本，但规定应当以中文表述为准，确保在出现多语言版本信息冲突或不一致时，以中文版本为准，保证信息的统一性和准确性。

2. 医疗器械说明书一般应当包括的主要内容有产品名称、型号、规格；注册人或者备案人的名称、住所、联系方式；生产企业的名称、住所、生产地址、联系方式；医疗器械注册证或者备案凭证编号；产品技术要求的编号等。

医疗器械说明书中有关注意事项、警示以及提示性内容主要包括：产品使用的对象；潜在的安全危害及使用限制；当产品在使用过程中出现意外时，需要采取措施来保护操作者和使用者，并且应该立即进行应急处理和采取纠正措施。

（四）医疗器械的分类

1. 根据风险程度的高低，医疗器械分为三类：第一类、第二类和第三类。第一类医疗器械是风险程度较低的产品。这些器械通常结构简单，使用方式直观，且在使用过程中对人体的影响较小。由于这些特点，对第一类医疗器械的管理相对常规，以确保其安全、有效。第二类医疗器械属于中度风险产品。这些器械可能涉及更复杂的技术和更广泛的应用场景，因此需要更严格的控制和管理措施来确保其安全性和有效性。第三类医疗器械是风险程度较高的产品，需要采取特殊措施进行严格控制管理以确保其安全有效。为了确保其安全性和有效性，需要采取特别的措施进行严格控制和管理。

2. 根据结构特点的差异，医疗器械可以分为两类：一类是无须依赖电源或其他能源即可发挥功能的无源医疗器械；另一类是需要外部能源支持才能正常运作的有源医疗器械。

3. 根据医疗器械的使用形式，医疗器械可以分为：无源接触人体器械、无源非接触人体器械、有源接触人体器械、有源非接触人体器械。

【典型案例】

基本案情：苏州威视健医疗仪器设备进出口有限公司（以下简称威视健公司）经营未经注册的第三类医疗器械以及缺乏中文说明书和标签的医疗器械。

这个案例涉及了医疗器械的监管问题，特别是关于未经注册的医疗器械以及缺乏中文说明书和标签的医疗器械的经营行为。针对这种情况，江苏省苏州市姑苏区市场监督管理局进行了执法检查，认为该公司经营未经注册的进口眼内照明探头等医疗器械以及没有中文说明书和标签的超乳波切一体机，货物价值共计20 988.73元，违反了《医疗器械监督管理条例》第39条第1款、第2款第3项和第55条的规定。苏州市姑苏区市场监督管理局依法对威视健公司予以从轻处罚，没收违法所得、没收无证的医疗器械104件、罚款358 819.68元。

典型意义：《医疗器械监督管理条例》第55条明确指出了医疗器械经营企业和使用单位在经营和使用医疗器械时的禁止行为，这是为了确保医疗器械的安全性和有效性，保护患者的权益。在当前眼科手术技术迅速发展和市场竞争激烈的环境下，一些医疗器械经营单位可能因为追求利润而忽视了法规要求，采取了非法行为。这些非法行为，如私自将尚未注册的医疗器械投放市场并进行使用，不仅违反了法规，也严重损害了患者的利益。因为这些未经注册的医疗器械可能没有经过充分的安全性和有效性评估，存在潜在的安全风险。对于这起案件的查处，不仅是对违法行为的惩罚,更是对整个医疗器械行业的警示。它提醒所有医疗器械经营企业和使用单位,必须严格遵守法规要求,不得经营、使用未依法注册或者备案、无合格证明文件、过期、失效、淘汰的医疗器械。同时,这也保护了消费者的权益,净化了市场环境,促进了行业的健康发展。此外,对于医疗器械经营企业和使用单位来说,合法经营不仅是遵守法规的要求,更是社会责任的体现。他们应该积极履行主体责任,加强内部管理,确保所经营的医疗器械的安全性和有效性。同时,他们也应该积极参与市场竞争,通过提高产品质量和服务水平来赢得市场份额,而不是通过非法手段来获取竞争优势。总之,对于医疗器械行业的监管和执法是非常必要的,它可以确保医疗器械的安全性和有效性,保护患者的权益,促进行业健康发展。同时,医疗器械经营企业和使用单位也应该自觉遵守法规要求,积极履行社会责任,为公众提供安全、有效的医疗器械产品和服务。

第二节　医疗器械行业经营主体

一、经营主体类别

经营主体指从事医疗器械的研制、生产、经营、使用活动的单位。

医疗器械使用单位包括依法取得医疗机构执业许可证的医疗机构,依法取得计划生育服务机构执业许可证的计划生育服务机构,以及依法无须取得医疗机构执业许可证的血站、单采血浆站、康复辅助器具适配机构等。

从事医疗器械网络销售的企业是指通过网络销售医疗器械的医疗器械上市许可持有人和经营该类产品的企业。

二、经营主体合法合理性审查

(一)主体的合法性审查

国家制定医疗器械产业规划和政策,将医疗器械创新纳入发展重点,支持创新医疗器械的审评审批和临床推广,促进医疗器械产业高质量发展。同时完善医疗器械创新体系,支持基础研究和应用研究,促进新技术的推广和应用,并在多个方面给予支持。

国家加强对医疗器械的管理,完善相关标准和规范,提高医疗器械的安全有效水平。医疗器械行业组织应加强自律,推进诚信体系建设,督促企业合法经营。

(二)主体的合理性审查

国家致力于实施健康中国战略,旨在全面提升公民在生命周期内的健康水平。为实现这一目标,国家建立了全面的健康教育制度,确保每位公民都能获得健康教育的机会,从而提高整体健康素养。此外,国家还鼓励医疗卫生机构持续创新,改进预防、保健、诊断、治疗、护理和康复的各个环节,引进先进的技术和设备,提升服务质量。特别是针对基层和边远地区,国家特别支持开发适合当地实际需求的医疗卫生技术,确保这些地区的居民也能享受到高质量的医疗服务。为确保医疗卫生机构的服务质量和资源配置达到国家标准,国务院卫生健康主管部门还制定了详细的医疗卫生机构标准,供各级各类医疗卫生机构参考和遵循。

第三节　医疗器械行业许可

从事医疗器械经营,应具备以下条件:

第一,医疗器械企业在开展经营活动前,必须依法取得相应的执业许可证,包括但不限于医疗器械注册证、医疗器械生产许可证和医疗器械经营许可证。这些证书是确保企业合法运营的基础,也是保障公众健康安全的重要措施。

第二,除了持有必要的许可证外,医疗器械企业还应具备符合规定的名称、组织机构和场所。这些要求旨在确保企业有明确的身份和合法的经营场所,便于监管和追溯。

第三,企业还应有与其开展的业务相适应的经费、设施、设备和医疗卫生人员。这意味着企业需要根据业务规模和需求合理配置资源,确保能够提供高质量、安全的医疗器械和服务。

第四,建立健全的规章制度也是必不可少的。这些制度应包括质量管理、员工培训、产品追溯等方面的内容,以确保企业在各个方面都符合法律法规的要求。

第五,医疗器械企业应能够独立承担民事责任。这意味着企业在经营活动中应遵守法律法规,确保产品的质量和安全,对可能产生的损害承担相应的法律责任。

第六,医疗器械企业还应满足法律、行政法规规定的其他条件。这些条件可能因地区和行业的不同而有所差异,但总体目标都是为了确保企业的合法经营和公众的健康安全。

一、许可前置程序

不同的生产方式，对应不同的资质要求和法律监管。医疗器械生产企业或持有人应获得与其相适应的生产备案证或许可证，从事相关的生产活动。

二、生产许可、备案

1. 从事医疗器械生产活动，必须符合适应所生产的医疗器械的场地、环境条件、设备以及专业技术人员和售后服务能力等要求。

2. 生产企业申请、获得生产许可证。

从事第一类医疗器械生产的，生产企业向所在地的相关部门备案，并提交符合相关规定条件的证明资料。

而从事第二类、第三类医疗器械生产的企业，除需向所在地有关部门申请生产许可，并提供符合相关规定条件的证明资料外，还需要提供相应医疗器械注册证。

医疗器械生产许可证有效期为 5 年，在届满前 6 个月内，需要向原发证部门申请延续；若未能在此期限前提交延续申请，则无法获得延续。

三、许可证年检

从事医疗器械产品的生产、经营等活动的企业应当取得相关的许可证，并按照有关行政主管部门的规定接受年度核验，按照相关规定，必须如实上报统计数据，并且不能以任何理由拒绝、延迟、隐瞒报告或提供虚假报告，也不能伪造或篡改。如果不再满足行政许可的法定条件，行政主管部门将要求其在限期内进行改正；如果超过期限仍未改正，则原发证机关将撤销许可证。

四、经营许可、备案

1. 从事医疗器械经营活动的，医疗器械企业应当具备与经营范围和经营规模相适应的经营场所、贮存条件、质量管理制度、质量管理人员（具有相关专业学历或者职称）及与经营的医疗器械相适应的专业指导、技术培训和售后服务等条件。

从事第三类医疗器械经营的企业应当具有符合医疗器械经营质量管理制度要求的计算机信息管理系统，保证经营的产品可追溯。鼓励从事第一类、第二类医疗器械经营的企业建立符合医疗器械经营质量管理制度要求的计算机信息管理系统。

2. 从事第三类医疗器械经营的,经营企业应当向所在地有关部门提出申请,并提交有关规定要求的资料,医疗器械经营许可申请人应当确保提交的资料合法、真实、准确、完整和可追溯。

3. 按照医疗器械风险大小,医疗器械经营实施分类管理。

对于经营第三类医疗器械实行许可管理,对于经营第二类医疗器械实行备案管理,经营第一类医疗器械不需要许可和备案。

医疗器械经营许可证有效期为5年。有效期届满需要延续的,依照有关行政许可的法律规定办理延续手续。

【典型案例】

兰西县某药店未经许可经营第三类医疗器械案

基本案情:兰西县市场监管局执法人员在某药店内检查时发现,该药店货架上摆有某胰岛素注射针头等4种产品共计35盒,经查,该药店正在申请医疗器械经营许可证,但尚未获得。该药店的行为违反了《医疗器械监督管理条例》《医疗器械经营监督管理办法》的相关规定,最终对当事人进行处罚:(1)没收全部涉案医疗器械产品35盒;(2)并处罚款人民币50 000元。

典型意义:涉案单位在未取得医疗器械经营许可证的情况下,将医疗器械陈列于货架,处于经营状态,是典型的无证经营医疗器械行为。此案对于药械兼营企业在许可获证前后规范管理方面,有一定的警示作用。对从事医疗器械经营的经营者来说,要严格遵守国家医疗器械方面的法律法规,提升质量管理水平。

第四节 医疗器械行业合规经营机制

为促进医疗器械行业活动依法健康发展,必须建立以医疗器械生产、经营部门为主导的企业合规培训、监督、考核、奖惩等一系列合规经营机制。

一、合规咨询

合规管理部门通常具备专业的合规知识和经验,能够对业务部门的操作进行风险评估,并提供相应的合规建议。相关部门和分支机构及其从业人员在履行职责时,如果遇到合规风险问题,通过征求合规管理部门的意见,可以更加全面地了解业务操作的合规性,从而避免或减少违规风险。同时,合规管理部门也应当在合理的时间内对业务部门的咨询作出答复。

对于复杂、专业性强、存在重大合规风险的事项，合规管理部门按照制度的规定听取法律顾问和公司律师的意见，可以更加准确地评估这些事项的合规风险，并提供更加专业的合规建议。

二、合规培训

合规培训是企业确保员工遵守法律法规、行业准则以及企业内部规章制度的重要手段。将合规培训纳入员工培训计划并根据企业内外环境的变化对培训内容进行动态调整，可以确保企业合规风险得到有效控制。决策层和高级管理人员应率先参加合规培训，而从事高风险领域工作或关键岗位的员工则需接受特定针对性的专项合规培训并对合规培训情况制作台账予以保存。通过合规培训，企业可以增强员工的合规意识，降低合规风险，并为企业的稳健发展奠定基础。

三、合规汇报

企业合规负责人与合规管理部门应有通畅的合规汇报渠道。汇报内容包括医疗器械研制、生产、经营、使用活动的项目、执行及社会影响，也包括医疗器械年度计划、方案及与其合作的项目、项目数量和合作具体情况。坚持每月一报，及时向合规管理部门备案。

四、合规监督

合规管理部门应当定期向决策层和上级管理层汇报合规管理情况，包括但不限于评估企业合规风险的情况、组织并评估合规培训的成效、发现并处理违反规定的行为、分析可能给企业带来的合规风险、识别潜在漏洞或缺陷并提出纠正措施或建议、对整体合规管理工作进行总体评估和分析等内容。

当发生性质严重或可能给企业带来重大合规风险的行为时，合规管理部门应当及时监督并向决策层和高级管理层提出风险警示，并采取必要的纠正措施。

五、合规考核

合规考核应涵盖医疗器械企业的各项管理职责。合规考核结果应成为评估企业绩效的重要依据，与荣誉奖励、企业信用等相关联。考核内容包括但不限于按时参加合规培训、严格遵守合规管理制度、积极支持和配合合规管理机构工作、及时报告合规风险等事项。

六、合规调查

合规管理部门或其他负责受理举报的监督机构应制定调查计划并展开调查，一旦形成调查结论，企业应根据相关管理制度对违规行为进行处理。

七、合规问责

企业应该建立全面有效的合规问责机制，明确合规责任范围，详细阐述违规处罚标准，并严格核定和追究违反规定行为的责任。

八、合规经营评估

合规经营风险评估是企业合规管理的重要组成部分，它通过对可能导致违规的源头、原因、发生的可能性以及后果的严重性进行深入分析，帮助企业识别和管理潜在的合规风险。在进行合规风险评估时，企业应从规模、目标、市场环境以及具体的风险状况等角度进行充分考虑。这些因素将影响企业确定合规风险评估的标准和合规风险管理的优先级。完成合规风险评估后，必须编写报告供高层决策者和业务部门使用。报告内容包括实施情况概述、基本评价结果、原因机制分析、损失预测与处置建议以及应对措施等方面。

九、非合规经营整改

医疗器械行业应当按照以下原则加快建立健全合规管理体系：

1. 全面覆盖。合规要求必须覆盖企业的所有业务领域、部门、各级子企业和分支机构，以及全体员工。这意味着从企业的最高决策层到基层员工，都需要了解和遵守合规要求。同时，合规管理应贯穿企业的决策、执行、监督全流程，确保企业在各个层面和环节都能保持合规。

2. 强化责任。企业主要负责人应作为推进法治建设的第一责任人，将加强合规管理作为其重要职责之一。此外，企业需要建立全员合规责任制，明确管理人员和各岗位员工的合规责任，并督促他们有效落实。通过这种方式，企业可以确保每个员工都明白自己在合规方面的责任，从而形成一个积极的合规文化。

3. 协同联动。合规管理不应孤立存在，而应与其他管理工作相统筹、相衔接。特别是与法律风险防范、监察、审计、内控、风险管理等工作紧密结合，形成一个协同联动的机制。这样可以确保合规管理体系在企业的各个层面和环节都能得到有效运行,从而提高企业的整体运营效率和风险管理水平。

4. 客观独立。严格按照法律法规等相关规定对企业和员工行为进行客观评估和处理。由牵头部门独立承担起合规管理职能,不受其他部门和个人的干预影响。

第二章

医疗器械运营

第一节　医疗器械产品的注册、备案

对于医疗器械，根据其风险等级，实行不同的管理制度。具体来说：

1. 第一类医疗器械采取备案制。境内的备案人需向所在地设区的市级药品监督管理部门提交备案资料，而境外的备案人则须通过其在我国境内指定的法人，将备案资料提交给国家药品监督管理部门。只要提交的备案资料符合要求，即完成备案流程。

2. 第二类和第三类医疗器械则实行注册管理。对于境内的注册申请人，申请第二类医疗器械由省级药品监督管理部门审查，而申请第三类医疗器械则需由国家药品监督管理部门审查。境外的注册申请人，无论申请第二类还是第三类医疗器械，都需要通过其在我国境内指定的法人，向国家药品监督管理部门提交注册申请资料。一旦申请符合条件，将颁发医疗器械注册证。对于体外诊断试剂，其注册流程则遵循《体外诊断试剂注册与备案管理办法》。

第二节　医疗器械特别审评

为鼓励医疗器械研究与创新而设立特别审评程序，该程序具有早期介入、专人负责、检测、体系核查、审评优先的优势。根据有关规定启动特别审评程序需同时符合如下情形：

1. 申请人经过其主导的技术创新活动，在中国合法拥有产品核心技术发明专利权，或者通过受让方式取得了在中国的发明专利权或使用权，或者其核心技术发明专利的申请已经被国家专利行政部门公开。

2. 产品主要工作原理/作用机理是在国内首次提出的，相比同类产品，它具有根本性改进的性能和安全性。从技术上来说,该产品处于国际领先水平,并且在临床应用中具有显著价值。

3. 申请人已经完成了对产品的初步研究,并且拥有基本定型的产品,以确保整个研究过程受到有效控制,从而保证研究数据的完整性和真实性,并且能够追溯产品来源。

第三节　建立健全质量管理体系

《医疗器械生产质量管理规范》详细规定了医疗器械的设计与开发、生产设备、原材料采购、生产流程控制、产品投放市场、企业内部机构设置和人员配置等关键环节,这些环节对医疗器械的安全性和有效性具有重要影响。

生产医疗器械的所有者和受托生产企业必须遵守《医疗器械生产质量管理规范》,建立并不断完善与所生产产品相适应的质量管理体系,并确保其有效运行。他们应严格按照已注册或备案的产品技术要求组织生产,以确保出厂的医疗器械既符合强制性标准,也满足注册或备案的产品技术要求。此外,所有者和受托生产企业还应定期对质量管理体系的运行情况进行自我检查,并按照相关规定提交自我检查报告。

对于医疗器械经营企业,他们需要建立健全的质量管理制度和质量控制措施,这些制度和措施应覆盖从采购、验收、贮存、销售、运输到售后服务等全过程。企业应做好相关记录,以确保经营条件和经营活动始终符合规定要求。

1. 建立并实施产品追溯制度,保证产品可追溯。

2. 按照国家有关规定执行医疗器械唯一标识制度。

3. 建立进货核查记录制度,购买医疗器械时需核查供应企业的资质、医疗器械注册证和备案信息以及合格证明文件。医疗器械经营企业应从具有合法资质的持有人或其他合规的医疗器械经营企业处采购产品。进货核查记录必须真实、准确、完整且可追溯,包括医疗器械注册证编号或备案编号,产品名称、型号、规格、数量、生产批号以及供应商的名称、地址和联系方式等信息。

进货查验记录的保存期限应为医疗器械有效期满后的2年;对于没有有效期的器械,保存期限不得少于5年。而对于植入类医疗器械的进货查验记录,则需要永久保留。

4. 建立对执行医疗器械产品的进销货清单制度,并按照有关规定对相应文件进行期限保存，对擅自从事医疗器械产品研制、生产、销售的情况进行自查，是否存在违法违规研制、生产、销售等非法有害情况，并进行相应整改。

5. 建立一整套完善的销售制度。从事第二类、第三类医疗器械批发业务及第三类医疗器械零售业务的经营企业应当建立销售制度。对于委托销售管理制度，委托销售的应当委托符合条件的医疗器械经营企业，并签订委托协议。

6. 建立健全质量管理自查制度，每年 3 月 31 日向所在地市县级药监局提交上一年度的自查报告。

7. 完善售后服务制度，配备专职或者兼职人员负责售后管理。完善不良事件监测，协助药品上市许可持有人对所经营的医疗器械开展不良事件监测。

第四节　执法检查

行政主管部门履行下列职责：

1. 对医疗器械的研制、生产、经营、使用、进口单位进行行业监管，实施准入和退出管理；

2. 对研制、生产、经营、使用等活动进行监管，对违反有关规定的行为进行查处；

3. 对医疗器械产品的注册、备案及质量进行监管；

4. 根据国家有关规定对医疗器械研制、生产经营等从业人员进行管理；

5. 为有效落实监管责任，应综合运用抽查检验、飞行检查、责任约谈、安全警示、信用档案等制度，不断丰富监管措施，完善监管手段，以确保监管工作的全面性和有效性。

第五节　医疗器械日记报表

完善日记账制度，具体包括：

1. 企业应设立“现金日记账”，并根据现金业务的实际发生顺序进行逐笔登记。

2. 企业应设立“银行存款日记账”，根据银行存款收付业务的实际发生顺序进行逐笔登记，并确保每日结束时计算出当日余额。

第三章

医疗器械企业管理

第一节　员工管理

建立健全企业员工管理规范，具体包括：

1. 对在试用期限内的员工，企业必须与员工约定具体的录用条件，同时在试用期限内做好试用员工考核证据的收集保存工作。

2. 企业应当与员工签订书面的劳动合同，可以避免企业支付员工双倍工资或被视为订立了无固定期限劳动合同的风险。

3. 企业在制定、修改或决定涉及劳动者切身利益的规章制度和重大事项，如劳动报酬、工作时间、休息休假、劳动安全卫生、保险福利、职工培训、劳动纪律以及劳动定额管理等时，应首先提交给职工代表大会或全体职工进行讨论。在充分听取和收集各方方案和意见后，企业应与工会或职工代表进行平等协商，共同确定最终内容。为确保所有劳动者都能知晓并理解这些规章制度和重大事项，企业应当对决定进行公示或直接通知每一位劳动者，确保劳动者的权益得到充分的保障和尊重。

4. 企业应当完善薪酬制度、奖惩制度、休假休息制度等用工管理制度，同时要对企业员工进行企业规章制度培训，并由企业员工签名确认。

5. 根据企业的用工模式，企业应当完善劳动合同、劳务合同、实习协议、培训/服务协议、保密及竞业限制协议、医疗期协议等劳动用工法律文件，积极应对和防范劳动用工法律风险。

6. 对劳动争议进行风险评估和建议，提供专属争议解决方案。

第二节　合同管理

一、完善合同管理制度和管理流程

（一）设置合同管理专项部门

在现代企业管理中，合同管理无疑是至关重要的一环。为了确保合同的规范性和安全性，设置专门的合同管理部门以及配置专业的合同管理人员来开展合同的归档管理工作显得尤为重要。其能够使企业员工完成合同签订后，及时向企业设立的合同管理专属部门进行合同的登记、报备与归档工作。

（二）完善合同管理制度和管理流程

1. 完善合同管理制度

按照合同管理全周期的要求，要就合同管理全过程的每个环节，建立和健全具体的、操作性强的管理制度，使合同管理有章可循。这些制度包括但不限于：立项、审核、批准、履行等环节的基本制度；合同授权委托制度、合同审查制度、合同会签和审批制度、合同专用章管理制度、合同监督检查制度、合同台账及统计报表制度、合同归档制度等；合同重大失误追究制度，问责、容错纠错、追责制度等。

2. 健全合同管理流程

定期进行合同统计和分类工作，确保对企业签订的合同进行全面管理，并实现备案台账对合同签订、履行和变更情况的详细记录。在每个环节都指定相应责任人，并要求将谈判、签订和履行过程中产生的资料（包括书面文件、短信和邮件等）与合同一起归档保存，以确保管理目标有效落实，从而保证合同管理的全面性、完整性和准确性。

二、合同履行管理和跟踪监督

（一）合同监督管理工作

在合同签署执行阶段，需要重视对合同履行情况的实时跟踪和监督工作。如果出现未按照合同约定进行交易或者在合同履行期间存在违约或疑似违约行为，就应及时向企业相关部门负责人报告，并由企业负责人采取相应措施，以确保按原计划继续执行合同。

(二)合同变更管理工作

在合同履行和实施中,出现情势变化时,企业双方再次进行合同的重新约定,补充签订变更合同。

(三)合同纠纷处理工作

合同在执行实施过程中,如果产生了合同纠纷,首先采取协商、调解等方式进行合同纠纷的有效处理。如协商无果可采取仲裁或诉讼等方式处理,保护自身合法权益。

三、合同存证管理工作

企业要维护自己的合法权益,存证就显得尤为重要。企业要注意留存可以证明合同流转、财务损失结果等方面的相关证据,以及可以与损失结果相印证的其他证据,一般包括财务账目以及一些文档材料,如申请书、合同、资产证明、发票等。企业在日常管理中应当建立重要文档资料原件的收集、签收、保管、存档制度,确保原始件可调可查。

第三节　财税管理

一、财务管理

建立健全企业财务管理制度,具体包括:

(一)凭证账册制度

1. 财会人员在审核原始凭证时,应确保凭证的手续完备、合法,内容真实可靠,数字准确无误,日期和印章齐全,以及大、小写金额一致。

2. 财会记账员在记账过程中应对原始凭证的准确性负责,确保账簿记载明确、清晰可辨。凭证、账册应由指定专人进行列册登记,并妥善保管。关于会计报表、账册和会计凭证的保存年限,应遵循上级的相关规定执行。

3. 为确保重要空白凭证的安全,应指定专人进行保管,如支票、现金收据和发货票据等。若确实需要使用这些凭证,领用人需按照规定的程序办理领用手续。

(二)货币资金管理制度

1. 严格遵守国家有关现金管理制度的规定,确保业务收入的收支两条线清晰。

2. 对库存现金的保管工作应高度重视,确保所有相关证券和现金都安全放置在银箱内。

同时,建立健全的现金账目系统,保证每日结算清晰,每月核对账目,确保钱账完全一致。对于超出现金收付限额的款项,必须通过银行进行结算,以保证资金的安全性和合规性。

(三)往来账目清理制度

财务人员应当确保及时结账收款,并积极催收应收账款,以维护公司的财务健康。对于月终尚未清理的债权债务,务必查明原因,并详细列出清册,以便采取适当的措施进行跟进和处理。

(四)会计报表制度

为了保障会计报表的质量,必须确保数据准确无误、内容完整全面、报送及时以及手续完备。特别是针对年度结算报表,除了基本的财务数据外,还应附加一份详细的收支计划执行情况说明。

二、税务管理

建立健全企业税务管理制度,具体包括:

1. 税款的计算、申报、缴纳管理。企业办理工商税务登记,必须及时积极申报。

2. 发票管理。发票应当据实开具、发票的开具项目真实齐全等。

3. 涉税的会计处理。必须严格按照税务会计准则,做好税金核算工作。

4. 合同涉税管理。企业可以设定合同模板,对常见的涉税条款如何描述做好示例,对合同各方的涉税权利义务做好约定。

5. 税收政策的收集及培训。企业应当做好和自身行业、企业有关的税收政策收集和归纳,参加相应的内外部培训。

第四节　网络销售管理

医疗器械网络销售监管主要规范两类主体:从事医疗器械网络销售的企业和医疗器械网络交易服务第三方平台提供者。

从事医疗器械网络销售的企业是指通过网络销售医疗器械的MAH和医疗器械生产经营企业。

医疗器械网络交易服务第三方平台的主要职责是为参与医疗器械网络交易的各方提供必要的服务支持,如网络空间、虚拟交易场所、交易规则设定、交易撮合及电子订单管理等。这些服务大大促进了交易的便利化。然而,重要的是要明确,这类平台并不直接涉足医疗器械的销售环节。

对于从事医疗器械网络销售的企业,必须持有互联网药品信息服务资格证书方可开展业务。企业可以选择通过自建网站或依托医疗器械网络交易服务第三方平台进行销售。而对于第三方平台提供者,除了需持有上述资格证书外,还需向所在地省级药监局进行医疗器械网络交易服务的备案登记。

在互联网开设网站(或开发 App)、发布医疗器械销售信息并进行医疗器械销售交易行为,涉及提供互联网信息服务、在线数据处理及交易处理的,还需要取得增值电信业务的中华人民共和国电信与信息服务业务经营许可证及增值电信业务经营许可证。

符合有关规定,坚持线上线下一致的原则,需要重点关注的内容列举如下:

1. 从事医疗器械网络销售的企业,无论选择自建网站还是利用医疗器械网络交易服务第三方平台,都应确保合法、合规地进行销售活动。

特别是对于那些选择自建网站开展销售的企业,除了需要依法取得相应的资格证书外,还必须具备与其业务规模相匹配的办公场所,并满足数据备份、故障恢复等必要的技术条件,以确保在面临技术问题时能够及时、有效地恢复服务,保障销售活动的顺利进行。这些措施共同保障了医疗器械网络销售活动的安全、稳定和可靠。

2. 医疗器械经营企业在开展网络销售活动时,必须严格遵守其生产经营许可或备案的范围,不得超出其法定的经营范围。

(1)医疗器械批发企业在进行网络销售时,仅限于向具备相应资质的医疗器械经营企业或使用单位销售产品。这确保了产品流向的合法性和安全性,避免了未经授权或不具备相应资质的单位获取医疗器械。

(2)医疗器械零售企业的网络销售活动则应当直接面向消费者。这意味着零售企业不得将产品销售给其他经营企业或单位,只能直接销售给最终用户,即消费者。这一规定有助于维护市场的公平竞争和消费者的合法权益。

3. 为确保透明度和合规性,医疗器械生产商和经销商应当在其网站主页面的明显位置以文本形式展示其医疗器械生产经营许可证件或备案凭证及其编号。同时,产品页面应清晰展示对应产品的医疗器械注册证或备案凭证。这些展示信息应设计得易于辨识,以确保消费者和相关利益方能够轻松获取并验证相关信息。

4. 医疗器械网络交易服务第三方平台提供者有责任记录在其平台上进行的所

有医疗器械交易信息。这些记录必须保存至医疗器械的有效期后2年;对于没有有效期的医疗器械,记录保存时间不得少于5年。特别地,植入类医疗器械的交易信息应当永久保存。这些记录必须真实、完整,并具备可追溯性,以确保信息的准确性和可靠性。

从事医疗器械网络销售的,应当遵守法律法规和规章有关规定。

第五节 广告管理

医疗器械广告宣传行为是指商品经营者或者服务提供者通过一定的媒体对其提供的商品或者服务进行宣传或者推荐,使非特定的公众能够认识并知晓的行为。除传统广告形式外,直播、冠名、角标、口播内容、植入影视作品、向不特定的第三方发布印刷品或宣传品、在电子商务网站销售页面发布图片等宣传内容等行为。医疗器械经营企业在展览会、学术会议或商务场合向非特定第三方发布印刷品,包括在网店首页幻灯片展示窗口页面展示宣传内容,应事先申请广告审查。

在我国注册或者备案的、在有效注册期限内的医疗器械可以进行广告。毒品类医疗器械,停止生产(含禁止生产)、停止使用或者停止销售的医疗器械,以及未经注册或者未经备案的医疗器械不得发布广告。由有关部门责令暂停生产、进口、经营、使用的,暂停期间不得发布有关医疗器械的广告。

医疗器械广告内容应当严格符合医疗器械注册证书或者备案凭证、注册或者备案的产品说明书内容,不得超出注册或者备案范围。

【典型案例】

基本案情:2020年5月6日,沧州市运河区市场监督管理局接到群众微信截图举报,举报沧州华美妇产医院在其微信公众号"沧州华美整形美容"违法发布医疗美容广告。经监管局核查,"沧州华美整形美容"微信公众号【在线抢购】栏目下【华美商城】中展示的13项医疗服务内容涉嫌发布违法医疗广告。2020年8月21日沧州市运河区市场监督管理局出具了一份行政处罚决定书(沧运市监处字〔2020〕G022号),对沧州华美妇产医院在微信公众号上未经审查发布广告的违法行为进行了处罚,具体包括利用患者形象做证明,广告内容涉及医疗技术、诊疗方法、疾病名称、药物及医疗器械,使用绝对化语言,表示功效、安全性的断言或者保证,最终沧州华美妇产医院被罚45万元。

(一)涉嫌发布违法医疗广告的具体情况及违反的法律规定

1. 广告内容中利用患者形象做证明。

【超微小气泡】、【水氧活肤】、【果酸焕肤】、【半永久纹绣】、【全面部线雕】、【灵动双眼皮】、【综合小翘鼻】、【假体隆胸】、【衡力瘦脸针】,以上9项医疗服务广告中,为了更直观地展示医疗服务的效果,广告中包含了患者术前和术后的形象照片,通过对比宣传来展现医疗服务的效果。此外,广告还附带了部分患者对接受医疗服务的正面评论,以增加广告的说服力和可信度。这些内容的展示旨在向潜在患者展示医疗服务的实际效果和患者的满意度。

虽然该院与患者签订了案例协议,协议约定当事人有权免费使用患者术前、术后肖像权用于宣传,但其作为广告宣传,仍违反了《药品、医疗器械、保健食品、特殊医学用途配方食品广告审查管理暂行办法》第11条第2项的规定。

2. 广告内容中涉及医疗技术、诊疗方法、疾病名称、药物及医疗器械。

【果酸焕肤】商品服务广告内容中以图例的形式将皮肤痤疮分为轻度、中度、重度,并分别介绍了不同程度痤疮的治疗方案;【全面部线雕】广告中强调,其4D线雕提拉术与传统除皱方法相比,具有简便性和同等效果,最大的优势在于不切开皮肤,术后几乎不留痕迹。此外,该手术术后肿胀程度极低,对日常生活几乎不产生任何影响,真正实现了术后"0负担"。这意味着,接受全面部线雕的顾客可以在短时间内恢复到正常的生活和工作状态,无须承受长时间的恢复期带来的不便。

当事人的行为违反了《药品、医疗器械、保健食品、特殊医学用途配方食品广告审查管理暂行办法》第11条第7项的规定。

3. 广告内容使用绝对化用语。

【蜂巢皮秒】广告宣称,它能够迅速解决各种肌肤斑点问题,被誉为全球目前顶级的净肤设备。通过使用这款设备,肤色和肤质可以在一秒钟内得到显著提升,展现出更加明亮、光滑的肌肤效果。这一宣传强调了蜂巢皮秒的高效性和卓越性能,旨在吸引对肌肤美容有需求的消费者。

当事人的行为违反了2018年《广告法》第9条第3项的规定。

4. 广告内容不真实陈述。

【全面部线雕】商品服务广告中宣称"4D线雕提拉术"拥有食品药品管理局(FDA)的最高安全等级认证,并声称这是国家认证的至尊安全。然而,经过调查,沧州华美公司未能提供相关的安全认证证明文件。

这一行为违反了2018年《广告法》第28条第2项的规定,即广告不得使用虚假或引人误解的内容来欺骗或误导消费者。同时,也违反了2018年《广告法》第4条的规定,即广告不得含有虚假或引人误解的内容,不得欺骗或误导消费者。因此,该广告构成了虚假广告,误导了潜在消费者。

5. 广告内容含有表示功效、安全性的断言或者保证。

【全面部线雕】商品服务广告中宣传了"简单快速"的特点,声称全脸施行麻醉,采用非手术埋线技术,不开刀、不缝合,仅需10分钟。此外,广告还提到合并治疗,集玻尿酸、BOTOX注射雕塑等无痕提升医学技术之精华,并强调没有排他性。

然而,这些宣传内容违反了《广告法》第16条第1款第1项的规定,即医疗、药品、医疗器械广告不得含有表示功效、安全性的断言或者保证。

6. 广告内容中介绍毒性药物。

【衡力瘦脸针】是一款国产的瘦脸产品,其有效成分是足量的注射用A型肉毒素。"衡力瘦脸针"是由兰州生物制品研究所生产的"衡力"牌注射用A型肉毒毒素。需要注意的是,2008年7月21日,原国家食品药品监督管理局和原卫生部联合发布了《关于将A型肉毒毒素列入毒性药品管理的通知》(国食药监办〔2008〕405号),将A型肉毒毒素列为毒性药品进行管理。因此,在广告中宣传"国产瘦脸针,足量""瘦脸针即注射用A型肉毒素"等内容,违反了2018年《广告法》第15条第1款的规定。

7. 经查,当事人在其微信公众号"沧州华美整形美容"发布的以上医疗广告内容均未经广告审查机关审查。当事人的行为违反了《药品、医疗器械、保健食品、特殊医学用途配方食品广告审查管理暂行办法》第2条的规定。

以上案例的7种行为基本涉及了医疗美容行业广告宣传可能触及的法律红线,其中最基本的原则主要是:医疗器械未经审查不得发布广告,但至于什么情况下构成广告,根据法律法规的规定,通过媒介介绍产品并达到推销产品的效果即构成广告。而这里的媒介包括宣传册、传单、海报、广告牌、微信公众号、微博等其他互联网媒介等。

(二)医疗器械行业如何进行有效的广告宣传

1. 通过微信公众号文章推广产品:文字描述上涉及产品推广的也可能构成广告,如需介绍产品建议从产品材料出发,重点介绍材料的功效,再提临床应用,往学术文章上靠。

2. 通过宣传册、传单等书面文件宣传:针对这种宣传材料,首先应按照审查备案的广告内容制作宣传册等书面宣传文件,不能往合作单位发未经审查备案的广告宣传册等书面宣传材料。

3. 销售人员可能通过个人朋友圈进行宣传：一般不会监管到微信朋友圈，但为防止被举报或投诉，尽量保证在产品注册证、说明书或审查备案的广告范围内宣传，不要过分夸大宣传，切记不要虚假宣传。

4. 通过微博、小红书等社交平台推广产品：公司可能会邀请名人进行产品体验宣传，这一般属于自媒体个人行为，名人可自行发微博，这是他们的权利。但不建议公司用其注册的账号转发或直接发详细的介绍和推广产品的内容，否则容易构成利用患者形象做担保的情形。

（三）合规建议

依据《广告法》《医疗器械监督管理条例》《药品、医疗器械、保健食品、特殊医学用途配方食品广告审查管理暂行办法》等相关法律法规，企业医疗器械广告必须事先经过相关监管部门的审查。经批准的医疗器械广告，在发布时不得更改广告内容。医疗器械广告内容需要改动的，应当重新申请医疗器械广告批准文号。

建议企业做好广告合规工作，定期组织进行合规教育培训；建立合规考核及问责制度；企业业务部门应对宣传资料等广告进行初步筛选，由专人负责过滤承诺性用语、绝对化用语，严格审核文案中对功效、安全性的断言或保证性用词，添加按照法律法规应当显著标明的禁忌内容、注意事项，确保文案真实合法，不含虚假、夸大、误导性内容。医疗器械广告经监管部门审核通过后，企业仍应内部跟进监管并严格审核，确保最终发布广告与经审核通过的广告成品样件一致，从而有效规避消费者投诉及行政处罚风险。

第四章

企业合规经营监督

第一节 监　　督

一、监督主体

国家层面包括国务院药品监督管理部门及其他相关部门。在地方层面,县级以上地方人民政府负责药品监督管理的部门,承担本行政区域内医疗器械的监督管理工作。同样,地方人民政府的相关部门也在其职责范围内参与医疗器械的监督管理工作。

为了提供专业技术支持,药品监督管理部门依法设立或指定的医疗器械检查、检验、监测与评价等专业技术机构,按照明确的职责分工,承担相关技术工作并出具技术意见。

二、监督原则

医疗器械监督管理遵循风险管理、全程管控、科学监管、社会共治的原则。

三、监督内容

1. 药品监督管理部门对医疗器械的研制、生产、经营活动以及使用环节的医疗器械质量加强监督检查,并对下列事项进行重点监督检查:

(1)是否按照经注册或者备案的产品技术要求组织生产;

(2)质量管理体系是否保持有效运行;

(3)生产经营条件是否持续符合法定要求。

必要时,为了保障医疗器械研制、生产、经营和使用的质量和安全,监管部门有权对与医疗器械相关的其他单位和个人进行进一步的延伸检查。药品监督管理部门在履行其职责时，具备进入现场进行检查，抽取样品，查阅、复制、查封、扣押与医疗器械相关的合同、票据、账簿以及其他有关资料的权力。这些措施旨在确保医疗器械市场的合规性和安全性。

当事人对检验结论有异议的，可以在规定时间内向有关管理部门提出复检申请。

2. 设区的市级、县级负责药品监督管理的部门制定年度检查计划，明确监管重点、检查频次和覆盖范围并组织实施，结合医疗器械经营企业提交的年度自查报告所反映的情况加强监督检查。

设区的市级、县级负责药品监督管理的部门对医疗器械经营企业符合《医疗器械经营质量管理规范》要求的情况进行监督检查，督促其规范经营活动。检查发现存在质量安全风险或者不符合规范要求的，将检查结果书面告知被检查企业。需要整改的，将明确整改内容以及整改期限，并进行跟踪检查。

四、监督管理

1. 国家建立职业化专业化检查员制度，加强对医疗器械的监督检查。

2. 药品监督管理部门加强医疗器械经营监督管理信息化建设，提高在线政务服务水平。

加强和完善在线政务服务平台，合法及时地公开医疗器械许可、备案、抽查检验以及违法行为处理等日常监督管理信息系统。

负责监管药品的部门应建立持有人、器械生产经营企业和使用单位的信用档案，并对存在不良信用记录的进行更加频繁的监督检查，同时依法实施失信惩戒。

根据医疗器械经营企业所管理产品的风险程度以及其质量管理情况，药品监督管理部门将实行分类分级管理并动态调整。

3. 县级以上地方卫生行政部门完善医疗机构的医疗器械信息档案定期检查制度，加强对医疗机构医疗器械的管理工作，定期检查相关制度的落实情况。有违反相关法律法规要求的，有关部门可依据相关法律法规，采取警告、责令改正、停止使用有关医疗器械等措施予以处理。

4. 市场监督管理部门依法对医疗器械广告进行严格的监督检查，并根据相关的法律和行政法规，对任何违法行为进行查处。

5. 医疗器械检验机构的资质认定工作需遵循国家的相关规定进行统一管理。只有经过有关部门认证并成功获得资质的检验机构，才具备对医疗器械进行检验的资格。

6. 建立负责对药品监督管理有关部门对咨询、投诉、举报情况的答复、核实、处理情况的记录保存制度。

7. 健全奖励、保密有关医疗器械研制、生产、经营、使用行为的举报制度。

第二节　企业合规整改

一、企业合规整改措施

1. 建立企业合规责任制，明确企业负责人作为企业合规第一责任人，督促有效落实企业管理人员和各岗位员工的合规责任。

2. 确保合规要求渗透所有业务领域、部门、各级子企业和分支机构，覆盖全体员工，并贯穿于决策、执行和监督的每一个环节。

3. 企业各部门协同联动。促进合规管理与法律风险预防、监督、审计、内部控制和风险管理等工作的整体协调，确保有效运行合规管理体系。

4. 通过制度保障和流程管理，确保合规要求融入管理及业务领域，采取措施确保合规制度得到有效执行。

二、企业经营规划和发展

（一）制定企业发展规划，健全完善公司规章制度，依法经营

对于企业而言，强化合规管理并非仅仅为了应对外部监管，也是自身业务持续发展的内在需求。合规经营体现了对知识产权的尊重、对环境的保护、对诚信的坚守以及对商业责任的履行，这些都是企业实现持续健康发展的基石。因此，公司要不断提升合规管理能力，有效规避法律政策风险，并积极主动地运用合规管理来推动企业的长远发展。

（二）建设企业文化，增强企业凝聚力

深化企业文化的培育，关键在于运用前沿的管理思维和经营理念来启迪全体员工，统一员工的思想认识，规范其行为举止，进而塑造出独特的企业形象。企业应当建立一套符合本单位实际情况、独具特色的文化体系，提升本单位的管理效能，并持续增强本单位在市场竞争中的整体竞争力。

（三）完善企业发展目标

企业应有效把握用户需求和实际情况，围绕医疗器械产品的研发、生产等重点领域，有计划地研发生产出一批质量好、安全性高的医疗器械产品，积极开发拓展，为用户提供更好的产品。根据实际情况和目标要求，进行研发生产，完善经营使用制度，形成优质高效的统一运营模式。

三、企业合规文化建设

以人为本，企业主要管理者、各部门负责人应身体力行，引导全体员工遵守规章制度，进而实现企业的合规经营。首先，企业管理者要依法依规对企业制度进行合规操作和合规管理，形成依法依规办事的企业文化，使企业经营行为和经济活动做到不偏离。其次，企业要通过多方式、多渠道的宣教、培训、事件警示等方式，将企业的合规意识渗透到各级部门和员工中，形成良好的企业合规文化氛围，为合规工作提供思想保障。

四、检查监督及责任追究

检查监督方式：员工访谈、文本查阅、抽样检查、穿行测试、整改后试运行检测机制，检测合规整改效果，实现杜绝违法犯罪的合规经营目标。

检查监督过程中，对不合规的经营、管理行为，应当及时制止、予以纠正，并根据职责权限对违规人员追究责任或提出处理建议。必要时可就通过合规整改仍未达到目标的部分进行专项合规方案设计，进一步进行合规整改。

第十二编
网络信息行业合规经营

严格守法、自觉推进行业规范发展是网络信息企业基本的社会责任。同时，网络信息企业是面向终端客户的企业，在消费者合法权益保证、市场公平竞争秩序维护、线上零售产业健康发展促进等方面都需要发挥应有作用。当前，我国已进入高质量发展阶段，网络信息产业是新时代构建新发展新格局的生力军。合规管理，就是要以内生动力促进企业自我改变，是网络信息企业积极主动应对内、外部环境新变化，传统与非传统风险新挑战的必然要求，也是在国家推进经济发展方式、结构转型优化的新条件下生存发展的自然选择。

第一章

网络信息行业合规概述

第一节　网络信息合规原则

随着互联网的迅猛发展,网络信息行业已成为全球经济的重要组成部分。然而,随之而来的是一系列合规经营的问题,这不仅关系到企业的生存,更影响整个行业的健康发展。因此,制定和遵循一套行之有效的合规原则显得尤为重要。以下是我们为网络信息行业制定的合规经营原则,以期为行业的可持续发展提供指导。

(一)全面性原则

企业合规管理活动应横向到边全面覆盖经营活动的所有业务领域、全部业务部门、各级子企业及分支机构、全体员工,纵向到底贯穿调研、决策、执行、监督、整改等全流程各环节,体现在决策机制、内控设置和业务流程等各个方面。

(二)有效性原则

合规管理制度应有机融入企业经营管理机制和业务环节,加强同法务、审计监察、内控等原有设置工作的统筹,建立相应责任制度,有效化解合规风险,监督并确保合规管理体系有效运行。

(三)独立性原则

企业合规管理应以独立性为基本保证,重点从体系设置、制度设计、反馈机制等方面保证独立性,与企业内其他部门和人员的保持平行运行。

(四)动态性原则

企业合规管理需与企业业务范围、组织体系和经营规模相适应;应根据企业内外部环境变化进行动态调整和完善;应及时灵敏反馈、纠正和改进企业经营管理中存在的合规风险问题。

(五)可查证原则

企业合规明确可操作的流程规范,以有效的形式对合规管理进行留痕保存,使企业合规管理做到有证可查、过程清晰。

第二节 网络信息合规组织体系

一、组织体系设立原则

(一)设计科学,权责对等

合规管理组织体系的设计,应做到科学合理、权责一致。力求做到机构不重叠、职能不缺位,避免职责不明、义务履行推诿缺位及运行效率低下等情况发生。

(二)合理高效,运转协调

合规管理组织体系设计,宜综合考虑企业发展战略、管理定位、运营特点、业务范围、员工情况等因素,结合企业全面风险管理及合规管理现状,构建合理高效、运转协调的组织体系。

二、组织体系与职责

(一)组织体系

合规管理组织体系由企业决策层、管理层与执行层共同组成:

决策层以保障企业合规经营为目的,进行顶层设计,优化企业合规管理中的权力资源配置问题。

管理层确保分配充足的资源,建立、制定、实施、评价、维护和改进企业的合规管理体系。

执行层遵守合规管理要求,改进合规管理措施,执行合规管理制度和程序,落实相关合规管理工作。

企业可以根据业务规模、合规风险等因素组建合规管理队伍,设置由合规管理委员会、合规管理负责人和合规管理牵头部门组成的合规管理组织体系。

(二)董事会

董事会的合规管理主要职责包括:

(1)批准企业合规管理的整体规划、基本制度和年度报告;

(2)推动完善合规管理体系;

(3)决定合规管理负责人的任免；

(4)决定合规管理牵头部门的设置和职能；

(5)研究决定合规管理的有关重大事项；

(6)按照权限决定有关违规人员的处理事项。

(三)监事会

监事会的合规管理主要职责包括：

(1)监督董事会的工作决策与流程是否合规；

(2)监督董事和高级管理人员合规管理职责履行情况；

(3)对引发重大合规风险负有主要责任的董事、高级管理人员提出罢免建议；

(4)向董事会提出撤换合规管理责任人的建议。

(四)经理层

经理层的合规管理主要职责包括：

(1)根据董事会决定,建立健全合规管理组织架构；

(2)批准合规管理具体制度规定；

(3)批准合规管理计划,采取措施确保合规制度得到有效执行；

(4)明确合规管理流程,确保合规要求融入业务领域；

(5)及时制止并纠正不合规的经营行为,按照权限对违规人员进行责任追究或提出处理意见；

(6)经董事会授权的其他事项。

(五)合规管理委员会

设立合规管理委员会,负责合规管理的组织领导和统筹协调工作,主要职责包括：

(1)规划合规管理体系建设工作；

(2)听取合规管理工作汇报；

(3)研究合规管理重大事项并提出指导意见；

(4)指导、监督及评价合规管理工作；

(5)统筹协调重大合规风险事件的处理；

(6)其他重大事项。

合规管理委员会可与企业法治建设领导小组等相关机构合署。

(六)合规管理负责人

合规管理负责人可以由企业相关负责人、总法律顾问或者首席合规官担任。

其主要职责包括：

(1)贯彻执行合规管理委员会、决策层对合规管理工作要求，全面负责企业合规管理工作；

(2)组织制订合规管理战略规划，参与企业重大决策并提出合规意见；

(3)协调合规管理与各业务部门之间关系，监督合规管理工作建设执行情况，解决合规管理工作推进过程中的重大问题；

(4)领导合规管理牵头部门开展合规管理工作，加强合规管理队伍建设；

(5)组织起草合规管理年度报告；

(6)向合规管理委员会、决策层汇报合规管理重大事项。

三、合规管理沟通与协作

建立紧密结合、协同联动的合规管理机制，发挥合规防护、监督作用，降低合规风险。有效的企业合规管理沟通与协作包括：

(1)各职能管理部门与各业务部门对其职责范围内的合规管理工作负直接责任；

(2)合规管理牵头部门主要履行组织、协调和监督合规管理工作等职责；

(3)审计、内控、纪检监察等部门主要履行合规管理监督职责。

第三节 网络信息合规风险评估

一、合规风险评估目的

合规风险评估是识别企业内部合规风险，制定企业行为守则和构建企业合规管理体系的前提与基础。信息通信及互联网企业应在进行合规管理活动过程中开展企业内部的合规风险评估活动。

二、合规风险评估团队组建

合规风险评估活动由合规管理牵头部门负责统筹，合规风险评估团队成员宜涵盖牵头部门和协同部门等专业人员，从企业经营管理活动的各个领域和各个环节展开合规风险评估活动。

为增强评估的客观性、独立性，不具备条件和能力的企业可以聘请中立、专业的合规风险评估团队进行合规风险评估。

三、风险识别

对企业合规管理重点针对性地开展工作,建立具体的合规风险评估流程。

统筹组织合规风险评估团队识别企业合规义务,进行企业合规风险评估,并详细记录合规风险评估的过程和结果。

四、合规风险应对

针对发现识别的合规风险,依据提前制定的预案,采取有效措施,主动研究应对处置方法。对于重大合规风险事件,由合规管理负责人及时向合规管理委员会、决策层逐级汇报。合规管理委员会统一领导,合规管理负责人履行职责,相关部门协调配合,共同提出风险管理改进措施,及时有效化解风险,减少损失。

五、合规风险评估周期

企业应定期进行有效的合规风险评估活动。

在企业进入新市场,重大资产重组、合并和收购等重大事件发生时,应在企业内部开展合规风险评估活动。

第二章

网络信息采购管理合规

第一节　采购单位选择标准

1. 资质认证:一个优秀的网络信息采购单位应具备相关的资质认证。这不仅证明了该单位在行业内的专业性,也意味着它具备提供高质量服务的资质。查看单位的资质证书、行业认证以及相关的营业执照,是确保合作顺利进行的第一步。

2. 服务质量:服务质量是评价一个网络信息采购单位的重要标准。了解该单位的历史服务案例、客户反馈以及服务等级协议(SLA),有助于评估其服务质量。此外,对单位的项目管理方法、实施流程和服务交付能力进行深入了解也是必要的。

3. 技术实力:网络信息采购涉及大量的技术操作,因此,选择一个具备雄厚技术实力的单位至关重要。考察该单位的技术团队规模、技术人员的专业背景和技术水平、使用的技术工具和技术方法等,都是评估其技术实力的有效途径。

4. 信息安全保障:在网络信息采购过程中,信息安全至关重要。因此,选择一个能够提供严密信息安全保障的单位是必要的。了解该单位的信息安全政策、安全控制措施以及风险控制能力,可以确保信息安全得到充分保护。

5. 价格与成本效益:虽然服务质量和技术实力是重要的选择标准,但价格和成本效益同样不容忽视。比较不同供应商的价格、价值和成本效益,可以帮助企业找到性价比最高的合作伙伴。同时,了解该单位的合同条款和条件,确保在价格和成本上得到最大的保障。

6. 客户关系管理:良好的客户关系管理是确保合作愉快的关键。了解该单位的客户服务理念、客户沟通渠道以及客户满意度调查结果,有助于判断其客户关系管理能力。一个优秀的网络信息采购单位应具备专业的客户服务团队,能够及时响应客户需求并提供优质的服务。

7. 行业口碑与声誉:通过查看行业报告、客户评价和专业论坛等渠道,了解该单位在行业中的口碑和声誉。一个有着良好口碑和声誉的网络信息采购单位,更有可能提供优质的服务并满足企业需求。

第二节 采购项目合规要义

一、国家要求必须招投标项目的合规要求

根据《招标投标法》第3条的规定,国家要求必须招投标的项目(如全部或者部分使用国有资金投资或者国家融资的项目)应当采用符合国家要求的招投标方式进行采购。

二、企业自主采购项目的合规内容

1. 加强供应商资质审查,建设供应商管理平台、建立统一供应商库、设立供应商入库标准。在与新供应商开展合作时,除对供应商经营资质进行审查、对履约能力及信誉情况进行调查外,可在供应商管理平台对其进行利益冲突报备、关联关系报备、重大纠纷诉讼仲裁或行政处罚报备。

2. 建立供应商黑名单:根据供应商的历史合作情况以及是否存在违法违规、被列为被执行人、重大违约等情况设立供应商黑名单。供应商入库时与库内设置的黑名单库进行自动比对,以触发相关提示、审批流程。

3. 建立重大采购项目供应商询价、打分制度:由企业内部的专职采购员统一进行重大采购项目"货比三家"程序,对相关供应商进行统一的类似招标的询价流程。

三、合同审查合规重点

首先,要审查对方主体是否具备合同签订资格,比如营业执照是否合法存续,经营范围是否与合同交易内容相符合,是否应当取得行政许可资质(包括相关资质是否在有效期内);其次,要对对方的履约能力、信用情况进行必要评估,以保证签约后能够顺利履行合同。

合同中交易标的的名称应准确、规范;对所购产品或服务的质量标准在合同中应尽量明确约定;对可明确约定的产品名称、品牌、规格、型号、等级、生产厂家、数量等各项标示,在认真核对后全部写入合同,防止所交货物不符合采购需求而引发

纠纷。

合同中应明确产品单价、计量标准、数量、产品附件等。对于涉外合同,还应明确货币种类及外汇结算标准,防止出现分歧。

合同中须保障采购方在使用采购产品或其任何一部分时不受到第三方关于侵犯专利权、商标权或工业设计权等知识产权的指控。

采购合同中的违约责任作为双方无法履行合同时的赔偿方案,重点是违约责任约定清晰、可操作性强。采购合同中如约定定金、违约金以及赔偿金的计算方法等,应有针对性地进行具体明确的设置;对未按期付款或迟延供货,应约定需承担迟延履行的违约责任,如每逾期 1 日,违约方应当按合同金额支付一定比例的违约金;若未遵守保密条款,应约定违约方应当支付的违约金金额等。

审核售后服务承诺,可审查供方在合同中承诺接受问题的响应速度和处理问题的最长等待时间。例如,接到客户投诉后两小时之内予以回复;如需现场维修,可在几天之内安排工作人员上门解决问题等。

在审查以招投标方式签订的采购合同时,需注意,投标人提交的投标文件,如投标书、开标一览表、分项报价表、供货清单等文件,均对其具有约束力,采购方在与其签订正式采购合同时,可将投标人的投标文件作为合同附件。

第三章

网络安全管理合规

网络安全是指网络系统的硬件、软件及系统中的数据受到保护,不受偶然的或者恶意的因素影响而遭到破坏、更改、泄露,系统连续、可靠、正常地运行,网络服务不中断。

网络安全主要包括网络实体安全、软件安全、数据安全和安全管理等基本内容,目标是达到机密性、完整性、可用性、可控性、可审查性。

第一节 网络安全管理合规风险

1. 未按照网络安全等级保护制度的要求,履行相关安全保护义务,导致保障网络遭受干扰、破坏或者未经授权的访问,以及网络数据遭到泄露或者被窃取、篡改。

2. 未采取监测、记录网络运行状态、网络安全事件的技术措施,未按照规定留存相关的网络日志不少于6个月。

3. 未采取防范计算机病毒和网络攻击、网络侵入等危害网络安全行为的技术措施。

4. 网络产品提供者、网络运营者和网络产品安全漏洞收集平台未建立健全网络产品安全漏洞信息接收渠道。

5. 关键信息基础设施运营者未设置专门安全管理机构具体负责本单位的关键信息基础设施安全保护工作,或者安全管理机构未履行下列职责:

(1)建立完善网络安全管理、评价考核制度,拟订重要信息基础设施安全保护预案;

(2)组织推动网络安全防护能力建设,开展网络安全监测、检测和风险评估;

(3)依据国家及行业应对网络安全事件应急预案,制定本单位应急预案,定期开展应急演练,增强处置网络安全事件能力;

(4)组织开展网络安全工作考核,确定网络安全关键岗位,提出奖励和惩处建议;

(5)组织网络安全教育、培训;

(6)建立完善个人信息和数据安全保护制度,做好对个人信息和数据安全的保护;

(7)对关键信息基础设施设计、建设、运行、维护等服务实施安全管理;

(8)按照规定报告网络安全事件和重要事项。

第二节　网络安全等级保护

一、安全通信网络

(一)网络架构

(1)须保证网络设备的业务处理能力满足业务高峰期需要;

(2)须保证网络各个部分的带宽满足业务高峰期需要;

(3)须划分不同的网络区域,并按照方便管理和控制的原则为各网络区域分配地址;

(4)须避免将重要网络区域部署在边界处,重要网络区域与其他网络区域之间应采取可靠的技术隔离手段;

(5)须提供通信线路、关键网络设备和关键计算设备的硬件冗余,保证系统的可用性。

(二)通信传输

可采用密码技术保证通信过程中数据的保密性;可采用校验技术或密码技术保证通信过程中数据的完整性。

(三)安全区域边界

1. 边界防护。

应保证跨越边界的访问和数据流通过边界设备提供的受控接口进行通信;

应能够对非授权设备私自联到内部网络的行为进行检查或限制;

应能够对内部用户非授权联到外部网络的行为进行检查或限制;

应限制无线网络的使用,保证无线网络通过受控的边界设备接入内部网络。

2. 访问控制。

在网络边界或区域之间根据访问控制策略设置访问控制规则,默认情况下除允许通信外受控接口拒绝所有通信;

应删除多余或无效的访问控制规则,优化访问控制列表,并保证访问控制规则数量最小化;

应对源地址、目的地址、源端口、目的端口和协议等进行检查,以允许/拒绝数据包进出;

应能根据会话状态信息为数据流提供明确的允许/拒绝访问控制的能力;

应对进出网络的数据流实现基于应用协议和应用内容的访问控制。

3. 入侵防范。

应在关键网络节点处检测、防止或限制从外部发起的网络攻击行为;

应采取技术措施对网络行为进行分析、实现对网络攻击特别是新型网络攻击行为的分析;

当检测到攻击行为时,记录攻击源IP、攻击类型、攻击目标、攻击时间,在发生严重入侵事件时应报警。

二、关键信息基础设施运行安全保护

(一)网络安全等级保护制度

应落实符合国家网络安全等级保护制度相关要求,开展定级、备案、相应等级的安全建设整改和等级测评工作。

(二)安全管理制度

建立与本组织相适配的网络安全保护计划,结合关键业务链的安全风险报告,明确关键信息基础设施安全保护工作的目标、安全策略、组织架构、管理制度、技术措施等内容,加强机构、编制、人员、经费、装备、工程等资源保障,支撑关键信息基础设施安全保护工作。网络安全保护计划应形成文档并经审批后发布至相关人员。网络安全保护计划应至少每年修订一次,或发生重大变化时进行修订。

基于关键业务链、供应链等安全需求建立或完善安全策略和制度,并根据关键信息基础设施面临的安全风险和威胁的变化相应调整。

(三)安全管理机构

运营者应成立指导和管理网络安全工作的委员会或领导小组,由组织主要负责人担任其领导职务,设置专门的网络安全管理机构,明确机构负责人及岗位,建立并实施网络安全考核及监督问责机制。

网络安全管理机构相关人员应参加国家、行业或业界网络安全相关活动，及时获取网络安全动态，并将其传达到相关部门及人员。

（四）安全管理人员

对网络安全管理机构的负责人和关键岗位的人员进行安全背景审查和安全技能考核，符合要求的人员方能上岗，关键岗位包括与关键业务系统直接相关的系统管理、网络管理、安全管理等岗位。关键岗位应专人负责，并配备 2 人以上共同管理。

在上岗前对人员进行安全背景审查，必要时或人员的身份、安全背景等发生变化时（如取得非中国国籍）应根据情况重新进行安全背景审查。应在人员发生内部岗位调动时，重新评估调动人员对关键信息基础设施的逻辑和物理访问权限，修改访问权限并通知相关人员或角色。应在人员离岗时，及时终止离岗人员的所有访问权限，收回与身份鉴别相关的软硬件设备，进行离职面谈并通知相关人员或角色。

明确从业人员安全保密职责和义务，包括安全职责、奖惩机制、离岗后的脱密期限等。必要时，签订安全保密协议。定期开展基于岗位的网络安全教育培训和技能考核。

（五）网络安全与信息化同步要求

在新建或改建、扩建关键信息基础设施时，充分考虑网络安全因素，在规划、建设和投入使用阶段保证安全措施的有效性，并采取测试、评审、攻防演练等多种形式验证。必要时，可建设关键业务的仿真验证环境。

在关键信息基础设施退役废弃时，按照数据安全管理策略对存储的数据进行处理。

（六）安全运维管理

保证关键信息基础设施的运维地点位于中国境内，如确需境外运维，应当符合我国相关规定。应要求维护人员签订安全保密协议。

确保优先使用已登记备案的运维工具，如确需使用由维护人员带入关键信息基础设施内部的维护工具，应在使用前通过恶意代码检测等测试。

（七）检测评估制度

运营者应建立健全关键信息基础设施安全检测评估制度，包括但不限于检测评估流程、方式方法、周期、人员组织、资金保障等。自行或者委托网络安全服务机构对关键信息基础设施安全性和可能存在的风险每年至少进行一次检测评估,并及时整改发现的问题。在涉及多个运营者时,定期组织跨运营者的关键信息基础设施安全检测评估,并及时整改发现的问题。

三、网络安全事件处置原则

1. 快速恢复原则。发生需要跨部门协调处置的网络安全事件时,各部门应按照“解决问题优先,程序次之”的原则共同协作,力争快速恢复系统,使损失最小化。

2. 责任制原则。按照“谁主管谁负责,谁运行谁负责,谁使用谁负责”的要求,信息系统的业务主管部门、使用部门和运行部门是信息系统协调和处置的直接责任部门,其他直属部门负责人是第一责任人。各部门在处置中做好协调和沟通联系,在分工合作的基础上落实处置工作责任制,确保责任落实。

四、网络安全监测预警制度

(一)日常活动预警要求

根据国家行业主管或监管部门关键信息基础设施网络安全信息通报制度的要求,按照国家网络安全事件应急预案等规定,制定并完善本组织信息通报制度,明确负责信息通报工作的主管领导和承担信息通报工作的责任部门、负责人和联络人。应制定不同级别不同分类预警的处置防范措施建议;应具备威胁预警、漏洞预警和攻击预警等多种预警能力;应建立预警快速发布与响应、预警升降级和解除等预警程序,不同级别预警可采用不同流程,并应产生记录。预警机制应采用自动化方式,在发现可能危害关键业务的迹象时,应能采用自动化的方式及时报警,并自动化地采取对关键业务破坏性最小的行动。例如:恶意代码防御机制、入侵检测设备或者防火墙等弹出对话框、发出声音或者向相关人员发出电子邮件等方式进行报警;预警方式应区分为内部预警和外部预警,对网络安全共享信息和报警信息等进行综合分析、研判,必要时生成内部预警信息。对于可能造成较大影响的,应按照相关部门要求进行通报等外部预警。内部预警信息的内容应包括:基本情况描述、可能产生的危害及程度、可能影响的用户及范围、建议采取的应对措施等。当内部预警信息发出之后,情况出现新的变化,运营者应向有关人员和组织及时补发最新内部预警信息。应能持续获取预警发布机构的安全预警信息,分析、研判相关事件或威胁对自身网络安全保护对象可能造成损害的程度,必要时启动应急预案。获取的安全预警信息应按照规定通报给相关人员和相关部门;采取相关措施对预警进行响应,当安全隐患得以控制或消除时,应执行预警解除流程。

(二)重大活动预警要求

首先,应建立重大活动的预警保障方案,纳入本单位的应急预案,定期组织演练。

其次,重大预警事件应采取自动、半自动、人工等两种以上的预警通道,最终可达责任人。

最后,重大活动期间按预警分类明确响应处置时限,保障及时响应处置。

(三)突发事件预警要求

首先,应建立突发预警流程,组建应急专项小组,制定涵盖病毒、网络等各方面专业人才的联络清单。应急专项小组由运营企业负责人担任组长,承担应急过程中的指挥协调、资金保障等工作。

其次,设立无法分类的事件预警通道,设立响应时限,充分联合保护工作部门、研究机构、网络安全服务机构、业界专家及其他有关部门进行共同处置,并形成记录。

再次,最快时间分析、研判突发事件或威胁对自身网络安全保护对象的破坏损害程序并形成结论,根据情况启动与预警等级和事件类型相应的应急预案,并向上级汇报处置计划,根据上级指示随时调整。

复次,积极配合上级领导机构的应急指挥工作,主动提供有助于应急处置的设备、技术、财产等人物力应急资源,保障应急措施快速落实。

最后,事后主动开展预警响应工作复盘分析,总结经验收获向保护工作部门、公安机关报告。

五、网络信息安全报送制度

(一)信息报送类型

报送方报送的信息类型包括脆弱性信息、网络安全威胁信息、网络安全事态信息、网络安全事件信息、网络安全态势信息、网络安全资讯、其他信息等。

其中,网络安全事件信息是对影响网络安全情况的确定性事件的描述信息,网络安全威胁信息是对网络安全事件的潜在缘由的描述信息,脆弱性信息是对可被网络安全威胁利用的网络自身属性的描述信息,网络安全事态信息是对可能由网络安全事件导致的可识别影响的描述信息,网络安全态势信息是从宏观角度对一定范围网络安全情况的整体描述信息,网络安全资讯是对网络安全情况的外部描述信息，其他信息是可对网络安全态势研判起支撑作用的其他情况的描述信息。

（二）信息格式

接收方宜制定信息报送格式规范，并与报送方取得共识。如果某个报送方不能按照格式要求报送信息，宜向接收方提供明确的信息报送格式说明。报送的信息宜使用可机读形式，可附加非机读内容。接收方宜设计并实现信息格式转换方法，将相应报送方报送的信息转换为符合信息报送格式要求的信息格式后，再进行信息汇总和后续处理。

（三）报送方式

信息报送方式的要求宜包括以下方面：

（1）信息报送发起方式，可包括报送方主动报送信息、根据接收方的要求报送特定信息；

（2）信息报送接口，可包括系统接口、界面填报、其他方式等；

（3）信息报送通道，可包括互联网、专线、其他方式等；

（4）信息报送流程宜支持双向的数据和指令传输。

（四）关键个人信息、重要数据和主要基础设施境内存留制度

（1）做好数据物理管理，在我国境内运营中收集和产生的个人信息和重要数据的存储介质要在境内，确需向境外提供数据的，应当按照国家相关规定和标准进行安全评估，法律、行政法规另有规定的，依照其规定。

（2）严格控制重要数据的公开、分析、交换、共享和导出等关键环节，并采取加密、脱敏、去标识化等技术手段保护敏感数据安全。

（3）建立业务连续性管理及容灾备份机制，重要系统和数据库实现异地备份。

（4）业务数据安全性要求高的实现数据要异地实时备份。

（5）做好业务连续性要求高的实现业务的异地实时切换，确保如果关键信息基础设施被破坏，可及时进行恢复和补救。

第四章

数据信息安全管理合规

第一节　数据安全

一、数据安全合规管理原则

数据处理者应当遵守法律法规,尊重社会公德和伦理,遵守商业道德和职业道德,诚实守信,履行数据安全保护义务,承担社会责任,不得危害国家安全、公共利益,不得损害个人、组织的合法权益。

二、数据安全合规管理目标

数据处理者应当建立数据安全合规管理体系,保障数据的收集、存储、使用、加工、传输、提供、公开等数据处理活动的安全,有效应对数据安全事件,防范数据安全风险,维护数据的完整性、保密性和可用性。

第二节　数据安全管理合规程序

一、数据安全管理合规具体实施步骤

1. 数据处理者应当建立数据全生命周期安全管理制度,建立健全数据分类分级管理制度,针对不同级别数据,制定数据收集、存储、使用、加工、传输、公开等环节的具体分级防护要求和操作规程。

2. 数据处理者应当严格落实网络安全等级保护制度。

3. 数据处理者应当根据数据的类型、数量、安全级别、处理方式以及对国家安全、公共利益或者个人、组织合法权益带来的影响和安全风险等,采取相应的技术

措施和其他必要措施,保障数据安全。

4. 重要数据处理者应当按照有关要求进行备案,备案内容发生变化的,应在 3 个月内报备变更情况,同时对整体备案情况进行更新。

5. 数据处理者应当定期对从业人员开展数据安全教育和培训。

6. 重要数据处理者应当建立覆盖本单位相关部门的数据安全工作体系,设置专门的数据安全管理责任部门,应当明确数据安全管理的主要负责人和责任部门,落实数据安全保护责任。

7. 数据处理者应当确认数据处理关键岗位及人员,签署数据安全责任书,记录数据处理活动。

8. 数据处理者收集数据应当遵循合法、正当、必要的原则。

9. 数据处理者在数据收集、处理的过程中,应当采取配套技术手段、签署安全协议等措施加强对数据收集、处理人员、设备的管理,并对数据收集的时间、类型、数量、频度、流向等进行记录。

10. 数据处理者通过间接途径获取数据的,应当要求数据提供方做出数据源合法的书面承诺,并承担相应的法律责任。

11. 数据处理者应当依据法律规定或者与用户约定的方式和期限存储数据。存储重要数据的,应当采用校验技术、密码技术等措施进行安全存储,不得直接提供存储系统的公共信息网络访问,并实施数据容灾备份和存储介质安全管理。

12. 数据处理者应当合理确定数据处理活动的操作权限,严格实施人员权限管理。

13. 数据处理者在数据全生命周期处理过程中,应当记录数据处理、权限管理、人员操作等日志,日志留存时间不少于 6 个月。

14. 数据处理者应当制定数据安全事件应急预案,并定期进行演练。

15. 数据处理者使用数据挖掘、关联分析等技术手段针对特定主体进行精准画像、数据复原等加工处理活动,应当取得个人、单位等的同意。

16. 数据处理者利用数据进行自动化决策的,应当保证决策的透明度和结果公平合理。使用、加工重要数据的,应当加强访问控制,建立登记、审批机制并留存记录。

17. 数据处理者应当依据行业数据分类分级管理要求,明确数据提供的范围、数量、条件、程序等。提供重要数据的,应当采取数据脱敏等措施,建立审批机制。

18. 数据处理者应当事先对数据接收方的数据安全保护能力进行核实,并与数据接收方签订数据安全协议，明确数据提供的范围、使用方式、时限、用途以及相应的安全保护措施、违约责任，并督促数据接收方予以落实。

19. 数据处理者委托他人开展数据处理活动的，应当对被委托方的数据安全保护能力、资质进行核实，确保符合国家、行业主管部门的相关要求，并通过合同约束、现场核查等方式对被委托方落实数据安全保护措施的情况进行监督管理。

二、数据处理应用规范

1. 数据处理者公开数据应当真实、准确，在公开前应当开展安全评估。

2. 数据处理者应当建立数据销毁策略和管理制度，明确销毁对象、流程和技术等要求，对销毁活动进行记录和留存。

3. 符合以下情况的，数据处理者应当销毁相应数据：(1)因业务约定，需要销毁的；(2)个人依据其合法权益请求销毁的；(3)组织基于保护国家安全、社会公共利益目的，且有公证机构提供证明，请求销毁的。

4. 数据处理者因兼并、重组、破产等原因需要转移数据的，应当明确数据承接方案，并通过电话、短信、邮件、公告等方式通知受影响用户；涉及重要数据的，应当及时向所在地工业和信息化主管部门或通信管理局备案。

5. 数据处理者在中国境内收集和产生的重要数据，应当依照法律、行政法规要求在境内存储，确需向境外提供的，应当依法依规进行数据出境安全评估，在确保安全的前提下进行数据出境，并加强对数据出境后的跟踪掌握。

6. 数据处理者应当定期进行安全审计，并形成审计报告，涉及重要数据的，应当至少每年进行一次。

第三节　个人信息安全保护

一、损害个人信息安全的情形

1. 个人信息处理者在个人信息处理活动中，未遵循守法、合理、正当等处理个人信息的基本原则，通过误导、欺诈、胁迫用户等方式侵害用户个人信息权益，或非法收集、使用、加工、传输个人信息等，造成恶劣的社会影响。

2. 个人信息处理者在不满足《个人信息保护法》第 13 条规定的处理个人信息的合法情形的前提下，违规收集、使用用户个人信息。

3. 个人信息处理者未在实现处理目的的最小范围内使用个人信息，存在超范围、过度收集使用用户个人信息的行为，造成个人信息滥用的风险。

4. 基于用户个人同意进行个人信息处理时，个人信息处理者未确保用户个人充分知情，自愿明确地作出对其个人信息处理的同意，即未获得有效同意或超出用户同意范围进行处理，损害用户个人信息权益。

5. 个人信息处理者未能针对敏感个人信息采取特殊的处理保护机制，违规处理敏感个人信息，造成个人信息泄露、非法使用，致使用户人格尊严被侵害，人身、财产安全受威胁。

6. 个人信息处理者利用个人信息进行自动化决策，未能保证决策透明度和结果公平公正，对个人在交易条件上设置不合理的差别待遇，侵犯用户合法权益。

7. 个人信息处理者在开展业务过程中涉及向境外提供个人信息，未按照跨境规则履行出境配套义务，从事违规跨境提供个人信息行为，造成境内用户个人信息权益损害且风险显著扩大。

8. 个人信息处理者无正当理由，未能及时响应个人信息主体对其个人信息享有的知情权、决定权等依法行使的权利、主张，造成个人的信息权益无法得到有效保障。

二、个人信息安全保护基本原则

个人信息处理者应当保证正当、合法、必要、公开、透明、知情等原则，进行个人信息处理活动。个人信息处理者不得非法收集、使用、加工、传输他人个人信息，不得违法买卖、提供或者公开他人个人信息；不得从事危害国家安全、公共利益的个人信息处理活动。不得通过误导、欺诈、胁迫等方式处理个人信息。不得过度收集个人信息。

三、个人信息安全保护目标

个人信息处理者对个人信息的处理活动，应严格遵守相关法律法规，在合理利用个人信息、为用户提供便捷高效的网络服务的同时，充分保障个人信息权益。

四、个人信息安全保护措施

个人信息处理者宜建立健全企业个人信息保护合规管理体系，加强个人信息保护合规制度及配套管理措施建设。遵守国(境)内个人信息保护法律法规监管规

定,建立完善的个人信息保护制度,确保个人信息的合理利用和安全存储。保护措施包括但不限于:

1. 建立健全个人信息的全生命周期保护机制,对法律法规明确规定开展事前个人信息保护影响评估的处理行为开展个人信息安全影响评估,对个人信息处理情况进行留痕,定期对处理过程和结果的遵守法律、行政法规的情况进行合规审查。

2. 建立内部个人信息保护体系,并依据企业情况定期更新完善。

3. 建立个人信息的基础数据安全保护机制。

4. 创立个人信息风险应急处置机制,制定并组织实施个人信息安全事件应急预案。

5. 建立并加强对敏感个人信息的特殊处理机制和保护措施。

6. 依法制定和运行利用个人信息的自动化决策机制。

7. 建立个人信息合作第三方合规管理机制。

8. 建立健全个人信息数据出境管理制度及对应合规管理措施。

9. 完善个人信息主体权利保障机制,并确保其有效性。

10. 合理确定个人信息处理的操作权限及范围,定期对从业人员进行安全教育和培训。

第四节　数据出口管制

一、数据出口管制原则及核心内容

(一)出口管制原则

企业出口管制合规管理工作应当遵循合规管理的基本原则,做到全面、有效、独立、动态和可查证。

出口管制合规的目标应当为通过制定合规管理架构、合规政策和流程设计等方式保证相关业务领域的各个业务环节符合出口管制法律。

出口管制合规管理的方针应当是建立健全出口管制合规管理体系,通过多种手段确保体系运行的实时有效性,并且有纠错和应急机制。

企业可以根据自身企业文化、风险偏好,结合企业经营类型和业务开展的自身特点制定本企业的出口管制目标和方针。

(二)核心合规内容

出口管制合规的内容包括,充分发挥合规管理组织作用,建立有效的出口管制合规体系、通过多重手段建立企业合规文化。建立、制定和实施出口管制合规体系,并且对该体系进行有效维护、定期和/或不定期评估,以促使该体系不断优化,充分保障出口管制的合规目标的实现。

二、数据出口管制措施

(一)拟定合规政策声明

企业主要负责人签署政策声明,并通过公开讲话宣贯、向全体员工发送邮件、网站发布声明、组织录制相关视频等多种方式公开承诺支持合规政策,保证遵守合规制度,保障出口管制合规的资源投入。企业的中高层管理人员应自觉带头执行合规政策。合规声明面向全体员工,必要时可以面向合作伙伴分发,表明本企业的出口管制合规基本态度。该声明应当根据法律法规变动、企业自身合规需求进行更新。

(二)进行全面风险评估

全面的风险评估是出口管制内部合规制度的基本前提。企业定期组织评估,查找自身可能存在的出口管制风险,并根据风险评估的结果进行整改,如调整完善适合自身特点的出口管制内部合规制度和合规管理组织架构,总结归纳操作性强的风险防范措施。

(三)履行合规审查

企业科学设计审查程序,并根据出口管制相关法律法规、出口管制清单等,针对每一笔交易做好全流程风险审查工作。根据公司业务开展情况和合规体系建设情况,鼓励采取信息化自动筛查手段。

在交易洽谈之初,企业需对物项、交易类型、最终用户、最终用途、运输路径等进行综合评估。审查人员应在能力范围内尽可能获取上述信息,并综合分析以上审查结果,审慎提出“批准交易”、“取消交易”或“暂停交易”的意见。如交易情况过于复杂,可逐级上报至出口管制合规部门或出口管制合规委员会作出相关决定。

合同中设置出口管制合规相关条款,促使交易方能够遵守出口管制相关法律法规,提前防范出口管制相关风险。

如交易需要申请许可证,需要按法律法规相关规定向国家出口管制管理部门申请出口许可证,按规定提交相应申请和资料;依法需要取得相关管制物事项出口经营资格的，应当提前取得相应资格，未取得资格的不得履行合同相关义务。

（四）组织合规培训

企业建立对全体员工的出口管制合规培训制度，根据员工的岗位内容和职责设计不同的培训内容。企业可采取灵活的培训形式，如线上授课等，确保全员接受培训。

企业可以编制合规手册，通过多种途径向全体员工发放，使得员工能够随时获得出口管制合规方面的帮助。

（五）保留资料档案

各部门应当完整、准确保留与出口管制合规相关的文件，定期归档，并不定期抽查存档情况。档案一般保留5年以上。企业可以根据工作实际选择最适当的存档方式，可以是原始文件，也可以是复制件或电子文件，但需确保复制件和电子文件真实、准确、清晰，并保留原始文件的所有标记、信息和其他特征。

存档文件如需向境外提供，应当按照《出口管制法》第32条要求进行。

归档文件一般包括出口产品规格，商业交易相关文件（如询盘相关记录、订货表格、合同、发票、提单、货运单、转账记录等），与相关政府部门沟通情况，客户筛查记录及往来记录，最终用户和最终用途证明文件，许可申请文件，许可审批文件，出口项目执行情况，涉及出口管制的规章制度、会议纪要、会议决议、管理文件，曾发现的违规问题及处理措施，培训记录和材料，审计报告书，国外分包商、客户等来访的记录，其他需要归档的文件。

三、纠错与持续改进机制

业务部门应时刻警惕，发现风险后及时主动向出口管制合规部门、管理层报告。企业也可以接收其他途径的举报。

企业应当向员工、客户、第三方等举报人提供安全的、不受限制的举报途径，以接受对违规行为的举报，允许举报人匿名举报，并对举报人的身份和举报事项严格保密，不得擅自对外泄露。

根据举报或者其他信息，由合规部门确定是否启动企业内部调查、确定调查范围、明确调查程序、起草调查报告、视情向举报人通报调查结果、向管理层汇报。

通过调查发现确实存在违规行为时，应当采取纠错或补救措施，必要时，还应当向国家出口管制管理部门报告。

设立奖惩制度，对积极参与合规管理工作的员工给予奖励。同时建立违规约束机制,对违反合规规定和管理政策的员工按照公司员工守则等内部规定给予严厉惩戒,必要时可辞退。

四、数据出口管制特别说明

(一)平台义务

从事平台业务的互联网企业,应特别注意平台的合规审查义务。除了对合作的商家进行合规审核,还应结合平台的明知义务采取适当措施,对平台上销售的商品/服务、收货地址、收货人进行审核,确保不违反相关法律规定。

(二)技术进出口

在整合全球研发资源的通信和互联网行业,跨境技术交互频繁,企业应当注重识别技术跨境的各种场景,识别企业技术研发的管控水平,并且注意识别外籍员工在研发工作中的职能是否会触及出口管制相关规定。

(三)数据跨境传输

企业在日常经营中,如果存在跨境数据传输的场景,可以根据企业自身需要,将出口管制合规制度的相应环节用于数据出口管制的预警和处置。

(四)境外经营

企业在境外设立主体进行经营时,需要注意对业务运营进行评估,识别多主体之间的物项交互场景,确认需要遵守的出口管制法律,此时,有可能需要遵守多国的相关规定。

第五章

移动互联网和供应链管理

第一节　移动互联网准入和安全

一、资质准入

通过移动互联网应用程序提供互联网信息服务，应当依法取得法律法规规定的相关资质，经营《电信业务分类目录（2015 年版）》规定的电信业务的，应依法申请相应电信业务经营业务许可。从事新闻、出版、教育、金融、医疗保健、药品和医疗器械等方面互联网信息服务的，在申请经营许可或者履行备案手续前，应当依法经有关主管部门审核同意。如根据《教育移动互联网应用程序备案管理办法》，教育移动应用提供者还应按照教育部的要求进行提供者备案，并配合注册地省级教育行政部门做好备案审核工作。

二、数据安全

移动互联网应用程序提供者应为用户提供安全可靠的使用环境和基本、正常完整的功能，不得含有试图滥用或不当使用任何网络、设备以及干扰其他应用的安全隐患和不合理限制。

第二节　移动互联网风险识别与控制

一、风险识别

建立移动互联网应用程序内部审查机制，从计划、设计、备案、推广、反馈、升级全过程，从违规收集、使用个人信息，强制、频繁、过度索取权限，违规调用通讯录和地理位置权限等各方面深入查找违规风险点。同时加强员工的教育培训，增强员工法律法规意识，提升全员风险识别合力。

二、风险控制措施

移动互联网应用程序提供者在提供服务时应遵循自愿、平等、公平、诚实信用的原则，切实保障用户的知情权、自主选择权、人身财产安全权、公平交易权等权利，保障用户使用和体验，保护消费者的合法权益。

（1）依法保障用户在安装程序过程中的知情权和使用应用程序过程中的选择权，未向用户明示并经用户同意，不得开启收集地理位置、读取通讯录、使用摄像头、启用录音等功能，不得私自开启与服务无关的功能，不得隐蔽捆绑安装无关应用程序。

（2）利用互联网发布、发送广告时，不得影响用户正常使用网络。在互联网页面以弹出等形式发布的广告，应当显著标明关闭标志，确保一键关闭。

（3）提供自动展期、自动续费等服务的，要在用户接受服务前和自动展期、自动续费等日期前 5 日，以显著方式提请用户注意，由用户自主选择；在服务期间内，应当为用户提供显著、简便的随时取消或者变更的操作程序，并不得收取不合理费用。

（4）应用内某功能需要付费才能使用的，应合理定价，不得出现定价过高或价格欺诈的行为。

（5）尊重和保护知识产权，不得制作、发布侵犯用户或他人知识产权的应用程序。

（6）用户在购买、使用服务时，移动互联网应用程序提供者应确认产品符合保障人身、财产安全的要求。

三、反洗钱/反恐怖融资合规文化建设

1. 互联网企业应积极开展反洗钱/反恐怖融资宣传语培训工作，为反洗钱/反恐怖融资工作营造良好环境。以多样化的形式和手段，明确反洗钱/反恐怖融资工作部门及其他各业务条线、各层级、各岗位的合规职责和履职标准，让员工了解本企业的反洗钱/反恐怖融资的特点。

2. 互联网企业应将反洗钱/反恐怖融资的合规文化建设要求纳入企业文化、企业内控管理体系，每年应对管理层、相关工作人员进行至少一次反洗钱/反恐怖融

资培训。培训应重点结合企业存在的反洗钱/反恐怖融资问题、历史案件、各岗位履职要求等针对性内容展开，确保反洗钱/反恐怖融资工作部门的工作人员及管理层能够充分受到反洗钱/反恐怖融资知识培训。

3. 互联网企业应组织人员编写具有企业特色的反洗钱/反恐怖融资宣传材料，发送至每位员工，及时掌握反洗钱基础知识，随时了解反洗钱/反恐怖融资动态及形势，提高企业员工反洗钱/反恐怖融资意识及职业敏感度，促进反洗钱/反恐怖融资工作的有效开展。

第三节　供应链管理

一、供应链风险识别

1. 供应链产品全生命周期：产品全生命周期包括产品的规划、研发、采购、生产、仓储、物流、销售、维护、召回等，其中的每一环节，都有可能对产品或上游组件进行恶意篡改、植入、替换等，以嵌入包含恶意逻辑的软件或硬件，从而对企业造成不可估量的损失。

2. 全球供应链管理中企业的社会责任：全球供应链中，企业社会责任的动力在欧美等发达国家日益兴起，诸如劳工、环保、健康安全、道德、应对气候变化以及节能减排等问题。

3. 供应商选择与管理：在供应链企业之中和工作合作过程中，存在各种不可控风险和不确定因素，如果企业供应链合作成员选择不当，将会导致供应链运行中存在较大的风险。

二、合规风险控制

（一）供应链管理合规基本原则

第三方/供应链管理按照“源头管控、安全可靠、持续监管、风险可控”原则，选择合规合格的供应商，保障其为企业提供符合合规要求的产品与服务，加强风险控制，消除供应链安全隐患。

（二）供应链管理合规管理部门

企业可设立供应链合规管理岗位，依据相关政策法规、集团管理要求和制度框架，组织开展供应链管理相关的规范化管理提升、合法合规监督检查及问题整改工作,以及供应链相关的合规管理内控制度、流程的完善与修订。

(三)供应链合规管理具体合规实施措施

1. 针对供应链关键产品开展尽职调查,管控供应链安全风险:建议对进入企业的关键软硬件产品进行尽职调查,将产品研发、测试交付和技术支持过程中的供应链合规风险作为审查重点,提高供应链的可视性。

2. 督促第三方供应商营造合规供应环境,强化对供应链合规威胁的源头管控。要求供应商建立健全产品开发生命周期合规管理制度,强化产品需求分析、功能设计、开发实施、测试验证和上线发布等环节的质量和合规把控。

3. 利用合同约束,设立合规防火墙。企业与第三方/供应链签订购买或服务订单或合同之前,宜向对方明确相关合规要求,可要求第三方/供应链签署合规承诺函,从供应商和生产商处取得合规承诺。并定期核验合规承诺函所含信息的准确性。

4. 实现有害物质的合规管理。建立建全供应链物质成分信息披露机制,形成产品有害物质合规模式,提高环境无害化验证效率,为产品废弃拆解、逆向供应链和材料再利用等提供依据,实现有害物质的合规管理。

5. 制定供应商合规准则。制定和实施“供应商行为操守准则”,进行供应商绿色管理、评估和监督。

第六章

网络平台反垄断合规管理

近些年来,互联网平台凭借技术、数据、资本优势呈现市场集中度越来越高的趋势,头部平台集中市场资源速度加快,而作为互联网巨头的企业集中度过高,同时滥用市场支配地位,就会阻碍其他企业平等参与市场竞争,导致资源扭曲配置,损害中小市场主体和消费者的利益,扼杀技术的进步,压抑市场活力。

网络平台经营很容易形成规模优势,但平台经济反垄断并不是限制其发展规模,而是禁止垄断导致出现失去竞争的现象,反过来限制了经济的发展。平台经济领域市场支配地位的认定和反垄断法的一般制度原理是相通的,一方面,在于规制维护市场秩序,鼓励创业创新,保障平台经济持续健康发展;另一方面,平台经济反垄断的意义在于遏制一家独大的现象,平衡各方利益,实现社会总体福利的增加。

2021 年 2 月 7 日,国务院反垄断委员会正式印发了《关于平台经济领域的反垄断指南》,明确提出了保护市场公平竞争、依法科学高效监管、激发创新创造活力、维护各方合法利益等 4 条基本原则,就是要保护竞争机制,通过互联网平台反垄断抑制平台经济中赢者通吃的现象,维护多样化的产业生态和市场主体及相应的竞争态势,从而促进社会经济长远发展和消费者整体福利的增加。

第一节　网络平台垄断形式

一、滥用市场支配地位行为

具有市场支配地位的平台经营者,实施下列行为存在较高合规风险,宜审慎评估:

1. 以不合理的高价销售商品,以不合理的低价购买商品。

2. 不合理地以低于成本价格销售商品。

3. 利用平台规则、算法以及其他技术手段的优势，设置不合理的限制障碍，拒绝与交易相对人交易。

4. 要求交易相对人在其与竞争性平台之间进行“二选一”，限定交易相对人与其或其指定的经营者进行独家交易，或限定交易相对人不得与特定经营者进行交易。

5. 利用格式条款、弹窗等交易相对人无法变更拒绝的方式将不同商品进行捆绑销售，或无正当理由，以限制权利、流量限制、技术障碍等惩罚性措施，强制交易相对人接受其他商品，或者附加不合理交易条件。

6. 基于大数据和算法，根据交易相对人的支付能力、消费习惯、使用偏好等，提供差异性交易价格或者其他交易条件。

7. 要求交易相对人在商品价款、服务、数量、品类等方面向其提供等于或者优于其他竞争性平台的交易条件。

8. 法律、行政法规规定的其他可能构成滥用市场支配地位的情形。

二、经营者集中行为

平台经济经营者在进行投资并购、设立合营企业等经营行为时，应主动评估是否需开展经营者集中申报，如达到国务院规定的下列标准应依法进行申报：

1. 参与集中的所有经营者上一会计年度在全球范围内的营业额合计超过120亿元人民币，并且其中至少两个经营者上一会计年度在中国境内的营业额均超过8亿元人民币。

2. 参与集中的所有经营者上一会计年度在中国境内的营业额合计超过40亿元人民币，并且其中至少两个经营者上一会计年度在中国境内的营业额均超过8亿元人民币。

未达申报标准的情况下，平台经济领域经营者可以根据情况自愿进行经营者集中申报。当参与集中的一方经营者为初创企业、参与集中的经营者采取免费或低价模式导致营业额较低、相关市场的集中度较高、竞争者数量较少等类型的经营者集中，参与集中的平台经济经营者应加强关注并审慎评估集中是否具有排除、限制竞争效果。

三、滥用行政权力排除、限制竞争行为

平台经济领域经营者宜熟悉《反垄断法》等规定所禁止的行政机关和法律、行

政法规授权的具有管理公共事务职能的组织滥用行政权力进行的排除、限制竞争的行为。

行政机关和法律、行政法规授权的具有管理公共事务职能的组织，滥用行政权力要求平台经济领域经营者进行垄断行为的，应及时评估相应法律风险，依法依规生产经营，避免实施违反《反垄断法》的行为。主动抵制对未列入政府定价目录内的商品进行政府定价、政府指导价或其他的强制性市场干预行为，并及时向反垄断执法机构投诉和举报。

第二节　网络平台反垄断措施

一、平台反垄断基本原则

平台反垄断合规工作宜遵循诚实守信、公平竞争、开拓创新、推动经济发展的原则。平台应诚信经营，切实维护消费者利益和社会公共利益；主动承担维护市场秩序的职责，促进市场公平竞争；积极投入资源，创新合规管理方式，完善合规制度规范；促进平台经济健康有序发展，构筑经济社会发展新质生产力。

二、平台反垄断工作目标

建立健全平台反垄断管理制度，依法开展公平竞争，防止达成垄断协议、滥用市场支配地位、限制排除竞争等行为，共同营造公平有序的市场竞争环境，维护互联网行业市场秩序，维护消费者利益和社会公共利益。

三、建立合规制度

平台宜建立并有效执行反垄断合规管理机制，提高经营管理水平，避免引发合规风险，积极树立依法经营良好形象。

平台可以根据经营方式、业务状况、规模大小、行业特点等，建立反垄断合规管理制度规范，或在现有合规管理制度中嵌入反垄断合规管理专项工作。设置反垄断合规管理部门或指定反垄断合规管理专门负责人，明确机构人员合规管理职责，建立完善高效的合规管理体系。

四、平台反垄断合规管理机构

具备条件的平台经营者应建立专项反垄断合规管理部门,或者将反垄断合规管理有机嵌入现有合规管理体系;明确合规工作职责及负责人,完善反垄断合规咨询、检查、汇报、培训、考核等内部机制,优化运行流程,降低平台及员工的合规风险;平台宜加强必要的资源配置,保证反垄断合规管理部门及其负责人的独立性,保障其权威性。

平台设置反垄断合规负责人,负责领导合规管理部门执行决策层对反垄断合规管理的各项要求,组织协调反垄断合规管理与平台各业务项目的关系,监督合规管理执行落实。鼓励平台高级管理人员领导或者分管反垄断合规管理部门工作,加强对合规管理工作的组织实施和统筹协调工作力度。

五、宽大制度

宽大制度是指达成横向垄断协议的平台经营者主动向反垄断执法机构报告达成垄断协议的有关情况并提供重要证据,反垄断执法机构可以酌情减轻或者免除对该平台经营者的处罚。

1. 经营者申请适用宽大制度应按照要求提交报告、证据,全部满足下列条件的,可以获得宽大:

(1)申请宽大后立即停止涉嫌违法行为,但执法机构为保证调查工作顺利进行而要求经营者继续实施上述行为的情况除外。经营者已经向境外执法机构申请宽大,并被要求继续实施上述行为的,应当向执法机构报告。

(2)迅速、持续、全面、真诚地配合执法机构的调查工作。

(3)妥善保存并提供证据和信息,不得隐匿、销毁、转移证据或者提供虚假材料、信息。

(4)未经执法机构同意不得对外披露向执法机构申请宽大的情况。

(5)不得有其他影响反垄断执法调查的行为。

(6)平台经营者组织、胁迫其他经营者参与达成、实施垄断协议或者妨碍其他经营者停止该违法行为的,执法机构不对其免除处罚,但可以相应给予减轻处罚。

2. 平台经营者申请适用宽大制度的程序:

(1)参与垄断协议的平台经营者可以在执法机构立案前或者启动调查程序前,也可以在执法机构立案后或者启动调查程序后、作出行政处罚事先告知前,向执法机构申请宽大；

(2)平台提交垄断协议相关情况的报告及重要证据。

经营者申请适用宽大制度的，其具体适用标准、内容和程序等可以参考《禁止垄断协议规定》《国务院反垄断委员会横向垄断协议案件宽大制度适用指南》。

六、平台动态反垄断风险预防与识别

平台宜对反垄断合规管理体系的运行效果进行定期评估，对于合规管理体系自身的漏洞宜进行完善和修改，对于运行过程中面临的主要反垄断风险宜制定针对性的合规管理措施，明确合规风险重点，降低合规风险。平台宜根据自身需要和实际情况及时调整风险评估、风险处置等具体规定，对现实发生的合规风险采取恰当的应对措施，强化合规管理的针对性和科学性。同时，平台宜根据实际情况灵活调整培训计划，投入有效资源，提高合规队伍能力水平，持续全方位完善合规管理体系。

平台宜适时更新合规管理制度，顺应反垄断相关法律制度的更迭和监管趋势的变化，确保合规管理机制的持续有效性。

第三节　网络平台不正当竞争管理

一、不正当竞争风险

企业从事生产经营活动，应当遵守《反不正当竞争法》以及相关法律法规和规范性文件的规定，不应实施《反不正当竞争法》以及其他法律法规和规范性文件明令禁止的不正当竞争行为。

信息通信和互联网企业应特别注意以下反不正当竞争合规风险。

(一)仿冒混淆行为风险

企业不得实施混淆行为，引人误认为是他人商品、服务或者与他人存在特定联系。除《反不正当竞争法》第6条规定的情形外，未经同意使用他人有一定影响的应用软件、网店、游戏界面等的页面设计、名称、图标等相同或近似的标识，引人误认为是他人商品或者与他人存在特定联系，存在反不正当竞争合规风险。

(二)虚假或引人误解商业宣传行为风险

企业不得通过刷单、自购等虚假交易、组织虚假交易等方式进行虚假宣传，不

得故意协助其他经营者实施虚假交易行为,或者故意为虚假交易行为提供条件。

企业实施下列行为宣传自身或商品的性能、功能、质量、销售状况、用户评价、曾获荣誉等,进行虚假或引人误解的商业宣传,存在反不正当竞争合规风险:

(1)虚构交易量、成交量、预约量等与经营有关的数据信息。

(2)伪造物流单据。

(3)虚构用户评价、诱导用户作出指定好评,或者无正当理由删除、隐匿、屏蔽、压制用户负面评价等。

(三)商业诋毁行为风险

企业不得编造、传播虚假、误导性信息,损害竞争对手商业信誉、声誉。企业组织、指使他人对竞争对手或其商品服务进行恶意评价,或者利用大众媒介、信息网络散布虚假、误导性信息,损害竞争对手商业信誉、声誉的,存在反不正当竞争合规风险。

(四)干扰、恶意不兼容风险

企业不得通过技术手段,采取影响用户选择等其他方式,实施妨害、破坏其他经营者合法提供的网络产品、服务正常运行的不正当竞争行为。企业实施下列行为干扰、恶意不兼容等禁止、限制其他经营者合法提供的网络产品或者服务的,存在反不正当竞争合规风险:

(1)用户不知情、未同意情况下被下载、安装、运行应用程序,妨碍、破坏其他经营者合法提供的网络产品、服务正常运行;

(2)无正当合理事由,对其他合法提供的网络产品或者服务实施屏蔽、拦截、拖延审查,以及其他干扰接入、下载、安装、运行、升级、更新、传播等的行为;

(3)恶意不兼容其他经营者合法正当提供的网络产品或者服务等。

企业利用相应技术手段,致使其他经营者合法提供的网络产品或者服务无法正常下载、安装、运行、升级或卸载,或以其他方式导致其他经营者和用户利益遭受不合理损失的,可能存在反不正当竞争合规风险,企业实施相关行为需高度谨慎。

二、反不正当竞争措施

(一)主要合规内容

企业宜建立健全反不正当竞争合规管理制度,制定全体员工普遍遵守的竞争行为规范和准则,识别、应对、预防反不正当竞争合规风险。

（二）合规管理重点环节

企业进行反不正当竞争合规管理，宜对经营活动中可能存在的反不正当竞争合规风险进行全面梳理，体系分析、系统整理风险发生的可能性、影响程度和潜在后果，对于典型、普遍和损害后果可能性较大的风险及时预警，并按照影响程度大小确定合规整改优先级，逐步推进整改工作。

（三）合规培训

企业宜定期开展反不正当竞争合规培训，以确保企业各部门及员工充分理解、遵循企业竞争合规目标和合规管理制度。合规培训宜覆盖企业全体员工，针对核心业务部门和重要风险部门及所属员工可进行重点培训。培训可由企业合规管理部门组织安排，也可委托第三方专业机构。

（四）举报和投诉

企业宜建立不正当竞争行为举报投诉机制或将其纳入企业已有的监督机制中，鼓励企业员工、用户、客户、供应商以及其他合作方针对企业或员工的不合规行为进行举报、投诉、报告和反馈（以下统称举报），以防范企业的反不正当竞争合规风险。

企业应当对举报人的信息履行严格保密义务，以维护举报人的人身权利、财产权利、名誉权利和其他合法权益。企业应建立相应制度保障任何部门或员工不对举报人进行任何形式的报复，对于员工不得采取降低绩效考核等级、降薪、扣减奖金、调职、降职、解除劳动合同以及其他任何经济或声誉方面的报复行为。对经过调查核实的举报，企业可以给予举报人相应的奖励。

（五）调查

企业宜依据企业合规制度、政策、流程要求，基于企业现有资源和组织架构，建立内部调查流程，及时处理举报事项并向相关人员反馈处理结果，确保内部调查流程合法合规。

（六）合规问责

经过调查核实确有不合规行为的，调查部门应通知不合规部门进行合规整改，不合规部门应及时整改并反馈整改结果。

企业宜建立并完善反不正当竞争合规风险行为内部惩处机制，明确责任范围，细化处罚标准和处理措施。严肃追究相关方的责任，对涉嫌构成犯罪的人员和组织，应移送司法机关处理。

(七)合规管理有效性评估

企业宜针对反不正当竞争合规管理机制的运行和效果进行专门的审核或评估,以确保反不正当竞争合规管理的有效性。审核和评估可由企业内部审计部门或其他内部监督部门进行,也可委托独立、专业的第三方机构。

(八)纠错和持续改进

企业宜根据反不正当竞争合规运行情况和合规管理有效性评估结果,对于合规管理体系进行分析,针对重大和重复出现的反不正当竞争合规风险,以及出现重大不合规和重复不合规的部门和员工,彻查不合规原因和管理漏洞,完善和修改具体的合规管理制度,强化对合规管理流程的管控,加大培训力度,持续完善合规管理体系。

企业宜实时跟踪反不正当竞争相关法律制度的更迭和监管趋势的变化,及时更新合规管理制度,确保合规管理机制持续改进。

第七章

网络无形资产管理合规

第一节　知识产权风险和管理合规

一、资源管理风险

1. 人事合同:在对劳动合同、劳务合同相关内容设置时没有涉及员工知识产权权属规定、保密限制和竞业限制的,会导致知识产权权属纠纷、泄露技术秘密和知识产权侵权等风险。

2. 入职:在新员工入职时,没有进行有效的知识产权背景调查,导致侵犯他人知识产权。

3. 离职:在涉及拥有知识产权特别是核心知识产权的员工离职时,没有签署离职知识产权协议或执行竞业限制协议的,无法规避企业的核心知识产权被侵权风险。

4. 外部合作:在与合作方的合作合同、合作协议中,未对各方的知识产权权属进行约定,以及未对必要的保密限制和相关参与人员的竞业限制等进行约定,会导致知识产权权属纠纷,以及可能存在泄露技术秘密和知识产权侵权等风险。

5. 供应链管理:在采购、销售合同中未对各方的知识产权权属进行约定,以及未对必要的保密限制和相关参与人员的竞业限制等进行约定,会导致知识产权权属纠纷,以及可能存在泄露技术秘密和知识产权侵权等风险。

二、知识产权全过程管理风险

在当今的知识经济时代,知识产权管理已经成为企业核心竞争力的重要组成部分。然而,知识产权全过程管理涉及的风险多种多样,需要企业进行全面的认识和有效的应对。

首先，企业在创新过程中，必须充分认识到知识产权保护的重要性。创新成果一旦未得到及时有效的保护，就可能被他人无偿使用，给企业带来重大损失。因此，企业在研发阶段就应该进行专利检索，确保研发方向不侵犯他人知识产权。

其次，企业在知识产权的申请、审查、授权和保护过程中，也面临着诸多风险。例如，申请文件的质量问题可能导致专利申请被驳回；专利布局的不合理可能导致企业丧失竞争优势；而知识产权保护不当则可能使企业面临侵权纠纷。

针对这些风险，企业需要采取一系列应对措施。一方面，要完善内部知识产权管理制度，提高知识产权管理的专业化水平；另一方面，要增强外部合作，与政府部门、行业协会和专业机构建立良好的沟通机制，共同应对知识产权风险。

三、具体合规实施措施

1. 提升企业知识产权保护与合规意识，加强对企业创新创意成果的知识产权保护，规范企业对知识产权的使用管理，防止侵权行为的发生。包括但不限于：

（1）建立并完善知识产权合规管理组织体系，明确合规职责、建立合规组织保障、加强内部职能配合；

（2）加强完善知识产权合规管理制度体系，落实合规审查、监察、举报、绩效评价、调查、保密等合规环节，确保其有效性；

（3）完善知识产权合规管理运行体系建设，从获取、维护、运用全流程确保各类知识产权合规；

（4）完善知识产权合规风险识别处理体系，强化知识产权合规风险识别、预警、监察、评估管理，降低知识产权侵权风险；

（5）加强知识产权合规文化建设，在组织内提升知识产权合规意识，提供和保持有利的知识产权合规环境；

（6）及时通过适当方式获得知识产权保护。

2. 及时给予知识产权人创造、实施运营的奖励和报酬。

（1）根据规章制度规定、劳动合同及与发明人的约定等及时足额给予奖励和报酬；

（2）没有规章制度规定也没有与发明人进行约定的，依据相关法律法规规定的标准及时足额给予奖励和报酬。

3. 加强与知识产权有关的资源风险防控。

（1）人事合同：通过劳动合同、劳务合同等方式进行管理，从入职时就约定知识产权权属、保密条款；明确发明创造人员能够享有的权利和所负的义务；必要时应约定竞业限制和补偿条款。

（2）入职：对新入职岗位与知识产权联系密切的员工，要进行相适应的知识产权背景调查，防止侵犯他人知识产权；对于研究开发等与知识产权核心岗位，应要求新入职员工签署知识产权声明文件。

（3）离职：员工离职时进行相应的知识产权事项提醒；涉及核心知识产权的员工离职时，要签署离职知识产权协议或执行竞业限制协议。

（4）外部合作：在与合作方的合作合同、协议中对各方的知识产权权属、保密限制条款进行约定；明确发明创造人员享有的权利和负有的义务；必要时应约定相关参与人员的竞业限制条款。

（5）供应链管理：在采购、销售合同中对各方的知识产权权属、保密限制条款进行约定；明确发明创造人员享有的权利和负有的义务；必要时应约定相关参与人员的竞业限制条款。

第二节　网络广告风险和管理合规

一、刑事法律风险

1. 平台广告业务的经营者明知广告发布者利用信息网络犯罪，仍为其犯罪提供广告推广，如推广含有违法犯罪信息的网站、App 以及其他广告等。上述明知广告发布者实施的犯罪行为主要包括电信网络诈骗犯罪、网络赌博犯罪、非法吸收公众存款犯罪、诈骗罪、组织播放淫秽音像制品罪、组织淫秽表演罪、组织传销活动罪以及制作、复制、出版、贩卖、传播淫秽电子信息犯罪等。

2. 平台广告业务的经营者违反国家规定的信息网络安全管理义务，致使虚假违法广告大量传播。

3. 平台广告业务的经营者违反法律法规，利用广告对商品或者服务作虚假宣传且情节严重。

二、行政监管合规风险

1. 提供互联网信息服务的平台经营者未按照国家有关规定建立、健全广告业务管理制度，或者未对广告内容进行核对。

2. 提供互联网信息服务的平台经营者发布广告法律法规禁止发布的违法广告，如推广法规禁止生产和销售的产品，发布处方药广告、烟草广告、戒毒治疗的医疗器械和治疗方法广告等。

3. 提供互联网信息服务的平台经营者明知或者应当知道广告虚假仍进行发布，明知或者应当知道广告活动违法不予制止。

4. 提供互联网信息服务的平台经营者发布互联网广告，不符合行政监管要求，如未显著标明关闭标志，对于法律法规要求一键关闭的广告，未确保一键关闭。

三、民事风险

1. 提供互联网信息服务的平台经营者发布关系消费者生命健康的商品或者服务的广告，该广告被认定为虚假广告的，平台经营者存在与广告相关经营者承担连带责任的风险。

2. 提供互联网信息服务的平台经营者明知或者应知广告存在虚假却仍然发布的，平台经营者存在与广告相关经营者承担连带责任的风险。

3. 提供互联网信息服务的平台经营者实行在广告中假冒他人专利、贬低其他生产经营者的商品或服务、损害未成年人或残疾人的身心健康、在广告中未经同意使用他人名义或者形象等侵权行为的。

四、管理合规措施

（一）平台广告合规基本原则

广告应当真实、合法，以积极健康的表现形式表达广告内容，符合社会主义核心价值观和弘扬中华民族优秀传统文化的要求，不得含有虚假或者引人误解的内容，不得欺骗、误导消费者。

平台是互联网信息服务提供者的，要加强检查审核，对明知或者应知利用其信息服务发布违法广告的，应当予以制止。

平台是互联网广告发布者、广告经营者的，应当履行主体责任，依据国家法律法规建立、健全互联网广告业务的承接登记、审核、档案管理制度；查验审核并登记广告主的名称、地址和有效联系方式等主体身份信息，进行登记并保存档案材料；查验有关证明文件、附件资料，核对广告内容，对内容不符或者证明文件不全的广告，不得代理、设计、制作、发布。

(二)平台广告合规管理部门

平台宜设立广告合规管理部门或广告合规管理岗位,负责广告合规制度建设、广告审核规范制定;同时宜设立专业的广告审核团队/岗位,向广告合规管理部门/岗位汇报,负责依据国家法律法规、平台广告合规/审核规范对平台广告内容进行审核及复核。

广告审核人员或机构宜独立于广告销售团队。

(三)平台广告合规管理具体措施

平台广告的合规管理要遵循国家法律法规的相关规定,宜建立健全平台广告合规审核制度、组建广告审核、风险识别团队,完善风险防范及监管机制,确保广告行为/内容符合国家法律法规规定,符合社会主义精神文明建设和弘扬中华民族优秀传统文化的要求。

(1)广告审核规范的制定:平台宜依据《广告法》等相关国家法律法规的要求以及平台自身管理需要,制定相应的广告审核规范,明确广告审核的基本原则、禁止投放情形以及各特殊行业商品、服务广告的具体审核要求。

(2)禁投类目清单搭建:平台可以梳理禁止投放广告的商品、服务类目清单(例如处方药广告、烟草广告等),给广告主明确的广告禁止投放指引。

(3)高风险类目管控方案搭建:为降低广告投放违法风险,平台宜搭建高风险类目(如"三品一械"广告、投资金融类广告、教育类广告等)具体的管控措施及方案,对广告投放的资质要求、内容、形式以及广告位置制定明确的要求及规则。

(4)建立健全违规处罚制度:平台可根据自身需求和定位,制定平台规则及处罚规范,应对广告主、广告经营者及其他相关主体在广告经营中的违法违规行为,以保护平台的合法权益,维护良好的竞争环境。

(5)广告审核机制建设。审核团队的配备:平台宜配备专业的审核团队和审核系统,对广告审核内容及经营资质进行审核,降低广告投放风险。

广告资质审核:平台应对广告主的行业经营资质及广告投放资质两部分资质文本进行审核,确保广告主在宣传特定行业商品、服务前,具备相应的经营资质;同时,确保特殊行业广告主在广告投放前,其广告投放内容满足监管审批要求。

广告素材审核:平台应依据《广告法》等相关法律法规以及平台制定的广告合规审核规范的基本原则及要求对禁止情形进行审核判断;同时针对特定行业的广告要求及规范进行审核。

(四)企业自行发布广告合规

1. 企业自行发布广告合规基本原则。企业自行发布广告进行宣传,宜遵循相关法律法规要求及本指南合规管理原则要求。

2. 企业自行发布广告合规管理部门。企业可设置广告宣传合规管理部门或者广告宣传合规管理岗,负责审核广告内容,识别合规风险,并提供修改建议。

该部门或岗位负责识别广告内容存在的合规风险,提示业务部门核实第三方相关内容的授权与资质,避免宣传内容违反法律法规的规定;关注法律法规的更新动态,及时解读有关内容,帮助业务部门自查自纠。

3. 企业自行发布广告合规管理目标。更好地识别企业自行发布广告宣传活动中的法律风险,提高广告内容评审的效率和质量;确保广告内容符合相关法律法规的要求,防范企业对外宣传的法律风险。

4. 企业自行发布广告合规管理具体措施。措施包括:可以设置广告宣传合规管理部门或者广告宣传合规管理岗;宜建立广告审核规则,并根据各相关法律法规的规定及时对广告审核规则进行更新修订;可以指派专人负责广告审核规则的管理工作,及时对规则进行更新修订,并关注规则的执行情况。

第三节　网络游戏风险和管理合规

一、网络游戏风险

(一)资质缺失

网络游戏运营方在开展网络游戏相关服务及/或网络游戏出版运营前,应当根据其业务类型获取相关电信业务经营许可证照(ICP 许可证)、游戏版号("网络游戏出版物号(ISBN)核发单")、"计算机软件著作权登记证书"等相关资质,否则将可能遭受包括但不限于没收违法经营所得、罚款、责令关闭/下架网络游戏、吊销营业执照等处罚。

(二)实名认证与防沉迷未有效管控

网络游戏企业未遵循相关法律法规对游戏账号/用户未进行实名认证,未接入国家防沉迷系统,未按照国家新闻出版署要求对未成年用户实行网络游戏游玩时间与充值进行限制,未采取有效技术手段识别未成年人等。

(三)内容违法

网络游戏存在法律法规禁止性内容,包括但不限于:违反宪法确定的基本原则;危害国家统一、主权和领土完整;泄露国家秘密、危害国家安全或者损害国家荣誉和利益;煽动民族仇恨、民族歧视,破坏民族团结,或者侵害民族风俗、习惯;宣扬邪教、迷信;散布谣言,扰乱社会秩序,破坏社会稳定;宣扬淫秽、色情、赌博、暴力,或者教唆犯罪;侮辱、诽谤他人,侵害他人合法权益;违背社会公德;法律法规和国家规定禁止的其他内容。

(四)虚假宣传

网络游戏企业违反《广告法》相关法规,发布虚假不实广告(如网络游戏中夸大或虚假宣传充值福利、游戏规则)侵犯用户权益。

(五)知识产权侵权

网络游戏侵犯第三方软件著作权、商标权等合法权益,以及网络游戏用户发表的文字、图片等内容侵犯第三方合法权益而导致网络游戏运营方承担信息网络传播权侵权责任。

(六)网络安全与个人信息保护

网络游戏企业违反网络安全相关规定,或未采取相应技术或管理措施,侵犯第三方商业秘密(包括但不限于违法获取、超范围使用、擅自披露三方商业秘密),以及违反《个人信息保护法》要求违法收集、分析、处理、使用用户信息。

二、管理合规措施

(一)网络游戏研发方、网络游戏运营方合规管理

1. 网络游戏研发。网络游戏研发方在网络游戏研发过程中应明确该游戏产品未侵犯任何第三方合法权益(例如著作权、商标权)。网络游戏研发方可将相关责任部门/人员融入游戏研发流程当中,未经责任部门/人员审核或批准,该游戏不得自行或委托网络游戏运营方上线发行。

2. 网络游戏资质取得。网络游戏出版运营前,网络游戏运营方应取得法律规定的相应资质文件,非自研游戏产品还应取得网络游戏研发方的合法授权。管理合规需要制定资质清单,并以符合清单所列资质文件作为游戏运营前置要求。

3. 网络游戏合规运营。网络游戏上架前以及运营过程中,网络游戏运营方应保证网络游戏运营的合法合规,在网络游戏终止前应依法通知游戏用户并采取相应补偿或费用退还措施。建立实名认证机制并接入国家防沉迷管控系统。制定符

合法律法规要求且具有实践性和针对性的审核制度、审核标准与审核流程。

4. 客诉处理。网络游戏运营方应及时处理用户或第三方投诉。建立健全的客诉处理机制,包括但不限于客诉处理流程、客诉上升机制、客诉处理规范等标准制度及流程。

5. 合规培训。网络游戏运营方应向各部门/人员普及和宣传网络游戏合规法律要求。建议定期向各业务或责任部门进行合规培训,进行周期性(如每年一次)合规考试。

(二)网络游戏分发平台方合规管理指南

1. 网络游戏资质审核。网络游戏分发平台方应就在其平台上架的网络游戏运营方及其上架网络游戏产品是否符合准入资质进行必要审查,制定网络游戏运营方及网络游戏软件准入标准与资质要求清单并执行。

2. 客诉处理。应当依照网络游戏研发方、网络游戏运营方合规管理指南进行客诉处理。

3. 合规培训。应当依照网络游戏研发方、网络游戏运营方合规管理指南进行合规培训。

第四节　算法风险和合规

一、合规风险

1. 算法服务提供者在算法研发、使用以及提供算法服务时,未遵守《个人信息保护法》等相关法律法规规定,违规收集存储、使用分析、加工传输和对外提供个人信息,对个人信息主体合法权益造成损害。

2. 算法服务提供者在算法研究开发和推广使用时,实行将违法、低俗不良信息关键词记入用户兴趣点或者作为用户标签或采用其他类似技术方式并针对性推送信息,或诱导用户沉迷、过度消费等违反法律法规或者违背伦理道德的行为。

3. 算法服务提供者利用推荐算法向用户个性化推荐服务时,设置交易门槛、实施不同的交易价格、针对不同用户适用不同的交易条件等造成具有相同交易条件的交易对象受到不合理的差别待遇,以及造成人身领域歧视。

4. 算法服务提供者采用推荐算法在向用户个性化推荐服务时,没有提供不针对被服务者个人特征的选项,或者未向用户提供可便捷关闭个性化推荐服务的选项或设置。

5. 算法服务提供者利用算法不合理限制了其他互联网信息服务提供者的正当权利，妨碍、破坏其合法提供的互联网信息服务正常运行，实施不正当竞争甚至垄断行为。

6. 算法服务提供者向未成年人用户提供的算法推荐服务，易引发未成年人模仿不安全行为或违反社会公德的行为，影响未成年人身心健康。向老年人用户提供算法推荐服务时，未充分考虑老年人特点，提供相应智能适老化服务，未有效开展电信诈骗信息的监测、识别、拦截和处置。

二、管理合规措施

算法合规管理原则：算法合规管理需遵循算法相关法律法规要求及本指南第一编中关于管理原则的要求。

算法合规管理部门：企业宜设立算法合规管理部门或算法合规管理岗位，负责算法合规风险评估及处置，建立企业的算法合规管理部门或管理岗位向企业合规管理负责人汇报机制。

算法合规管理目标：遵守法律法规，尊重公序良俗，坚守商业价值、职业道德和技术伦理，保证公正公平、公开透明、科学合理和诚实信用的原则，坚持正能量价值导向，优化算法推荐服务机制，积极传播主流价值观，促进算法应用向上向善。

算法合规管理具体实施步骤：

1. 企业宜建立算法合规管理制度，如算法安全评估、应急处置、培训等，明确算法合规管理具体操作流程、人员及责任，有效保障算法及算法服务从研发到部署运维全周期风险可控。

2. 算法合规管理部门负责对算法及算法服务合规性进行全面评估，根据法律法规及相关要求提出合规建议。算法合规管理部门可同时会同其他职能部门对算法进行科技伦理审查，评估算法在开发、测试、应用过程中是否符合主流价值导向。提供互联网新闻信息服务或其他需先行获得资质许可的算法推荐服务的，应先行获得相应的资质许可。

3. 企业宜建立算法类别管理及日志留存制度，并按照有关规定进行备案。

4. 企业宜通过服务热线、网页入口等方式收集用户对于推荐算法服务的反馈，持续优化推荐算法服务。

5. 企业宜建立算法及算法服务相关信息披露渠道，对算法原理进行解释和说明,并根据法律法规相关要求进行信息披露。

6.算法合规管理部门宜对算法开发、测试、应用、风险监测、用户投诉处理等情况进行定期或不定期检查,并积极探索采用技术措施,保证算法及算法服务持续符合合规要求、合规管控措施实施到位。企业宜根据自身情况建立合规审计制度,定期对算法及算法服务相关合规情况进行梳理总结。

第十三编

化工危险行业合规经营

第一章

化工(危化品)企业概述

第一节 化工(危化品)企业的定义及设立

一、化工行业及企业的定义

化工行业就是从事化学工业生产和开发的企业和单位的总称。化工行业包含化工、炼油、冶金、能源、轻工、石化、环境、医药、环保和军工等部门从事工程设计、精细与日用化工、能源及动力、技术开发、生产技术管理和科学研究等方面的行业。化工行业渗透各个方面,是国民经济中不可或缺的重要组成部分,其发展是走可持续发展道路对于人类经济、社会发展具有重要的现实意义。

危险化学品,也称为危化品,指的是那些具有毒性、腐蚀性、爆炸性、燃烧性和助燃性等特点,并可能对人、设备和环境造成伤害的高度有毒的化学物质和其他化学物质。危化品在生产经营使用过程中存在着许多风险,一旦发生事故将会造成巨大的人员伤亡、财产损失甚至严重社会影响,必须引起高度关注。化学工业中的危化品是一个特定领域。

化工企业是指那些在化工、炼油、冶金、能源、轻工、石化、环境、医药、环保和军工等多个行业中从事工程设计、细化和日常化工、能源和动力等业务的企业,它们涉及危化品的生产、储存、运输、使用和废物处理等多个环节。

二、化工(危化品)企业的设立资格和流程

(一)注册危化品公司的资格

1. 注册危险化学品公司时,必须确保经营和储存环境、设备以及建筑物都满足《建筑设计防火规范》(GB 50016—2014)、《爆炸危险场所安全规定》和《仓库防火安全管理规则》等国家标准及部门规章的要求。同时,公安消防机构也需要对建筑

物的消防设施进行验收并确认其合格性。

2. 负责注册化学品的主管和管理者、安全生产的管理人员以及业务人员，都必须接受危险化学品的专业培训和消防安全知识培训，并通过考核，才能获得上岗的资格且需要持有相应工种职业技能等级证书。

3. 经营条件及储存条件符合《危险化学品经营企业安全技术基本要求》(GB 18265—2019)的规定。

4. 必须拥有完善的安全管理体系和工作岗位的安全操作指南；在生产过程中要做好危险分析，采取预防措施，防止事故发生。

5. 经营商店(场所)、储存区附近无居民区学校等场所。

6. 有事故应急救援预案。

(二)注册危化品公司所需材料

1. "危险化学品经营许可证申请表"一式 3 份和电子版 1 份。

2. 公司的经营和储藏地点的消防安全的验收文件或者经营场所的安全生产监督验收文件。

3. 公司的经营和储存场所的房屋产权及租赁协议。

4. 机构出具的安全评价报告。

5. 企业的安全管理制度和岗位安全操作规程。

6. 工商局出具的企业名称预先核准通知书。

(三)注册化学品公司的审批程序及时限

1. 在接受到申请文件之后，应急管理局会对其进行详细的审查和实地检验。如果符合规定，将会发放危险化学品经营许可证；如果不满足这些要求，会以书面形式告知申请者。

2. 自接受申报资料的那一天开始，应急管理局将在指定的时间段内作出决定。

3. 一旦危险化学品公司的运营许可证有效期届满，其必须在该有效期结束之前的预设时间段内，向最初的颁发机构递交延长的申请。

(四)注册危化品公司的具体流程

1. 受理、审查：由申请者递交所需的申请文件，若无明显错误和遗漏，经审核合格后方可办理。处理人员会在现场仔细检查所有提交的申请材料，如果所有材料都齐全，将会出具一份受理承诺单并进行初步审查。如果提交的材料不完整或不满足法律规定的格式，将会发放缺件告知单，待企业补齐并修正所需材料后，将会接受其提交的申请。经实地勘察，核实相关信息和证据资料，依法作出不予批准或批准的决定。处理人员需对提交的材料内容进行仔细审核,一旦申请的材料满足标准,应在3个工作日之内签署审查反馈并组织实地考察。

2. 现场勘查:相关人员去经营现场进行实地踏勘,符合要求的,2个工作日内签署意见。

3. 核查:负责人需在1个工作日内签署核查建议。

4. 审批、办结:审批科负责人在1个工作日内签署最终审批意见并办结,即日由审批科制证。

第二节　化工企业的许可

一、危险化学品生产企业安全生产许可

安全生产许可指国家安全生产主管部门所核发的许可有关行业开展安全生产行为的确认性文书。针对产业特殊性,目前我国已对矿山企业、施工企业以及危险化学品、烟花爆竹、民用爆破器材等危害性较大的制造行业实施国家安全生产许可证管理制度,规定这些企业如果没有获得国家安全生产许可就不能开展经营业务。对危险化学品制造行业,申请国家安全生产许可应按照《危险化学品生产企业安全生产许可证实施办法》规定进行。

(一)危险化学品生产企业安全生产许可证的申请

危险化学品生产企业安全生产许可证的核发管理,采取了企业申报、两级发证、属地监管的原则。对于涉及危险化学品生产的中央企业以及其直接控制的总部,必须向应急管理部门递交安全生产许可证的申请。至于其他的公司,则需要向其所在的省级应急管理局或者其授权的机构递交安全生产许可证的申请。

安全生产许可证申请受理后,实施机关组织对企业提交的申请文件、资料进行审查,并自受理之日起45个工作日内作出是否准予许可的决定。如果对企业提交的文件或资料的实质内容有疑虑,那么需要亲自前往现场进行核查的工作人员将对相关内容进行现场核查,而现场核查所需的时间不会被计算在审查期限之内。

执行部门在做出批准许可的决定后,将在10个工作日内发放安全生产许可证;若决定不予批准,则需在10个工作日内以书面形式通知企业并解释原因。

(二)危险化学品生产企业安全生产许可证的延期

安全生产许可证的有效期限是3年。如果危险化学品生产企业在安全生产许

可证到期后仍想继续生产危险化学品,他们必须在许可证到期前的3个月内,向原先的安全生产许可证发放管理部门申请延期,并提交延期申请书和如下的申请文件、资料:

(1)申请安全生产许可证的文件及申请书;

(2)安全生产规章制度、岗位操作安全规程清单;

(3)设置安全生产管理机构,配备专职安全生产管理人员的文件复制件;

(4)主要负责人、分管安全负责人、安全生产管理人员和特种作业人员的安全合格证或者特种作业操作证复制件;

(5)与安全生产有关的费用提取和使用情况报告,新建企业提交有关安全生产费用提取和使用规定的文件;

(6)为从业人员缴纳工伤保险费的证明材料;

(7)危险化学品事故应急救援预案的备案证明文件;

(8)危险化学品登记证复制件;

(9)工商营业执照副本或者工商核准文件复制件;

(10)具备资质的中介机构出具的安全评价报告;

(11)新建企业的竣工验收报告;

(12)应急救援组织或者应急救援人员,以及应急救援器材、设备设施清单。

有危险化学品重大危险源的企业,除提交上述的文件、资料外,还应当提供重大危险源及其应急预案的备案证明文件、资料。

(三)危险化学品生产企业安全生产许可证的变更

危险化学品生产企业如发生以下情况应按照要求向原实施机关办理变更手续:

1.如果原生产装置中新增了产品或工艺技术发生变化,将对企业的安全生产造成严重影响。因此,生产企业有责任对这些新增的生产装置或工艺技术进行专门的安全评估,并对评估报告中提到的问题进行必要的整改;经同意后,按照相关规定将专项安全评价报告上报有关部门。整改工作完成之后,需要向之前的执行机关提交变更请求,并递交安全评估报告以完成变更流程。

2.若公司在安全生产许可证的有效期内进行了危险化学品的新建、改造或扩展项目,那么该公司必须在项目的安全设备验收合格之后的10个工作日内,向原执行部门递交更改申请,同时需要提供项目安全设备完成验收的意见书以及其他相关的文件和资料。对涉及国家秘密或者其他商业秘密的项目和重大危险源必须依法进行保密审查,经批准后方可开工建设。执行机关需根据相关条例完成变更流程。

3. 如果公司在持续使用安全生产许可证的过程中需要调整其主管、公司名称或者注册地点,那么其需要在工商登记文件或者所属权限发生转移之后的10个工作日之内向相应的管理部门递交调整的申请。新设企业在按规定进行审查并办理相关手续后才能核发安全生产许可证。

二、危险化学品经营许可

国家对危险化学品经营实行许可制度。

经营危险化学品的企业,应当依照《危险化学品生产企业安全生产许可证实施办法》取得危险化学品经营许可证。未取得经营许可证,任何单位和个人不得经营危险化学品。

(一)危险化学品经营许可证的分类

经营许可证可以分为甲种和乙种。取得甲种经营许可证的单位,可经营销售剧毒化学品和其他危险化学品;取得乙种经营许可证的单位,只能经营销售除剧毒化学品以外的危险化学品。

由甲种经营许可证是由各个省、自治区、直辖市人民政府经济贸易主管部门或其委托的应急管理局(以下简称省级发证机关)审批、颁发;乙种经营许可证由设区的市级人民政府负责危险化学品安全监督管理综合工作的部门(以下简称市级发证机关)审批、颁发。

(二)危险化学品经营企业必须具备的条件

1. 有符合国家标准的经营场所和设施。

2. 具有健全的经营、管理体系和操作规程。

3. 有了解相关安全知识的专业人员和管理人员。

4. 具有符合法律法规规定的安全管理制度和环境保护措施。

5. 具有符合规定的应急处理能力和其他安全条件。

(三)危险化学品经营企业需要提交的资料

1. 危险化学品经营许可证申请书:申请者需要填写危险化学品经营许可证申请书,并提供企业法人营业执照或个体工商户营业执照。

2. 工商营业执照:申请者需要提供有效的工商营业执照以及工商营业执照的复印件。

3. 经营场地证明：申请者需要提供经营场地的相关证明，包括房屋产权证书或租赁合同等。这些证明需要能够清楚地表明场地的用途和范围，并经过相关部门审查和认证。

4. 管理制度：申请者需要制定健全的安全管理制度，并按照该制度进行危险化学品的经营活动。同时，申请者需要提交制度纸质版本及电子版本以供检查和评估。

5. 安全评价报告：申请者需要提交安全评价报告，并对报告中存在的问题及时整改。安全评价报告需要由专业的安全评价机构进行编制，并经过相关部门审批。

6. 人员资质证明：申请者需要提供相关人员的资质证明，包括安全管理人员、仓库管理人员、运输人员等。这些证明需要经过相关部门认证，并符合国家相关标准。

7. 其他相关资料：申请者还需要提交其他相关资料，包括经营场所的安全设施清单、消防设施清单、危险化学品目录、应急预案等。这些资料需要真实可靠，并符合相关规定要求。

（四）危险化学品经营许可证办理流程

1. 选目录。根据实际经营的化学品，在危险品化学名录中查找相应目录序号及名称。

2. 报名考试。选目录同时报名安全生产知识和管理能力考核进行备考。

3. 注册公司。考试完成并取得证书，准备办公地址并注册新公司，或在等待考试的间隙同步进行。

4. 缴纳社保。公司注册得当后，进行报税并为考试人员缴纳社保。

5. 办理应急预案。开始办理应急预案资料，同步准备好办公场地、制度、消防设备等，布置办公现场，专家拿到资料后约时间进行现场审查，最终出具应急预案并报应急管理部门。

6. 开始办理危险化学品经营许可证。将根据办理要求以及上述步骤获得的资料证明整理好提交应急管理部门审批，资料初审后，相关部门将查看现场，如因特殊原因暂不查看现场，需提供相应的“告知承诺”，随时抽检。

7. 办结。如现场查看不通过，配合相关部门补充资料，重新进行现场审核，才能获得证书。

（五）危险化学品经营许可证办理注意事项

1. 申请前，务必详细确认品名，危险化学品经营许可证办好之后不可以随意变更品名。

2. 企业凡是从事危险化学品经营的管理人员均应当参加危险化学品知识培训、考核,取得相应培训合格的证明材料。凡是从事特种作业的人员均应当取得特种作业人员资格证书。

3. 如果在有效期内进行品名变更,需要重新办理危险化学品经营许可证,有效期将重新计算。

4. 如果公司在危险化学品经营许可证有效期内变更过公司法人名称等信息,需要去应急管理部备案领取新证。

5. 如果公司注册地址发生变更,需要去应急管理部重新办理危险化学品经营许可证。

6. 办理的危险化学品经营许可证一般有效期是 3 年,危险化学品经营许可证到期之前 3 个月内可以去应急管理部办理延期。

7. 危险化学品经营许可证延期需要提供安全人员培训证书,培训证书有效期也是 3 年,因此需要拿到培训证书才能办理。

8. 若申请携带存储设备,该存储设备必须满足相关的标准和规定。企业在申请过程中需要对其进行审查和评估。公司有权租借满足标准的存储器材。对于储存场所,必须有安全防护措施和消防系统,并配备必要的应急救援装备。为了确保居民的安全,危化品的经营场所应当与居民楼保持一定的距离。

(六)危险化学品经营许可证相关的法律责任

1. 对于没有获得经营许可证而从事危险化学品经营的个体或组织,将根据《安全生产法》中关于未经合法许可擅自生产、经营或储存危险物品的法律责任条款进行罚款处理;如果构成了犯罪行为,将依法追究其刑事责任。对违反国务院发布的《危险化学品安全管理条例》及其实施办法规定进行危险化学品经营活动的单位和个人给予行政处罚。

2. 如果企业在其经营许可证到期后仍继续经营危险化学品,那么应根据之前的条款进行相应的处罚。

3. 任何伪造、篡改或者出租、出借、转让商业许可证,或者利用这些伪造、篡改的商业许可证的行为,都将面临 10 万元到 20 万元的罚款。若存在非法获利,则非法获利会被没收。情况严重的,将对直接负责人及相关人员进行刑事处罚。如有违反治安管理的行为,将根据法律进行治安管理的处罚;情节严重的,吊销营业执照。如果构成了犯罪行为,将依法追究其刑事责任。

4. 已经获得经营许可证的公司，如果不再满足法律、法规以及《安全生产法》所规定的安全生产条件，将被责令进行整改；未按规定办理注销手续或拒不进行整改的，吊销营业执照。如果在规定的时间内没有进行纠正，将被命令停止生产和营业以进行整改；有违法记录的，吊销营业执照。在经历了停产和停业的整顿后，如果仍然不满足法律、法规、国家和行业标准所规定的安全生产条件，那么其经营许可证将被吊销。

5. 已经获得经营许可证的企业，如果依法需要申请变更许可证但没有变更，将被责令在限定时间内改正，并处以不超过 1 万元的罚款；如果在规定时间内仍未提出变更申请，将面临 1 万元至 3 万元的罚金处理。

三、危化品使用许可证

使用危险化学品从事生产并且使用量达到规定数量的化工企业（属于危险化学品生产企业的除外），应当依照《危险化学品经营许可证管理办法》的规定取得危险化学品安全使用许可证（见表 13-1）。

表 13-1　危险化学品使用量的数量标准（2013 年版）

序号	化学品名称	别名	最低年设计使用量（吨/年）	CAS 号
1	氯	液氯、氯气	180	7782-50-5
2	氨	液氨、氨气	360	7664-41-7
3	液化石油气		1800	68476-85-7
4	硫化氢		180	7783-06-4
5	甲烷、天然气		1800	74-82-8（甲烷）
6	原油		180000	
7	汽油（含甲醇汽油、乙醇汽油）、石脑油		7300	8006-61-9（汽油）
8	氢	氢气	180	1333-74-0
9	苯（含粗苯）		1800	71-43-2
10	碳酰氯	光气	11	75-44-5
11	二氧化硫		730	7446-09-5
12	一氧化碳		360	630-08-0
13	甲醇	木醇、木精	18000	67-56-1

续表

序号	化学品名称	别名	最低年设计使用量(吨/年)	CAS 号
14	丙烯腈	氰基乙烯、乙烯基氰	1800	107-13-1
15	环氧乙烷	氧化乙烯	360	75-21-8
16	乙炔	电石气	40	74-86-2
17	氟化氢、氢氟酸		40	7664-39-3
18	氯乙烯		1800	75-01-4
19	甲苯	甲基苯、苯基甲烷	18000	108-88-3
20	氰化氢、氢氰酸		40	74-90-8
21	乙烯		1800	74-85-1
22	三氯化磷		7300	7719-12-2
23	硝基苯		1800	98-95-3
24	苯乙烯		18000	100-42-5
25	环氧丙烷		360	75-56-9
26	一氯甲烷		1800	74-87-3
27	1,3-丁二烯		180	106-99-0
28	硫酸二甲酯		1800	77-78-1
29	氰化钠		1800	143-33-9
30	1-丙烯、丙烯		360	115-07-1
31	苯胺		1800	62-53-3
32	甲醚		1800	115-10-6
33	丙烯醛、2-丙烯醛		730	107-02-8
34	氯苯		180000	108-90-7
35	乙酸乙烯酯		36000	108-05-4
36	二甲胺		360	124-40-3
37	苯酚	石炭酸	2700	108-95-2
38	四氯化钛		2700	7550-45-0
39	甲苯二异氰酸酯	TDI	3600	584-84-9
40	过氧乙酸	过乙酸、过醋酸	360	79-21-0
41	六氯环戊二烯		1800	77-47-4

续表

序号	化学品名称	别名	最低年设计使用量(吨/年)	CAS 号
42	二硫化碳		1800	75-15-0
43	乙烷		360	74-84-0
44	环氧氯丙烷	3-氯-1,2-环氧丙烷	730	106-89-8
45	丙酮氰醇	2-甲基-2-羟基丙腈	730	75-86-5
46	磷化氢	膦	40	7803-51-2
47	氯甲基甲醚		1800	107-30-2
48	三氟化硼		180	7637-07-2
49	烯丙胺	3-氨基丙烯	730	107-11-9
50	异氰酸甲酯	甲基异氰酸酯	30	624-83-9
51	甲基叔丁基醚		36000	1634-04-4
52	乙酸乙酯		18000	141-78-6
53	丙烯酸		180000	79-10-7
54	硝酸铵		180	6484-52-2
55	三氧化硫	硫酸酐	2700	7446-11-9
56	三氯甲烷	氯仿	1800	67-66-3
57	甲基肼		1800	60-34-4
58	一甲胺		180	74-89-5
59	乙醛		360	75-07-0
60	氯甲酸三氯甲酯	双光气	22	503-38-8
61	二(三氯甲基)碳酸酯	三光气	33	32315-10-9
62	2,2′-偶氮-二-(2,4-二甲基戊腈)	偶氮二异庚腈	18000	4419-11-8
63	2,2′-偶氮二异丁腈		18000	78-67-1
64	氯酸钠		3600	7775-9-9
65	氯酸钾		3600	3811-4-9
66	过氧化甲乙酮		360	1338-23-4
67	过氧化(二)苯甲酰		1800	94-36-0
68	硝化纤维素		360	9004-70-0

续表

序号	化学品名称	别名	最低年设计使用量(吨/年)	CAS 号
69	硝酸胍		7200	506-93-4
70	高氯酸铵	过氯酸铵	7200	7790-98-9
71	过氧化苯甲酸叔丁酯	过氧化叔丁基苯甲酸酯	1800	614-45-9
72	N,N′-二亚硝基五亚甲基四胺	发泡剂 H	18000	101-25-7
73	硝基胍		1800	556-88-7
74	硝化甘油		36	55-63-0
75	乙醚	二乙(基)醚	360	60-29-7

第三节　化工(危化品)企业的安全监管

化工生产的特性包括庞大的生产系统、易燃、易爆、有毒、强腐蚀性、高温高压和复杂的工艺流程。在安全生产的过程中,必须坚持“安全生产无小事”的原则,严格执行命令,确保事故在初始阶段就被消除,从而确保生产系统的安全和稳定运行。

一、化工企业的生产安全监管

(一)明确试生产安全职责

建设危险化学品公司的单位应根据国家的相关法律和规定,建立试生产的组织架构,并明确项目建设单位、总承包商、设计单位、监理单位以及施工单位等各相关方在安全管理上的职责和范围。按照《建筑施工企业安全许可证管理规定》要求,对在建或拟建的工程项目开展安全检查。基于职责的界定,应对试生产的安全风险责任进行细分,并将这些任务明确到具体的岗位和责任人,确保采取了必要的整改和控制措施,并进行了持续的跟踪和检查,以确保在规定的时间内完成。在试运行期间,对存在的隐患和问题及时解决,确保投产后生产运行安全可靠。

(二)做好试生产前安全条件确认

建设项目完工,必须迅速委派具有适当资格的安全评估机构进行项目的安全验收和评估,全方位地进行安全审查,并确定试生产的条件。通过对已投产项目进行现场检查,发现问题及时处理,以确保生产过程中不发生安全事故。检查的核心内容应涵盖:试车的组织和指挥、安全管理的机构和人员的完善与到位,以及责任制度、规定和操作程序的实施情况;参加试车团队的培训,并了解他们的实际操作技巧;对特定的作业的管理情况,如检修、动火和受限空间的检查和维护;装置设施的清理、吹扫、更换以及试验的详细情况;设备故障处理情况;特种设备、安全配件、消防工具、雷电和静电防护设施,以及监测报警系统等安全设备的检查、测试和使用状况;人员操作培训考核情况,消防演练与演习效果等;电气仪表的调整以及其是否保持良好的状态;各种紧急应对措施的执行状况等。通过开展此项工作,可以了解设备使用中存在的主要问题以及缺陷发生的原因,从而针对性地制定改进方案,并加强管理。对于检查中发现的问题,企业必须迅速进行整改。在设备出现故障时,必须立即进行维修处理或更换新设备,否则将影响生产和安全运行。对于满足建设项目试生产条件的单位或个人,安全评价机构有责任提供试生产条件的安全评估报告,该报告是项目建设单位进行生产设计和组织生产管理的依据,也是验收合格后取得"环境影响报告书""竣工环境保护验收备案书"等手续必不可少的材料。

(三)强化对试生产环节的安全监管

所有相关层级的部门都需要把试生产阶段视为危险化学品公司的安全监督的核心,并且结合常规的检查和专项的执法检查,增强对试生产的安全性的检查。安全监管主要内容是对试生产计划的制定和审核,以及对在试生产过程中的安全隐患的发现和处理等工作进行全方位的检查,尤其需要关注建设项目中的设备和管道的试压、吹扫、气密、单机试车、仪器调整、联动试车等生产准备的完成情况;投料试车方案;试生产过程中可能出现的安全问题、对策及应急预案;建设项目周边环境与建设项目安全试生产相互影响的确认情况;危险化学品重大危险源监控措施的落实情况;人力资源配置情况等。

二、化工企业的防火防爆监管

(一)正确操作,严格控制工艺指标

1. 按照规定的开停车步骤进行检查和开停车;

2. 控制好升降温、升降压速率;

3. 确保对正常的操作环境如温度、压力、液体位置、成分、投入的物料数量、投

入物料的顺序、投入物料的速率以及排出的物料数量和速率等进行有效管理;

4. 按照规定的时间、指定的路线进行巡回检查。

(二)加强设备管理

发生火灾的一个主要原因是生产设备的缺陷。如果设备的性能良好,操作时间较长,维护需求较少,那么可能出现的危险也会相对较少,从而降低火灾和爆炸的风险。

做好设备管理的方法有:

1. 执行计划性维修,提升维修品质,实施双重包修制度。

2. 强化对压力容器的监控和检查。

3. 对于超过使用期限的设备或者不满足当前法律条款的设备,需要一边强化检查和监督,一边有序地进行升级改造。

4. 必须确保设备的安全配件与安全工具齐全、精准、稳定且易于操作,并且应该持续使用更为尖端、稳定的替换方案。

(三)加强对火源的管理

缺乏对火源的控制导致了大量的火灾和爆炸事件的发生。在化工企业中,常见的火源类型包括:

1. 燃烧:主要指在化学制造流程中,为了加热或者进行维护所使用的火源;

2. 摩擦与撞击产生的火花;

3. 电气火花和静电火花;

4. 其他火源,包括可能在高温环境下自燃的物品、烟蒂、汽车、排气管等。

强化对上述4种火源的监控是防止火灾发生的基本策略。

(四)加强对危险品的管理

对于火灾和爆炸,企业会遇到一些潜在的危险因素:如带有爆破特征的物件、氧化剂、能够引发或者促进燃烧的气体、能够引发或者促使燃烧的液体、容易着火的固体、自我燃烧的物件,还有那些接触到水分之后会发生燃烧的物件。这些物件的特点是危险性大,使用要求严格。依据各种危险物品的具体性质,应依照相关规定进行分类存储和保管。对于易燃易爆性危险品应采取特殊管理措施进行妥善保存。在储存和保管的过程中,必须严格遵守"三关"原则,即入库验收、库存保管以及出库复查。

(五)加强危险物品保管期内的安全

第一,严格禁止将明火和火种带入仓库,并实施严格的火源管理制度;禁止在库外直接点火和用电器开关。

第二,要降低电器火花以及静态电荷释放的危害,仓库的电力运行需要严格遵守相关的安全标准并采取有效的防护手段。

第三,库房的工作人员必须穿戴无铁钉的鞋子或选择不会产生火花的地面;并配备必要的安全用具和工具。

第四,在搬运的时候,必须严格避免碰撞、摩擦和翻滚的情况。对已产生过火花和有严重火花的电气设备应进行彻底清洗并及时更换新设备。

三、危险品管理问题监管

1. 确保为员工和管理层提供关于危化品的专业知识培训和制度解析,特别是在风险和潜在隐患的管理上,并进行能力的评估和考核。关键的职位,例如实验室操作员、危化品的采购审核员、危化品的仓库和危废库的管理者,都必须持有相应的证书才能上岗。在日常工作中发现安全隐患及时整改,避免发生事故。

2. 为了更好地管理企业的危化品(危废品),企业需要完善相关的管理制度,特别是针对本单位特有的危化品进行更具体、更有针对性的管理。此外,还需要增加一些技术指导内容,如化学相容性表,及时更新的易制爆、易制毒化学品清单和化学品风险排查表等;在危化品库设置时尽量采用先进技术和设备。由于涉及风险的变更,建议把危化品仓库的建设纳入设施变更的管理体系中。

3. 面对已经识别出的危险化学品管理的风险和潜在问题,必须拟定专门的整改计划,并优先考虑采用技术手段进行整改。需要重视管理、个人保护以及紧急应对措施,并确保预算的审核工作得到妥善处理。要加强对员工的培训,提高安全意识和安全技能。具备条件的公司可以思考是否要招募或邀请行业专家来为公司提供指导建议。

第二章

化工危险行业合规概述

第一节　化工危险行业合规的概念

化工行业安全生产合规风险，是指化工企业及其员工在经营管理过程中因违反生产安全法律法规义务而引发法律责任、造成经济或者声誉损失以及其他负面影响的可能性。根据风险的严重程度，主要分为行政监管合规风险和刑事合规风险。

严格来讲，“合规”的概念应大于“合法”，企业所面临的各种规制不仅源自法律和法规，还涵盖了相应的监管条款、行业标准以及企业的章程、各种规章制度，甚至包括国际条约和规则等。因此，企业要想获得合法地位就必须遵守相关法律法规，并通过合规管理制度进行规范运作。由于企业所在的行业和规模存在差异，其合规的重点也会有所不同。在化学公司中，“环保、资质、安全生产、应急处置”是遵守法律法规的关键部分。所有与此相关的民事、行政以及刑事问题的法律风险，其情况都相当烦琐且复杂。

第二节　化工危险行业合规管理的必要性

一、降低企业经营风险

风险没有边界，安全没有终点。尤其是化工行业，即便在国家出台数百种管理标准、操作规则进行制约的情况下，由于化工企业的生产原料、生产工艺以及生产产品多存在易燃、易爆、剧毒等特点，企业在实际生产运行中仍会面临风险隐患，并且容易诱发刑事法律风险。特别是在“3・21”响水大爆炸事件之后，国务院安全委员会连续发布了多份红头文件，要求各个省份迅速展开危险化学品生产的隐患排查和整改工作。

化工企业通过对生产过程进行合规控制，加强日常安全生产合规管理，可以有效减少和避免不安全行为与状态，实现消除和控制安全事故、降低企业经营风险的目标。

二、取得更多便利待遇

化工企业安全生产合规做得好，将有机会获得更多的便利和优惠。例如，可以有效减少监管机构的日常检查频率。此外，化工企业开展安全生产合规管理，在一定程度上有利于实现企业与监管部门的良性互动，在行政审批时易获得开放“绿色通道”等便利服务措施，从而使得相关行政审批更为便捷高效。

三、获取更多商业机会，增强企业市场竞争力

化工企业安全生产合规，将获取更多商业机会。例如，在金融机构评定企业信贷信用等级时获得加分，在申报“专精特新”企业时得到优先审批等。公司在安全生产领域的表现优秀，能够在顾客、合作伙伴、消费者以及社会大众眼中塑造出稳定、专业、负责的形象，这将有利于挖掘更多的商业潜力，提升公司的总体竞争实力。

第三节　化工危险行业的安全生产法律体系

至今，我国已经初步建立了一个以《宪法》为核心、以《安全生产法》为中心，并依赖相关法律、行政法规、地方性法规、规章以及技术规程和标准的安全生产法律框架。在此背景下，如何加强化工危险行业的安全管理工作成为各级政府面临的新问题。为了更好地指导和监督化工企业履行其安全生产职责，确保生产行为的规范性，并及时消除潜在的安全风险，我国的多项法律法规和政策都对化工企业的安全生产管理提出了明确的指导和要求。其中包括适用于所有企业的《安全生产法》、《生产安全事故报告和调查处理条例》、《安全生产培训管理办法》以及《安全生产违法行为行政处罚办法》等相关法规。此外，还有一些与化工相关的其他法规、规章也涉及化工行业。除了这些普遍适用的安全生产法律规定之外，我国还专门为化工企业，特别是在化学品安全方面，制定了一系列的法律规范。以下对化工企业重点适用的化学品安全领域的法规规范进行总结，详见表 13-2。

表 13-2　化工企业重点适用安全领域法规规范

序号	类型	法规名称	制定部门	施行日期
1	行政法规	《危险化学品安全管理条例》(2013 年修订)	国务院	2013 年 12 月 7 日
2	党内法规制度	《关于全面加强危险化学品安全生产工作的意见》	中共中央办公厅 国务院办公厅	2020 年 2 月 26 日
3	部门规章	《危险化学品重大危险源监督管理暂行规定》(2015 年修正)	原国家安全生产监督管理总局	2015 年 7 月 1 日
4	部门规章	《危险化学品生产企业安全生产许可证实施办法》(2017 年修正)	原国家安全生产监督管理总局	2017 年 3 月 6 日
5	部门规章	《危险化学品输送管道安全管理规定》(2015 年修正)	原国家安全生产监督管理总局	2015 年 7 月 1 日
6	部门规章	《危险化学品建设项目安全监督管理办法》(2015 年修正)	原国家安全生产监督管理总局	2015 年 7 月 1 日
7	部门规章	《危险化学品登记管理办法》(2012 年)	原国家安全生产监督管理总局	2012 年 8 月 1 日
8	部门规章	《危险化学品经营许可证管理办法》(2015 年修正)	原国家安全生产监督管理总局	2015 年 7 月 1 日
9	部门规章	《危险化学品安全使用许可证实施办法》(2017 年修正)	原国家安全生产监督管理总局	2017 年 3 月 6 日
10	部门规章	《化学品物理危险性鉴定与分类管理办法》	原国家安全生产监督管理总局	2013 年 9 月 1 日
11	部门规章	《船舶载运危险货物安全监督管理规定》(2018 年)	交通运输部	2018 年 9 月 15 日
12	部门规章	《港口危险货物安全管理规定》(2023 年修正)	交通运输部	2023 年 8 月 3 日
13	部门规章	《道路危险货物运输管理规定》(2023 年修正)	交通运输部	2023 年 11 月 10 日
14	部门规章	《铁路危险货物运输安全监督管理规定》(2022 年)	交通运输部	2022 年 12 月 1 日
15	部门工作文件	《遏制危险化学品和烟花爆竹重特大事故工作意见》	原国家安全生产监督管理总局	2016 年 6 月 3 日

续表

序号	类型	法规名称	制定部门	施行日期
16	部门规范性文件	《化工(危险化学品)企业保障生产安全十条规定》(2017年)	原国家安全生产监督管理总局	2017年3月6日
17	部门规范性文件	《化工和危险化学品生产经营单位重大生产安全事故隐患判定标准(试行)》	原国家安全生产监督管理总局	2017年11月13日
18	部门规范性文件	《危险化学品企业生产安全事故应急准备指南》	应急管理部	2019年12月26日
19	部门工作文件	《应急管理部关于印发危险化学品企业安全分类整治目录(2020年)的通知》	应急管理部	2020年10月31日
20	部门规范性文件	《国家安全监管总局关于加强化工过程安全管理的指导意见》	原国家安全生产监督管理总局	2013年7月23日
21	部门规范性文件	《国家安全监管总局关于加强化工企业泄漏管理的指导意见》	原国家安全生产监督管理总局	2014年8月29日
22	部门规范性文件	《国家安全监管总局、住房城乡建设部关于进一步加强危险化学品建设项目安全设计管理的通知》	原国家安全生产监督管理总局 住房和城乡建设部	2013年6月20日
23	部门规范性文件	《国家安全监管总局办公厅关于医院自制医用氧及火力发电企业脱硝项目安全监管有关事项的通知》	原国家安全生产监督管理总局	2013年7月29日
24	部门规范性文件	《国家安全监管总局办公厅关于使用危险化学品单位安全监管有关问题的复函》	原国家安全生产监督管理总局	2012年5月30日
25	部门规范性文件	《国家安全监管总局办公厅关于危险化学品建设项目有关问题的复函》	原国家安全生产监督管理总局	2012年5月31日
26	行政许可批复	《国家安全监管总局办公厅关于具有爆炸危险性危险化学品建设项目界定标准的复函》	原国家安全生产监督管理总局	2014年1月14日

【典型案例】

基本案情:2018 年 4 月,A 公司被山东境内 B 地公安局对其销售的盐酸、硫酸 2 万多元的货物处以近 40 万元的罚款。根据相关法规,出售盐酸和硫酸必须获得“运输备案证明”。B 地的公安部门以“运输备案证明”中的承运人信息和货物到达地点与实际情况不符为由,判定 A 公司的“运输备案证明”不真实。因此,以货值的 10 倍到 20 倍的标准,决定对其进行罚款。

合规工作支撑案件处理:A 公司的法律顾问参与了该事件的会议讨论。经由参加者的反思和梳理,咨询法律专家得出结论:虽然 A 公司这次出具的“运输备案证明”中的部分内容可能出现了偏差,然而,其提交的所有文档均为真实且精确的,未能达成“运输备案证明”的安全监督目的,也就是说,它既无法带来用于制造毒品的实际效应,亦无任何企图规避监督的主观动机。

由于 A 公司非常看重其合规制度,因此,咨询法律专家们也热衷于投身到 A 公司的合规制度构建中,同时他们对其实施的合规性管理抱有深厚的信念。所以,咨询律师给出了一个建议:从当地的监控体系,也就是易制毒化学品的管理信息系统的注册申请步骤开始,按照针对警察部门的反馈的行政复审步骤,合法进入复审的听证过程。

经过听证过程,B 地的公安部门接受了顾问律师的建议,而 A 公司也得到了令人满意的处理反馈。在此案例中,双方都能理性地分析和处理问题,最终取得一致意见。

第三章

化工危险行业的行政合规风险

第一节　行政监管合规风险概述

化工行业的行政监管合规风险指化工企业在经营管理过程中,因违反生产安全领域行政监管法律法规而受到行政处罚的风险。化工行业面临的最大风险可能并非罚款,而是违反行政监管规定所导致的经济损失、商业交易资格损失和声誉损失。这些因素通常会使企业无法承受,甚至有可能使企业面临被行业淘汰的危险。

《安全生产法》对安全生产违法行为采取"零容忍、强惩戒"的处理原则,对于生产经营单位及其从业人员而言,一旦触及法律红线,将面临责令改正、罚款、停产停业整顿等行政处罚甚至刑事责任。

第二节　具体的行政监管合规风险

一、资质证照与合作协议

1. 未经依法批准,擅自生产、经营、运输、储存、使用危险物品或者处置废弃危险物品。

2. 制造商或运营商将制造商的项目、地点、设备分配给没有安全生产环境或相关资格的机构或个体。

3. 生产经营单位未与承包单位、承租单位签订专门的安全生产管理协议或者未在承包合同、租赁合同中明确各自的安全生产管理职责。

4. 两个或更多的生产和经营单位在同一个操作区域内进行可能威胁到对方安全生产的活动时,如果没有签署安全生产管理协议或没有指派专门的安全生产管理人员进行安全检查和协调,则存在行政监管合规风险。

二、组织架构与人员履职

1. 生产和经营单位的主要负责人没有履行《安全生产法》所规定的安全生产管理职责。

2. 生产和经营单位的其他负责人以及安全生产管理人员没有履行《安全生产法》所规定的安全生产管理职责，或未经批准设立安全生产机构或者配备安全生产人员。

3. 没有遵循相关规定来建立安全生产管理机构，或者没有配备合格的安全生产管理人员和注册的安全工程师。

4. 所有的生产、销售、存放、搬迁危险物质的机构，包括矿业、金属加工、建设与搬迁的机构的关键领导者和安全生产的监督者，均未能依据相关规则进行评估。

5. 未遵循相关规定为从业人员、被派遣的劳动者和实习生提供安全生产的教育和培训，或者没有按照规定真实地告知相关的安全生产信息。

6. 没有真实地记录关于安全生产的教育和培训状况。

7. 没有真实地记录事故隐患的排查和治理情况，或者没有向相关从业人员进行通报。

8. 那些从事特种作业的人员，没有经过专业的安全操作培训并获得相应的资格证书，就被允许上岗工作。

9. 在生产和经营单位中，员工不执行岗位上的安全职责，不遵从管理规定，或者违反了安全生产的规章和操作程序。

三、安全设备与技术支撑

1. 在存在较高风险的生产和经营场所以及相关的设施和设备上，没有设置明确的安全警告标识，以及存在安全隐患的企业不得从事生产经营活动。

2. 当涉及安全设备的安装、操作、检验、改进或报废时，它们并不满足国家或行业的相关标准；没有及时维修、更换或更新已损坏的安全装置。

3. 没有对安全设备进行常规的维护、保养以及周期性的检查。

4. 关闭或破坏与生产安全直接相关的监控、报警、防护、救生设备和设施，或者篡改、隐瞒、销毁其相关的数据和信息。

5. 对于危险物品的储存容器、运输设备以及特殊设备，没有经过具备专业认证的机构的检测和检验，并且没有获得安全使用证书或安全标识，就被投入使用；对于已经发生重大安全事故或造成重大损失的事故没有立即采取紧急补救措施。

6. 采用那些可能威胁生产安全并应当被淘汰的工艺和设备。

四、资金支持与财物保障

1. 生产经营单位的决策部门和主要负责人没有按照相关的法律和法规来确保安全生产所需的资金,导致生产经营单位无法满足安全生产的条件、安全事故发生后不能及时采取补救措施。

2. 没有为工作人员提供达到国家或行业标准的劳动保护装备。

3. 在高风险的行业或领域,生产和经营单位没有按照国家的要求购买安全生产责任保险。

4. 生产、经营、储存和使用危险物品的车间、商店、仓库和员工宿舍位于同一建筑内,或者与员工宿舍的距离不满足安全标准。

5. 在生产和经营场所以及员工宿舍中,没有设置满足紧急疏散需求、标识清晰且保持流畅的出口或疏散路径,或者是占据、封锁、封锁生产和经营场所或员工宿舍的出口和疏散路径。

五、事故预防与处置

1. 生产经营单位的主要负责人没有执行《安全生产法》所规定的安全生产管理职责,导致了生产安全事故的发生,以及在生产活动中违反国家法律、法规和规章有关规定,造成重大事故。

2. 没有按照既定规定来制定生产安全事故的应急救援预案,或者没有定期组织相关的演练活动。

3. 在进行生产、销售、搬运、保存、利用和处置危险物质的流程时,并未设定特定的安全控制体系,同时也未实行稳妥的防护策略。

4. 并未对主要风险源进行正规的注册与存档,同时也缺乏周期性的检查、评价与跟踪,甚至没有设立适当的紧急计划,或者并未告知相关的紧急处理方法。缺乏健全的保险措施与工具,并且缺乏相应的记录。

5. 在执行高风险任务时,没有专门的人员负责现场的安全管理工作。

6. 没有实施安全风险的分级管理制度,或者没有根据安全风险的分级来实施相应的管理措施。

7. 没有建立事故隐患的排查和治理制度,或者重大事故隐患的排查和治理情况没有按照规定报告,或对存在安全隐患的危险化学品企业没有采取安全措施进行整改。

8. 没有实施措施来消除潜在的事故风险。

9. 在高风险的行业或领域,生产和经营单位没有按照国家的相关规定购买安全生产责任保险。

10. 当生产经营单位的主要负责人在单位内遭遇生产安全事故时,没有立刻组织紧急抢救措施,或者在事故调查和处理过程中擅自离职或逃避责任。

11. 生产和经营单位的主要负责人对生产安全事故进行隐瞒、虚假报告或延迟报告。

第四章

化工危险行业的涉嫌刑事犯罪的风险防范

预防刑事犯罪是企业家通过企业内部法治实现自我保护、终身保护的盾牌;是企业家保护自己人身、财产安全不受非法权力侵害的终极武器;是企业家防止本企业人员刑事犯罪的最有效手段;是企业的防火墙,也是企业健康、可持续性发展的根本保障。

第一节 化工危险行业刑事犯罪风险概述

化工行业刑事犯罪风险的防范是指化工企业在经营管理中,提前作出预防措施从而防止其面临刑事追责的风险。

化学工业企业极有可能同时触犯多项罪名,并最终面临多项罪名的并行处罚。例如,在天津发生的“8·12”特大火灾爆炸事件中,涉案的公司副董事长董某因涉及非法储存危险物质罪、非法经营罪、危险物品肇事罪等多项罪名,被天津市第二中级人民法院在一审中判处无期徒刑。

目前,司法实践中涉及化工行业的刑事犯罪的具体罪名有以下几项。

(一)重大责任事故罪

《刑法》第134条第1款规定:“在生产、作业中违反有关安全管理的规定,因而发生重大伤亡事故或者造成其他严重后果的,处三年以下有期徒刑或者拘役;情节特别恶劣的,处三年以上七年以下有期徒刑。”

重大责任事故罪是化工企业易触犯的高频罪名之一。

(二)强令、组织他人违章冒险作业罪

《刑法》第134条第2款规定:“强令他人违章冒险作业,或者明知存在重大事故隐患而不排除,仍冒险组织作业,因而发生重大伤亡事故或者造成其他严重后果的,处五年以下有期徒刑或者拘役;情节特别恶劣的,处五年以上有期徒刑。”

（三）危险作业罪

《刑法》第 134 条之一规定："在生产、作业中违反有关安全管理的规定，有下列情形之一，具有发生重大伤亡事故或者其他严重后果的现实危险的，处一年以下有期徒刑、拘役或者管制：

"（一）关闭、破坏直接关系生产安全的监控、报警、防护、救生设备、设施，或者篡改、隐瞒、销毁其相关数据、信息的；

"（二）因存在重大事故隐患被依法责令停产停业、停止施工、停止使用有关设备、设施、场所或者立即采取排除危险的整改措施，而拒不执行的；

"（三）涉及安全生产的事项未经依法批准或者许可，擅自从事矿山开采、金属冶炼、建筑施工，以及危险物品生产、经营、储存等高度危险的生产作业活动的。"

从罪状的描述来看：首先，本罪属于行政犯，以违反前置性安全管理规定为前提；其次，本罪属于具体危险犯，要求具备发生重大伤亡事故或者其他严重后果的现实危险，这里的现实危险应当具有重大性和紧迫性；再次，本罪未设置兜底条款，也就是说，仅以《刑法》条文明确规定的为限，不得再行扩大；最后，本罪的主观方面应当为过失。行为人对于重大伤亡事故及其他严重后果的发生应当是持反对态度的。

（四）危险物品肇事罪

《刑法》第 136 条规定："违反爆炸性、易燃性、放射性、毒害性、腐蚀性物品的管理规定，在生产、储存、运输、使用中发生重大事故，造成严重后果的，处三年以下有期徒刑或者拘役；后果特别严重的，处三年以上七年以下有期徒刑。"

（五）工程重大安全事故罪

《刑法》第 137 条规定："建设单位、设计单位、施工单位、工程监理单位违反国家规定，降低工程质量标准，造成重大安全事故的，对直接责任人员，处五年以下有期徒刑或者拘役，并处罚金；后果特别严重的，处五年以上十年以下有期徒刑，并处罚金。"

（六）消防责任事故罪

《刑法》第 139 条规定："违反消防管理法规，经消防监督机构通知采取改正措施而拒绝执行，造成严重后果的，对直接责任人员，处三年以下有期徒刑或者拘役；后果特别严重的，处三年以上七年以下有期徒刑。"

（七）不报、谎报安全事故罪

《刑法》第 139 条之一规定："在安全事故发生后，负有报告职责的人员不报或者谎报事故情况,贻误事故抢救,情节严重的,处三年以下有期徒刑或者拘役;情节特别严重的,处三年以上七年以下有期徒刑。"

(八)非法经营罪

《刑法》第225条规定:"违反国家规定,有下列非法经营行为之一,扰乱市场秩序,情节严重的,处五年以下有期徒刑或者拘役,并处或者单处违法所得一倍以上五倍以下罚金;情节特别严重的,处五年以上有期徒刑,并处违法所得一倍以上五倍以下罚金或者没收财产:

"(一)未经许可经营法律、行政法规规定的专营、专卖物品或者其他限制买卖的物品的;

"(二)买卖进出口许可证、进出口原产地证明以及其他法律、行政法规规定的经营许可证或者批准文件的;

"(三)未经国家有关主管部门批准非法经营证券、期货、保险业务的,或者非法从事资金支付结算业务的;

"(四)其他严重扰乱市场秩序的非法经营行为。"

所有的化学工厂都需要获得行政许可的资格,否则就有可能涉嫌违法经营,轻则需要负责行政责任,严重的话就会涉及刑事犯罪。危险化工行业中容易引发非法经营罪的生产经营事项(见表13-3)。

表13-3　危险化工行业中容易引发非法经营罪的生产经营事项

序号	生产经营事项	行政许可证书	法律依据
1	生产、经营危险化学品	危险化学品安全生产许可证、危险化学品使用许可证、危险化学品经营许可证	《危险化学品安全管理条例》
2	收集、贮存、处置、利用危险废物	危险废物经营许可证	《固体废物污染环境防治法》
3	生产、经营农药	农药登记证、农药生产许可证、农药经营许可证	《农药管理条例》
4	生产、经营药品	药品生产许可证、药品经营许可证	《药品管理法》
5	生产、经营第一类易制毒化学品	第一类易制毒化学品生产许可证、第一类易制毒化学品经营许可证	《易制毒化学品管理条例》

司法实践中,此类案件相关责任人被判决缓刑的较多,同时企业面临违法所得

1倍以上5倍以下罚金。

(九)污染环境罪

《刑法》第338条规定:“违反国家规定,排放、倾倒或者处置有放射性的废物、含传染病病原体的废物、有毒物质或者其他有害物质,严重污染环境的,处三年以下有期徒刑或者拘役,并处或者单处罚金;情节严重的,处三年以上七年以下有期徒刑,并处罚金;有下列情形之一的,处七年以上有期徒刑,并处罚金:

“(一)在饮用水水源保护区、自然保护地核心保护区等依法确定的重点保护区域排放、倾倒、处置有放射性的废物、含传染病病原体的废物、有毒物质,情节特别严重的;

“(二)向国家确定的重要江河、湖泊水域排放、倾倒、处置有放射性的废物、含传染病病原体的废物、有毒物质,情节特别严重的;

“(三)致使大量永久基本农田基本功能丧失或者遭受永久性破坏的;

“(四)致使多人重伤、严重疾病,或者致人严重残疾、死亡的。

“有前款行为,同时构成其他犯罪的,依照处罚较重的规定定罪处罚。”

这一罪名主要集中在对危险废物的排放和处理环节进行严厉打击。

第二节 刑事法律风险识别与防控

一、案件实践

长风公司在重庆长风化学工业有限公司的授权下,委托重庆云光化工有限公司处理其运营过程中产生的有毒废物(也就是次级苯系物的有机产品)。接下来,蒋某(身为云光公司的法人代表)决定把危险废物处理的任务交给公司的员工夏某来承担。在未对张某的危险废物处理技能进行评估的情况下,夏某直接将长风公司委托给他处理的危险废物交给了张某。后来,张某与被告胡某和周某建立了联系,并在实地考察后,决定将有害废物转移到四川省宜宾市兴文县共乐镇的黄水沱地区进行处理。张某在2011年6月12日策划了一次运输工业废水的活动,他在长风公司装载了超过28吨的废水,主要目标是将其运送到兴文县的黄水沱地区。由于当时没有其他应急预案,因此,该罐车未采取任何防护措施就直接驶离现场,造成事故发生。由于车辆尺寸过大,无法进入黄水沱地区,周某、胡某、张某等人紧急决定在大坳口公路旁的斜坡上倾倒工业废水,这导致当地环境遭受了严重的污染。

经查,该处有大量废弃的铁桶、铁罐等废物,其中部分属于危险固体废物。2011 年 6 月 14 日,张某从长风公司运输了大约 75 吨的 3 车铁桶装半固体危险废物,这些废物被倾倒在黄水沱振兴硫铁矿的斜坡上。这一行为严重污染了当地的环境,并对当地居民的健康状况以及企业的生产活动造成了不良影响。经县环保部门调查发现,事故原因主要是没有及时采取应急措施,造成了环境污染。经过专家鉴定,黄水沱和大坳口两个地点的危险废物处理、现场清理和运输费用共计 918 315 元。

四川省宜宾市兴文县人民法院对被告云光公司依照环境污染罪作出了罚款 50 万元的判决。夏某被判处 2 年有期徒刑,并被罚款 2 万元。张某被判处 1 年 6 个月的有期徒刑,并被罚款 2 万元。蒋某、周某、胡某被判处了缓刑。

二、刑事法律风险识别

在这个案例里,重庆云光公司的法人代表蒋某把废弃物的处理任务委托给了公司的职员夏某。在没有对张某的危险物品处理能力进行审核的情况下,夏某直接把危险废弃物交给了张某进行处理。

作为一家专门处理化工危险废物的公司,云光公司违反了国家对化工危险废物处理的规定,将工业污泥和工业废水交给了没有化工废物处理资格的张某进行处理,这导致了严重的环境污染,因此,他们构成了环境污染罪。

三、刑事法律风险防控

云光公司作为专业的化工危险物处置企业,对危险物处置的相关法律规定应当有着更加深刻的认识,但是在本案中,云光公司员工夏某在未审查张某是否具有危险物处置资质的情况下,直接将危险物转交给张某处置,这表明云光公司在危险物处置相关方面培训的缺失。云光公司应当加强各职位相关的培训,加深员工对岗位工作要求的理解,使各职位员工具有必备的技能和知识,确保各职位员工依法履行岗位职责。

第五章

化工危险行业合规建设

第一节　化工企业合规管理体系构建

一、资质证照合规管理

（一）前瞻性规划和布局

在对化学公司的资格与许可进行执行的过程中，我们需要考虑多个方面，包括产业政策、发展计划、制造流程、科技与设备的合格程度、环境污染的情况，还有各个细分领域的准入门槛，来做出具有预见性的规划与安排。

（二）现有证照的管理

当化工公司进行现有许可的管理时，他们需要全方位地整理与其生产和运营相关的所有法律、法规、标准以及具体条款。根据公司是否有行政惩罚、修正或者重大事故风险等特定的历史情况，管理者应该关注证明申请的真实性、是否需要立即提交变动、延长、转让、新建、改造或者扩展项目，以及项目是否通过了安全、环保评估或者审查等关键问题。

二、安全生产合规管理

化工企业的安全生产合规管理应有领导、分工明确的管理制度、岗位责任制度和应对危险废物污染的防治措施，建立并严格遵守各环节的安全操作规程。该部分的合规建设应为化工企业的合规之重点，将在本章第二节予以详细展开。

三、环保达标合规管理

根据合规性的要求并结合公司的污染物种类、数量、排放数据、排放路径以及许可和历史合规状况，首先对公司可能存在的环保合规风险进行评估。重点对污染物的排放、环保设备的使用、运营以及与第三方合作的资质核查等关键环节进行深入的检查、整理和管理。在此基础上提出相应的管控措施和建议,以确保化工企业环保合规管理水平持续提升。

需要特别注意的是,由于生态环境保护的形势变得越来越严峻,相关的法律、法规和司法解释经常进行更新,因此,化工企业的环保合规制度和由此制定的具体操作指南需要及时地进行修订和更新,以确保企业能够有效地预防环保合规的风险。

四、突发应急事件管理

化工事故,尤其是与危险化学品相关的事故,一旦发生,其造成的危害和对社会的影响都是巨大的。因此,化工企业必须高度重视突发应急事件的管理,确保其符合法律和安全监督管理部门的要求,并确保应急预案具有实际操作性。这意味着,企业应将环保、合规和风险控制体系整合到应急预案中,以确保事故发生后的应急响应完全符合法律规定。

第二节 安全生产合规建设

安全生产经营是企业合规的重要内容与主要目标,而企业合规管理体系建设是预防企业发生安全生产风险的主要途径。健全的安全生产合规管理体系和管理制度是企业安全生产管理工作有序进行的规范依据和有力保障,也是防止因管理疏漏导致对外承担行政处罚的重要考虑。化工企业务必转变传统经营思路,着眼于确保公司安全方面合规经营,做到安全生产合规,重视事前防范风险。以下几个方面的合规建议供化工企业参考。

一、制定安全生产合规规则

首先,要制定安全生产合规规则:一是企业及下属各生产经营单位的安全生产保障;二是从业人员的安全生产权利义务;三是安全生产事故的应急救援与调查处理。这一规则系纲领性的规则。

其次,制定有针对性的安全生产合规规则:针对不同的单位,根据经营范围,制定有针对性的安全生产合规规则。

最后,从专项合规到逐步建立合规管理体系。根据单位规模大小以及内部风控的需要,围绕合规文化的建设,从专项合规到逐步建立合规管理体系,从而实现主动合规。

二、建立健全安全生产责任体系

有明确的部门安全责任并落实到位,不允许将自身的业务工作与安全割裂开来。化工企业主要负责人、其他负责人及安全生产管理人员都负有相应的安全生产管理职责。因此,企业应按要求建立健全安全生产管理制度,明确、细化不同级别负责人员的安全生产管理责任。为明确责任主体,企业应尽量明确内部的汇报机制和权责划分,如安全生产相关条线的组织架构、各岗位的责任人员、责任范围和考核标准等内容。

同时,企业还需落实全员安全生产责任制,将安全生产的责任落实到企业中的每一个员工身上。企业要通过明确员工的安全生产合规义务,让每位员工认识到自己既是安全生产的直接利害关系人,也是责任人。严格执行风险辨识和管控制度,按规定配备化工专业技术团队、高风险岗位操作人员和消防控制室值班人员,将安全责任落实到基层班组。

三、完善内部管理制度，开展安全隐患排查

化工企业需结合自身经营情况、行业特征、行业安全标准等,审视现有管理制度中存在的问题,及时修改完善安全管理制度。

在隐患排查方面,企业应加强对各级别安全风险的监测、预警,及时开展隐患排查及治理,围绕行业特点,重点辨识危险源、排查风险点,对风险进行量化并提出具体可行的落实措施。建立排查治理台账,对于隐患排查的各个方面,如事项、内容和频率等,都进行详细的划分和执行,确保责任明确并细化,鼓励所有员工主动参与隐患的排查工作,特别是对于存在高风险的场所、环节和部位,需要加强隐患的排查,并在事故发生前针对性地消除隐患。同时,要求各级各部门按照“谁主管、谁负责”原则开展工作。在涉及重大事故隐患的排查和治理过程中,企业有责任依法完成法定的汇报和报告职责。

企业应积极采用信息化监控手段,化工园区和化工重点企业应对重大危险源、重点场所、基础设施等建立完善安全风险在线监测预警系统。

四、加强安全生产合规培训与考核

安全生产领域合规作为企业合规管理的重要领域,需要企业把安全合规作为企业文化建设的一部分。尤其在全员责任制的背景下,企业应健全安全生产培训制度,制定安全生产合规培训计划,定期开展合规培训,确保所有从业人员都掌握了必要的安全生产知识,并对相关的安全生产规定和操作流程有深入的了解。通过教育培训,提高安全意识。对于各种不同的工作岗位,尤其是一线工作人员,他们需要熟练掌握各自岗位上的安全操作技巧,了解如何应对突发事故,以及明确自己在安全生产领域的权益和职责。针对合规培训,应将培训内容及培训考核结果记录在案,作为员工绩效考核的一项重要指标。

五、构建安全风险分级管控机制

化工企业应建立安全风险分级管控机制。建议企业按照安全风险事件发生可能性的高低,影响程度的大小,民事责任、行政责任、刑事责任等不同的法律责任类型等,对各类安全生产风险进行辨识和评估,制定风险清单,对安全生产风险的类型进行分级排序,确定需要优先关注和应对的安全风险。同时,针对不同等级风险设置不同的管控层级和措施,风险越大,对应管控级别越高。加强对各级别安全风险的监测、预警、防控,尤其注意制订危险源(尤其是重大危险源)的监控措施和管理方案,采取措施,及时发现并消除事故隐患。

六、定期合规检查排除合规风险

企业应当开展定期和专项安全合规巡查、检查,由内部管理人员和外部专业合规顾问组成合规检查工作团队,制定合规检查清单,开展合规检查,排查风险隐患,并形成合规检查报告,详细描述合规风险问题并提出合规整改建议,并持续对企业的整改情况进行关注,直至企业完成整改,消除安全隐患。检查结果可作为员工落实安全生产责任的依据,记入其合规考核并与绩效挂钩,也可作为责任追究的依据。

七、降低生产储存和运输环节重大安全风险

在生产和储存领域,精细化工公司应当根据规定进行安全风险评估,对于那些涉及高风险工艺的生产设备,应尽可能实施全流程的自动化控制,并确保操作人员

具备相应的专业技能和资质。对化工园区内的化工企业,要建立严格规范的监管制度,加大安全监管力度。那些从事高风险工艺和特殊化学品管理的企业,必须严格按照安全设计来操作,全面执行风险隐患的排查和治理措施,以确保风险管理机制能够常态化运行。针对老旧的装置压力容器管道,企业应该实施预防性的维护措施和持续的监测监控,以减少腐蚀和泄漏的风险。对危化品储运设施等重要危险源实施重点监控。大型化学品储存库的区域必须完善紧急切断、气体检测、视频监控和雷电预警这"四个系统"。

交通运输方面,托运单位应落实安全生产主体责任,委托具备危险化学品运输资质的企业和车辆承运、按规定装载危险化学品。此外还应关注国内法规要求,运输过程避开特定时段禁行区域。

八、妥善处理应对安全事故

一旦发生安全事故,化工企业应及时启动安全生产事故应急预案,迅速采取有效措施,实施抢救,防止事故扩大,减少人员伤亡和财产损失,妥善保护事故现场,上报主管机关。在与主管机关处理事故过程中,注意留存证据,把握陈述和申辩的合法权利,积极跟踪事故调查进程,把握时间节点,合法合理应对事故处理。安全事故处理应对的合规性不仅事关降低企业安全事故损害结果,也是预防二次事故以及追究事故责任、事故整改以及事后评估的重要因素。企业因违法或发生事故被责令整改的,应尤其注意及时整改及向主管部门反馈整改结果,以避免适用按日连续处罚制度,同时,要充分地总结事故经验,避免再次发生类似情况。

九、建立企业的安全文化理念

企业应形成以人为本的安全发展理念,通过应急演练、模拟事故、培训和鼓励发现隐患等多种方式培养员工安全生产意识和价值观,贯彻并使所有员工认可并自发宣传安全文化理念,营造良好安全合规氛围。真正贯彻和通过多种方式使高层及管理人员养成"管行业必须管安全、管业务必须管安全、管生产经营必须管安全"的根本性意识和充分认识。在安全生产全员责任制的背景下,企业应当通过培训、安全管理制度上墙等方式,宣传安全生产文化,使得安全生产意识深入到企业全体员工的日常工作中。

第十四编

教育培训行业合规经营

第一章

总　　则

为维护教育培训市场秩序，保障消费者和教育培训行业经营者的合法权益，根据《民办教育促进法》《校外培训行政处罚暂行办法》《民办教育促进法实施条例》《教育督导问责办法》《消费者权益保护法》《反不正当竞争法》《广告法》《校车安全管理条例》《民法典》《刑法》等相关法律法规规章的规定，编写本指南。

第一节　经营原则

教育培训行业作为一种知识服务业，其经营原则的核心在于满足社会日益增长的教育需求，提供有品质、高效、个性化的教育服务。其具体经营原则如下。

一、法律遵从原则

严格遵守相关法律法规，保障经营行为合法合规，是教育培训行业的首要经营原则。包括但不限于以下几个方面：

1. 遵守教育法律法规：确保教育机构符合国家教育法律、法规和政策，如《教育法》《义务教育法》等。

2. 遵守劳动法律法规：确保与员工签订正式劳动合同，提供必要的劳动保障，如社会保险、医疗保险等。

3. 遵守商事法律法规：保障企业的正常商业运营，遵守包括但不限于工商注册、税务申报等方面的法规。

4. 遵守知识产权法律法规：尊重知识产权，确保教学内容、教材等不侵犯任何知识产权。

二、质量为本原则

教学质量是教育培训行业的核心竞争力，因此，保证教学质量是经营中的根本原则。这包括：

1. 优质教学内容：提供符合社会需求、科学、系统的教育内容，不断更新和优化教学内容和方法。

2. 优秀的教师团队：建立一支具备专业素养、教学经验丰富的教师团队，注重教师培训和教学评估。

3. 完善的教学设施：提供必要的教学设施和教学工具，确保教学过程的顺利进行。

4. 良好的教学质量监控：建立教学质量监控体系，定期进行教学评估，及时调整教学方法和策略。

三、服务至上原则

教育培训行业作为一种服务行业，应始终坚持以客户需求为导向，提供优质的服务。具体包括以下几个方面。

1. 个性化服务：根据学生需求和特点，提供个性化的教学服务，满足不同学生的学习需求。

2. 完善的服务体系：建立完善的售前、售中、售后服务体系，提供专业的咨询、报名、学习指导等服务。

3. 服务品质保障：确保服务流程的顺畅，提高服务效率，及时处理客户投诉和问题。

4. 客户信息保护：严格保护客户隐私，确保客户信息安全。

四、社会责任原则

教育培训机构作为社会的一分子，应积极履行社会责任，回馈社会。这包括以下几个方面。

1. 公益事业参与：积极参与公益事业，为社会做出贡献。

2. 教育公平推动：致力于推动教育公平，为更多的学生提供优质的教育机会。

3. 环境友好经营：注重环保，采取环保措施，减少经营活动对环境的影响。

4. 社区共建：与社区建立良好的合作关系，共同推动社区发展。

5. 道德诚信经营：遵守商业道德，诚信经营，不参与任何违法违规行为。

综上所述，教育培训行业的经营原则主要包括法律遵从、质量为本、服务至上和社会责任四个方面。这些原则对于保障教育培训机构的健康、稳定发展具有重要意义。在实践中，各机构应根据自身情况，灵活运用这些原则，以实现良好的经营效益和社会效益。

第二节　经营主体

教育培训行业的经营主体是指在教育培训领域内提供各类培训服务的机构或个人。这些经营主体在教育培训市场中发挥着至关重要的作用，为广大学员提供各类专业知识、技能培训、兴趣爱好培养等服务。

教育培训行业的经营主体形式多样，既包括传统的教育培训机构，如学校、培训机构等，也包括在线教育平台、个人教师等新型经营主体。这些经营主体在教育培训市场中各自扮演着不同的角色，满足不同层次、不同需求的学员的培训需求。

作为教育培训行业的经营主体，需要具备一定的资质和实力，包括专业的教学团队、完善的教学设施、良好的教学质量等。同时，经营主体还需要具备一定的市场敏感度和创新精神，能够紧跟市场需求，不断推出符合市场需求的培训课程和服务，提升自身的竞争力和市场地位。

此外，教育培训行业的经营主体还需要注重品牌建设和服务质量提升。通过提供优质的教学服务、打造品牌口碑、加强学员互动等方式，提高学员的满意度和忠诚度，进一步巩固和拓展市场份额。

总之，教育培训行业的经营主体是教育培训市场的重要组成部分，对于推动教育培训行业的发展和提高广大人民群众的文化素质具有重要意义。未来，随着教育培训市场的不断扩大和竞争的加剧，经营主体需要不断创新和提升自身实力，以适应市场的变化和满足学员的需求。

第二章

经营规范

第一节　信息发布

在信息发布合规方面，提出如下风险提示。

（一）涉嫌发布和进行虚假和误导消费者的广告和经营行为

部分教育机构“0 元入会”和“保过班”的宣传，存在误导一般公众的可能，可能使消费者误认为“0 元入会”为免费培训，“保过班”将享受优于普通班的服务，从而实质性影响公众与其交易决策。如果公司没有实质性免费培训或提供优于普通班的安排，则构成了虚假或引人误解的宣传。根据《广告法》第 24 条第 1 项的规定，教育、培训广告不得含有对升学、通过考试、获得学位学历或者合格证书，或者对教育、培训的效果作出明示或者暗示的保证性承诺。对于部分教育机构发布的“0 元入会”“保过班”等广告，依据《广告法》第 58 条进行处罚。

（二）拖延退费涉嫌侵害消费者合法权益行为

部分教育机构违反合同约定，要求学员与其签订分期退款协议，否则明确拒绝依据合同条款退费，迫使消费者通过诉讼方式退费。当消费者退学费时，部分教育机构单方要求学员签订分期退费协议，例如，“每期支付 10%，分十期即十个月支付完成”如果学员不签订分期退费协议，则明确拒绝依照合同约定退费。上述情形构成《侵害消费者权益行为处罚办法》第 10 条规定的故意拖延或无理拒绝退费行为，市场监督管理部门可依据《侵害消费者权益行为处罚办法》第 14 条和《消费者权益保护法》第 56 条规定予以行政处罚。

（三）涉嫌违规贷款行为

部分教育机构利用关联公司违规向学员发放贷款，并通过隐瞒还款期限等方式进行误导消费者，涉嫌违反相关规定。部分消费者对贷款情况并不知悉，或者理解为自身向教育机构借款，而非通过第三方机构进行贷款。教育机构相关工作人员在向其介绍“0元入学”等产品时避重就轻，刻意向消费者表示“考不上不要钱”，而并未如实、详尽介绍需要通过贷款方式实现。此外，在贷款协议具体签订过程中，线下其往往作为教育服务合同的补充协议存在，普通消费者对较多页数的合同并不仔细阅读；线上其往往来自教育机构工作人员发送的二维码，在教育机构已经获取消费者身份证信息的情况下，消费者或根据相关人员引导，在不知情的情况下，配合线上人脸识别完成贷款合同签订。此种模式下，无论最终是否退费，教育机构均需要承担大额利息，尤其在此前新冠肺炎疫情期间，诸多考试延期，致使贷款期限顺延，利息继续累加，一旦教育机构逾期退费，将使贷款风险转嫁至学员。违规行为由金融监督管理局进行行政处罚。

若消费者对贷款知情，自主完成贷款操作，教育机构不担责。若在服务合同签约、履约过程中，教育机构并未明确告知贷款事宜，或进行不当诱导，可能构成欺诈或诈骗。“被贷款”的过程中，若非法获取、使用消费者信息进行贷款，可能涉嫌构成侵犯公民个人信息犯罪。

第二节　财税管理

在财税管理合规方面，提出如下建议。

严格执行国家规定，在培训平台的显著位置公示收费项目、标准及退费办法。收费时段与教学安排应一致，收取的预付资金总规模与服务能力应相匹配。严禁在服务能力外收取预付资金，预付资金只能用于教育培训业务，不得用于另外的投资。

按课时收费，每科一次性收取的费用，不得超过60课时；按培训周期收费，收取时间的跨度，一次不得超过3个月。服务协议中当事人的权利、义务，应遵循公平原则。

财会的原始凭证应当手续完备、合法，内容真实，数字正确，日期和印章齐全，大、小写相符等。财会人员应对原始凭证记账负责，账簿记载明确、清晰。凭证、账册由专人列册登记，妥善保管，保存年限应合乎规定。

未使用的重要空白凭证由专人保管。符合领用情形的，由领用人办理领用手续。

第三节　消防安全

根据2022年教育部办公厅、应急管理部办公厅发布的《校外培训机构消防安全管理九项规定》,对设置在中小学校以外,面向中、小学生及学龄前儿童举办的非学历教育培训机构,提出下列消防安全要求。

(一)消防安全主体责任

培训机构应配备专兼职消防安全管理人员,自主购置合格的消防装备器材,组织开展检查巡查、隐患整改、设施维护、宣传教育、疏散演练等工作。

(二)消防安全疏散条件

消防安全疏散条件是一个涉及多个方面的复杂问题,旨在确保人员在紧急情况下能够快速、安全地撤离建筑物。以下是一些主要条件:

1. 疏散宽度:应保证不出现拥堵现象。每层的房间疏散门、安全出口、疏散走道和疏散楼梯的各自总净宽度应根据疏散人数按每百人宽度指标规定计算确定。

2. 安全出口数量:每个防火分区必须设有至少两个安全出口,疏散出口应分散布置。

3. 疏散距离:必须满足室内最远点到房门,房门到最近安全出口或楼梯间的行走距离限制。

4. 疏散方向:应尽量为双向疏散,减少袋形走道的设置。

5. 疏散楼梯:选用合适的疏散楼梯形式,楼梯间应为安全的区域,不受烟火的侵袭。

6. 地下安全疏散:通向地下室的楼梯间不应与地上楼梯相连,必须相连时,应采用防火墙分隔,通过防火门出入。

总之,消防安全疏散条件涉及建筑设计、安全标识、安全出口设置、特殊场所安全要求等多个方面,旨在确保人员在紧急情况下能够快速、安全地撤离建筑物。

(三)日常防火检查巡查

日常防火检查巡查的内容主要包括:

1. 用火、用电有无违章情况。

2. 安全出口、疏散通道是否畅通,安全疏散指示标志、应急照明是否完好。

3. 消防设施、器材和消防安全标志是否在位、完整。

4. 常闭式防火门是否处于关闭状态,防火卷帘下是否堆放物品影响使用。

5. 消防安全重点部位的人员在岗情况。

6. 其他消防安全情况。

防火巡查应当填写巡查记录，巡查人员及其主管人员应当在巡查记录上签名。

此外，依据《消防法》等法律法规的规定，依法应消防验收的建设工程，未经消防验收或消防验收不合格仍投入使用的，由住房和城乡建设主管部门、消防救援机构按照各自职权责令停止施工、停止使用或者停产停业，并处3万元以上30万元以下罚款。未配置或设置不符合国家标准、行业标准的消防设施、器材、标志的，占用消防通道、防火间距等可能妨害消防救援的，将面临最高5万元的罚款。

第三章

教育培训服务合同

第一节　合同内容

教育培训服务合同的内容可能因具体情况而异，但通常会包括以下几部分：

1. 合同双方的基本信息：包括但不限于甲方（教育培训机构）和乙方（学员）的全称、联系方式等。

2. 培训内容：明确培训的具体内容、课程设置、培训方式、培训时间等信息，以及培训目标与预期效果。

3. 费用及支付方式：详细说明培训费用、支付时间、支付方式等信息，以及退费政策（如果有）。

4. 权利与义务：明确双方在合同中的权利与义务，例如甲方应提供优质的教育服务，乙方应按时支付费用等。

5. 保密条款：如果涉及保密内容，应在合同中明确保密责任和保密期限。

6. 违约责任：明确双方在违反合同时的责任及补偿方法。

7. 纠纷解决方法：协议当事人就执行合同期间出现的纠纷进行协商，包括通过仲裁或者诉讼来解决。

8. 合约的生效和终止：清楚地说明合约的有效日期、终止条件和终止程序。

9. 其他约定：根据具体情况，可以在合同中约定其他特殊条款，如知识产权归属、合作期限等。

具体合同内容应根据实际情况进行调整和完善。在签订合同时，双方都应仔细阅读合同条款，确保明确了解其中包含的内容和责任。

以下将展示教育培训服务合同的通用模板，在现实中根据具体教育培训类型、内容的不同，合同内容也应当作出更加细化、专业的变更。

教育培训服务合同

甲方(培训机构):____________

地址:____________

联系方式:____________

乙方(学员):____________

地址:____________

联系方式:____________

鉴于甲乙双方同意就教育培训服务达成如下协议:

一、培训内容和方式

1. 甲方应根据乙方需求和实际情况,提供有针对性的培训课程,包括但不限于理论授课、实践操作和模拟考试等形式。

2. 培训课程的具体内容、教材、学习方式(线上或线下)、学习时间和期限等,由甲乙双方协商确定,并在本合同中明确约定。

3. 甲方应保证培训质量,提供优秀的师资力量和完善的教学设施,确保乙方的学习效果。

二、培训费用及支付方式

1. 本次培训费用包括学费、教材费、考试费等各类费用,总计人民币______元(大写:______元整)。

2. 乙方应在合同签订后______日内支付全部费用至甲方指定账户。

3. 如乙方未能在规定期限内支付费用,应按照每逾期一天支付______%的违约金。

三、培训效果及评估方式

1. 甲方应对乙方的培训效果进行定期评估,以确保乙方能够达到预期的学习目标。

2. 评估方式可以包括考试、考核、实操等形式,具体方式由甲乙双方协商确定。

3. 如乙方未能达到预期的学习目标,甲方应根据实际情况提供补充培训或调整教学计划。

四、违约责任及争议解决方式

1. 甲乙双方应严格履行合同,任何一方违反合同的,均须承担相应的违约责任。

2. 如在执行合同时,甲方和乙方之间出现任何纠纷,应当先以友好的方式进行协商;如果无法达成协议,可以提交仲裁机构进行仲裁或向人民法院提起诉讼。

3. 本合同的违约责任及争议解决方式适用中华人民共和国法律。

五、其他条款

1. 本合同自甲方和乙方签署(或加盖公章)后开始生效,有效期至______年。

2. 本合同一式两份,由甲、乙双方各执一份,具有同等法律效力。

3. 甲方与乙方在协议中没有约定的事项,由甲方和乙方共同商定解决。

第二节　意外保险

教育培训服务合同中的意外保险是一种为学员或参加培训的人员提供保障的保险产品。这种保险旨在保障学生在接受教育培训服务过程中,因意外事故遭受的人身伤害和财产损失,从而让学员或参加培训的人员能够安心学习。

意外保险的具体保障范围非常广泛,不仅包括意外伤害医疗费用,还包括意外残疾保险金、意外身故保险金等多种保障项目。当学员在接受教育培训服务过程中遭遇意外事故,受到身体伤害或财产损失时,意外保险可以为他们提供及时的经济支持,减轻他们的经济负担。

在选择意外保险时,学员或参加培训的人员需要谨慎考虑一些因素。首先,需要了解保险的具体保障范围,确保保险能够覆盖他们在教育培训服务过程中可能遇到的各种风险。其次,需要确认保险的期限,确保保险能够覆盖整个教育培训服务过程。最后,选择知名保险公司或信誉良好的保险代理人也至关重要,可以确保保险合同的合法性和有效性。

总之,选择适合自己需求和预算的教育培训服务合同意外保险是非常重要的。这种保险不仅能够帮助学员或参加培训的人员规避风险,还能够为他们提供全面的保障,确保他们能够安心地接受教育培训服务。因此,在签订教育培训服务合同时,一定要认真考虑是否需要附加意外保险,并根据自己的需求选择合适的保险产品。

第三节　甲方义务和乙方义务

教育培训服务合同的甲方和乙方分别有如下义务。

(一)甲方义务

1. 提出培训需求和培训要求。

2. 协助乙方了解具体培训需求。

3. 负责提供培训场地,并根据乙方授课需要,为乙方布置培训环境提供协助。

4. 将培训过程录制成录像[但须征得乙方及(或)指导员的许可]。

5. 根据合同的规定支付款项。

6. 根据本单位有关规定,对乙方进行培训管理。

7. 制订更详尽的培训方案,其中包含教学材料的版本和资料、节次、进度、时间、考勤(包括授课教师和学生)、考试、乙方培训期间出现的阶段性问题及分析报告、作业与试卷的批改,以及授课教师的资格等。

8. 按照约定提供培训服务。

9. 未经乙方同意,不得将乙方转让给其他教育培训机构或者交由其他教育培训机构培训。

10. 乙方在培训过程中遇到学习上的困难向甲方请教的,甲方应当免费解决。

11. 根据培训的内容,为培训提供适当的培训环境。

12. 保障受训人员在受训期间的人身、财产安全。

(二)乙方义务

1. 确保在订立协议时及执行期间,教育培训资格及执照继续有效。

2. 负责根据合同的要求,对所需要的训练员进行组织并进行有效的管理。

3. 确保负责培训的老师根据甲方的培训需要,精心备课、授课,确保培训的质量,实现甲方的培训目标。

4. 应于培训服务开始前 1 周与甲方就培训前课程内容咨询、教学设计及课程讲授内容进行充分沟通,按照专业准则和甲方需求相结合的原则组织设计课程和内容。

第四节　合同的变更与解除

解除与变更教育培训合同需谨慎处理。

一、合同的解除

解除合同的法律规定主要涉及《民法典》的相关条款。具体来说,有以下几种方式:

1. 法定解除:指在一定的条件下,一方当事人可以通过法律手段终止合同。具体表现为:由于人力不可抗拒的原因,合同目的无法实现;一方当事人以其个人行为表现出不履行义务;一方当事人逾期不履行自己的义务,在合理的期限内,经催告不能履行;一方当事人因逾期或其他原因造成合同目的不能实现;法律规定的其他情况。另外,无固定期限的合同,如有继续履行,则双方可随时终止,但应提前于合理时间前告知另一方。

2. 约定解除:经双方协商,可以终止合同。双方当事人可以就合同终止的原因达成协议。在合同解除的情况下,解除权人有权终止合同。

请注意,在有效成立之后,履行完毕之前,合同不能产生终止的效果。另外,合同解除的,该合同的权利义务关系终止。

解除教育培训服务合同也需要遵循上述法律程序和规定。以下是一般的步骤和建议:

(1)协商:应该与教育培训机构进行协商,以了解是否有其他解决方案,如课程调整、退款等。在协商过程中,确保记录所有讨论和协议的内容,以备后用。

(2)检查合同:仔细阅读合同,了解其中有关解除合同的具体条款。合同中可能会规定在什么情况下可以解除合同,以及如何进行解除。

(3)书面通知:如果决定解除合同,应该向教育培训机构发出书面通知。在通知中,应明确说明解除合同的原因,并确保通知的措辞准确、专业。

(4)保留证据:确保保存所有与解除合同有关的文件和通信记录,以应对将来可能的法律争议。

(5)法律咨询:如果情况复杂,可能需要寻求法律咨询。

(6)支付违约金:如果合同中规定了违约金,可能需要支付一部分或全部违约金以解除合同。确保了解应支付的金额和支付方式。

(7)完成解除程序:在解除合同的程序完成后,确保所有相关文件和资料都已妥善处理或归档。

二、合同的变更

教育培训服务合同变更主要包括以下几个方面:

1. 培训内容的变更:在合同期内,由于技术进步、法规变化或市场需求的变化,培训机构可能需要变更培训内容。这种变更应与学员协商,确保学员的权益不受损害。

2. 培训时间的变更:外部因素导致的培训时间的改变,包括但不限于场地安排、讲师变更、课程时间调整等,都应在合同中明确说明,以避免产生纠纷。

3. 收费标准的变更:如果由于成本上升、通货膨胀或政策调整等原因,培训机构需要调整收费标准,应提前通知学员,并确保学员了解新的收费标准。

4. 违约责任的变更:在某些情况下,培训机构可能需要更改违约责任条款。这些更改应确保双方的权益得到保障,并符合相关法律法规的规定。

5. 其他条款的变更:除了上述内容外,合同中还包括许多其他条款,如退款政策、保密协议、知识产权归属等。这些条款的变更也需与学员协商,确保双方达成一致意见。

在变更合同时,应遵循以下步骤:

1. 协商:培训机构应与学员进行协商,就合同变更的内容达成一致意见。

2. 书面通知:一旦双方就合同变更的内容达成一致,培训机构应向学员发出书面通知,明确说明变更的内容和生效日期。

3. 签署协议:学员收到通知后,应在规定时间内签署协议。如果学员不同意变更内容,可以要求解除合同或协商解决。

4. 生效与执行:合同变更自签署之日起生效。双方应严格执行变更后的合同内容,确保权益得到保障。

总之,教育培训服务合同的变更是常见的现象,双方应遵循法律法规和合同规定,通过友好协商解决问题,确保双方的权益得到保障。

第五节 不可抗力

教育培训服务合同中的不可抗力条款,一般适用于在合同履行过程中,因出现了无法预料、无法避免或无法控制的意外情况,致使一方不能履行其义务的情形。

在教育培训服务合同中,不可抗力事件可能包括地震、台风、洪水、火灾、战争、罢工、暴动、网络中断、法律法规的出台或变更、国家政策的出台或变更、院校政策变更等。这些事件可能影响培训服务的正常提供,如因不可抗力导致培训服务无法继续履行,合同双方通常可以免除违约责任。

需要注意的是,合同中的不可抗力条款并非完全免除违约责任,具体还需根据合同中的具体条款来判断。同时,如果因一方自身原因而无法履行合同,即使存在不可抗力事件,也不能完全免除违约责任。

另外,当发生不可抗力时,受害一方应当在合理的时间内告知另一方,并提交相关的证据。如果未及时通知或未提供充分证明材料,可能会影响其免除违约责任的权利。

因此,在签订教育培训服务合同时,建议认真阅读合同条款,特别是关于不可抗力事件的约定。如有疑问或需求,可以与对方协商补充或修改相关条款,以保障自身权益。

第四章

教育培训行业用工合规

第一节　教育培训服务劳动合同的种类

教育培训服务劳动合同类型多样化,每种类型都有其独特的特点和适用范围。

首先,全日制用工劳动合同是最常见的一种,它要求劳动者按照规定的工作时间和工作强度进行工作,适用《劳动法》《劳动合同法》等有关法律法规。在这一类劳动合同中,雇主在履行劳动保护措施、支付劳动报酬、缴纳社会保险等方面负有更多的责任。另外,劳动合同又可分为固定期限、无固定期限和以完成某项工作为期限三种形式可供选择。

其次,非全日制用工劳动合同也是一种较为普遍的劳动合同。非全日制就业与全日制就业相比,其工作时数更短,通常每日不多于 4 个小时,1 周不多于 24 小时。在这类劳动合同中,雇主和雇员可以签订口头协议,并且在任何时候都不需要支付任何金钱补偿就可以终止。另外,兼职人员的工资支付期限通常为 15 日,且不能低于当地最低工资标准。这是一种弹性的雇佣形式,适合一些需要短期和临时雇佣的职位,如兼职教师、小时工等。

最后,劳务合同是一种以提供劳务为标的的合同。在这种合同下,双方当事人可以是法人、其他组织或者自然人,并且可以约定一方提供劳务的具体内容、报酬标准、支付方式等。与前两种劳动合同不同,劳务合同属于民法上的一种合同,因此,它不应受《劳动法》和《劳动合同法》的约束。因此,在签订劳务合同时,需要注意合同法的相关规定,保障自己的合法权益。

综上所述,教育培训服务劳动合同的种类主要有全日制用工劳动合同、非全日制用工劳动合同和劳务合同三种。在选择劳动合同类型时,需要根据具体情况进行考虑,如工作性质、工作时间、工资待遇等。只有选择合适的合同类型,才能更好地保障劳动者权益和维护企业利益。

第二节 培训费

一、用人单位不能收取劳动者培训费的情形

1. 岗前培训，是用人单位的法定义务，不应收取任何费用，也不应约定任何期限或违约金。

2. 专项培训，也叫专业技能培训，公司应当先垫付培训费，但可以与劳动者协商服务期限及违约金，若劳动者在服务期间离开，公司可向劳动仲裁机关提起仲裁，要求劳动者按协议支付相应的违约金。

二、劳动合同培训费需要赔偿的情形

根据我国法律规定，在劳动合同中，要对员工培训、培训内容、违约责任等内容进行约定，也可以与员工签署专门的培训协议，约定特定培训计划中的相关问题（包括违约责任）。劳动合同和培训合同中的约定对于解决培训费纠纷具有很大的参考价值。如果双方之间出现了纠纷，则依照国家关于劳动争议的处理办法进行处理。

根据上述规定及其他相关政策法规，对培训费赔偿问题具体应按以下原则处理：

1. 在企业为员工提供培训资金的情况下，能够提供相关的付款证明时，方可向员工索赔，此为先决条件。

2. 一般来说，企业只有在员工单方面提出终止劳动合同的情况下，才能向员工索赔培训费用，一般不得要求其赔偿已出资的培训费。如果员工因为违反纪律或其他严重过失而被企业提出终止劳动合同，企业有义务向员工支付相关的培训费。

3. 劳动者在遵守相关法规或者劳动合同约定的前提下，终止劳动关系，企业不得向劳动者要求赔偿培训费用；但如果员工违背了规章制度或者协议，给企业带来了经济上的损失，则可提出索赔。员工在试用期间申请终止劳动合同的，企业不应向其收取培训费。

4. 关于具体如何赔偿的问题，可按培训合同执行；未签订培训合同的按劳动合同执行。但在培训合同和劳动合同中，劳动者的违约补偿必须符合相关法律、法规的规定，否则就是无效的。如因培训费用补偿而发生纠纷，可以提交相关的劳动争

议仲裁部门。

5. 对培训费用进行补偿的具体方式为:若有服务期限,应按照服务年限等额分摊,并按照员工已经完成的服务年限进行递减;未约定服务期的,按照劳务合同年限等额分摊,并按照员工已经完成的服务年限递减;合同当事人对计算方法另有协议的,依照其约定。

第三节 劳动合同解除

劳动合同的解除是一项重要的法律行为,它涉及劳动关系的终止和员工的权益保障。在劳动合同的解除中,有两种主要的解除方式。

一种解除方式是法定解除。根据《劳动法》的规定,当出现某些特定的情况时,劳动合同可以由单方依法解除。这些情况包括用人单位破产、生产经营发生严重困难、企业转产或重大技术革新等。在这种情况下,用人单位可以解除劳动合同,但必须按照国家有关规定给予经济补偿。

另一种解除方式是约定解除。这种方式是指在劳动合同订立时,双方约定在一定条件下解除劳动合同。当这些条件满足时,双方可以协商解除劳动合同。这种方式需要双方协商一致,并且也必须遵守国家有关规定。

无论是法定解除还是约定解除,用人单位都应当遵守国家有关规定,给予员工相应的经济补偿。这是因为员工为企业付出了自己的劳动,企业应当在解除劳动合同时给予员工合理的补偿。这也是维护社会公平和正义的重要体现。

总之,劳动合同的解除是劳动关系中的一项重要内容。在解除劳动合同时,用人单位应当遵守国家有关规定,保障员工的合法权益。而员工也应当了解自己的权益和法律,维护自己的合法权益。只有在双方都遵守法律规定的前提下,才能构建一个和谐稳定的劳动关系。

第四节 竞业限制

一、概念

竞业限制,又称竞业禁止或竞业避止,是指用人单位和知悉本单位商业秘密或者其他对本单位经营有重大影响的劳动者在终止或解除劳动合同后的,一定期限内不得在生产同类产品、经营同类业务或有其他竞争关系的用人单位任职，也不得自己生产与原单位有竞争关系的同类产品或经营同类业务。在现代商业社会，为了保护商业秘密和维持公平竞争，竞业限制被广泛采纳。其主要目的是防止员工利用其在职期间所获得的敏感信息，在离职后加入竞争对手的公司或在相似的业务领域内开展个人业务，从而对原雇主的商业利益造成损害。

二、特点

1. 法定性：竞业限制通常是基于法律法规或相关行业规定而产生的。在某些行业中，例如律师、会计师、高级管理人员等，法律明确规定其有竞业限制的义务。

2. 约定性：除了法定的竞业限制外，雇主与员工还可以通过协商约定竞业限制条款。这些条款通常会明确限制的范围、期限和补偿方式。

3. 保护商业秘密：竞业限制的核心目的是保护商业秘密，防止员工利用敏感信息谋取个人利益，从而损害雇主的商业利益。

4. 合理限制性：竞业限制应当是合理的，并且仅限于防止不正当竞争和保护合法权益的必要范围内。如果过度限制员工的就业权利，可能会被认为是违反劳动法的相关规定。

三、内容

竞业限制协议通常包括以下主要内容：

1. 适用人员：明确规定哪些员工需要受到竞业限制的约束。

2. 禁止业务范围：明确规定员工在离职后不得从事哪些业务或哪些业务与雇主的业务形成竞争关系。

3. 禁止期限：明确规定竞业限制的期限，即员工在离职后多长时间内不得与雇主的竞争对手进行业务往来。

4. 地域范围：明确规定竞业限制的地理范围，即员工在离职后不得与雇主的竞争对手进行业务往来的地区范围。

5. 补偿条款：明确规定雇主向受到竞业限制约束的员工支付的补偿金额和支付方式。

6. 违约责任：明确规定员工违反竞业限制协议所应承担的法律责任和违约金等相关条款。

四、案例分析

竞业限制协议是保护商业秘密和维持公平竞争的重要手段之一。但是,在签订竞业限制协议时需要注意合理性和合法性,避免过度限制员工的就业权利和违反劳动法的相关规定。同时,企业也应当采取其他措施加强商业秘密的保护和管理,例如加强内部保密制度、提高员工保密意识等。

【典型案例1】

某科技公司的高级工程师张某在该公司任职期间,掌握了公司的核心技术秘密。为了保护这些秘密不被泄露,公司与张某签订了竞业限制协议。协议规定,张某在离职后一定期限内不得在竞争对手公司工作,也不得自己创业与公司的业务形成竞争关系。同时,公司向张某支付了一定的竞业限制补偿金。

【典型案例2】

某机械制造公司的销售经理李某在该公司工作期间,掌握了大量的客户资源和销售渠道。为了防止李某离职后将这些资源泄露给竞争对手,公司与李某签订了竞业限制协议。协议规定,李某在离职后一定期限内不得加入竞争对手公司或自己创业与公司的业务形成竞争关系。同时,公司向李某支付了一定的竞业限制补偿金。

【典型案例3】

某零售企业的区域经理赵某在该公司工作期间,掌握了大量的商业信息,包括供应商、销售渠道和客户信息等。为了保护这些商业信息不被泄露和滥用,公司与赵某签订了竞业限制协议。协议约定,赵某在离职后一定期限内不得加入竞争对手公司或自己创业与公司的业务形成竞争关系。同时,公司向赵某支付了一定的竞业限制补偿金。如果赵某违反协议,将承担相应的法律责任和违约金。

第五章

违法行为和法律责任

《校外培训行政处罚暂行办法》已经于 2023 年 7 月 20 日经教育部部务会议审议通过，自 2023 年 10 月 15 日起施行。该办法自实施之日起，对实施之日之前或者之后成立的教育培训机构均有约束力。

第一节　擅自举办校外培训机构

根据《教育法》和《民办教育促进法》等相关法律法规，我们将详细探讨擅自举办校外培训机构的法律责任。

首先，擅自举办校外培训机构是一种违法行为。培训机构作为教育服务提供者，其举办需要经过相关部门的审批和登记注册，并按照规定的教育内容、教育方式和教育质量标准提供服务。如果没有经过审批和登记注册就擅自开展培训业务，不仅违反了法律法规，也损害了合法合规的培训机构和消费者的权益。

其次，擅自举办校外培训机构需要承担相应的法律责任。根据情节轻重，可能面临行政处罚、民事赔偿和刑事责任等不同后果。对于擅自举办校外培训机构的个人或机构，相关主管部门也将依法追究其法律责任，可能会被处以罚款、警告、责令停业整顿或者吊销营业执照等行政处罚，如果情节严重，还可能被追究刑事责任；民事赔偿主要是对受害人的损失进行赔偿。

总之，擅自举办校外培训机构是一种违法行为，不仅会受到相关主管部门的处罚，还会对消费者和其他合法合规的培训机构造成损害。因此，我们强烈建议不要擅自举办校外培训机构，而是应该遵守法律法规和相关规定，合法合规地开展教育培训业务。

【典型案例 1】

2023 年 12 月 13 日，西安高新区“双减”办组织区教育局、体育局、住房和城乡建设局、市场监督管理局、公安分局、当地街道办事处工作人员，对辖区内重点区域开展"挂羊头、卖狗肉"培训联合检查，以贯彻落实中央、省、市"双减"有关要求，有效巩固校外培训整治成果，坚决打击违规开展隐形变异学科类培训活动。检查某教培机构时，工作人员发现存在学科类培训办学的情况，于是现场查验了该机构的经营资质，经查，该机构未取得相应的办学资质许可证。工作人员现场约谈了该机构负责人，向其下发了责令停止教育教学活动通知书，要求其立即停止教育教学活动，并妥善处理退费等工作。

【典型案例2】

无证无照机构违规开展小学阶段学科类培训，小黑班"换马甲"变身留学咨询公司，隐匿小区"转地下"打起"游击战"……为逃避打击，违规培训班纷纷搞起了"隐形变异"。在市"双减"办的统一安排部署下，西安市碑林区多部门联合开展了"隐形变异"培训专项治理突击行动。12月9日上午，由当地街道办牵头，组织区教育、公安、市场监管等部门成立联合检查组，对辖区学科类"挂羊头、卖狗肉"的培训机构突击开展联合执法，对校外培训机构开展专项整治。经前期摸排，检查组发现一所教育咨询公司涉嫌学科类培训，对其进行突击检查，现场发现一个14人的班级在开展小学阶段的学科类培训。检查组现场收集授课资料，采集相关视频，责令立即停止违规行为，接受核查处理。当天，执法部门对查处的学科类"挂羊头、卖狗肉"培训机构，按照《校外培训行政处罚暂行办法》，依法依规下达"校外培训监管约谈通知书"，责令停止违规行为，做好学费清退工作，并接受进一步调查处理。

第二节　超出办学许可范围

首先，教育机构超出办学许可范围，要面临的是行政责任。行政部门，如教育部或地方教育局，可能会对其进行警告、罚款责令停止违法活动，甚至撤销其办学许可。

其次，若教育机构的超出办学许可范围行为导致了受教育者的权益受损，那么教育机构需要承担民事责任。这可能包括向受影响的学生提供合理的赔偿，以及支付受害者相关费用。

最后，如果教育机构超出办学许可范围的行为触犯了刑法，机构负责人还可能面临刑事责任。例如，涉及重大欺诈行为的，可能会被处以有期徒刑和罚金。

对于具体的法律责任认定和处理，需要根据实际情况进行深入分析和研究。

建议相关教育机构在进行教育活动时务必严格遵守法律法规,确保办学行为在许可范围内进行,以免产生不必要的法律纠纷和损失。同时,也提醒广大学生和家长,在选择培训机构时,务必核实其办学资质和许可范围,以保障自己的合法权益不受侵害。

总之,任何超出办学许可范围的教育培训机构都需承担相应的法律责任,行政、民事、刑事三方面的责任可能都会有所涉及。对于具体的法律责任和后果,还需结合实际情况进行深入研究和判断。

【典型案例1】

莱阳市某某教育培训学校有限公司超出办学许可范围,以非学科办学的名义掩盖其学科办学的实质。2023年7月,当地教育和体育局依据《教育法》第76条、《民办教育促进法》第62条、《民办教育促进法实施条例》第63条,没收违法所得8400元。

【典型案例2】

烟台市牟平区某某教育培训学校有限公司超出办学许可范围,以非学科培训的名义开展学科培训。2023年8月,牟平区教育和体育局依据《教育法》第76条、《民办教育促进法》第62条、《民办教育促进法实施条例》第63条,没收违法所得6000元。

第三节　违反法律、行政法规和国家有关规定开展培训活动

一、前言

为了规范教育培训市场,保障教育培训活动的健康有序发展,我国法律、行政法规及国家有关规定对开展培训活动设定了明确的条件和标准。任何违反这些规定的行为,不仅会损害市场的公平竞争,还可能对受教育者的权益造成影响。对于违反相关规定的行为,必须依法追究其法律责任。

二、法律责任的形式

(一)民事责任

教育培训机构如违反法律法规,侵害受教育者的合法权益,受教育者有权依法要求其停止侵害、排除妨碍、消除危险、消除影响、恢复名誉、赔礼道歉,并可要求赔

偿损失。

(二)行政责任

教育行政部门或其他有关部门对违法违规的教育培训机构,应当依法给予警告、罚款、责令停业整顿、吊销办学许可证等行政处罚。

教育行政部门或其他有关部门对从事非法经营性教育培训的个人或机构,应当依法予以取缔,并责令其退还所收费用;涉嫌犯罪的,移送司法机关依法处理。

(三)刑事责任

对于以非法手段牟取利益的教育培训机构,情节严重者可能涉及刑事责任。涉及的刑事责任包括但不限于诈骗罪、合同诈骗罪等。对涉嫌犯罪的教育培训机构,公安机关应当依法立案侦查,人民检察院应当予以批准逮捕和提起公诉。

三、责任追究机制

(一)投诉举报机制

公民、法人和其他组织有权对违反法律法规的教育培训机构进行投诉和举报。各级教育行政部门和其他有关部门应当设立投诉举报渠道,并依法对投诉举报进行处理。

(二)监督检查机制

各级教育行政部门和其他有关部门应当加强对教育培训机构的监督检查,定期开展专项治理活动,确保其依法依规开展培训活动。对于发现的违法行为,应当依法严肃处理。

四、责任后果的承担

(一)罚款

对于违反法律法规的教育培训机构,除了需要承担民事赔偿责任外,还可能面临教育行政部门或其他有关部门作出的行政处罚,包括但不限于罚款。罚款应当根据违法行为的严重程度和情节而定。

(二)信用记录

教育培训机构的违法行为将被记入信用档案,并在政府和社会范围内公示。这将对机构的声誉和经营产生不良影响。对于严重违法的机构,还可能被列入失信名单,限制其开展业务活动。

(三)撤销办学许可

对于存在严重违法行为的教育培训机构,教育行政部门有权撤销其办学许可。这意味着该机构将无法继续开展教育培训业务。此外,机构负责人和直接责任人还可能面临刑事追责。

五、案例分析

案例一:2022 年 7 月 7 日,市、区两级教育行政部门会同公安机关对当事人开办的位于某市某区某处的机构开展联合执法检查发现:该机构正组织学生开展学科类(数学、英语、物理、化学)培训。经查该机构无教育行政部门颁发的办学许可证及民办非企业法人证书或营业执照,属于无证无照机构。

某区教育和体育局于 2022 年 7 月 15 日立案调查,经调查取证,查明当事人具体存在以下事实:当事人汪某某未经许可擅自组织学生违规开展学科类(数学、英语、物理、化学)培训并收取培训费用 50.232 万元,当期培训共计 10 天课程(2022 年 6 月 28 日至 7 月 8 日,采取连续培训 5 天休息 1 天的培训模式)。当事人上述行为违反了《民办教育促进法》第 12 条"举办实施学历教育、学前教育、自学考试助学及其他文化教育的民办学校,由县级以上人民政府教育行政部门按照国家规定的权限审批"及第 64 条"违反国家有关规定擅自举办民办学校的,由所在地县级以上地方人民政府教育行政部门或者人力资源和社会保障行政部门会同同级公安、民政或者市场监督管理等有关部门责令停止办学、退还所收费用,并对举办者处违法所得一倍以上五倍以下罚款"规定。

依据《民办教育促进法》第 12 条、第 64 条规定,经研究决定对当事人作出如下行政处罚:一是责令当事人立即停止违法办学行为,退还所收费用;二是给予当事人违法所得 50.232 万元 1 倍的罚款,即罚款人民币 50.232 万元。

案例二:2022 年 11 月 16 日,某教育培训机构打着进入名校升学的名义,通过组织考试并收取测试费等多种方式诱导学生家长。区教育局在市级有关单位的督办指导下,联合多部门(街道)迅速开展联合执法。经核查,该教育机构于 2018 年 12 月 25 日成立,主营教育咨询。行业执法人员现场在该公司发现财务收据,收费项目为"研学费 400 元""占位费 25 000 元",经询问,该公司主要经营模式是向家长电话推销,宣传自己与多家中学为合作招生关系,诱导家长带孩子前来考试,根据考试成绩不同进行针对性的教育咨询服务,并收取"研学费""占位费"等。经查实,该公司并未和其宣传的学校有关联或合作关系,无法做到其宣称的"提前录取"一事。该公司通过虚构其与学校存在合作招生等关联关系，诱导学生家长，其行为违反了《四川省反不正当竞争条例》第17条第1款"经营者不得对其商品的性能、功能、质量、来源、联名合作和加盟等关联关系、销售状况、用户评价、曾获荣誉等作虚假或者引人误解的商业宣传，欺骗、误导消费者"和《反不正当竞争法》第8条第1款"经营者不得对其商品的性能、功能、质量、销售状况、用户评价、曾获荣誉等作虚假或者引人误解的商业宣传，欺骗、误导消费者"等规定。当事人行为违反了《反不正当竞争法》第20条第1款"经营者违反本法第八条规定对其商品作虚假或者引人误解的商业宣传，或者通过组织虚假交易等方式帮助其他经营者进行虚假或者引人误解的商业宣传的，由监督检查部门责令停止违法行为，处二十万元以上一百万元以下的罚款；情节严重的，处一百万元以上二百万元以下的罚款，可以吊销营业执照"等规定，决定对某教育机构处行政罚款处罚。鉴于当事人在调查期间主动退还"占位费"共计193 000元，并取得了和解书，主动减轻危害后果。《行政处罚法》第32条规定："当事人有下列情形之一，应当从轻或者减轻行政处罚：(一)主动消除或者减轻违法行为危害后果的……"综上，处行政罚款10万元。依据《反不正当竞争法》第20条第1款、《行政处罚法》第32条第1项等规定，经研究决定对当事人处罚如下：一是责令其立即停止违法行为；二是退还"占位费"共计193 000元；三是处行政罚款10万元。

第四节　校外培训机构存在管理混乱的情形

随着教育市场的日益繁荣，校外培训机构在满足学生个性化教育需求的同时，也暴露出诸多问题，其中最引人注目的就是管理混乱及其法律责任。

一、校外培训机构管理混乱的现象

当前，校外培训机构的管理问题主要体现在以下几个方面：

1. 缺乏规范的管理制度：部分机构缺乏完善的管理规定，导致日常运营混乱，教学质量难以保证。

2. 师资力量参差不齐：一些机构为了降低成本，聘请资质不足的教师，影响了学生的学习效果。

3. 课程设置不合理：部分机构设置的课程与学生的实际需求脱节，甚至存在超纲教学的情况。

4. 场地安全问题：部分机构存在场地设施陈旧、安全隐患大等问题，威胁学生的安全。

二、校外培训机构管理混乱的法律责任

针对上述问题，我们需要明确校外培训机构管理混乱的法律责任。具体来说，这些责任包括以下几个方面：

1. 民事责任：如培训机构管理不善导致学生受到人身伤害或财产损失，培训机构应承担相应的民事赔偿责任。

2. 行政责任：对于违反相关行政规定的校外培训机构，有关部门可以依法对其进行行政处罚，如罚款、撤销办学许可等。

3. 刑事责任：如培训机构存在欺诈行为或其他违法行为，情节严重者可能承担刑事责任。

三、解决校外培训机构管理混乱问题的对策

为解决校外培训机构的管理问题，需要从以下几个方面着手：

1. 完善法律法规：政府应制定更为严格的法律法规，规范校外培训机构的运营，保障学生的权益。

2. 强化监管力度：教育部门应加强对校外培训机构的监管，定期进行质量评估和检查，确保其符合相关标准。

3. 提高准入门槛：通过提高准入门槛，确保进入市场的培训机构具备相应的办学条件和资质。

4. 加强社会监督：通过建立投诉举报机制、加强媒体监督等方式，促进社会对校外培训机构的监督。

5. 提升培训机构自身管理水平：培训机构应完善内部管理制度、提升师资水平、优化课程设置、确保场地安全等。

6. 推进教育培训行业协会建设：通过行业协会的自律和规范，引导校外培训机构健康发展。

7. 增强学生和家长的法律意识：通过宣传教育，提高他们对校外培训机构的辨识能力，维护自身权益。

【典型案例】

2023 年 1 月 9 日，南充市市场监督管理局执法人员对某某文化传媒有限公司

开展校外培训收费情况进行了检查,发现该公司于 2022 年 4 月 1 日起从事校外培训,其中的收费项目包括学生义务教育阶段学科类培训,且收费数额超过了当地政府制定的义务教育阶段线下学科类校外培训收费的最高标准(包括基本收费标准和比例)。该公司涉嫌不执行政府指导价,南充市市场监督管理局于当日立案调查。经查,2022 年,该公司开展义务教育阶段线下学科培训均为 10 人以下班制,共计 276 人次,收费 725 454 元。根据《关于加强南充市义务教育阶段线下学科类校外培训收费管理的通知》(南发改收费〔2021〕61 号)的规定,义务教育阶段校外线下学科培训 10 人以下班制收费最高标准为 38.5 元/课时·人次,标准课程时长 45 分钟。该公司超过规定最高收费标准收费的共 253 人次,超标准收费 316 738 元。至 2023 年 2 月 23 日,当事人已将全部多收价款退还消费者。

根据南发改收费〔2021〕61 号的规定,学生义务教育阶段线下的学科类校外培训收费属于非营利性机构收费,依法实行政府指导价管理。该公司超过文件规定标准收费的行为违反了《价格法》第 12 条以及《校外培训行政处罚暂行办法》的相关规定,构成不执行政府指导价的违法事实。依据《价格违法行为行政处罚规定》第 9 条第 1 项的规定,2023 年 3 月 22 日,市场监督管理局决定责令该公司停止违法行为,并处罚款 50 000 元。

第十五编
银行业合规经营

第一章

总　　则

商业银行作为金融市场的重要参与者,在国民经济中发挥着举足轻重的作用。合规管理是商业银行经营管理的底层建筑和价值基础,是商业银行实施内部控制的基础性工作,更是实现业务又快又好发展的内在需要,尤其是在当前宏观经济下行、政府合规性政策与要求不断出台、银行坏账率高企的背景下,合规体系建设对商业银行尤为重要。

本编将详细探讨商业银行的设立、信贷业务合规、贷款催收程序、金融债券发行合规、银行金融案件风险防范等内容,以帮助银行业更好地进行合规管理。

一、商业银行的概念

商业银行,也称为存款货币银行,是指以吸收公众存款、发放贷款、办理结算为主要业务的企业法人。它们是经营货币的企业,以吸收公众存款为其主要资金来源,并利用这些资金进行贷款、投资和其他资产业务。

二、商业银行的经营范围

负债业务:这是商业银行最主要的业务之一,主要包括吸收公众存款、企业及机构存款、同业存放等。通过这些负债业务,商业银行获得了开展其他业务所需的资金。

资产业务:资产业务是指商业银行利用其吸收的资金进行的贷款、投资等业务,主要包括发放短期、中期和长期贷款,以及证券投资、同业拆出等。

中间业务:中间业务是指商业银行不运用或较少运用自己的资金,以中介人的身份为客户办理的业务。例如,代理收付款项、代理保险、基金销售等。

除了以上三类主要业务外,商业银行还可以从事结汇、售汇业务,以及其他经国家金融监督管理总局批准的业务。

三、商业银行的经营原则

安全性原则:商业银行经营应首要考虑资金的安全性。要严格控制信贷风险,遵循谨慎性原则,避免不良贷款的产生。

流动性原则:商业银行需要保持足够的流动性,以满足客户日常取款和正当贷款需求。同时,要合理安排资金运用,确保在满足流动性需求的同时实现盈利。

效益性原则:在确保安全性和流动性的基础上,商业银行应追求效益最大化。这涉及合理配置资产和负债结构,提高资金运用效率,增加利润来源。

合法性原则:商业银行的所有经营活动必须遵守法律法规,包括但不限于金融法、反洗钱法等。任何违规行为都可能对银行的声誉和经营造成严重损害。

公平竞争原则:商业银行应遵循公平竞争的原则,不得采取不正当手段进行市场竞争。这要求银行之间通过提高服务质量、降低贷款利率等方式展开良性竞争。

社会责任原则:作为国民经济的重要组成部分,商业银行应当承担社会责任,为经济发展和社会稳定作出贡献。例如,支持小微企业、促进就业等。

环境可持续原则:随着对环境保护的日益重视,商业银行在经营过程中应注重环境可持续性。这包括限制对高污染行业的贷款、支持绿色金融发展等。

风险管理原则:商业银行应建立健全的风险管理体系,确保经营安全。风险管理应覆盖银行的所有业务领域和流程。

合规性原则:商业银行应确保其经营活动符合监管要求和内部规章制度。这有助于维护银行声誉,降低合规风险。

客户关系管理原则:商业银行应重视客户关系管理,通过提供优质服务、创新产品等手段增强客户黏性,同时不断优化客户体验。良好的客户关系有助于提高银行的竞争力和市场份额。

总之,商业银行作为金融市场的重要参与者,在经营过程中需要遵循一系列原则以确保安全、稳定和可持续发展。随着金融科技的兴起和监管政策的不断变化,商业银行应不断创新和完善经营模式,以适应日益复杂的市场环境。

第二章

银行的设立和机构

第一节　银行设立

商业银行作为金融市场的重要角色,其设立和发展对经济有着深远的影响。下面将详细探讨商业银行及其分支机构的设立。

一、商业银行的设立

(一)商业银行的设立

筹备阶段:设立商业银行首先需要满足一定的条件,包括有符合规定的章程、发起人符合法定条件、注册资本达到最低限额等。在此阶段,发起人进行筹备工作,选定银行名称,确定银行的机构设置等。

申请阶段:发起人完成筹备工作后,向国家金融监督管理总局提交申请,并提交相关资料。国家金融监督管理总局会对申请资料进行审查,并组织专家进行现场评估。

审批阶段:国家金融监督管理总局根据审查和评估结果,对符合条件的发起人发放开业核准文件。

设立阶段:发起人持开业核准文件,到国家市场监督管理局办理注册登记,领取营业执照。

(二)商业银行的申请资料

在申请设立商业银行的过程中,需要提交以下资料:

申请书:发起人需要向国家金融监督管理总局提交申请书,载明银行的名称、注册资本、机构设置等内容。

章程:发起人需要制定银行章程,明确银行的经营宗旨、业务范围、组织机构、股权设置等内容。

发起人资格证明:发起人需要提交资格证明,包括企业法人营业执照、组织机构代码证、税务登记证等。

资本充足率证明:发起人需要提交资本充足率证明,以证明其具有足够的资本实力。

业务发展计划:发起人需要提交业务发展计划,包括未来3年的业务发展目标、计划实现的业务收入和利润等内容。

筹建方案:发起人需要提交筹建方案,包括银行的筹建过程、筹建人员名单和职责等内容。

其他资料:根据具体情况,可能还需要提交其他相关资料。

(三)商业银行设立注意事项

在设立商业银行的过程中,需要注意以下事项:

符合法律法规:商业银行的设立必须符合相关法律法规的规定,包括《商业银行法》《公司法》等。

资本充足率要求:商业银行的资本充足率必须达到监管要求,以确保银行具有足够的资本实力来抵御风险。

业务发展计划:商业银行需要制定切实可行的业务发展计划,以确保未来3年的业务发展目标能够实现。同时,业务发展计划需要根据市场变化及时进行调整。

风险管理:商业银行需要建立健全的风险管理体系,包括信用风险、市场风险、操作风险等方面的管理。同时,银行需要定期对风险进行评估和监控,以确保风险在可控范围内。

合规经营:商业银行需要遵守相关法律法规和监管要求,确保合规经营。同时,银行需要建立健全的内部控制体系,防止内部风险发生。

人员素质:商业银行需要具备高素质的人员队伍,包括管理人员和业务人员。人员素质是银行发展的重要保障,也是防范风险的重要措施。

二、设立分支机构

商业银行设立分支机构是其发展的重要策略之一,也是银行拓展业务和扩大市场占有率的重要手段。

(一)商业银行分支机构的种类和功能

分行:分行是商业银行在异地设立的最高级别机构,负责区域内的业务拓展和经营管理。分行具有相对独立的运营和管理权,能够开展全面的银行业务。分行通常在大型城市或经济发达地区设立，是银行网络布局中的重要节点。

支行：支行是商业银行在异地设立的分支机构，负责具体的银行业务操作和客户服务。支行的主要职责是拓展业务、吸收存款和发放贷款等，是银行服务客户的重要窗口。支行通常在中小城市或经济较发达的地区设立，是银行市场拓展的重要力量。

附属机构：附属机构是商业银行设立的子公司或控股公司，负责特定业务领域的拓展。附属机构可以进一步丰富银行的业务范围，提高综合服务能力，并增强市场竞争力。例如，商业银行可以通过设立信用卡中心、贷款中心等附属机构，进一步优化银行业务结构，提高经营效益。

（二）商业银行设立分支机构的考虑因素

市场潜力：商业银行在选择设立分支机构的地区时，需要对该地区的经济状况、市场前景、人口规模等进行深入调研和分析，以评估该地区的业务发展潜力。

风险管理：商业银行在设立分支机构时，需要考虑风险管理的因素。商业银行需要对不同地区的信用风险、市场风险、操作风险等进行评估，以确保分支机构的设立符合风险管理的要求。

资本实力：商业银行设立分支机构需要具备一定的资本实力，包括资本充足率、盈利能力等方面的要求。商业银行需要确保有足够的资本支撑分支机构的运营和发展。

人力资源：商业银行设立分支机构需要具备高素质的人员队伍，包括管理人员和业务人员。商业银行需要招聘和培养具有专业知识和经验的人才，以确保分支机构的顺利运营和管理。

监管政策：商业银行设立分支机构需要遵守相关的监管政策，包括银行法、公司法、会计法等方面的规定。商业银行需要了解和遵守监管要求，确保分支机构的合规运营。

（三）商业银行设立分支机构的流程

确定设立地点：商业银行需要对不同地区进行市场调研和分析，选择适合设立分支机构的地区。

提交申请：商业银行需要向当地监管部门提交设立分支机构的申请，并提交相关资料。

审批和核准：监管部门会对申请资料进行审查和评估，对符合条件的分支机构发放核准文件。

注册登记：商业银行持核准文件到工商行政管理部门办理注册登记手续，领取营业执照。

开业准备：完成注册登记后，商业银行需要进行开业准备，包括装修营业场所、配备人员、安装设备等。

正式开业：准备工作完成后，商业银行可以正式开业，开展各项银行业务。

通过以上对商业银行设立分支机构的内容进行深入分析可以看出，商业银行在设立分支机构时需要考虑多方面因素，并应遵循相关的监管要求和法律法规。只有具备足够的资本实力、高素质的人员队伍以及符合监管要求，商业银行才能够成功设立分支机构并拓展业务范围。

第二节　金融业务许可

一、金融许可证

金融业务许可是指金融机构从事特定金融业务的许可证，是金融机构合法经营的重要凭证。不同国家和地区的金融业务许可种类和要求可能有所不同，但一般都需要金融机构满足一定的条件并提交相关申请材料。申请金融业务许可需要准备以下材料：(1)金融机构基本情况介绍，包括公司名称、注册资本、组织架构、经营状况等；(2)申请金融业务许可的具体类型及原因；(3)金融机构的财务状况，包括财务报表、资产质量、资本充足率等；(4)金融机构的风险管理能力，包括风险管理制度、风险评估体系等；(5)金融机构的合规情况，包括合规管理制度、合规审计报告等；(6)其他相关材料，如金融机构的营业执照、税务登记证、企业信用报告等。

在申请金融业务许可前，金融机构需要确保其符合相关法律法规和监管要求。同时，金融机构需要仔细了解申请流程和要求，并按要求提交完整的申请材料。金融机构获得金融业务许可后，还需要接受相关监管部门的监督和管理，确保合规经营。

二、金融许可证应载明下列内容

1. 机构编码。

2. 机构名称。

3. 依据的法律法规。

4. 机构批准成立日期。

5. 营业地址。

6. 颁发许可证日期。

7. 国家金融监督管理总局或其派出机构的公章。

三、换发金融许可证

金融许可证是金融机构合法经营的重要凭证，如果金融机构出现了一些变化，就需要及时换发金融许可证。

（一）换发金融许可证的情形

金融机构有下列情形之一的，应当向国家金融监督管理总局或其派出机构申请换发金融许可证：

1. 机构更名：金融机构变更名称，包括但不限于因行政区划变更、企业并购、股权变更等引起的名称变更。

2. 营业地址变更：金融机构注册地址或营业地址的变更。

3. 业务范围调整：金融机构业务范围的调整，如增加或减少业务种类、变更业务范围等。

4. 注册资本变更：金融机构注册资本的变更，包括增加或减少注册资本。

5. 股权结构调整：金融机构股权结构的调整，如变更股东、增资扩股等。

6. 高级管理人员变更：金融机构高级管理人员的变更，包括董事长、副董事长、行长（总经理）、副行长（副总经理）等。

7. 其他需要换发金融许可证的情形。

需要注意的是，如果金融机构存在违反法律法规或监管要求的行为，被监管部门处罚或限制业务，也需要及时更换金融许可证。

（二）换发金融许可证的流程

提交申请：金融机构向当地国家金融监督管理总局或其派出机构提交换发金融许可证的申请，并提交相关材料。申请材料包括但不限于金融许可证申请表、营业执照、股东会或董事会决议等。

审查：国家金融监督管理总局或其派出机构对金融机构提交的材料进行审查，核实申请材料的真实性、准确性和完整性。同时，对金融机构的合法合规情况进行审核，确保符合监管要求。

批准：如果审查通过，国家金融监督管理总局或其派出机构会发出“金融许可证换发批准通知书”，批准金融机构换发金融许可证。

领取金融许可证：金融机构在收到批准通知书后，应当按照通知书的要求，携带相关材料到国家金融监督管理总局或其派出机构领取新的金融许可证。在领取金融许可证时，金融机构需要缴纳相应的工本费。

公告和宣传：金融机构在领取新的金融许可证后，应当及时在营业场所和官方网站上进行公告和宣传，以便客户及时了解机构变更情况。

归档：金融机构应当将换发的金融许可证原件及相关材料进行归档，妥善保存，以便日后查阅和使用。

需要注意的是，不同地区和不同种类的金融许可证换发流程可能有所不同，具体要求可以向当地国家金融监督管理总局或其派出机构咨询。

（三）注意事项

及时申请：金融机构在发生任何变动时，应当及时向国家金融监督管理总局或其派出机构申请换发金融许可证。避免出现由于未及时申请换发而导致业务受阻或受到监管处罚的情况。

真实准确：金融机构在提交申请材料时，应当确保材料的真实性和准确性。任何虚假信息或隐瞒重要事实的行为都可能导致申请被驳回或受到更严厉的处罚。

合规经营：金融机构在换发金融许可证之前，应当确保经营行为符合法律法规和监管要求。如果存在违规行为，应当及时整改并接受监管部门的处理。

持续关注监管动态：金融机构应当持续关注监管动态和政策变化，以便及时了解和适应新的监管要求。同时，应与监管部门保持良好沟通，及时反馈问题和情况，促进机构的合规发展。

归档保存：金融机构应当重视对金融许可证及相关材料的归档保存工作。这些资料不仅是机构合法经营的重要凭证，也是机构历史发展的重要记录。建议采用专业的档案管理系统或电子化方式进行保存和管理。

培训与宣传：对于新换发的金融许可证，金融机构应当对其员工进行培训和宣传，确保员工了解新的许可证要求和规定。同时，对于客户和合作伙伴，也应当进行及时的告知和解释工作，以避免产生误解和不便。

定期自查与整改：金融机构应当定期对其经营情况进行自查，发现存在的问题和不足之处，及时进行整改和完善。这样可以确保机构的合规经营和持续发展。

与时俱进：随着金融市场的不断发展和监管政策的逐步完善，金融机构应当与时俱进，加强学习和研究，不断完善自身的经营和管理体系，以适应市场的变化和满足监管的要求。

第三章

银行信贷业务合规

第一节　银行信贷业务审批

银行向借款人发放贷款必须对借款人(包括企业法人、自然人和其他组织)进行贷款前的法律调查,这是银行控制法律风险和经济风险的必经程序。贷款前法律调查包括基本调查、信用调查、专项调查和诉讼特别调查。

一、基本调查

银行贷款中,需要调查的借款当事人主要是指借款人、担保人即金融贷款法律关系中非金融机构一方的主体,具体调查方式如下。

1. 直接会见借款当事人。

客户或借款人需要借款,负责贷款的银行工作人员可通过面谈了解客户的有关情况,包括:

(1)借款人的基本状况,如企业的背景、经营状况、利润效益、与银行的交往历史等,也包括企业的主体和分支、投资或参股机构、企业法人治理机构等。

(2)借款人的借款要求、用途、借款数额、期限、担保条件、还款资金来源等。

(3)借款人的联系人、联系方式、联系地址和电子邮箱等。

此外,银行职员也需要向顾客解释银行借款的基础条件以及借款流程和必须携带的资料。在贷款前,银行的贷款部门的职员需要亲自与借款公司的财务主管或其他拥有决策权的主管会面,以便深入了解借款者的状况和贷款的意愿。

2. 对借款者提交的相关文件和财务报告进行审核,银行需要借款者提供相应的文件和财务报告。根据贷款的性质,所需的文件也会有所差异,一般来说,借款者需要提供以下文件:

(1)公司营业执照。

(2)公司章程。

(3)公司注册资本和验资报告以及企业年度报告。

(4)公司股权结构证明。如集团公司还需提供分公司、子公司及参股、控股公司股权证明。

(5)业务范围、经营许可证或特种行业许可证等。

(6)股东会、董事会和监事会的成员构成。

(7)公司主要负责人简历和财务状况。

(8)主要股东或合伙人的情况。

(9)董事会或股东会的借款决议及授权委托书。

(10)公司最近3年的资产负债表、损益表和利润分配表、折旧摊提表。

(11)公司存款和借款以及还款情况明细表。

(12)公司近3年工作总结和存在问题解决方案。

(13)公司经营和发展计划,包括近期和远景规划计划完成情况。

(14)公司产品或服务财产目录。

(15)公司产品或服务销售情况报告书。

确保贷款者所出示的财务报告的合理与准确,必须满足如下条件:所有的文件复印件都需要被授权机构批准;财务报告的创建必须遵循国际通行的准则和普遍接受的会计准则;财务报表的出具者、财务主管、企业主管的签名都应当完整且有效;财务报告必须是由注册会计师进行审查,并且拥有合规的审查报告。

3. 对借款当事人的企业进行实地调查。

在作出贷款决策之前,银行贷款人员必须到借款人的营业场所进行实地调查。

(1)通过调查核实营业执照、各种许可证及荣誉证书的真实性。

(2)通过调查核实企业资产(包括房产、地产、设备、车辆、知识产权等)真实存量。

(3)了解企业的厂容厂貌、劳动纪律、规章制度。

(4)判断企业的经营管理能力,查看企业信誉、生产状况。

(5)通过与企业有关人员的谈话了解企业真实的发展状况和企业信誉度。

4. 查阅以往的业务往来记录:

(1)对借款人发放过的最高贷款金额。

(2)最近3笔贷款的还款(包括本金和利息)情况,有无发生贷款逾期的情况。

(3)查阅核实借款人提供的抵押物或保证人是否有变化。

(4)借款人在本银行的最高存款金额、平均存款金额以及存款金额周转率。

(5)借款人的结算情况,包括结算账户和辅助账户结算。

5. 通过其他渠道了解情况:

(1)资信评级机构评定的信用级别以及级别变化。

(2)了解征信系统是否有不良记录。

(3)其他银行及债权人的评价。

(4)了解在法院系统是否有诉讼案件及执行状况。

(5)通过工商、财税、法检等政府部门了解企业是否存在诚意经营、照章纳税及良好质量控制体系。

(6)对于上市公司,了解其股票价格的状况。

(7)有关出版物公布的该公司的排名。

(8)新闻媒体对该公司的相关报道和评价。

二、信用调查

(一)信誉——企业主观状态

此处的信誉指借款人、担保人的信誉,是借款人、担保人在行业和市场中的信用和声望,包括经营方针是否明确稳健、对经营是否守信、对员工是否尊重、是否有自觉还款意识、公司的注册资本是否符合贷款需求、有无资金外流的现象,以及是否存在借款人的产品质量、环保、纳税等因素影响还款的违法情况等。

(二)能力——企业法律状态

包括法律能力和还款能力。

1. 法律能力即借款人、担保人的民事能力,包括:

(1)民事权利能力,是指借款人向银行申请借款的民事权利资格。主要审查企业是否依法成立,有无从事相关业务的资格或资质,查看营业执照、资质证书,特别注意相关证照是否经过年检或相关审验。对于企业借款人,要特别注意辨别其主体资格的独立性、合法性,同时还需要关注法人在更改名称、更换法定代表人、更改经营场所和经营范围之后是否存在逃避银行债务的行为。

(2)民事行为能力,即借款人以自己的独立行为从事借贷民事活动,取得权利并承担义务的资格。一般而言,法人的民事行为能力范围与其民事权利能力是相适应的,因而两者所受到的限制也是一样的。自然人的民事行为能力以18周岁、精神正常为完全民事行为能力人,其民事行为不受限制;16周岁以上、18周岁以下者为限制民事行为能力人,其所签订的贷款合同为效力待定合同,需要其监护人承认或否认;16周岁者为无民事行为能力人,不能进行贷款活动。后两者的监护人以被监护人的财产所进行的抵押贷款活动因法律无明文规定,风险较大,建议不予贷款。实践中,在校学生包括大学生、高中生、初中生甚至小学生均存在贷款情况,其行为效力需要进一步分析。

2. 贷款偿还能力,也就是说借款者的收入是否足以支付贷款的本金和利息。为了获得贷款,我们需要考察借款者的产品和服务、经营管理、财务状况、竞争力、产品制造成本和销售价格,判断企业的还款能力。

(三)实力——企业责任状态

也就是说,公司运营所依赖的自有资金信息,涵盖了实际收益、资本积累、盈余积累、未分配盈余等。借款方的自有资金越丰富,其抵御风险的实力也就越强大。

注意:(1)企业法人营业执照注册资本是承担责任范围,与实际投入不同,特别是国家实行注册资本认缴制,认缴的注册资本仅确定法律责任承担能力;(2)注册资本有无抽逃,如有抽逃则承担刑事责任;(3)虚假注册问题,即虚假注册资本(如以物注入,实物虚假及虚估等)。

(四)担保——企业信用状态

担保是一种履行责任的信用保证制度,是一种法律制度,其目的是保障特定债权人能够实现债权,通过债务人或第三方的信誉或者特定财产来促使债务人履行债务。担保责任是一种存在的状态。主责任人履行了债务,担保人即免除法律责任。担保责任是否存在对银行贷款风险存在较大影响。

三、专项调查

1. 对借款人的主要负责人包括董事长、总经理、厂长、经理等是否有违法违规以及不符合伦理道德的行为进行调查;针对他们购置豪华汽车、频繁入住豪华酒店和频繁的过度消费等行为进行调查;对这些人是否具有外国护照或永久居留权等进行调查。对存在上述情况的企业的贷款必须从严控制甚至不予贷款。

2. 对夫妻公司、家庭公司及家族式的集团或公司的贷款必须从严控制。其主要原因如下:

夫妻公司、家庭公司及家族式公司可能存在财务透明度不高的问题。这类公司的财务状况往往不公开或者难以核实,这增加了银行和其他贷款机构的风险。因为贷款的基本要求是清楚地了解借款人的财务状况和还款能力,这种不确定性使得贷款机构更倾向于严格控制这类贷款。在夫妻公司和家族式公司中,产权关系可能不够明确。这可能导致在借款人出现问题时贷款机构难以追索债权。

因此,从风险控制和保护银行资产的角度出发,对夫妻公司、家庭公司及家族式集团或公司的贷款必须从严控制。这是一个重要的风险管理措施,以确保贷款机构和投资者的利益不受损害。

3. 对企业法人代表及主要高管或财务负责人是否存在兼职情况进行调查。一人兼任多个企业法人代表的关联企业经常出现企业资产及流动资金转移、逃避法律责任现象,对其贷款必须从严控制。

4. 对借款者的政治地位进行严格审核,不能因其政治地位而降低贷款标准或违反规定进行贷款的发放和管理。

5. 严格调查保证人与借款人的关系,特别是夫妻、家庭、亲属关系以及相互之间的隶属关系或参股关系。

四、诉讼特别调查

1. 通过银行管理部门征信系统调查贷款当事人是否为存在逾期还款而进入银行“黑名单”企业。通过工商行政管理系统调查贷款当事人是否因满3年未履行公示义务和存在违法经营状况被列入严重违法“黑名单”企业。

2. 通过法院系统调查借款人是否存在诉讼案件以及执行情况。借款人有经济纠纷,有可能对借款人或担保人资产造成重大影响的,审慎贷款。

3. 对经过财务调查和司法调查,发现资不抵债,有可能进入破产的借款企业不得贷款或同意担保。根据《最高人民法院关于适用〈中华人民共和国企业破产法〉若干问题的规定(二)》第12条规定,6个月内的贷款可予以撤销。

第二节　贷款合同审查

一、借款合同

借款合同是作为贷款人的银行与借款人签订的约定借款、还款、利息及相关权利义务的协议。借款合同的订立、履行必须合法合规,严格控制法律风险。

(一)借款合同主体合法

1. 法人作为借款主体应审查的材料:

(1)企业法人营业执照(名称、住址、法定代表人、注册资本、经营范围、经营期限、年检等)；

(2)税务登记证、企业代码证、银行开户许可证；

(3)工商登记材料——工商局最近的机读材料。

2. 其他组织作为借款主体应审查的材料：

(1)营业执照(名称、住址、负责人、经营范围、经营期限、年检等)；

(2)税务登记证、企业代码证、银行开户许可证；

(3)工商登记材料。

3. 自然人作为借款主体应审查的材料：

(1)身份证、户口本、护照；

(2)结婚证或离婚证和离婚协议书或离婚调解书、判决书等；

(3)其他证件(包括残疾证、学生证、学历证等)。

(二)借款合同内容合法

银行贷款和保证方式很多,下面以借款合同和保证(抵押)合同为例,根据司法实践,分析银行借贷中应当防范的金融风险。

1. 借款用途。

借款合同中贷款人和借款人约定借款用途,必须写明确,而且范围应宽泛,同时保证人也知道和确认的,当借款到借款人手中银行应当监督使用,以防保证人以借款人改变借款用途而主张保证担保无效。

2. 贷款期限起始终止日计算。

(1)借款合同中的借款期限。借款合同为实践性合同,签订借款合同后需要办理银行有关部门审批、保证合同中保证人投保、抵押合同中抵押物办理他项权证、设备质押办理工商登记等具体事项,这使得借款合同期限与银行放款时间不一致。

(2)借款借据中的借款期限。实际放款日期与借款合同中借款期限不一致的,以借款借据为准。

3. 借款利率及调整。

(1)借款利率:按照国家金融政策确定,并约定于借款合同。

(2)利率调整:按照借款合同约定,借款期限在1年以内的,约定利率不变,超过1年的,按照中国人民银行政策相应调整,且无须另行告知借款人。

(3)罚息与复息规定。

①不按期归还借款本金,除正常利息外,加收罚息；

②不按期偿还贷款利率,按罚息利率计收复息；

③不按合同约定使用贷款,加收罚息。

4. 还款方式。

借款合同中应明确按月、季或年付息及本金归还期限。

逾期支付利息视为违约,应承担违约责任,即上述的罚息与复息。

5. 贷款展期。

借款期限届满,借款人申请延长借款期限,必须经贷款人、担保人同意,由贷款人,借款人、担保人另行签订贷款展期还款协议,而且必须再行办理各种担保手续。如未经保证人同意,则保证人可以免除保证责任。

6. 提前归还借款。

借款合同签订生效即具有法律约束力。如借款人申请提前归还借款应征得贷款人同意,贷款人有权依照借款合同收取利息。

提前还款是否需要解除借款合同和赔偿经济损失?司法实践中说法不一,有的认为提前解除借款合同,借款人应承担违约责任和赔偿经济损失,这些经济损失是指未到期的利息;有的认为既然银行同意提前归还借款,这说明双方已达成提前终止借款合同的协议,无须赔偿经济损失。实践中持后者观点的较多。

7. 债务人的承诺、追加和债务转移。

(1)债务人承诺:借款人再次以书面形式承诺延长归还借款,这时应注意,如贷款人同意,则因达成延长还款时间而展期,保证人同意展期则继续继承担保责任,若不同意展期或未取得其同意,保证人无须承担担保责任。

(2)债务人追加:贷款即将期满,借款人向其他人书面承诺,愿意为借款人归还贷款。如贷款人同意,则一种情况是承诺人变成共同债务人承担还款责任,还有一种情况变成债务转移,借款人不承担责任,承诺人承担还款责任。如承诺人不具备还款能力,贷款风险就很大。

(3)债务转移:债务转移或转让必须经过贷款人同意,否则无效。如贷款人同意必须签订债务转让协议;如保证人或抵押人同意,保证人继续承担担保责任;如保证人或抵押人不同意而转让债务,保证人或抵押人不承担担保责任。

二、保证合同

(一)保证担保的含义

保证担保是一种常见的担保方式,指保证人和债权人约定,当债务人不履行债务时,保证人按照约定承担保证责任的行为。在保证担保中,保证人需要承担连带责任或者一般保证责任，这个责任在债务人无法履行债务的情况下才会产生。

（二）保证合同

保证合同是指保证人与债权人签订的，当债务人不履行债务时，由保证人承担保证债务的协议。法人、其他经济组织和自然人等商事主体之间订立的保证合同应当采用书面形式，口头保证合同内容未经保证人书面确认则无效。

1. 保证合同的订立方式。

保证合同的订立方式主要包括以下几种：

（1）保证人与债权人协商一致签订单独保证合同；

（2）在主合同中没有保证担保的条款，但第三人以保证人的身份在主合同上签字或盖章；

（3）在主合同上有保证条款，保证人签字；

（4）保证人单独出具保证书且债权人接受未提出异议。

2. 保证合同的内容。

保证合同的内容一般包括被保证的主债权的种类、数额，债务人履行债务的期限，保证的方式、范围和期间等条款。

（三）保证人的一般条件

保证人应当具有代为清偿能力，提供担保的保证人须具备以下条件：

1. 保证人应当是主合同债权人和债务人以外的第三人；

2. 公司法人或其他经济组织作为保证人的，应当持有市场监督管理部门注册登记，年检合格；

3. 国家机关及社会公益单位以外的其他组织作为保证人的，需持有政府主管部门颁发的开业证明，并且年检合格；

4. 保证人商业信誉良好，无不良逾期贷款记录或无征信系统"黑名单"记录或司法系统"司法黑名单"记录；

5. 担保人财产权属明晰，担保财产易执行、变现、不贬值；

6. 其他经济组织作为保证人，应有合法、可支配的财产和稳定的收入来源。

（四）禁止担任保证人的情形

1. 无民事行为能力人、限制民事行为能力人不得充当保证人，其法定代理人也不得代其签订保证合同；

2. 部队、武警不得为保证人；

3. 除经国务院批准为使用外国政府或国际经济组织的贷款进行转贷担保外，

国家机关不得充当保证人；

4. 学校、幼儿园、医院等以公益为目的的事业单位、社会团体不得为保证人；

5. 除企业法人有书面授权外，企业法人的分支机构、内部职能部门不得为保证人；

6. 债权人的分支机构、全资附属企业不得充当保证人。

(五)保证方式

在《民法典》中，保证责任是担保债务履行的一种重要方式，主要涉及保证人的责任范围和义务。根据《民法典》的相关规定，保证责任主要分为以下几类。

1. 一般保证责任。

一般保证责任是指保证人承担补充责任，只有在债务人不能履行债务时，保证人才承担责任。具体规定如下：

当债务人不履行债务时，如果债权人向保证人请求履行债务，保证人应当在约定的保证范围内承担责任。

如果债权人未向债务人请求履行债务，而直接要求保证人承担责任，除非保证人与债权人另有约定，否则保证人可以拒绝承担责任。

2. 连带保证责任。

连带保证责任是指保证人与债务人承担同一责任，即债权人可以同时向债务人和保证人请求履行债务。具体规定如下：

当债务人不履行债务时，债权人有权选择向债务人或保证人请求履行债务。

保证人与债务人对债权人的债务承担连带责任，即债权人可以同时向债务人和保证人请求履行债务。

如果债务人转移全部或者部分债务，除非保证合同另有约定，否则保证人仍应当对全部或者部分转移的债务承担连带责任。

3. 最高额保证责任。

最高额保证责任是指在一定期间内，对一定金额以上的债权提供担保的一种保证方式。具体规定如下：

最高额保证人应当与债权人签订最高额保证合同，明确约定担保的最高额、期间和范围等事项。

在约定的期间内，如果债权人的债权总额超过约定的最高额，除非保证合同另有约定，否则保证人对超出部分不承担责任。

如果债权人的债权总额未超过约定的最高额，即使部分债权已经到期或者被清偿,除非保证合同另有约定,否则保证人仍应当承担责任。

4. 共同保证责任。

共同保证责任是指两个以上的保证人共同担保同一债务履行的一种保证方式。具体规定如下:

共同保证人应当与债权人签订共同保证合同,明确约定各自的责任份额和担保范围等事项。

在共同保证合同中未约定各自责任份额的,除非另有约定,否则共同保证人对全部债务承担连带责任。

如果共同保证合同中约定了各自的责任份额,各共同保证人按照约定的份额承担责任。

(六)共同保证

共同保证是相对于单独保证而言的,指两个或两个以上的保证人共同为同一债权担保的保证。共同保证按保证人承担责任的范围不同,分为按份共同保证和连带责任共同保证。

1. 按份共同保证。

按份共同保证,指各保证人与债权人在订立保证合同时约定了各自的保证份额,保证人按合同约定的份额承担保证责任。

2. 连带责任共同保证。

连带责任共同保证是指保证人与债权人在保证合同中明确约定各保证人之间的连带责任的,或未约定保证份额或约定不明确的,共同保证的各保证人就保证责任承担连带责任,债权人可以要求其中任何一个保证人履行全部清偿责任。前者称之为约定法律连带责任,后者称之为推定法律连带责任。

注意:共同保证人之间的连带责任与连带责任共同保证方式是两个不同的概念。

(七)保证期间

在《民法典》中,关于保证期间的规定主要涉及保证人承担保证责任的期间,以及在此期间内债权人向保证人主张权利的效力。以下是《民法典》中关于保证期间规定的概括。

1. 一般规定。

保证期间由保证人与债权人约定,但不得早于主债务履行期限。当事人未约定保证期间的,保证期间为主债务履行期限届满之日起6个月。

2. 连带责任保证。

对于连带责任保证,债权人有权在主债务履行期限届满前请求保证人承担保证责任。

在保证期间内,债权人未请求保证人承担保证责任的,保证人免除保证责任。

3. 一般保证。

对于一般保证,在保证期间内,债权人未对债务人提起诉讼或者申请仲裁的,保证人免除保证责任。

债权人已对债务人提起诉讼或者申请仲裁,且在判决或者仲裁裁决生效后,债权人未在法定期限内向保证人主张权利的,保证人免除保证责任。

4.《最高人民法院关于适用〈中华人民共和国民法典〉有关担保制度的解释》。

该司法解释对《民法典》中关于保证期间的规定进行了细化,主要包括以下内容:

保证期间不因任何事由发生中断、中止、延长的法律后果。这意味着一旦确定保证期间,无论是因何种原因,都不能改变或延长。

债权人与保证人可以约定保证期间,但是约定的保证期间早于主债务履行期限或者与主债务履行期限同时届满的,视为没有约定;没有约定或者约定不明确的,保证期间为主债务履行期限届满之日起6个月。

对于一般保证的情形,如果债权人在对债务人提起诉讼或者申请仲裁前未请求保证人承担责任,而在判决或者仲裁裁决生效后请求,则自债权人请求之日起开始计算新的6个月的保证期间。但此时的新保证期间不能超过主债务履行期限届满之日起3年。

如果有多个担保人为同一债务提供担保,且部分担保人的担保方式为一般担保或连带担保,而部分担保人的担保方式约定不明,此时推定该担保方式为连带担保。但如果有担保人提供证据证明其为一般担保,人民法院予以认定。

对于约定的或者法定的保证期间早于主债务履行期限的情形,由于此时主债务还未到期,因此可以认定为没有约定或者约定不明。在此情况下,如果主债务履行期限届满后,债权人在3年内未请求的,则保证人免除责任。

对于分期履行的债务,债权人在保证期间内对各期债务分别提起诉讼的,除非另有约定,否则视为对整个债务的保证期间已经届满。但如果有证据证明各期债务的履行期限是独立的,则对某一期债务提起诉讼时未届满的保证期间可视为尚未届满。

对于共同保证的情形，如果各共同保证人间有明确的份额约定且债权人对某一共同保证人提起诉讼时其他共同保证人的责任份额尚未到期，则该诉讼只对该共同保证人的权利义务产生影响；但有证据证明其他共同保证人的份额已经到期的除外。此外，如果部分共同保证人的份额已经到期且债权人对其他共同保证人提起诉讼，此时全部共同保证人都应当承担连带责任。但有证据证明其他共同保证人的份额尚未到期的除外。

对于最高额担保的情形，如果最高额担保合同对债权和最高额等事项有明确约定且债权人在最高额限度内就一定期间连续发生的债权提起诉讼，除非另有约定或当事人对此有争议，否则人民法院应当认定为最高额担保合同的主张成立。但有证据证明当事人仅是对某一笔债权而非连续发生的债权进行主张时除外。

对于将原本属于后位担保人的权利让与给前位担保人的情形，人民法院应当认定后位担保人的权利已经转移给前位担保人而前位担保人也已经取得了相应的优先受偿权。但前位担保人对此有异议并向法院起诉的除外。

（八）保证责任诉讼

1. 保证期间，银行必须要求保证人承担保证责任，否则只能通过诉讼处理。

无论是否已对主债务人提起诉讼，贷款银行都必须在保证期间内要求连带责任保证人承担保证责任。即使银行在保证期间内起诉主债务人，也不能视为已向连带责任保证人要求承担保证责任，不发生开始计算保证合同诉讼时效的法律效果。如果银行未在保证期间内要求保证人承担保证责任，保证人将免除责任。贷款银行要求保证人承担责任时，可以采取提起诉讼或申请仲裁的方式，或者向保证人送达通知书，要求其承担责任的形式。如果选择送达通知书的方式，必须要求保证人在通知书上签字、盖章，并妥善保管回执。如果保证人拒绝签收通知书，可以选择公证送达的方式。

2. 主合同的诉讼时效中断，保证合同的诉讼时效并不中断。

连带责任保证中，主合同的诉讼时效中断，保证责任债务诉讼时效不中断，因此，为防止因诉讼时效届满而导致保证人免于承担保证责任，贷款银行在进行借款合同诉讼的同时，还应确保合同的诉讼时效不因怠于行使权利而届满。银行可以在起诉借款人的同时，将保证人作为共同被告一并提起诉讼。

3. 银行可以根据保证合同独立起诉保证人，要求承担保证责任。

三、债权转让

债权转让即债权转移，是指债权主体发生变更，即由新的债权人代替原债权人，而债的内容保持同一性的一种法律制度。为避免债权转让过程中发生不必要的纠纷和承担不必要的风险，结合当下司法裁判现状和规则，应从以下方面对债权转让合同进行全面审查。

（一）协议条款的完整性

根据《民法典》第470条第1款的规定，合同的内容由当事人约定，一般包括以下条款：当事人的名称或者姓名和住所，标的，数量，质量，价款或者报酬，履行期限、地点和方式，违约责任，解决争议的方法。

但是，债权转让过程具有其特殊性，债权转让协议一般还包括定义条款、债权交割及转移条款、债权通知条款、双方声明和保证条款等条款，将这些条款作为出让人与受让人之间的权利义务主要内容，以避免在发生诉争时难以定分止争。

（二）转让标的条款

1. 条款内容应当明确转让债权的范围、数量、来源与形成时间，以便于双方审查债权是否合法有效。

2. 应当明确转让债权的性质，以明确该债权是否具有可转让性。有下列情形之一的，债权不得转让：根据债权性质不得转让；按照当事人约定不得转让；依照法律规定不得转让。

（三）转让价款条款

1. 债权转让协议具有无因性，不以支付对价为生效要件，债权转让协议没有约定对价不属于《民法典》规定的无效情形。但是，应注意审查不予支付对价的原因，以避免因出让人转移财产、逃避债务，最终被其他债权人请求撤销该转让协议。

2. 在实务操作中，一般将转让价款条款约定为债权交割及转移条款的前置条件，以有效保障出让人获得转让价款、避免潜在纠纷。例如，约定出让人收到受让人的全部转让价款的当日为债权交割日，即债权转移之日。如受让人在协议生效后数日内不支付转让价款，则协议终止。

（四）债权交割及转移条款

构成债权转让法律关系的生效要件，是以转让人与受让人形成债权转让意思联络为基础，双方可另行约定债权交割生效条件。

那么，将转让价款条款作为债权交割及转移条款的前置条件，并约定双方移交债权证明文件条款，有利于明确受让人履行支付义务、出让人履行凭证交付义务。

（五）转让程序是否特定

如合同需依照法律、行政法规的规定办理批准等手续，则需按照规定进行。未完成相关程序将导致合同无法生效，但这并不会影响合同中的报批等责任条款以及相关条款的有效性。如果应当完成申请批准等程序的一方未能履行其义务，对方有权要求其承担相应的责任。对于特定的债权，如果债权转让协议的双方没有按照规定及时完成相关的更改或备案程序，债权转让的行为可能无法产生法律效力。

（六）转让通知条款

虽然向债权人发送债权转让的通知并不构成债权转让协议的生效条件，但是设立相关条款却是十分必要的。首先，《民法典》第 546 条明确指出：债权人转让债权，未通知债务人的，该转让对债务人不发生效力。债权转让的通知不得撤销，但是经受让人同意的除外。如果债权转让没有通知债务人，那么债务人有权拒绝履行转让的债务。严格来讲，债务人在没有收到债权转让的公告之前，无论其是否真正了解债权转让的情况，债权转让对其并无法律效力，债务人仍需要向原债权人履行债务。

（七）声明保证与争议解决条款

债权出让人与受让人之间的声明与保证条款，主要在于明确各方责任，一方违反该声明与保证的，即可视为违约，可依违约责任条款追究违约方的法律责任。

在债权转让协议里，争议解决规定主要用于处理出让人与受让人之间的争议。特别需要强调的是，如果出让人与债权人产生了冲突，那么只能根据原有的债权协议的争议解决规定来进行处理，因此，必须对相关规定进行仔细的审查，以防止受让人在提起诉讼时对债权人的管辖权产生异议。

第三节　贷款催收规范

银行贷款催收是银行业务的重要环节，催收过程往往涉及大量逾期贷款，这些贷款客户往往因为各种原因无法按时偿还。银行需要投入大量人力和时间进行催收，但效果往往不尽如人意。部分客户可能会故意拖欠贷款，导致催收工作更为复杂。

此外，银行在催收贷款时也面临着合规性的挑战。随着监管政策的不断加强，银行需要确保在催收过程中遵守相关法律法规,避免因不当催收而引发法律纠纷。这要求银行在催收过程中要采取合法、公正、合理的方式,给催收工作带来了额外的难度。

加之银行在面对大量逾期贷款时,也容易受到流动性压力的影响。如果大量贷款无法按时收回,银行可能会面临资金周转的困难,进而影响其整体的运营稳定。

为了解决这些问题,银行需要采取有效的策略和措施,以提高催收效率、保障贷款安全、合规经营并应对流动性压力。

一、催收贷款的条件

1. 对于逾期贷款的情况,债权银行有责任立刻向借款人和担保人发出催收通知,并指派专门的人员加强催收力度,确保依法进行贷款的收取。

2. 对于那些生产和经营活动正常,但由于生产的季节性变化、资金流转的暂时难题,以及生产周期与贷款期限不一致等因素导致贷款无法按时偿还的情况,债权银行可以按照有关规定,通过展期处理等形式重新设定还款期限,派专人负责对还款进行追踪,以确保贷款本息的全额、按时偿还。

3. 对于那些具备还款能力但没有还款意向、故意拖欠或恶意逃避银行债务、欠缴大量本金和利息的借款人,债权银行有权通过新闻和舆论渠道进行处理、纳入关注名单并采取联合制裁的办法督促他们偿还贷款本息,必要时可依法提起诉讼。对符合支付令申请条件的,金融机构应当及时向管辖人民法院提出支付令申请,并催告借款人归还贷款本息。

4. 若遇到没有任何担保的借款状态,需要立即采取适当的修复策略。完成相关的审批流程或是更改担保的形式,并且需要签订正规的担保协议。若是涉及抵押物的注册,需要向特定的部门递交注册申请,以便让担保协议拥有法律的约束力。

5. 针对因流动性不足、短期运营问题或者暂时亏损等而无法偿还银行借款,但是通过优化管理有可能扭转亏损的借款公司,债权银行应该主动提供信息援助和结算服务,以协助公司提高经济收益。也可以通过提供合理的贷款,来推动公司高质量产品和项目的进步,进一步提升公司偿还债务的能力,并激活一些负面资产。

6. 对于真正面临运营和管理困难、盈利前景渺茫、负债累累的公司,债权银行需推动其进行深化改革,并实行债务的重塑。若情况允许,可采取合法的方式处理抵押物、追究保证责任等,直到借款人破产清算,从而最大限度地降低银行的损耗。

7. 因企业改制过程中的不规范行为形成的不良资产,应依法要求责任方承担责任。对于因超出权限范围的行为而形成的银行呆坏账,根据国发〔1997〕10号《国务院关于在若干城市试行国有企业兼并破产和职工再就业有关问题的补充通知》的要求,债权银行不应核销此类损失,而应将其从银行应缴纳的营业税中抵扣。对于通过企业改制逃废银行债务、造成信贷资产流失的单位和个人,债权银行应依法提起诉讼,要求重新确立债权债务关系并追究相关责任。

8. 若借款者滥用贷款甚至携带资产逃离,给金融体系带来了重大的伤害,那么债权银行必须马上启动诉讼。此举涵盖了要求法庭维护债权人的权益,同时对有关负责者的行为进行严肃处理,目的是尽可能减少损害。

二、催收人员相关要求

在执行债务催收任务时,催收员应首先明确标明所属机构的名称,并在现场催收时主动提供相关证件和借款信息以证实身份。在与债务人和相关当事人的沟通过程中,催收员应当用文明有礼的言辞,避免使用恐吓、威胁、侮辱等不适当的言辞或行动对债务人和相关当事人施加压力。

催收人员应拍照留存面谈地点的信息。在必要时,催收信件应被保存并封装在信封内,以防止随意张贴。催收任务至少需要两名催收人员参与,他们的着装应该文明得体,不应穿着可能导致误解的衣物。在整个催收过程中,应进行录音或录像,并主动通知债务人和相关当事人这一行为。

催收人员必须尊重债务人及其他人员的财物,不得有任何抢掠或破坏的行为。所有的录像资料必须真实、完整且连贯,能够清楚地识别出参与者的面部特征、对话内容以及相关文件和签名,并且在录制完成后不允许进行任何形式的剪辑。催收人员不得诱导或逼迫债务人通过新增借贷或非法途径筹集资金以偿还逾期债务。

对于电话催收,同样应进行全程录音。催收人员应合理安排外呼的时间和频率,特别是晚10点至早8点应确定为禁呼时段。如果履约义务人的电话未接通,催收人员尝试拨打的次数在当天不得超过6次,其中1小时内不得超过3次。另外,直接或变相向与债务无关的第三方催款的行为是被严格禁止的。只有当催收人员按照法律规定或合同约定与和履约义务人相关的第三方联系时才被允许。

三、银行如何预防不良贷款的发生和控制不良贷款的增长

加强内部控制,防范操作风险的发生。建立健全授信决策机制,严格执行贷前调查、贷时审查、贷后检查制度,防止人情贷款等违规行为发生。在贷款发放前对借款人的资质、信用状况进行严格审查,确保借款人符合贷款条件;在贷款发放后要对借款人的资金使用情况进行跟踪检查,确保资金用于合规用途。同时要加强对信贷人员的培训和教育,提高其业务素质和风险意识,增强其遵守规章制度自觉性。

加强风险预警机制建设,及时发现和化解风险隐患。通过建立健全风险预警机制,对借款人的经营状况、财务状况、还款记录等进行实时监测和分析,及时发现潜在风险因素,并采取有效措施进行风险控制和化解。同时要定期开展信贷风险评估工作,及时了解和掌握信贷风险状况。

四、清收不良资产

银行不良贷款的清收是银行重要的工作内容之一,也是保证收回资金成本、控制风险、提升银行利润的主要方式之一。银行清收不良资产应当按以下思路进行。

(一)了解不良贷款背景

先了解不良贷款规模、产生的原因、客户资产规模、偿还意愿等背景,为后期采取合理的清收方式奠定基础。

(二)针对性分析

针对具体的不良贷款,根据其产生的背景,针对性分析对比各种清收方式的成本、清收效率和可能产生的影响,综合考虑采取合适的方法。

(三)先易后难思路

不良贷款的资金规模、客户资金实力、还款意愿等因素均有差别,先清收还款可能性更大、操作更简单的不良贷款。

(四)多方式并用

清收时可以站在客户的角度,协助客户制定并实施可行的还款计划;也可以从对方的担保人、公司业务、同事、家人、亲朋好友入手,晓之以理、动之以情,从而对清收的客户施加压力。

(五)循序渐进

不良贷款不是一朝一夕形成的,因此清收工作也不用过于着急,要根据客户的

资产情况、还款能力等信息制定合适的还款计划;还款逼得过紧可能适得其反。

(六)依法合理清收

对产生不良贷款的客户进行清收时,可以抓住对方的痛点利用专业的技能、话术、依据进行合情、合理、合法的施压;不良贷款的清收最坏的结果是走法律途径,不建议采取非法暴力催收的行为。

第四章

金融债券发行合规

第一节　金融债券的基础规定

一、金融债券的相关定义

金融债券作为金融市场的重要组成部分，是一种由金融机构发行的债务工具。这种债券的主要目的是为金融机构筹集资金，用于各种金融活动和投资。

首先，我们来了解一下金融债券的基本定义。金融债券是由银行、保险公司、证券公司等金融机构发行的债券。这些机构通过发行债券来筹集资金，满足其资金需求。与其他类型的债券相比，金融债券通常具有相对较低的信用风险和稳定的回报率。

其次，金融债券的特性也是其受到投资者欢迎的原因之一。由于发行主体是金融机构，这些机构通常具有较高的信用评级，因此金融债券的风险相对较低。此外，金融债券的收益率相对稳定，可以为投资者提供稳定的收益来源。同时，许多金融债券可以在二级市场上进行买卖，具有较好的流动性。

最后，金融债券的发行通常需要经过严格的审批和监管，以确保其合规性和透明度。在发行过程中，金融机构需要向投资者披露详细的财务信息和债券发行条款，以便投资者做出明智的投资决策。

综上所述，金融债券是一种低风险、低成本的筹资方式，对于金融机构来说具有重要的意义。同时，对于投资者来说，金融债券也是一个相对安全且稳定的投资选择。随着金融市场的不断发展和创新，金融债券的种类和发行方式也在不断演变和完善，为投资者提供了更多的选择和机会。

二、发债的申请与核准

(一)政策性银行

随着国家经济的发展和金融市场的深化,政策性银行在推动国家重点建设、服务实体经济中扮演着越来越重要的角色。金融债券作为政策性银行筹集资金的主要手段之一,其发行申请与核准流程的规范运作对于保障金融市场的稳定和健康发展具有重要意义。

1. 申请流程。

发行前准备:政策性银行在发行金融债券前,需进行充分的市场调研,明确资金需求,制定详细的发行计划,并评估潜在的市场接受程度。

提交申请:政策性银行应向主管部门提交金融债券发行申请,并附上详细的申请材料,包括但不限于债券的种类、规模、期限、利率结构等关键信息。

申请审核:主管部门将对政策性银行提交的申请材料进行全面审查,重点评估银行的信用状况、偿债能力以及债券发行的合理性与合规性。

核准通知:经过严格的审核后,主管部门将给予政策性银行发行金融债券的核准通知,明确债券发行的具体条件和要求。

公告发行:政策性银行在收到核准通知后,应按照相关规定发布金融债券发行公告,及时向市场披露相关信息,确保市场的透明度和公正性。

2. 监管要求。

政策性银行发行金融债券必须严格遵守相关法律法规和政策规定,确保债券发行的合法性和合规性。

银行应建立健全的风险管理体系,合理评估和控制债券发行的风险,保障投资者的合法权益。

主管部门应加强对政策性银行金融债券发行的监管力度,定期进行监督检查,确保市场的稳定和健康发展。

(二)商业银行

1. 项目背景。

随着中国金融市场的不断发展,商业银行在满足社会融资需求、服务实体经济方面扮演着越来越重要的角色。在此背景下,发行金融债券成为商业银行筹集资金、优化负债结构的重要手段。

2. 发行目的。

通过发行债券,商业银行能够降低融资成本,优化负债结构,提高资金使用效率,从而更好地服务实体经济,促进社会经济发展。

3. 前置条件。

申请发行金融债券的商业银行,应当具备良好的公司治理机制、有充足的核心资本、最近3年连续盈利、贷款损失准备计提充足、风险监管指标符合监管机构的有关规定以及最近3年没有重大违法违规行为等条件。

4. 核准请求。

满足条件的商业银行可以根据《商业银行法》和《证券法》的相关规定,向主管部门报送金融债券发行申请报告、商业银行权力机构出具的书面同意文件、监管机构同意金融债券发行的文件、商业银行近3年经审计的财务报告和审计报告、募集说明书、发行公告或发行章程、承销协议、商业银行关于本期债券偿债计划及保障措施的专项报告、信用评级机构出具的金融债券信用评级报告及有关持续跟踪评级安排的说明以及商业银行律师出具的法律意见书。

第二节 发债程序合规要点

一、发行

(一)一般注意要点

商业银行发行金融债券是当前金融市场的重要活动之一。商业银行在发行债券时必须严格遵循法规和监管要求,以维护金融市场的稳定和保护投资者的权益。同时,对于商业银行自身而言,合规的债券发行也有助于建立可持续的融资渠道,促进业务的发展。

1. 发行主体资格审查。

商业银行发行金融债券,首先需要满足相关法律法规对发行主体的资格要求。具体来说,商业银行需要具备法人资格,且资本充足率、风险控制指标等应符合监管部门的规定。其次,商业银行还需要具备一定的市场信誉和经营业绩,以确保发行的金融债券得到投资者的认可。

2. 发行程序合规。

商业银行在发行金融债券时,需要遵循公平、公正、公开的原则,确保发行程序的合规性。具体来说,商业银行需要制定发行方案,并报经监管部门审批。发行方案应包括发行规模、期限、利率、发行方式等内容,并确保符合相关法律法规的要求。

3. 风险控制合规。

商业银行在发行金融债券时,需要严格遵守风险控制的相关规定。具体来说,商业银行需要建立健全的风险控制体系,对债券的信用风险、市场风险、流动性风险等进行有效管理。此外,商业银行还需要定期对发行的金融债券进行压力测试,以确保在不利的市场环境下能够及时应对。

(二)政策性银行

发行人可以选择一次性足额发放金融债券或者限额内分期发放金融债券,若金融债券为发行人分期发行,每期发行安排应在募集说明书中予以说明。

每期金融债券发行前5个工作日,应当按照中国人民银行的要求,将发行人最近3年经审计的财务报告、金融债券发行方式、承销协议等文件报人民银行备案并披露相关情况。

(三)商业银行

债券发行方式与政策性银行一致。

发行人应将募集说明书、发行章程、发行人对本期债券偿债计划及保障措施的专项报告、资信评级机构出具的金融债券资信评级报告及持续跟踪评级安排的说明等文件报人民银行备案,并按人民银行要求在每期金融债券发行前5个工作日披露相关情况。

二、承销

承销主要分为协议承销和招标承销。承销人必须是金融机构,不得以不正当竞争手段招揽承销业务,不得发布虚假信息或泄露非公开信息,同时应当具备如下条件:

1. 注册资本不低于2亿元人民币。
2. 具有较强的债券分销能力。
3. 具有合格的从事债券市场业务的专业人员和债券分销渠道。
4. 最近两年内没有重大违法、违规行为。
5. 中国人民银行要求的其他条件。

若金融债券采取定向承销方式发行,可在认购人同意的情况下,豁免信用评级。定向发行的金融债券不得对外转让,只能在认购人内部之间进行转让。

通过中国人民银行债券发行系统进行招标发行金融债券的,在招标过程中应当进行现场监督,相关人员不得透露投标情况,不得对投标过程进行干预。

以招标承销方式发行金融债券,发行人应向承销人发布下列信息:

1. 关于招标具体时间、招标方式、招标标的、中标确定方式等具体内容,应当在招标前3个工作日内向承销人公布;

2. 招标开始时,向承销人发出招标书;

3. 招标结束后,发行人应在不迟于次1工作日发布金融债券招标结果公告的情况下,立即将中标结果告知承销人,相应认购义务由承销人在中签后自行履行。

金融债券发行自获得中国人民银行核准发行之日起60个工作日内由发行人开始发行,在规定期限内发行完毕,并于发行结束后10个工作日内将发行情况以书面形式向中国人民银行报告。

三、登记、托管与兑付

中央国债登记结算有限责任公司为金融债登记、托管机构(以下简称中央国债登记结算有限责任公司)。金融债券发行结束后,发行人应及时将债权债务关系确认至中央国债登记结算有限责任公司,债券登记工作由中央国债登记结算有限责任公司负责办理。发行人应在金融债券付息或兑付日(包括该日)前向债券持有人指定的资金账户划出相应款项。

四、信息披露

(一)信息披露内容合规

商业银行在发行金融债券时,需要按照相关法律法规的要求,对投资者进行充分的信息披露。具体来说,商业银行需要披露的内容包括但不限于:发行主体资格、发行规模、期限、利率、发行方式、风险控制措施等。此外,商业银行还需要定期发布债券的持仓情况、交易情况等信息,以确保投资者能够及时了解债券的运行情况。

(二)信息披露方式合规

商业银行在信息披露环节,需要遵循及时、准确、完整、公平的原则,确保信息披露方式的合规性。具体来说,商业银行可以通过官方网站、公告、新闻媒体等多种方式进行信息披露。在信息披露过程中,商业银行还需要注意保护投资者的合法权益,防止信息泄露或被不当利用。

（三）信息披露监管合规

商业银行在信息披露环节还需要接受监管部门的监管。具体来说，监管部门会对商业银行的信息披露情况进行定期检查或抽查，以确保信息披露的真实性、准确性和完整性。对于未能按照要求进行信息披露的商业银行，监管部门将依法进行处理，以维护市场的公平和秩序。

综上所述，商业银行发行金融债券的合规要点包括发行环节，承销环信息披露环节，登记、托管与兑付环节以及信息披露环节。商业银行需要满足主体资格要求，遵循公平、公正、公开的原则，并严格遵守风险控制的相关规定，需要按照法律法规的要求进行充分的信息披露，并确保信息披露方式的合规性和监管合规。只有确保以上要点的合规性，才能有效地保障投资者的权益和市场秩序的稳定。

第三节　律师法律意见书

金融债券发行法律意见书是律师或律师事务所为商业银行等金融机构发行金融债券提供的法律意见和评估报告。以下是撰写金融债券发行法律意见书时的一些要点：

一、引言

在引言部分，简要介绍律师或律师事务所接受委托，按照相关法律法规、规范性文件和自律规则的要求，简单陈述为发行人提供法律服务的背景和目的，以及本次法律意见书的范围和限制等相关事项说明。

二、正文

（一）发行人主体资格

详细阐述发行人的主体资格，包括其注册成立、经营范围、组织架构、股权结构、公司治理等方面的情况。同时，要确认发行人是否具备发行金融债券的法定条件和资格。发行人是否具有本次发行债券的主体资格，律师需出具意见。

（二）本次债券发行的授权与批准

详细阐述本次债券的发行是否经过发行人董事会、股东会的审议和授权，是否获得中国人民银行对发行人发行本次债券的审核批复，是否仍在该批复的行政许可有效期内。律师需要发表该发行人是否内部有效授权和批准、中国人民银行的审核批复以及国家金融监督管理总局的审核批复。

（三）本次发行债券的实质条件

主要对照《商业银行资本管理办法》等相关规定，对发行人的公司治理机制、资本充足率、一级资本充足率、核心一级资本充足率、近3年盈利情况、贷款损失准备计提情况、风险监管指标数据、报告期内有无重大违法违规行为等各项实质性条件进行详细说明。

（四）本期发行的主要条款

根据"募集说明书"，将本期债券名称、发行人、本期发行规模、债券期限、票面利率、发行方式、发行范围及对象、信用级别、募集资金用途等主要条款进行说明。

（五）本期债券募集资金的用途

需要阐述发行人本期债券募集资金在扣除发行费后的具体用途。

（六）本次债券发行的信用评级情况

需要说明评级机构对本次债券出具的信用评级报告，列明发行人主体信用等级和本次债券信用等级。律师需要对评级机构的评级服务资质进行核查，确认该评级机构是否是一家具备提供债券信用评级服务资质的信用评级机构。

（七）担保和增信措施（如有）

如果本次发行涉及担保或增信措施，律师应对担保合同或增信安排进行审查，并确认其合法性和有效性。

（八）本次债券发行的承销

明确具体承销商以及承销商的工商登记信息和资质信息，律师需要对承销商的主体资格进行确认。

（九）发行人重大未决诉讼、仲裁事项

发行人需要统计在中国人民银行审核批复的行政许可有效期内，发行人在正常业务中发生的若干未决法律诉讼事项，律师需要对该情况是否影响发行人的持续经营能力造成重大不利影响进行说明。

（十）结论性意见

综合上述内容，律师需要对发行人是否具备本次债券发行的主体资格、是否符合实质性条件、是否通过内部决策和中国人民银行的审核批复以及国家金融监督管理总局的审核批复、募集资金用途是否符合相关法律法规及规章的规定、是否存在重大未决诉讼、仲裁事项等情况进行说明。

三、附件

需要附上律师事务所执业许可证以及经办律师的律师证，根据需要，可以附上相关的法律法规、监管批文、发行文件等作为法律意见书的附件。

请注意，以上要点仅供参考，实际撰写时应当根据具体情况进行调整和补充。同时，律师在撰写法律意见书时应保持客观、公正的态度，确保意见书的真实性和准确性。

第五章

银行金融案件风险防范

第一节　金融民事案件诉讼管理

一、金融纠纷的常见类型

借贷纠纷:涉及借款合同、贷款违约、利息计算等问题。

投资理财纠纷:涉及证券、基金、期货、外汇等投资产品的违规操作、信息披露、投资咨询等问题。

保险纠纷:涉及保险合同、理赔、保险诈骗等问题。

信用卡纠纷:涉及信用卡欠款、逾期还款、信用卡盗刷等问题。

金融交易纠纷:涉及股票、债券、外汇、贵金属等金融交易的合同履行、交易违规、交易软件异常等问题。

资产管理业务纠纷:如私募基金业务引发的金融民商事纠纷案件等。

征信业务纠纷:征信业务中引发的金融民商事纠纷案件。

支付业务纠纷:支付业务中引发的金融民商事纠纷案件。

经有权机关批准的其他金融业务引发的金融民商事纠纷案件。

这些类型的金融纠纷涵盖了金融市场中的各个方面,从传统的借贷关系到复杂的投资和交易活动。在处理金融纠纷时,需要了解相关的法律法规和监管要求,以确保当事人的合法权益得到有效保护。

二、增强风险管理能力

为了加强银行的风险管理能力,增强全体员工的风险意识,确保银行业务的稳健发展,需要提升银行对各类风险的识别、评估、监控和处置能力,为客户提供更加安全、可靠的金融服务。

（一）内容

建立完善的风险管理制度：建立确保风险管理工作有序开展的风险管理组织架构，制定风险管理政策，明确风险管理目标和原则。

加强风险教育和培训：定期组织员工进行风险管理知识培训，提高员工对风险的认识和理解。培训内容包括风险识别、评估、监控、报告和处置等方面，确保员工能够在实际工作中有效应对风险。

强化风险识别与评估：建立全面梳理各类业务的风险识别机制，对存在风险隐患的点位进行识别。同时，建立风险评估制度，对已认定的风险等级、应对措施等方面进行科学的评估。

增强风险监测能力：建立风险监测预警系统，实时监测业务数据和客户行为，发现异常及时预警，并采取相应措施进行处置。同时，定期对风险管理制度执行情况进行检查评估，确保制度得到有效执行。

强化内审外监：强化内审职能，对风险管理工作开展经常性的稽核巡查，发现问题，及时整改。同时，积极接受外部监管机构的监督检查，确保业务合规、风险可控。

（二）实施步骤

1. 制定风险管理政策和制度，明确风险管理目标和原则。

2. 组织员工进行风险管理知识培训，增强员工风险意识。

3. 建立全面梳理评估各类业务的风险识别、评估和监控机制。

4. 建立风险监测预警系统，利用科技手段对经营数据、客户行为等进行实时监控。

5. 强化内部稽核和外部监督，确保有效落实风险管理体系。

6. 加强与其他金融机构的沟通与协作，建立风险信息共享机制。

通过上述内容的实施，预期能够提升银行全体员工的风险意识，加强对各类风险的识别、评估、监控和处置能力。同时通过加强内部稽核和外部监督来保证业务的风险可控。最终，为促进银行业务的稳健发展，为客户提供更加安全可靠的理财服务。

第二节 银行涉刑案件风险防范

一、银行贷款前法律调查

银行向借款人发放贷款必须对借款人(包括企业法人、自然人和其他组织)进行贷款前的法律调查,这是银行控制法律风险和经济风险的必经程序。贷款前法律调查包括基本调查、信用调查、专项调查和诉讼特别调查,具体内容见本编第三章。

二、金融借贷涉刑案件犯罪构成

(一)犯罪构成

银行或其他金融机构及其工作人员是金融机构涉刑案件的犯罪主体。金融机构涉刑案件包括单位犯罪与个人犯罪,其中个人犯罪的犯罪主体(金融机构工作人员)既可以作为特殊主体存在,也可以作为其他犯罪的共犯(普通主体)存在。

金融机构涉刑案件的犯罪客体为:

(1)国家的社会主义市场经济秩序;

(2)公私财产的所有权;

(3)公民的人身权利、民主权利。

具体表现为故意实施破坏社会主义市场经济秩序、侵犯公私财产、侵犯公民的人身权利或民主权利的行为。

(二)犯罪形态及共同犯罪

犯罪形态:分为犯罪预备、犯罪未遂、犯罪中止、犯罪既遂,各犯罪形态之间互相排斥。

共同犯罪:金融机构涉刑案件,除金融机构工作人员作为特殊主体实施的犯罪外,还有一些金融机构工作人员作为普通主体参与实施的共同犯罪,如贷款诈骗罪、洗钱罪等。

(三)犯罪的刑罚

金融机构涉刑案件一般采取两罚制度进行判决。在两罚制中,对单位是判处罚金,判处罚金采取无限额罚金制,即对罚金的数额未作规定。在两罚制中,对直接负责的主管人员和直接责任人员是判处刑罚,这里的刑罚包括自由刑与罚金,主要是自由刑。

第十六编

破产重整企业合规经营

第一章

破产重整企业概述

第一节　破产重整的概念

企业的破产是指企业在运营过程中,由于经营方式与管理方式等问题,导致未能支付到期的债务,同时其资产也未达到充分偿付的标准,或者明显欠缺偿付债务的能力,因此被法院裁定归入破产流程而进行的一系列法律活动。当前,破产有三种模式,分别是破产清算、破产重整、破产和解,这三种方式构成了现代企业破产制度的基础。

破产重整是解救困境企业最为有效的途径,这一观点在这三个程序中得到了充分的支持。

根据现代企业破产理念,由破产清算的清算主义走向破产重整的再建主义,已经成为市场经济下的一种常态。多数企业在历经重整后,往往会在利益的导向下,最终选择走向多方合作共赢,因此,破产重整制度与其说是企业破产管理的一个环节,倒不如说是使危困企业复兴和再生的开始。

"破产重整"也被称为"破产保护",其目的是对于那些存在潜在或实际破产风险,但又有维持价值和复苏可能的公司,不立即进行清算,而是在法院的主导下,通过利益相关方的申请,债务人和债权人达成协议,对其经营和债务进行调整,制定重整计划,最后帮助债务人解决财务问题,使其能够继续运营其业务。

第二节　破产重整的条件

一、主体需为具备独立法人资格的企业

当前,《企业破产法》仅适用于具备独立法人资格的企业,诸如全民所有制公

司、有限责任公司和股份有限公司等。而确定企业是否具有法人资格,应参考其获得的工商部门发放的营业执照。

经济组织如合伙企业、个人独资企业、个体工商户、农村承包经营户、合伙组织等,并非企业法人,不具备破产资格,故不能直接适用《企业破产法》。

二、企业需符合的条件

1. 有优质资产和盈利能力。

2. 由于债务压力过大,无法通过自我协商减轻债务,也无法通过正常运营恢复盈利。

3. 存在投资价值。

三、申请破产重整的情形

依据《企业破产法》第 2 条的规定,如果企业法人无法偿还到期债务,同时其资产不足以支付全部债务或者明显缺乏偿还能力,那么应依照该法规定进行债务清算。如果企业法人有前述情况,或者可能明显失去偿还能力,那么可以依照该法规进行破产重整。

依据《企业破产法》第 70 条第 2 款的规定,当债权人已经对债务人提出了破产清算,并且在人民法院接受破产申请、宣布债务人破产之前,债务人或者其出资额超过债务人注册资本的 1/10 以上的投资者,有权向人民法院提出破产重整的申请。

依据上述规定,可总结出债务人向法院提出破产重整申请的情况有以下 4 种:

(1)企业法人不能清偿到期债务,并且资产不足以清偿全部债务。

(2)企业法人明显缺乏清偿能力的。

(3)企业法人有明显丧失清偿能力可能的。

(4)若债权人提出破产清算的请求,那么在人民法院接收到这个请求并宣布债务人已经破产之前,债务人有权向人民法院提出重整的申请。

四、申请破产重整的法律主体

根据《企业破产法》第 2 条、第 7 条、第 70 条第 2 款的规定,拥有破产重整申请权利的三个主体分别是:

(1)债务人,即企业本身。

(2)企业的债权人。

(3)拥有企业10%以上股权的股东。

第三节　破产重整的流程

一、达到破产标准

债务人不能清偿到期债务并且具有下列情形之一的,人民法院应当认定其具备破产原因:

(1)资产不足以清偿全部债务;

(2)明显缺乏清偿能力。

以下条件均满足的,人民法院应认定债务人无法偿还已到期的债务:

(1)债权债务关系依法成立;

(2)债务履行期限已经届满;

(3)债务人未完全清偿债务。

债务人的资产负债表或者审计报告、资产评估报告等显示其全部资产不足以偿付全部负债的,人民法院应当认定债务人资产不足以清偿全部债务,但有相反证据足以证明债务人资产能够偿付全部负债的除外。

债务人企业账面上的财产数额大于负债数额,但有以下情形任意一种,法院就应该确认债务人明显欠缺偿还能力:

(1)因资金严重不足或者财产不能变现等原因,无法清偿债务;

(2)法定代表人下落不明且无其他人员负责管理财产,无法清偿债务;

(3)经人民法院强制执行,无法清偿债务;

(4)长期亏损且经营扭亏困难,无法清偿债务;

(5)导致债务人丧失清偿能力的其他情形。

二、向法院提出重整申请

《企业破产法》第2条规定,企业法人无法偿付、支付已到期的债务,同时其所拥有的财产难以支付所有的债务,又或者很显而易见地欠缺偿还能力的,应依照该法规定进行债务清算。

不仅债权人与债务人有权向人民法院提出对于债务人的破产重整申请,同时,那些投入超过债务人注册资金10%的投资者,也有权在人民法院受理破产清算之后宣布破产之前，向人民法院申请破产重整。此外，依照法律条款，国务院的金融监管机构也享有向人民法院提出金融机构的破产重整的权利。

申请中需要提交相关证明文件，如企业财务状况报告、债务结构、资产状况等。同时，需要准备相关文件与利益相关者（如债权人、股东等）进行沟通。

三、法院受理重整申请

审查期限：在审核过程中，如果债权人发起了破产申请，那么人民法院应该在接到这个申请后的5日内告诉债务人。如果债务人对此有所不认可，则需要在接到人民法院的告知后的7日内向该法院主张其异议。人民法院需要在10日内决定是否接受这个申请。除了上面这种情况，人民法院必须在接到破产申请后的15日内决定是否接受。在特殊情况下需要延长期限的，经过上级人民法院的许可，可以将其延长15日。

审查标准：按照《企业破产法》所设立的重整要求，人民法院在进行了形式性与实质性的评估后，认为其满足重整条件，那么就应该裁定债务人进行破产重整，同时发布相关的公告。

公告与送达：公告通常应当标明拟定管理人姓名、所在地、债权申报期限、债务人及财产持有人对债权人偿还债务或者交付财产事项、申请人或者被申请人姓名或者名称、重整启动时间、首次债权人会议的举行时间及地点。

指定管理人：法院依法选定专业的破产重整管理人，负责协助管理和监督企业的重整工作。管理人需为入围的律所、会计师事务所等法定的专业机构。管理人会对企业的资产状况、债务情况进行全面调查核实。

企业财产的保护和暂时管理：在破产重整程序中，破产重整管理人负责保护企业的财产，防止挪用、侵占等行为。管理人可能对企业的日常经营进行临时管理，以确保企业的正常运转。同时，申请破产重整的企业主体也可以向法院申请此期间的自主经营。此阶段的目标是稳定企业状况，并尽可能保护债权人的权益。

寻找新契机，编制重整方案：破产重整管理人利用自身资源优势，结合企业特点，帮助企业寻求新的发展契机，无论是新项目引进还是对接投资人，都应与破产重整申请企业和投资方共同商定重整方案，并在法定期限内编制重整方案，方案中包括对企业资产的处置、债务的调整、债权人的权益安排等。重整方案应通过合理的方式实现企业自救和债权人利益保护的平衡。

四、申报破产债权

法院决定受理破产案件后,25 天之内需要将相关信息发送给债权人,并对外界发布债务人的破产情况以及债权人的债权申请。同时,该公告还需要详细说明关于债权申请的相关注意点。在我国,债权申报必须采用书面方式并附上相应的证据。如果选择口头、电子邮件或其他方式进行,或者没有提供相应的证据,都有可能导致申报失败。

债权人申报债权需要的信息:(1)证明债权申报人主体资格的材料;(2)证明债权发生事实及其数额的材料;(3)债权人认为需要提交的其他材料。

债权人申报过程中要注意:(1)如果公司有欠款纠纷,需要注意及时向债务人进行催收并保留证据,保证债权未超过诉讼时效期间;(2)需及时关注债务人的企业信用信息,是否存续,是否成为失信被执行人,是否涉及众多诉讼(通过企查查、国家企业信用信息公示系统、信用中国等查询);(3)若债务人企业信用信息极差,涉及诉讼众多或已成为失信人,需及时关注全国企业破产重整案件信息网(官网),一旦债务人进入破产程序,官网上会发出公告,此时债权人需要及时关注并申报债权;(4)债权人在官网上看到债权申报公告后,需仔细阅读,注意债权申报的时间及流程,填写债权申报所需全部资料并及时提交。

债权审核重点:清算组在破产债权的清理中对破产债权的以下方面进行审核:(1)破产债权申报的期限。(2)破产债权的诉讼时效。(3)破产债权的形成依据。(4)破产债权的计算。(5)对破产债权重复申报的审核。(6)编制破产债权申报一览表。

五、召开债权人会议

管理人将组织债权人会议,与债权人商讨债务重整计划。这可能包括债务减免、延期偿还、利率调整等措施,以实现企业的财务重建。法院组织召开债权人会议,会议上债权人可以审议并决定是否接受重整方案。根据相关法律规定,重整方案的通过需要获得债权人的多数同意或特定比例的同意。

六、法院审批和执行

经债权人会议审议通过后,法院进行最终的审查,确认重整方案符合法律规定,并作出批准决定。决定生效后,企业将按照重整方案进行执行。

七、重整期间的管理和监督

在重整期间，破产重整管理人负责监督和管理企业的重整工作，包括资产处置、债务履行等。法院也会对重整程序进行监督，确保重整方案的有效执行。

八、重整结果的评估和结束

在重整期满或提前完成重整方案的执行后，破产重整管理人会评估重整结果，向法院提交相关报告。如果企业成功实现重整目标，法院将宣布重整结束，企业可以继续正常经营。

需要注意的是，破产重整的具体过程可能会因国家、地区和个案的不同而有所差异，以上描述仅为一般情况下的主要步骤。在实际操作中，还需根据具体法律法规进行操作，以确保程序的正确性和合法性。

第二章

破产企业重整转换

《企业破产法》的规定明确了破产清算和重组的界限,这给那些已经陷入破产清算但还保持着商业潜力的公司带来了复苏的可能性。通过执行破产流程来挽救那些具备市场价值的处在困境中的公司,对于推动更多的公司恢复生机,以及完成"六保"任务都有积极的影响。根据法律条款,人民法院需要准确地识别并评估各类公司的状况,并根据法律适时采取合适的破产手段,以此积极推动那些具备挽救价值的公司的重组。

第一节　破产重整、和解、清算转换程序

一、概述

第一,和解转为重整。法院受理破产和解申请后,和解协议提交债权人会议表决前,对于具有再生希望和价值的债务人,债务人或债权人可以申请转为重整程序。法院应在 7 日内作出是否准许程序转换的裁定。建议以上程序转换后,提交重整计划草案的时间应由 6 个月缩短至 4 个月。

第二,重整转为和解。在法院受理重整申请后,重整计划草案提交债权人会议表决通过前,若债权人、债务人达成了破产和解的合意,并主动申请转为和解程序,法院可以许可程序转换的申请。债务人应在申请程序转换的同时提交和解协议草案。

第三,清算转为和解、重整。在人民法院受理破产申请后、宣告债务人破产前,债务人有权利提出和解申请,达成清算向和解的程序转换,并需要提交和解协议的草案。在债权人启动破产清算程序后,宣告债务人破产前,债务人和出资额占债务人注册资本 1/10 以上的出资人也可提出后续的重整申请,将清算程序转为重整

程序。

二、破产重整转为破产清算

破产重整和破产清算都是解决企业债务问题的重要法律程序，但它们的目的和方法有着本质的不同。破产重整的核心目的是给企业一次重生机会，而破产清算则是为了公平地分配企业的剩余财产。当企业在进行破产重整后无法摆脱困境，或者破产重整计划无法得到执行时，破产清算就可能成为一个必要的后续步骤。具体流程如下：

1. 法院裁定：当债权人或债务人认为破产重整无法达到预期效果，或者出现其他需要立即进行破产清算的情况时，可以向法院提出申请。法院将对申请进行审查，并作出是否将破产重整转为破产清算的裁定。

2. 成立清算组：一旦法院裁定进行破产清算，将依法成立清算组。清算组将接管企业，负责对其财产进行清理、估值和变现。

3. 接管破产企业：清算组将全面接管破产企业的财产、账目、档案等资料，并进行全面的清查和审计，以确定企业的资产和负债状况。

4. 变现财产：清算组将负责对企业财产进行变现，以筹集资金用于偿还债务。这可能包括出售企业的资产、追讨债权等措施。

5. 分配财产：在变现财产后，清算组将按照法律规定的顺序对债权人进行清偿。一般来说，债权人的清偿顺序是：职工债权、税务债权、普通债权等。

6. 终结程序：当所有的财产都已经变现并分配完毕，清算组将向法院提交清算报告，并请求法院终结清算程序。法院将对清算报告进行审查，并最终裁定终结破产程序。

此外，在这个过程中有几个重要的注意事项。

1. 信息公开：清算组应当及时向债权人、投资人等利益相关方公开破产清算的相关信息，确保整个过程的透明度。

2. 保护职工权益：在破产清算过程中，职工的权益应当得到优先保护。清算组应当确保职工的工资、社保等权益得到妥善处理。

3. 避免欺诈和不当行为：由于破产清算涉及多方利益，各方应当遵守法律法规，避免任何形式的欺诈和不当行为。

4. 税务处理：对于破产企业的税务问题，清算组应当与税务部门进行充分沟通，确保税务事项得到妥善处理。

5. 持续经营价值评估：在破产清算过程中，对于仍存在持续经营价值的业务或资产，清算组应当进行评估并考虑是否进行重组或转让，以最大程度地保护债权人和股东的利益。

三、破产清算转为破产重整

在某些情况下，破产清算可能会转为破产重整，给企业一个重生的机会。

（一）具体流程

1. 债权人或债务人提出申请：在破产清算过程中，如果出现新的情况或信息表明企业仍有重整的可能，债权人或债务人可以向法院提出将破产清算转为破产重整的申请。

2. 法院审查：法院将对提出的申请进行审查。审查的内容包括企业的财务状况、债权人及股东的权益、是否有可行的重整计划等。

3. 裁定：法院将根据审查结果作出裁定。如果认为重整可行且对企业和债权人更为有利，法院可以作出将破产清算转为破产重整的裁定。

4. 指定管理人或重整协调人：一旦裁定进行破产重整，法院将指定专门的管理人或重整协调人来负责重整期间的各项工作。

5. 制定并提交重整计划：管理人或重整协调人将与企业、债权人、股东等各方进行协商，制定详细的重整计划。重整计划将包括企业的运营计划、债务重组方案、权益调整措施等关键内容。之后，将向法院和债权人会议提交重整计划。

6. 债权人会议审议：债权人会议将对重整计划进行审议。如果审议通过，则计划将进入执行阶段。如果未通过，管理人或重整协调人可能需要对计划进行修改后再次提交。

7. 执行重整计划：一旦重整计划获得通过并开始执行，企业将进入重整期。在此期间，管理人或协调人将监督计划的执行情况，确保各项措施得到有效执行。

8. 监督与报告：管理人或协调人将定期向法院和债权人会议报告重整计划的执行情况，接受监督。

9. 终止重整程序：如果重整计划得到顺利执行，企业的财务状况得到改善，法院可以作出终止重整程序的裁定。这将标志着企业从破产困境中成功恢复。

10. 后续调整与退出：在重整结束后，企业可能还需要进行一些后续调整，如债务重组、权益调整等，以确保财务结构的稳定。同时，对于退出破产保护的企业，其相关财务和法律程序也需要得到妥善处理。

（二）申请主体

1. 债务人申请。

在债务人步入破产程序之后，他们有权提出重组的请求。如果债务人无法偿还到期债务，债权人提出对其进行破产清算，那么在人民法院接受了破产案件之后，为了防止破产倒闭，债务人可以向人民法院申请进行重组。

2. 出资人申请。

出资人是最有可能挽救公司的主体，股东和公司的利益基本一致，公司的生死与投资者的利益紧密相连，因此完全有可能激发投资者的积极性。出资人从公司的挽救中获得的利益比债务公司本身更大，因此具有更强的挽救公司的动力。

3. 其他债权人申请。

虽然《企业破产法》第70条对于破产清算申请受理后其他债权人是否具有申请重整资格并未进行明确规定，但在实践中，人民法院也应当允许债权人享有重整申请权。由于债权人在破产案件被接受后，或者在债务人被宣告破产前，对于债务人企业是否需要进行重整的申请条件并未有实质性的改变，部分债权人申请破产清算的事实也并未对债务人进行重整产生足够的影响，只要其他债权人的请求满足《企业破产法》第2条的实质条款和第7条、第8条关于形式的规定，人民法院就应当依法予以接受。

四、破产和解转为破产清算

破产和解的目的是通过债务人和债权人之间的协商，达成债务重组或延期偿还等协议，以缓解企业的财务压力。而破产清算则是通过变卖企业资产，将所得资金用于偿还债务，以实现债权人的公平受偿。

当企业在进行破产和解后，由于各种原因无法继续执行和解协议，或者和解协议无法达到预期效果时，破产清算可能成为一个必要的后续步骤。

1. 破产和解失败：在破产和解过程中，如果出现无法达成共识、债务人无法履行和解协议、债权人会议否决和解协议等情况，和解程序可能失败。此时，债权人或债务人可以向法院提出将破产和解转为破产清算的申请。

2. 法院裁定：法院将对提出的申请进行审查。审查的内容包括企业的财务状况、和解协议的执行情况、是否有必要进行破产清算等。如果法院裁定破产清算，将依法成立清算组，负责企业的清算工作。

3. 成立清算组：清算组将接管企业，负责对其财产进行清理、估值和变现。清算组将由股东、有关机关及专业人士组成,负责对破产企业的财产进行管理、清理、估价、处理、分配,代表破产企业参与民事活动。

4. 接管破产企业:清算组将全面接管企业的财产、账目、档案等资料,并进行全面的清查和审计,以确定企业的资产和负债状况。

5. 变现财产:清算组将负责对企业财产进行变现,以筹集资金用于偿还债务。这可能包括出售企业的资产、追讨债权等措施。

6. 分配财产:在变现财产后,清算组将按照法律规定的顺序对债权人进行清偿。一般来说,债权人的清偿顺序是:职工债权、税务债权、普通债权等。

7. 终结程序:当所有的财产都已经变现并分配完毕,清算组将向法院提交清算报告,并请求法院终结清算程序。法院将对清算报告进行审查,并最终裁定终结破产程序。

在这个过程中,需要注意保护职工的权益,确保其工资、社保等得到妥善处理。同时,要避免任何形式的欺诈和不当行为,确保整个过程的合法性和公正性。此外,还需要及时向债权人、投资人等利益相关方公开破产清算的相关信息,提高整个过程的透明度。

五、破产清算转为破产和解

在破产清算的过程中,有时可能会出现一些情况使得企业和债权人愿意通过和解来解决债务问题。

1. 债权人或债务人提出申请:在破产清算过程中,如果出现新的情况或信息表明企业与债权人之间有通过和解解决问题的可能性,债权人或债务人可以向法院提出将破产清算转为破产和解的申请。

2. 法院审查:法院将对提出的申请进行审查。审查的内容包括企业的财务状况、债权人及股东的权益、是否有可行的和解方案等。法院将评估是否有可能达成和解,并确保和解方案是公平和合理的。

3. 裁定:如果法院认为和解是可行的,并且可以更好地保护债权人和股东的利益,法院将作出将破产清算转为破产和解的裁定。

4. 成立和解委员会:法院将指定和解委员会,和解委员会通常由债权人代表、债务人代表和一些中立的专家组成。和解委员会将负责协调债权人和债务人之间的协商,并推动达成和解协议。

5. 制定和解协议草案:和解委员会将制定和解协议草案,其中包括债务重组、延期偿还、资产出售等方面的条款。草案将提交给债权人和债务人进行审议和讨论。

6. 债权人会议审议：债权人会议将对和解协议草案进行审议。如果审议通过，则草案将进入执行阶段。如果未通过，和解委员会可能需要对草案进行修改后再次提交。

7. 达成和解协议：经过债权人会议的审议和修改，如果大部分债权人和债务人能够达成共识，则可以达成和解协议。

8. 法院批准和解协议：达成和解协议后，需要提交给法院进行审查和批准。法院将对和解协议进行仔细审查，以确保其合法性和公平性。如果法院认为协议符合法律规定，将予以批准。

9. 执行和解协议：一旦和解协议获得法院批准并开始执行，企业和债权人将按照协议中约定的条款进行操作。这可能包括债务重组、资产出售、延期偿还等措施的实施。

10. 监督与报告：在和解协议执行期间，将设立监督机制以确保协议得到正确执行。企业和和解委员会将定期向法院和债权人会议报告执行情况和进度。

11. 终止和解程序：如果和解协议得到顺利执行，企业的财务状况得到改善，法院可以作出终止和解程序的裁定。这将标志着企业从财务困境中成功恢复，并进入一个新的经营阶段。

第二节　破产重整实例

一、重整基本内容

以某建设集团有限公司为实例，经债权人申请，浙江省金华市中级人民法院于2018年6月13日作出民事裁定书，裁定受理该公司破产清算一案，同年10月24日作出民事裁定书，裁定该案由金华市婺城区人民法院审理，并指定浙江金奥律师事务所担任破产管理人。

在被指定后，破产管理人根据案件的具体状况，成立了债权申报核查组、诉讼组、工程组、财务组、行政组和事务组等，严格遵循《企业破产法》的规定来履行各自的职责。他们对债务人进行接管，通知已知的债权人申请债权，并通知债务人的债务人向管理人履行债务，进行债权登记和审查工作，对资产进行核实和审计，并聘请中介机构对该破产公司的无形资产进行评估,制定战略投资者的引进计划以及该建筑公司的100%股权竞拍文件。

该建设公司所有的商号、施工资质、分公司、子公司股份等依附于该破产公司法人之上的有形和无形资产尚有市场价值,鉴于该破产公司的负债金额大、资产与负债情况复杂,战略投资人以接受全部资产、债务的存续式重整缺乏客观基础为由,现破产管理人拟通过对该破产公司采取清算式重整的方式处置无形资产。

在执行清算过程中,债务人没有提交破产重组计划草案。为了促成重整事项,破产管理人不断地与相关的部门、企业的主要投资者以及债权人进行对话,以便全面地接受、消化所有的观点和建议。他们还会对法律风险做出评估,同时也会对破产重整计划草案实施的可能性做出深入的分析。拟定重整方案于第一次债权人委员会会议提交并充分讨论,该次会议表决通过了该破产公司重整框架方案。破产管理人特别委托金华中勤资产评估事务所对该公司的三项资质进行评估,评估结果显示在评估基准日2020年5月31日,在该公司破产重整前提下,纳入评估范围的三项工程承包资质的评估值为983.65万元。

破产管理人经过主动联系一些意向投资人后,向金华市婺城区人民法院申请,将本案破产清算程序转为破产重整程序,该院于2020年6月24日作出民事裁定书,裁定自2020年6月24日起对该破产公司进行重整,破产管理人向债权人通知并公告。

破产管理人于2020年7月2日正式对外发布投资人招募公告,并委托金华市恒信招标代理有限公司对本次投资人招募项目进行全程招标代理工作。截至2020年8月17日下午5时,收到4位有意向的投资者的报名并且已经缴纳了1笔保证金。2020年8月19日,金华市恒信招标代理有限公司就该破产公司投资人招募事项进行现场竞价,最终经过多轮竞价,投资人某实业有限公司以最高价1120万元的报价成交。2020年9月5日,破产管理人与投资人公司签订《某建设集团有限公司破产重整协议书》。

破产管理人第2次将重整计划草案交由该破产公司债权人讨论和表决。该债权人会议分为优先债权组、普通债权组、税收债权组、劳动债权组、出资人组5组对重整计划草案进行了分组表决。经表决,各表决组均通过重整计划草案,管理人根据《企业破产法》第86条的规定,申请金华市婺城区人民法院批准该破产公司重整计划,终止重整程序。

二、具体程序

(一)100%股份作价的基本依据

为了以科学和公正的方式为即将拍卖的破产公司100%股份价值提供基础估价参考,破产管理人委托资产评估公司对破产公司的3项施工资质进行评估,评估价值以评估结果为准。

(二)引入战略投资人

1. 战略投资人的基本条件。

必须在中华人民共和国境内注册,具有企业法人的资格,自愿参加破产公司100%股份竞买,同时拥有房屋建筑工程施工总承包二级以上资质(含二级资质)的具有较强经济实力的公司,或满足这些条件的公司与其他法人或组织或自然人的组合。

2. 战略投资人的选定程序、结果。

为了吸引更多的未来的战略投资者,并尽可能提高债权人的财富价值,破产管理人在公共媒体上发布"邀请战略投资者的公告",以期获得有意愿的战略投资者的响应。

在此基础上,由管理人制定竞拍规则报婺城区人民法院同意后设定起拍价、保证金、加价幅度,破产管理人以招投标方式进行招标竞价,将有效竞价最高者确定为战略投资人。

如在规定时间内,没有意向投资人向管理人报名,破产管理人将宣告招募投资人失败,并重新招募。如在2020年12月31日之前,仍未招募成功,破产管理人将不再进行招募,并宣告该破产公司重整失败,该破产公司仍按破产清算程序继续进行。

如有1名以上的意向投资人向破产管理人报名并缴纳保证金,破产管理人将适时组织破产公司100%股份的招标现场竞买程序。竞买成交后,破产管理人将与竞买人签订破产重整协议,协议约定购买方将获得破产公司的全部股份,这对应的内容为协议中约定的无形资产、破产公司14家分公司管理权,但不包括破产公司所有负债、其他账内、外资产及权利和利益。协议还约定,在重整计划获得婺城区人民法院裁定批准后15日内,需支付股份转让拍卖款的剩余尾款。

对于战略投资者、浙江某建设有限公司和破产公司的具体权益和责任,破产管理人会根据保护债权人利益的准则,签订合同并进行执行。

破产管理人于2020年7月2日正式对外发布投资人招募公告，并委托金华市恒信招标代理有限公司对投资人招募项目进行全程招标代理工作。截至报名截止时间2020年8月17日下午5时，共计收到4名意向投资人报名并缴纳保证金190万元。2020年8月19日，金华市恒信招标代理有限公司就破产公司投资人招募事项进行现场竞价，最终经过多轮竞价，投资人某实业有限公司以最高价1120万元的报价成交。2020年9月5日，破产管理人与投资人公司签订《某建设集团有限公司破产重整协议书》。

（三）出资人权益调整及股份变更

鉴于债务人的债务无法偿还，且拥有的财富是负的，在接收破产重组的申请之前，所有的债务人的投资者都已经通过书面的方式表示了他们的同意，即“把自己的股票以零作价卖给司法重组的一方”。这就等同于原来的出资人愿意接受这个重组计划，把出资人的相应财富变成零，然后由破产管理人把他们的股票代替他们卖给重组的一方（也就是战略投资的一方），并完成了相应的程序。

在区人民法院对此重组方案做出裁决并批准后，破产管理人对协同战略投资者按照法律程序办理股东股份的变更登记手续。

第三章

破产重整企业合规经营

企业破产制度是中国特色现代企业制度的重要组成部分,挽救企业是破产重整制度的核心价值目标之一,但重整程序在破产企业完善治理结构、优化经营管理等方面的功能作用发挥还有局限性,企业只是避免了暂时性破产清算,难以真正实现高质量可持续发展,还有可能重蹈覆辙,因此,重整制度在挽救企业方面还有待进一步改进和加强。重组并不仅限于减免债务和调整财务,应以维持企业运营价值为重组重点。人民法院对重整计划进行审查,重点应当审查其中的经营计划是否可行。人民法院在审查重整计划时,除合法性审查外,还应审查其中的经营方案是否具有可行性。重整如何帮助重生后的企业实现长远合规发展,是一个具有理论意义和现实价值的重要课题。

第一节　重整程序中引入企业合规的正当性基础

企业合规是企业自我约束、自我管理、自我监督、自行整改的一种公司治理方式,它既是一个管理过程,也是一种管理结果。企业合规在挽救企业方面具有风险防控、责任切割、自我治理、减免激励等多维度的独特功能,有利于企业降低法律风险、减少经营损失、提升竞争力,意义重大。

一、重整程序引入企业合规的必要性

(一)合规有助于促进企业健康可持续发展

合规是在安全经营的前提下实现管理成本最优化和商业效率最大化的保障,企业在遵守法律法规的前提下开展经营活动,实现可持续的业务增长,避免出现严重的经济和信誉损失甚至破产清算的最坏结局,从而获得长远健康发展的机会。

（二）合规有助于防范、化解企业重大风险隐患

大量案例显示，建立合规机制的企业，事先防范，关口前移，建立了有效的风险隐患自我监管防控体系，切实有效地避免了企业违法违规行为的发生。在一定程度上，也建立了一种在违法犯罪发生后有效调查违法行为、惩戒违规人员和进行制度整改的机制。

（三）合规有助于保护企业利益相关方的合法权益

企业依法依规经营本身就是对员工、股东、投资者、客户和合作伙伴等利益相关方权益的尊重和维护，建立有效的合规体系也符合利益相关方的长远利益，也是一种更为安全可靠的保证。相反，企业一旦破产，作为善意第三方的利益相关各方也必然将遭受不同程度的损害。

二、在重整程序中引入企业合规的可行性

（一）价值追求契合

破产本身是拯救具有挽救价值和挽救希望之企业的保障制度，因此，破产程序并非简单的倒闭清算程序，相反，其正日渐成为市场经济体制中企业挽救的一项常态化制度安排。作为公司治理方式的合规，要求企业依法依规经营，其兼具高效和节约公共资源优势，可以成为企业拯救和企业可持续发展的法治工具。企业合规管理是企业依法提升经营管理水平、有效防范重大风险的重要手段。企业合规虽然不能直接为企业创造价值，但是从长远来看，对破产企业进行合规改造将有助于企业长期健康发展，实现更大的盈利价值。正是基于此，也更有利于债权人利益保护。重整制度主要是给债务人一次重生的机会，其理论假设是重整使债权人从债务人那里获得的收益超过清算所得。因此，在重整程序中引入企业合规完全契合重整制度债务清偿和企业拯救两大目标的实现。

（二）法律供给急需

目前，企业合规主要存在于零散的行政规章和政策之中，而在以《企业破产法》《公司法》为代表的市场经济立法中基本没有体现，缺乏基础性、支撑性、骨干性法律制度，需要进一步调整和优化，使《企业破产法》《公司法》等法律构建完善的合规制度，形成制度合力。

（三）政策契机适时

近年来，我国先后颁布实施了《优化营商环境条例》《关于营造更好发展环境支持民营企业改革发展的意见》《中共中央、国务院关于新时代加快完善社会主义市

场经济体制的意见》,明确要求市场主体要守法合规经营,并加快国内制度规则与国际接轨。因此,在国家层面,对积极推进企业合规建设亦持鼓励和支持态度,并从国家发展战略布局的高度推行实施。

三、重整程序中引入企业合规的理论基础

(一)目标上具有一致性

首先,破产重整与企业合规程序兼具企业挽救与维护社会利益的目标。现代破产法不仅具有清算价值,还具有重整价值,它是给市场主体一次再生的机会。《最高人民法院关于正确审理企业破产案件为维护市场经济秩序提供司法保障若干问题的意见》提出:“努力推动企业重整和和解成功,促进就业、优化资源配置、减少企业破产给社会带来的不利影响,是人民法院审理企业破产案件的重要目标之一,也是人民法院商事审判工作服务于保增长、保民生、保稳定大局的必然要求。”《最高人民法院、国家发展和改革委员会关于为新时代加快完善社会主义市场经济体制提供司法服务和保障的意见》再次强调:“抓住供给侧结构性改革主线,按照发展改革委《加快完善市场主体退出制度改革方案》要求,加快‘僵尸企业’出清,充分发挥破产重整的拯救功能,加强对陷入困境但具有经营价值企业的保护和救治。”

其次,破产重整和企业合规程序均系在维护司法公正的基础上防止社会利益失衡的制度设计。《全国法院民商事审判工作会议纪要》对破产保护理念的诠释,既包括及时发挥破产重整制度的积极拯救功能,又强调通过平衡相关利害关系人的利益,实现社会整体价值最大化。而企业合规程序的内涵亦不局限于“促进企业合规守法经营,减少和预防企业犯罪”这一单一层面,还有实现司法办案政治效果、法律效果、社会效果的有机统一。市场以优胜劣汰为一般规律,该两类程序之所以能脱颖而出,给予企业二次机会,一方面是因为企业自身具有拯救价值,且推动企业重生能实现债权人等利益最大化;另一方面是基于社会公共利益的考量,一家企业消亡,不仅可能带来职工安置、债权人维稳等各类问题,一些大型企业、上市公司消亡甚至会影响社会稳定、金融稳定及地方营商环境。

最后,破产重整与企业合规程序都以优化营商环境、保障经济健康发展为最终落脚点。在2020年企业合规改革试点之初,企业合规整改机制的目标定位就包括“服务‘六稳’‘六保’,促进市场主体健康发展,营造良好法治化营商环境”。法院常年将破产案件办理作为评价参与法治化营商环境业绩的核心指标之一,破产审理对于推动高质量发展、深化供给侧结构性改革、营造稳定公平透明可预期的营商

环境具有十分重要的意义。

综上所述,破产重整与企业合规程序在目标上的高度统一,为二者协调并行提供了重要基础,强强联合是最为妥当的处理方式。

(二)在诉源治理工作上具有协同性

完善诉源治理机制是最高人民法院提出的重要改革任务,人民法院应坚持把非诉讼纠纷解决机制挺在前面,从源头上减少诉讼增量,预防、减少矛盾纠纷。

破产案件要实现诉源治理,需先追溯债务人资不抵债的原因,从而在根本上解决企业破产问题。如前所述,绝大多数企业是因未做到合规经营陷入破产及犯罪境地,而单独重整程序中缺乏对债务人合规经营的激励机制,此时便需要借助企业合规程序。因此,从诉源治理的角度出发,要想真正根除破产原因,不可避免地需要借助企业合规程序及其相应的激励机制,破产重整与企业合规程序在工作开展上有天然的协调性。

(三)践行能动司法的必然要求

保证债权人公平有序的清偿和合理保护债务人的正当权益,进而实现维护社会整体利益和经济秩序,是破产程序实施的宗旨。而基于对社会整体利益和经济秩序的干预性,破产法必然要考虑案件法律效果、社会效果和经济效果。为回应社会治理的时代需求、保障全体公民权益的政治目标、增强国家治理能力的现实需要,法治框架内开展的能动司法具有正当性。破产重整制度本身就是能动司法的产物,人民法院要充分发挥司法能动作用,注重做好当事人的释明和协调工作,合理适用破产重整和和解程序。

第二节 破产重整计划草案合规

一、重整计划草案的常规风险点

重整计划草案作为拯救困境企业、清偿各类债权的依据,对债务人及债权人极其重要。我国《企业破产法》第八章第二节规定了重整计划草案的制定及批准,对重整计划草案的内容及表决程序作了基本安排。但企业破产实践对重整计划草案中的主体利益维护、提交及决议过程提出了现实要求,向重整计划草案制定者提出了更高的制定标准及更严格的监管约束。重整计划草案制定者需在了解合规风险的基础上,用规范的程序制定内容合法合规的重整计划草案,以达到扎实表决结果、顺利推进重整程序、防范自身风险的目的。

（一）程序事项

1. 逾期提交重整计划草案。

重整计划草案最迟应在人民法院裁定债务人重整之日起9个月内提交，即通常所说的“6+3”模式，逾期提交重整计划草案的，将面临债务人被宣告破产的法律后果。

在司法实践中，对上述规定的理解不一，有观点认为该规定并没有对延长次数予以限制，管理人或者债务人可以根据案件所需不限次数地向法院申请延长提交重整计划草案的期限。在笔者律所经办的重整案件中，由于重整通常能提高债权清偿率、缓解地方维稳压力、增加管理人报酬、促进地方经济发展，逾期提交重整计划草案虽屡见不鲜，但管理人、债权人及法院似乎默认这一情形的存在。破产法规定提交重整计划草案期限的主要目的在于提高重整效率，鉴于重整制度限制权利行使的特殊性，缩短重整期间可以降低重整制度对各利益主体的不当影响，除疫情等不可抗力的原因外，不应随意突破破产法对重整计划草案提交期限的限制。

2. 决议程序存在瑕疵。

我国《企业破产法》第82条及第87条确立了重整计划草案“分组表决、两次表决”的表决方式，但整部《企业破产法》均未对表决规则加以规定。在实务中，投票规则一般由管理人制定，在债权人大会上投票。在对重整计划草案进行表决时，不仅要注意分组表决的基本表决方式，更要注意每一张表决票的效力，做到事前审核、事后确认。表决程序瑕疵可能致使表决作废或者表决结果发生实质性改变，还可能使管理人面临巨大的履职风险。

3. 信息披露不当。

管理人应当勤勉尽责，忠实执行职务。破产案件信息公开以公开为原则，以不公开为例外，管理人作为信息披露义务人，依规公开信息，可避免在重整计划草案表决过程中因信息不对称造成误解及矛盾，核实表决结果。

（二）实体内容

1. 重整计划草案基本内容缺失。

《企业破产法》第81条规定了重整计划草案应该包含的内容，从文义解释角度出发理解此条，重整计划草案的内容只能多于该条规定，一旦少于即代表重整计划草案内容有缺失。在笔者律所代理债权人的多家企业实质合并重整案中，管理人制定的重整计划草案未对比清算状态下和重整状态下的债权受偿率、无债务人经营方案、记载资产抵偿方案另行制定并实施。需要招募投资人的项目尚未开展投资人招募工作,草案中所述"另行制定的计划"实际上形成了"计划里的计划",如各方最终无法形成合意达成所谓的"资产抵偿方案",则重整计划草案中根本没有可供执行的清偿方案。进一步地,如各方达成了所谓"另行制定的计划",在另行制定的计划损害债权人的利益或彼时执行该计划遇阻无法继续时,债权人又该如何维护自身权利?相关方是否有权根据《企业破产法》第93条之规定,向人民法院提出重整转清算之申请?在笔者看来,这样根本不具有可执行性的重整计划草案完全不合格,是重整计划草案制定者极其不负责任的表现,也难以让债权人表决通过。

2. 各利益主体权利保护界限不清。

重整计划草案关系众多主体切身利益,作为后续可供执行的总览依据,应做到依法合规保护各方主体利益。

(1)审慎审核投资人资格。在需要引进投资人的重整案件中,投资人是重中之重,能否成功招募投资人事关重整能否成功。通常情况下,是管理人配合投资人完成对债务人的尽职调查,鲜少有管理人调查投资人资债情况。在实践中也存在投资人自身资产负债率过高,投资人无更多资金可投入企业生产,导致刚获新生的债务人因股东负债又陷入财务困境,重整计划的顺利执行困难重重,即将面临重整失败的情形。因此,建议管理人及债务人一定要根据案件需要对投资人进行反向尽职调查,对其资质情况、资产负债情况、资信情况及投资决策等有关重整的事项做整体掌握,确保投资人有参与重整投资的资金实力和经营能力,保障重整方案和执行合法合规,增强重整成功可能性。

(2)忽视出资人权益状况。重整计划草案涉及出资人权益调整事项的,应当设出资人组,对该事项进行表决。通常情形下,由于企业进入破产程序,股权价值为负数,即使股权被质押或者查封、冻结,也不会影响股东变更登记,故管理人在前期不会对债务人的股东权利予以关注,通常是在工商变更阶段一并处理,但在上市公司或者股份有限公司重整案件中,需要注意股东权利状态。在重庆某股份有限公司重整案中,重整计划草案对出资人权益进行了调整,将减少股东持有的股权份额,但股东的债权人先前已通过执行程序对该名股东的股权进行了冻结,在一定期间内限制该股权变动,虽然不影响重整计划草案的合法性及效力,但如何在执行过程中完成减持并不损害申请执行人的权利成为亟须解决的问题。重整计划草案制定者应具有全局意识,在构想重整方案初期即应根据不同的方案对出资人权益作出调整,并根据出资人权利状态制定切实可行的重整计划草案。

(3)对担保债权人的利益保护不够。担保权人就担保财产优先受偿是担保物权基本之意,碍于破产需要平衡的利益繁多,有时为保护相对弱势利益会变相损害其他债权人的利益,而担保权人的利益首当其冲。在四川某投资集团有限公司等11家企业实质合并重整案中,重整计划草案规定,在重整计划执行过程中需要有特定财产担保债权人协助的,该组债权人在保证其合法权益的前提下可以在人民法院的主导下先行解除抵押权。结合该方案规定担保债权人的受偿方式是以物抵债或以股抵债,虽然我国破产相关法律并未禁止所谓"置换抵押物"或"享有担保权利的优先债权人非以特定抵押物受偿",加之重整计划的设计较为灵活,只要形成合意有利于企业重整且不违反法律法规便可,但基于担保债权的优先性至少应保证该类债权人的优先受偿权在重整程序中不受损害(或得到同等条件的清偿),而在该重整计划草案中,担保物的款项并没有先行支付担保权人,对担保债权人的保护较弱。

(4)职工权益未充分保障。我国《企业破产法》对职工权益进行了倾斜保护,比如债务人申请破产应提交职工安置预案、债委会成员必须有职工、职工债权清偿顺序优先等。根据我国《劳动合同法》的规定,企业进入重整程序后可依法进行经济性裁员,在实务中,经常有管理人或者债务人以重整计划草案代替《劳动合同法》规定的经济性裁员程序,即未向劳动行政部门报告、未向职工说明情况以及未听取职工意见,如果职工采取救济措施,将会影响重整案件进度,管理人或者债务人应当注意裁员程序必须合法合规。

3. 模糊债权性质。

我国《企业破产法》对破产债权清偿顺序有明确规定,特别是在房地产企业破产案件中,商品房消费者具有"超级优先权",这就导致非商品房消费者有寻求商品房消费者身份的动力。为化解社会矛盾、维护社会稳定,债务人或者管理人有时会刻意模糊购房人债权性质,将购房人统一作为一个债权组别对重整计划草案进行表决。需注意的是,此种做法可能会损害后顺位债权人的利益,如果后顺位债权人提出异议,重整计划草案极有可能因违反绝对顺位原则而丧失合法性。

4. 对不属于重整计划草案的内容进行表决。

不属于重整计划草案内容的典型代表是债转股,理论界对此尚有分歧。第一种观点认为债转股不能适用"双三分之二"通过比例,债转股不属于债权人会议的职权范畴,不应受到少数服从多数表决机制的限制,应赋予每一个债权人选择权,在未经其同意的情况下,包含债转股方案的重整计划对其不产生约束力。第二种观点是债转股属于债权人会议职权范围,强制批准重整计划的制度,本来是为了维护债务人企业经营价值的正当性,由公权力介入意思自治。债转股方案受破产法规定的团体清偿程序的约束,若其符合《企业破产法》第 87 条规定的强制批准重整计划的条件,则有法院强制批准债转股方案的制度适用空间。在实践中,从化解债务、提高效率角度出发,不乏用重整计划草案表决制度实施债转股的案例。

二、重整计划草案合规风险防范建议

(一)识别合规风险范围

重整计划草案制定者首先应全面了解债务人企业的经营范围及主营业务,初步判断债务人的合规风险范围,在接下来的重整工作中嵌入合规要求。在重整计划草案制定过程中,管理人或者债务人应把握重整企业的经营特点,关注行业特性,比如在房地产企业重整中,需特别关注用地及建筑规划是否可以调整、政府收储等问题,这关系到投资人的投资方式,也直接影响重整计划草案中债务人经营方案的制定。

重整计划草案制定者应根据重整程序的推进情况复盘总结面临的合规问题,预测后续可能遇到的合规风险,做到清楚重整计划草案每条内容的合规风险,并建立相应的风险预警机制及防控措施,以便风险出现时从容面对、及时改进。通过识别合规风险范围、制定风险防控措施、建立风险预警机制,确保重整计划草案内容合法。

(二)坚持程序正当

程序是看得见的正义,是法治和恣意而治的分水岭,程序不正当往往导致人们怀疑实体的正当性。重整计划草案制定者须保证从制定到表决的全过程信息公开,坚持工作留痕并做好档案保管,经得起利益相关方的询问及合理怀疑。

一方面,信息公开是保障债权人知情权的基本手段,信息不对称是许多管理人与债务人、债权人产生矛盾的根本原因,在债权人充分了解重整计划草案的制定过程及依据后,其明白方案设计的内在逻辑,更容易接受草案的内容,亦能减少草案表决不通过的压力和风险;另一方面,债务人、债权人与管理人形成良好互动,不但有利于重整计划草案表决,也能有效解决后续执行疲软等问题,有效提高重整效率。

做好档案保管的目的在于预防合规检查,以免出现影响重整计划草案表决效力的情形时无据可查。重整计划草案从制定到执行过程漫长,涉及众多主体切身利益,一着不慎,满盘皆输,档案所汇集的信息是维系重整计划草案时空统一性与整体连续性的重要纽带。

(三)加强合规监督

在重整计划草案制定者识别出合规风险范围并制定相应应对措施后,制定者各内部成员小组可互相监督,这主要是合规风险内部自查,内部自查不可缺少,有利于彰显专业性,也可以在风险出现时展现制定者的风险防范能动意识。但自我监督容易出现盲区,有些风险可能会因为习惯或者自身利益而被忽略,再加上一般的制定者对预判和把握刑事风险的专业度不足,就需要有外部监督机制予以补充。

外部监督主要有债务人监督、债权人监督、行政部门监督及法院和检察院的司法监督。债权人及债务人通常从自身利益出发,缺乏站位高度,他们的监督虽具有局限性,但不可忽视其对重整计划草案制定者的思想影响及行为规制;行政机关或司法机关的合规监督客观中立,从全局出发,顾全大局,注重利益平衡,但同时也应确保合规监督的程序公正合法,既要严厉打击违法犯罪行为,亦要为企业发展提供法治建议及保障,通过《刑法》的强制效力与威慑效用推进债务人及管理人的自我监管。

第三节　破产重整人员安置合规

一、劳动关系形态

破产重整期间,劳动关系无非是解除或存续两种状态,但由于企业处于非正常状态,不论是劳动关系解除还是存续,都有一定的特殊性。

(一)劳动关系解除

破产重整期间,债务人可根据《劳动合同法》第 41 条的规定进行经济性裁员,按照法定流程裁减部分人员。当然,如果以经济性裁员方式解除劳动关系,需满足法定程序。

涉及职工的工资和医疗、伤残补助、抚恤费用,应当划入职工个人账户的基本养老保险、基本医疗保险费用,以及法律、行政法规规定应当支付给职工的补偿金的,支付的审批程序有别于其他情况下经济补偿金的支付,应当由债权人参加债权人会议,并对重整计划草案进行讨论。

如果表决组已经通过重整计划草案,且法院裁定批准,债务人应按照重整计划包含的职工待遇及经济补偿金等标准予以支付。在裁定完成破产重整期间，出现《企业破产法》第93条规定的情况的，法院应当裁定终止重整计划的执行，并宣告其破产，职工待遇及法定经济补偿未予支付的，将按照法定的清算顺位予以处理。

（二）劳动关系存续

破产重整开始后，企业会持续经营，在员工与企业之间的劳动合同继续有效的情况下，就涉及员工的工资发放，社保、公积金缴纳等人力成本支出问题。破产重整开始后，管理人依法接管企业，虽然企业进入破产程序，但法人主体尚存，为此，原劳动关系仍然存续，如涉及员工工资标准等待遇的变化，原则上按照《劳动合同法》的规定应当与员工达成协商一致并签订书面的变更协议。

一般来说，破产重整期间各项人力成本支出费用有以下几个来源：(1)企业破产重整期间取得的生产经营性收入；(2)投资人的投资；(3)对职工债权的处理；(4)其他来源的收入。

破产重整期间，相较于公司正常存续时，劳动关系在履行过程中的相关变更等事项，管理人具有相关的日常管理权限。管理人接受人民法院的指定后，应当全面接收、管理债务人的财产，并在法院的指导和监督下进行。管理人需要履行的职责包括但不限于：接管债务人的财产、印章和账簿、文书等资料；调查债务人财产状况，制作财产状况报告；决定债务人的内部管理事务；决定债务人的日常开支和其他必要开支；在第一次债权人会议召开之前，决定继续或者停止债务人的营业；管理和处分债务人的财产；代表债务人参加诉讼、仲裁或者其他法律程序；提议召开债权人会议等。

如果因履行劳动合同发生争议，到底是按照正常劳动争议案件处理，还是适用破产期间劳动争议处理的特殊程序，具体需要根据争议类型确定。

二、劳动争议解决

企业进入破产程序后，员工与企业发生劳动争议后的处理方式存在不同的观点，即是否应该走劳动仲裁的前置程序，再诉诸法院。《企业破产法》《劳动合同法》《劳动法》均是适用于专门领域的法律，关于破产企业与员工劳动争议是否应当属于《企业破产法》特别管辖，是解答本问题的关键。因此，需要根据员工具体的请求事项判断是否应经过劳动仲裁前置程序。

（一）直接涉及待遇计算问题

按照“特别法优于一般法”的原则，在处理破产企业劳动争议方面，应当优先适用《企业破产法》的规定。

债务人所欠职工的工资和医疗、伤残补助、抚恤费用,所欠的应当划入职工个人账户的基本养老保险、基本医疗保险费用,以及法律、行政法规规定应当支付给职工的补偿金,由管理人调查后列出清单并予以公示即可。职工对清单记载有异议的,可以要求管理人更正;管理人不予更正的,职工可以向人民法院提起诉讼。

因此,如相关纠纷只是破产企业与员工之间劳动关系履行或解除过程中的待遇计算标准、计算方式、金额多少的争议,属于待遇类的劳动争议纠纷,则可按照《企业破产法》第 48 条第 2 款的特别规定,由人民法院直接处理,不需经过劳动争议仲裁的前置程序。

(二)涉及身份确认问题

如相关纠纷涉及劳动关系是否存在、劳动关系解除的合法性判断等身份类型的劳动争议,并不在《企业破产法》第 48 条第 2 款规定范围之内,应经劳动仲裁前置程序。如果只是确认职工债权,将不必经过劳动仲裁前置程序。

第四节 破产重整企业合规的特殊保障

一、信用修复

企业进入破产重整程序后,往往面临企业信用减损导致的银行贷款、注册登记、资质审核等众多经营事项受限情况,难以开展新的生产经营活动。为避免再次陷入经营困境,破产重整企业的信用修复尤为重要。实践中,破产重整企业的信用修复主要从纳税信用修复、工商信用修复、金融信用修复及司法信用修复四个方面着手。

(一)纳税信用修复

破产企业或其管理人在重整或和解程序中,已依法缴纳税款、滞纳金、罚款,并纠正相关纳税信用失信行为的,可向主管税务机关申请纳税信用修复。纳税信用修复分为“修复加分”和“直接判 D”两种类型。出现修复加分中的“未按规定期限纳税申报”情形,在破产程序中行为得到纠正的,扣分指标修复标准视同 30 日内纠正,即可按照最高分加分。出现直接判 D 中的“有非正常户记录的纳税人”情形,则不受申请前连续 12 个月没有新增纳税信用失信行为记录的条件限制。

重整企业申请纳税信用修复操作中,应提交人民法院确认重整、和解方案执行完毕的民事裁定书,经办人授权委托书及身份证件等材料,并按要求填写纳税信用修复申请表。

(二)工商信用修复

关于破产重整企业的工商信用修复,国务院强调建立健全企业破产重整信用修复机制,各地纷纷进入摸索阶段,多地接连出台相应政策。

在重整企业工商信用修复中,主要需提交的材料为受理重整申请的民事裁定书、批准重整计划(草案)或确认重整计划执行完毕并终结重整程序的民事裁定书、破产重整企业管理人出具的监督报告、破产重整企业法定代表人身份证明材料、授权委托书及受托人身份证明材料、信用修复申请书、守信承诺书等材料。

(三)金融信用修复

破产重整企业继续开展经济活动的最大难题之一便是融资难,若金融信用修复无法解决,破产重整企业难以真正盘活。

各地对于破产重整企业的金融信用修复进行了不同程度的探索,大多允许在重整计划执行完毕后进行金融信用修复,但修复主要以"添加大事记"的方式进行,实践中仍会存在融资受阻情形。江苏省、湖北省十堰市等地在探索破产重整企业金融信用修复中出台相关政策,对于重组成功后企业正常的融资需求,应督促金融机构予以支持;在破产程序中受偿后10日内,督促金融机构对其信用记录重新进行上报,进一步消除重整企业融资障碍。

面对当前严峻的经济形势,仍未明确或完善重整企业金融信用修复的地区应加快推动相关规定的出台,降低重整企业在办理借贷、融资等业务时不良信息的负面影响。

(四)司法信用修复

中国执行信息公开网是目前最直接的查询企业司法信用惩戒情况的渠道,如果司法信用惩戒尚未解除,这一惩戒情况将在该网站持续公示,对重整企业造成的恶劣影响也将持续存在。

因审判监督或破产程序,人民法院依法裁定对失信被执行人中止执行的,人民法院应当在3个工作日内删除失信信息。相应地,破产重整企业法定代表人、主要负责人、影响债务履行的直接责任人员被限制高消费的,人民法院裁定受理破产申请后,可以申请解除限制高消费令,人民法院审核后应立即做出处理。

二、发布企业合规管理指引

企业合规管理指引是企业用于确定自建合规体系是否专业的参照物，可以为企业提供自建合规体系的模板，促使企业对自身的合规机制进行更完善的建设。一般来讲，企业合规管理指引的起草发布、定期更新由企业行政监管部门负责。但企业自身面临的合规问题也会随着国家法规的修订和市场发展的变化而变化。人民法院作为国家治理体系和治理能力现代化的重要参与者，要加快推进公司治理体系和治理能力现代化建设，针对公司经营管理和治理过程中面临的法律风险，有针对性地提出建议，发布企业合规风险指引，切实发挥司法裁判对市场的规范指引和价值导向作用。

三、建立企业合规审查标准

合规之核心在于行得通。建立一套操作性很强的企业合规审查准则对实现合规目标至关重要。合规基本要素可以概括为规范内容、行为准则、职责区分、尽职调查以及风险预警。规范内容要求企业收集整理所有的法律法规、行业规范等，并根据这些法律法规和标准，建立与本企业自身业务相关的规范政策和标准，这一过程也是企业学习相关法律知识、规范自身行为的契机。行为准则是将企业的制度规范变成员工直接面对的行为边界，细化规则，对症下药，依据法律法规对企业内部的行为规范予以明确。职责区分是为了对各部门的合规情况进行有效的监督，对企业内部的人员职责进行明确的区分。尽职调查是为了在合规风险出现之前，对合规情况进行审查制定程序，而在风险出现之后，使内部整改有应对措施。风险预警是指企业应以高风险人群为目标，针对高风险行为作出特别提示。

四、强化企业合规联动效能

最了解企业是否合规、如何整改的不是法院，而是具有监督管理经验和税务、金融、环保、知识产权等方面专业特长的企业主管部门以及相关第三方专业机构。企业合规离不开企业主管部门的支持与第三方专业机构的助力，其专业性要胜过司法机关，因此，企业合规需要加强府院联动。

一是行政主管部门要以严查促合规，坚持"双随机、一公开"原则，即检查对象随机抽取，执法检查人员随机抽取情况和查处结果在督查过程中及时向社会公开；二是人民法院可适时邀请行政主管部门或第三方专业机构对企业合规整改方案进行书面审核,提升企业合规整改方案的合理性和针对性;三是有效利用信用激励、失信惩戒以及信用修复制度机制,加大对守信主体的政策扶持力度,建立有利于自我纠错、主动自新的社会鼓励和关爱机制,对列入经营异常名录或严重违法的企业依法予以限制或禁入。

五、建立企业合规定期考察制度

司法机关运用司法权督促破产重整企业完善自身合规规划,是建立企业合规定期检查机制的必要举措。参考英美等国相关合规管理经验,合规整改通常会有3年甚至更长的考验期,而监管企业履行合规计划中的各项承诺和义务,正是考验期的核心要义。就我国而言,考察期时间的设置可以参照英美国家的经验,以3年为通行标准,但如果破产重整企业属于中小微企业或者其违法违规行为比较轻微,可酌情调整为1年到3年。至于考察的具体方式,既可以是人民法院主动派出案件合议庭司法人员考察监督企业具体的整改情况,也可以是定期收取企业的合规进展报告,具体的考察方式仍需要根据个案中企业本身的情况与违法行为的性质来确定。

第四章

破产重整企业的风险防范

第一节　破产重整下的金融债权风险与保护

对于身处困境但可以通过转型升级实现持续经营的企业，相较于破产清算，破产重整给债务人和债权人都带来了希望。在理想的情况下，重组不仅可以拯救实体经济，减轻破产带来的影响，还能够有效提升债权人的偿还能力，激励金融机构参与破产企业的救助行动，促进实体经济与金融市场的健康发展。然而，在实践中，如何在破产重整程序中博弈，寻求挽救企业和债权清偿之间的平衡点，是一个颇为棘手却又关键的问题。在这一问题上，我国《企业破产法》的关注点较多地体现在挽救债务人企业而非保障债权上，如《企业破产法》对破产中保全、执行程序的解除和终止，重整中对债权担保的限制，重整中债务人自行管理的申请以及债权人在重整程序中的较低存在感和参与度等的规定。

虽然在多数破产案件中的金融债权人都是最大的债权人，金融债权人往往也能较早发现债务人的经营状况出现问题，但金融债权人的保障之路往往困难重重。从宏观上来看，在当前我国的破产法律制度之下，金融债权人时常被当作利益博弈的"调节阀"和缓解破产冲击的"泄洪区"，其自身利益往往会为债务人的"重生"和社会群体利益让路。在这种情况下，如何在破产重整程序中保护自身权益就成为金融机构不可回避的问题。

一、重整程序中的金融债权担保

我国《企业破产法》第 109 条规定："对破产人的特定财产享有担保权的权利人，对该特定财产享有优先受偿的权利。"因此，在实务中，债务人企业进行融资时，一般会向银行等金融机构提供"强担保"，比如将固定资产或者较优良的资产抵押或质押给金融债权人。金融债权人也乐于接受易变现的优良资产作为债权担保，待债务人到期不能清偿债务时,其享有将担保物变现并优先受偿的权利。然而,当债务人进入破产程序特别是重整程序后,金融债权人的“强担保”将从以下几个方面遭到削弱。

（一）破产清算程序对金融债权担保的“弱限制”

《最高人民法院关于适用〈中华人民共和国企业破产法〉若干问题的规定（二）》第3条第1款规定,“债务人已依法设定担保物权的特定财产,人民法院应当认定为债务人财产”。依据我国《企业破产法》第107条的规定,债务人破产后,“债务人财产”直接变为“破产财产”。也就是说,一旦进入破产程序,已经成为金融债权担保物的债务人财产将归于管理人或自行管理的债务人的管理之下,待破产宣告后作为破产财产处置。尽管金融债权人仍有优先受偿的权利,但由于无法及时将其财产变现,他们可能会面临资产贬值、损失甚至被恶意隐藏或转移的风险。同时,由于金融债权担保物多为优质易变现资产,金融债权人也面临着管理人优先处置该部分资产清偿破产费用和共益债务的风险。尽管如此,在破产清算中,金融债权人的担保债权的清偿也基本能够得到保障。

（二）破产重整程序对金融债权担保的“强限制”

《企业破产法》第70条第2款规定:“债权人申请对债务人进行破产清算的,在人民法院受理破产申请后、宣告债务人破产前,债务人或者出资额占债务人注册资本十分之一以上的出资人,可以向人民法院申请重整。”因此,金融债权人很可能被动地从清算程序转入重整程序,而重整程序的最大特点之一在于其对担保物权的行使进行了严格的限制。

《企业破产法》第75条第1款规定:“在重整期间,对债务人的特定财产享有的担保权暂停行使。但是,担保物有损坏或者价值明显减少的可能,足以危害担保权人权利的,担保权人可以向人民法院请求恢复行使担保权。”因此,原则上,一旦人民法院裁定受理债务人重整,对债务人特定财产享有担保权的债权人即不再能行使担保权,不能要求优先受偿。例外地,担保权人申请恢复行使担保权应当满足的条件是“担保物有损坏或价值明显减少的可能,足以危害担保权人权利”。总的来说,我国破产法施行在重整期间以担保权暂停行使为原则,恢复行使为例外。这不仅有利于保障企业重整价值,保留债务人的正常经营能力,也能够兼顾担保物权人的合法权益。但对金融债权人而言,由于其大多是优质核心资产（重整所必需的资产）的抵押权人,在重整程序中,优质核心资产往往会得到保留,而冗余资产很可能被剥离并处置,因此,金融债权人往往承受着相较于其他债权人更大的风险。

我们认为,对于重整所必需的财产暂停行使担保物权,是《企业破产法》第75条第1款的应有之义。但对何为重整所必需的财务,以及非重整所必需的财产是否暂停行使担保物权,第75条并未予以明确。2019年《全国法院民商事审批工作会议纪要》在第112条中对《企业破产法》第75条给予了回应,当重整申请书被受理后,管理人员或其自己负责管理的负债资产人必须尽快确认拥有保证财产权的债务人财物能否符合重整的要求。若担保物并非重组的必要条件,则有关方面有责任采取措施,以确保其能够被有效地利用。一旦发现有可能出现损害、价值明显减少等情况,则有权要求法院恢复其权利,并且有权要求相关方面采取措施,以保护其权利。此外,有关方面还有义务尽快将担保物的资产转移至其他方面,以便获取更多的资金和利润。可见,最高人民法院试图扭转部分地方出现的在重整实务中以挽救债务人企业为唯一价值取向而忽视债权人合法利益的局面。

由于金融债权人应当对担保物完成对"担保物有损坏或者价值明显减少的可能,足以危害担保人权利的"承担举证责任,因此,在担保权暂停行使后,金融债权人应当在充分了解担保物情况下,对其状况进行持续关注,债权人会议可以在《企业破产法》第68条的职权范围内要求管理人或自行管理的债务人对财产管理状况特别是担保物状况进行合理的披露和说明,一旦发现价值贬损等迹象,他们有义务要求管理人或自行管理的债务人向他们披露和说明财产管理状况,特别是保证物的状况,从而确保他们能够有效地维护自身的合法权益。如果"足以危害担保人权利"被重新审查,那么金融债务人需要准备好充分的证据,并且要求法庭对其进行审判。通常情况下,30日内法院将对重新审查的案件做出最终判决。如果判决没有被重新审查,那么金融债务人就需要向最高审判机构提交复审。如果判决被重新审查,那么负责监督和执行该案件的债务人必须在15日内开始对担保物进行拍卖和变卖,并用获取的资产全部抵销"足以危害担保人权利"的罚息。如果有充分的证据表明担保物没有受到破坏,并且是用来进一步维修的,并且被要求进行赔偿,那么法庭将不再授予其恢复抵押物的资格。在实务中,金融债权人还应注重以下几点,其一,虽然"担保物是否属于重整所必须"并非由债权人承担举证责任,但这个问题完全可能基于不同立场得出不同的结论,因此,金融债权人在重整受理后,应当在该问题上积极举证和反驳,请求人民法院基于中立立场综合考虑各方诉求作出公正判断;其二,虽然"担保物价值明显减少"难以界定,但银行等金融债权人可以利用其对市场的宏观把握及对市场波动的敏感性,在担保物价值贬损前实施风险预警,在贬损时及时对担保物进行财产评估。但对于随市场、政策变化存在较大波动的资产，短时间就可能发生从"贬损的可能"到"实际的贬损"，此时，金融债权人往往难以及时作出反应并申请恢复行使担保权。

二、重整程序中的恶意债务人

(一)防范债务人利用程序转换中的管理真空

无论是我国破产法中的"保全解除、执行中止"，还是重整期间的债务人自行管理制度，抑或各项破产程序的转换等，在实务中，都存在债务人财产的交接问题。由于部分法院之间、法院与管理人之间沟通不畅，债务人恶意行为，管理人怠于履职，以及破产程序自身的不完善等因素，从财产保全解除到管理人实际接管财产，从破产申请驳回后恢复保全或执行，从管理人管理到法院审查批准债务人自行管理，重整失败后重新回到破产清算等过程中，都可能存在一定时间差或者财产交接不畅的问题，如果财产交接过程中出现了问题，可能会导致债务人隐瞒或转移财产，给债权人造成损失。因此，金融债权人应当着重关注并提示法院及管理人关注程序转换中的财产交接问题，完善金融债权人在破产管理中的流程，关注程序转换过程中的关键时间节点，防范在程序转换之间产生管理真空而被恶意债务人"钻空子"。

(二)防范债务人自行管理制度下的风险

在重整期间，金融债权人应当监督管理人对债务人的自行管理实施监督，并在管理人怠于履职时行使异议权。依据《企业破产法》第 73 条，我国破产法对于重整程序中的经营模式采用管理人管理为原则，债务人自行管理为例外的模式。根据《全国法院民商事审判工作会议纪要》第 111 条，人民法院审查债务人是否具备自行管理条件的因素主要包括：债务人的内部治理机制仍正常运转；债务人自行管理有利于债务人继续经营；债务人不存在隐匿、转移财产的行为；债务人不存在其他严重损害债权人利益的行为。

其一，虽然法院应当从上述四个方面予以审查，但目前并没有明确的标准，须由法院酌情认定。而且，法院对债务人自行管理申请的审查只是基于重整之初的部分经营信息，很难做到对上述四个方面进行全面的实质性审查。因此，金融债权人及债权人会议应当向法院提供尽可能多的债务人经营信息和线索，协助法院对债务人申请进行实质审查，并对法官的自由裁量施加影响。

其二，由于管理人及其他中介机构的意见对法院是否批准债务人自行管理具有重大影响，金融债权人应当在管理人和中介机构选定及变更上发挥影响。如四川省煤炭产业集团有限责任公司破产重整一案[(2020)川 01 破 11 号决定书]中，成都市中级人民法院认可川煤集团公司管理人陈述的“……川煤集团公司所述情况属实,川煤集团公司在重整期间自行管理相较于管理人管理更具优势”的意见,最终批准了债务人自行管理的申请。因此,为保证管理人及其他中介机构的公平公正,且能够积极履行监督职责,金融债权人应当更加积极地参与重整程序,在管理人和其他中介机构的选定上应当向法院充分发表意见,甚至利用债权人会议的职权对不能依法公正履职的管理人进行更换。

其三,虽然债务人自行管理可能会对其财产价值和债权人的收益造成一定的影响,但是金融债权人或者债权人会议可以通过投票的方式表达他们的意见,从而决定是否允许债务人进行自行管理。债权人只能在债务人出现不宜自行管理的情况且管理人怠于履行监督职责时,才能向人民法院提出终止自行管理的申请。同时,《企业破产法》第78条规定:“在重整期间,有下列情形之一的,经管理人或者利害关系人请求,人民法院应当裁定终止重整程序,并宣告债务人破产:(一)债务人的经营状况和财产状况继续恶化,缺乏挽救的可能性;(二)债务人有欺诈、恶意减少债务人财产或者其他显著不利于债权人的行为;(三)由于债务人的行为致使管理人无法执行职务。”因此,当自行管理的债务人出现“严重损害债权人利益的行为”时,金融债权人应综合多方因素考量(如重整对自身债权实现的价值等),选择向法院申请终止债务人自行管理的决定,或以利害关系人的身份直接向法院申请终止重整程序。

三、重整程序中金融债权人的知情权与参与度

金融债权人参与重整程序面临着诸多阻碍,主要体现在以下几个方面:

其一,我国破产法中,债务人可以依法向法院申请将债权人申请的清算程序转为重整程序。依据《企业破产法》第80条和第89条规定,自行管理财产和营业事务的债务人可以制作重整计划草案,且重整计划最终由债务人负责执行。然而,占债权比例最高的金融债权人仅享有申请重整和对重整计划草案进行表决的权利,无权参与草案起草工作。可见,在重整程序中,金融债权人处于较为被动的位置。

其二,由于金融债权人没有实际参与重整计划草案的制定,且《企业破产法》没有独立的信息披露制度,重整计划草案所包含的内容看似全面,但实际上并不能完全体现草案所依据的基础性材料。在重整程序中,金融债权人的参与度和参与质量均不高。

其三,金融债权人的表决权也面临着其他方面的干预和压力。一方面,依据

《企业破产法》第 87 条,立法允许人民法院在一定条件下违背金融债权人的自由意志强制裁定通过重整方案;另一方面,实践中大量的地方政府红头文件直接干预重整程序,在缺乏法律依据的情况下,将金融债权人当作"泄洪区"。当债务人出现逾期情况时,银行等金融机构往往面临政府及社会层面的压力,选择通过协商、以新还旧或者担保重组等方式"续命"以勉强维持现状。在重整过程中,法院和地方政府往往从维护社会稳定角度,为了便于重整草案通过,倾向于给予小额债权组债权人更高的清偿比例,如在科弘系破产重整计划中,小额普通债权(债权额小于或等于 30 万元)在重整计划生效后 3 个月内按 50%比例受偿,普通债权在 30 万元以下部分亦按 50%清偿,超过部分按 19.68%清偿。

对于如何化解现实中的各项阻碍,除了制度上的完善,也需要金融债权人发挥一定的主观能动性。一方面,金融债权人应调整思维,利用先发优势,积极主动地参与到"府院银企"联动等前期干预工作;另一方面,金融债权人应当对参与债务人破产重整的流程进行优化管理,利用现有制度对风险及时干预。例如,由于金融债权人大多为债权人会议主席,应充分利用法律赋予债权人会议的职权,监督财产管理,要求管理人及债务人在其职权范围进行披露和说明等。

四、重整程序中金融债权的其他风险

由于金融债权往往涉及金额最大,金融债权人背负着重整的最大风险。而长达 6 个月至 9 个月的重整期间可能扩大金融债权人的债权损失。金融债权人除了面临财产的贬损和恶意债务人的隐匿、转移等风险外,其风险还主要体现在停止付息和重整失败后债务人财务状况的进一步恶化。

《企业破产法》第 46 条第 2 款规定,"附利息的债权自破产申请受理时起停止计息"。虽然该条并非仅针对金融债权人,但由于金融债权本金数额大,且利息收益一般为金融债权的重要组成部分,因此该条与金融债权人的利益息息相关。尽管《企业破产法》第 87 条第 2 款第 1 项规定,人民法院在强制批准重整计划草案时,重整程序导致担保债权暂停行使造成的延期清偿损失应得到公平补偿。但是,在实践中往往存在同一担保物上存在多个担保权的情况,当担保物估值低于预期从而不能偿付债权时,不能足额清偿的部分则转为普通债权,对于该部分溢出的债权,金融债权人的利息损失是没有相应保障的。由于目前就如何公平补偿延期清偿所受的损失并无明确标准,金融债权人只能通过协商谈判的方式解决,在实务中,一些重整案件采用现金补偿的方式弥补债权人延期受偿的损失。

另外，当数月后重整计划未获成功时，重整期间发生的重整费用等无疑让债务人的财产状况雪上加霜，这就可能导致最终的偿债率变得更低。

破产重整强调维护企业重整价值，同时也强调依法平衡和保护债权人、担保权人的利益。一般而言，银行等金融机构往往拥有债务人的“强担保”，可以较早地发现债务人企业经营状况存在的问题，能够在债务人企业陷入困境之初提起诉讼，能够及时掌握债务人财产线索并对其账户等资产实施保全或申请执行。但在破产重整程序中，金融债权人不仅不能“近水楼台先得月”，还在诸多方面陷于被动局面。在排斥金融债权人充分参与的情况下，在不能充分保障金融债权人的权利的情况下，从个案来看，很难调动金融债权人加入挽救企业、推动重整成功的积极性；从长远来看，难以形成实体经济与金融市场的良性互动。因此，无论是政府、法院、管理人、债务人等参与者，还是金融债权人自身，都应当注意平衡保护各方利益主体的合法权益，不可厚此薄彼。

第二节　破产重整过程中的财务风险及规避

当一家公司陷入困境并进行重组时，需对它的内部控制结构进行改善。这种改善的核心问题便是如何选择合适的管理方法。根据目前的法律规定，公司可以采用两种不同的管理方法：破产管理人和经管债务人。

一、破产重整的意义

重组企业可以帮助企业恢复其核心竞争力并保留其在市场上的优势。这不仅有利于企业的发展，还可以减轻经济衰退带来的冲击，维护社会稳定，破产企业、债权人、投资者和员工都能从中受益。因此，重组企业对于促进经济增长和保持就业具有重要的现实意义。

二、在破产重组过程中，应注意并避免财务风险

为保证清算过程的顺利进行，应该充分考虑受影响者的资金情况，邀请资深的专家及相关的中介机构共同协助，同时，还应该确认受影响者的资金是否得到妥善处理，尤其是那些受到抵押的资金，比如机械、电力、汽车等，若是被用于抵押，则会影响到其日后的运转。为保证破产企业的财富得到有效的保护，应当加强对于公司把财富以分红形式分配给出资人的规定，以免发生负面后果。同时，应当加强对

内部的审核,确认公司内部控制机构的健康状态,以及公司内部控制机构的正常运营,以保证公司的发展。此外,应当加强内部的审核,确认公司内部控制机构的健康状态以及公司内部控制机构的正常运行,以保证公司的长期发展。还应加大工作力度,增加可分配财产比例,尽可能保护债权人利益。

三、破产重整过程中重组人面临的财务风险和风险规避

(一)尽职调查的提出

在对上市公司进行破产重整时,因为涉及外壳资源,这通常会吸引战略投资者对企业进行重组,这是拟破产企业能够起死回生的重要因素。想要规避风险的主要措施就是尽职调查,组成相关的调查小组,由来自不同领域的专家、商业策划师、客户服务经理、金融管理师、法学博士,以及人力资源经理等共同参与。通过提供专业的建议和指导,为投资人提供有价值的信息,以便他们能够更好地评估和抉择他们想要的公司。这将有利于他们更好地控制风险,并能够更快地实施有效的投资。

(二)财务风险的防范

尽职调查体系实施时,应该着眼于未来的可持续性,采用两种措施来确保成功:首先,在重组方投资时,应将更多精力放在未来的可持续性上,从而实现更加可观的收益;其次,应采用合适的融资策略,建立合理的财务结构,实施合法的财务管控,从而实现更加可持续的收益。当明确责任规定的重整计划被全面执行后,根据该规定,原有的债务被全部抵消,因此,债权人无须继续负担清偿义务。但是,当债权人负责的债务被重新安排到明确责任规定的新的环节时,明确责任规定的清偿义务的具体内容、顺序、形式和期限都必须得到充分考虑,以防止出现法律纠纷。

(三)人力资源风险的防范

1. 重组并购是否能够取得成功,其中一个关键因素就是内部员工的稳定性。然而,这种做法存在着风险,比如可能会导致员工矛盾,甚至引发社会问题。因此,企业应该采取措施来确保员工安置,以便更好地管理和控制重组过程中的风险。为了有效地降低风险,在重新审视生产管理流程并制定优化方案的过程中,应该及时与员工建立良好的沟通渠道,以免出现不可预料的后果。

2. 因为破产公司通常缺少必需的资金,导致员工的薪水难以维持。这可能是因为员工的劳动合同没有得到妥善执行,也可能是因为员工没有遵守相应的规定来获得报酬。因此,应该特别关注这种情况,积极开展尽职调查,努力确保公司的重整计划能够顺利实施。

第十七编

数字合规

第一章

总　　则

对于信息化，中国科学技术协会的定义为以现代网络、通信、数据库技术为基础，将所研究对象各要素汇总至数据库，优化特定人群的生活、工作、学习，辅助决策，提高各种社会行为的效率并且降低成本，为推动人类社会进步提供极大的技术支持的行为。

信息化于20世纪90年代起步，在这个阶段，企业和组织发生了两个重要变化：一是内部的电子化，如财务电子化、ERP等；二是对外业务交易电子化，如电子邮件、网购等。

信息化的特点主要是把各种信息、文件等内容从模拟化格式转为数字化格式，通过该种方式处理后的信息能够通过网络传输处理并储存，从而极大方便人们与外界的交流，同时也可以提升内部管理的效率。

早在“十三五”时期，以习近平同志为核心的党中央便开始高度重视信息化发展，为推动信息化工作理论创新、实践创新、制度创新，作出了建设网络强国、数字中国、智慧社会的战略决策，强化顶层设计、统筹协调、整体推进和督促落实，推动信息化发展取得历史性成就、发生历史性变革。2016年国务院印发了《关于印发“十三五”国家信息化规划的通知》，其中制定的主要目标、任务均已顺利完成，“数字中国”的建设也取得了决定性的进展，其中成效也非常显著：具有了全球领先的信息化基础设施建设规模、信息技术相关的产业取得了重大突破、跨越式地实现了数字经济的发展、大幅度地提升了信息惠民及便民水平、数字领域方面的国际合作亦取得了显著成效、信息化发展环境优化提升。

随着互联网的普及和应用，网络不再是少数企业的专利，这个阶段出现了两个概念——“+互联网”和“互联网+”，各传统行业相继主动向互联网靠齐，而互联网也逐步向传统行业进行渗透。尤其随着数字经济高速发展，数字化转型成为当今社会每个企业、每个组织不可或缺的选项，无论什么规模的组织，都期望在数字经济时代的竞争中取得一席之地,以求在数字技术中谋得生存或发展。

世界经济数字化转型加速,新一代信息技术加速迭代升级和融合应用,数字经济引领生产要素、组织形态、商业模式全方位变革。数字空间国际竞争进入新阶段,如今世界各国的新一轮竞争焦点是以信息技术为生态优势、以数字化转型为势能、以数据治理能力为核心,这将决定一个国家的创新力和竞争力,数字领域的规则体系建立以及相关核心技术的生态体系建立的竞争也日趋激烈。

国务院工业和信息化部 2021 年 11 月 17 日正式印发了《"十四五"信息化和工业化深度融合发展规划》,该规划旨在中央全面部署"十四五"时期信息化及工业化深度融合发展工作的重点,紧扣"十四五"时期制造业高质量发展要求,主线为供给侧结构性改革,主攻智能制造,将数字化转型确立为主要抓手,从而推动工业互联网的创新与发展,紧紧围绕着"两化"融合发展的重点领域设置了五大重点工程、五项主要任务以及五个方面的保障措施。文件还指出要深入推进各行业领域的数字化转型:加快推进相关原材料、消费品、装备制造、电子信息、安全生产、绿色制造等六个行业和领域的数字化转型升级。同时围绕主要任务,设置了五项重点工程,其中一项是制造业数字化转型行动,包括制定制造业数字化转型行动计划,制定重点行业领域数字化转型路线图,构建制造企业数字化转型能力体系等工作。

之后,国务院于 2021 年 12 月 12 日印发了《"十四五"数字经济发展规划》,该文件旨在应对新形势下数字化发展的机遇与挑战,以拓宽经济发展的新空间,从而推动我国数字经济的健康发展。

由此可见,数字经济时代,数字化转型成了全球经济增长的重要引擎,也是重塑全球价值链的变革性力量。

何为数字化转型,国家发展和改革委员会将其定义为:传统企业将生产、管理、销售等各个环节均与互联网、云计算及大数据等相结合,从而使企业的设计、研发、生产、加工、经营、管理、销售、服务等业务向数字化转型。从该定义可知,数字化转型和信息化改造一脉相承,甚至可以理解为前者系后者的升级。

不断深化新一代信息技术(云计算、物联网、大数据、区块链、人工智能等)的应用,充分激发各数据要素的创新驱动潜力,从而打造出提升信息时代生存发展的能力,提升传统动能,加速业务优化、升级、创新转型,培育出发展的新动能,传递并创造新价值,从而实现行业转型升级和创新发展。因此,数字化转型就是顺应新科技革命和产业变革。

第二章

数据基础制度

数据作为数据化的生产要素，也是智能化、数字化的基础，其已经迅速融入了各环节（生产、流通、分配、消费、社会服务管理等），深刻改变了人们的生产、生活和社会治理等方式。其具有无形、非消耗性等特征，并能够无限复制且成本接近零，这对于传统产权、流通、分配、治理等制度无疑是新挑战，也紧逼传统构建与数字生产发展相适应的生产关系，逐步解放发展数字生产力。

目前，我国正在快速构建全国统一的数据要素市场，多措并举，释放出大量公共数据的红利，深入推动各地政务数据的共享与利用，达到跨地域、跨层级、跨部门的共享效果。当然，我国在公共数据治理方面仍然面临不少问题，如资源管理职责不够清晰、数据资源供给不够顺畅、开发应用规则不够健全、数据质量标准不尽完善、安全规范监管不到位等。因此，数据基础的制度建设也事关国家发展和安全的大局。

第一节　相关数据制度的建构

2022 年 12 月 2 日，中共中央、国务院对外发布了《中共中央、国务院关于构建数据基础制度更好发挥数据要素作用的意见》（以下简称《数据二十条》），该意见是为全面增强各地区部门的公共数据统筹管理能力，推动跨地域、跨层级、跨部门公共数据的汇集、融合、共享、交换以及开发、应用，极大提升公共数据的整体流通效能和社会经济价值，最终从数据的产权、流通交易、收益分配、安全治理等方面构建数据基础制度提出的政策举措，一共 20 条。

《数据二十条》一共构建了 4 个制度，分别为：（1）建立数据产权制度。为保障数据权益、合规使用，探索出了数据产权的结构性分置制度，并且建立数据资源的持有权、数据的加工使用权、数据的产品经营权三权分置的数据产权制度。（2）建立数据要素的流通、交易制度。为了使数据要素的流通及交易更加合规、高效,构建出充分适应中国制度的数据要素市场体系,具体体现在规则、市场、生态、跨境等四个方面。(3)建立数据要素的收益分配制度。数据要素的收益分配应当做到公平而有效率,具体为初次分配时,以投入、贡献、受益相适应为原则。因此,数据价值及使用价值的创造者应当予以合理的倾斜,在随后的二次、三次分配阶段,则对于公共利益或相对弱势的群体予以关注,以防资本在数据领域扩张导致市场垄断等风险。(4)建立数据要素治理制度。构建政府、企业、社会等多方协同的治理模式,使数据要素的治理更加包容、可控。

目前,数据俨然已成为数字经济时代的基础资源、重要的生产力以及关键性生产要素。习近平总书记也再三强调,数据基础制度的建设事关我国发展及安全大局,中央要统筹推进数据产权、流通交易、收益分配、安全治理,加快构建数据基础制度体系。

从社会发展的历史进程看,人类先后经历了农业革命、工业革命以及目前正在经历的信息革命。而信息革命使人类生产力的发展进行了"质的飞跃",该"质的飞跃",特征之一便是数据要素带来的变革性影响。过去的10年,新一轮信息技术(以云计算、大数据、人工智能等为代表)迅猛发展,数字经济正以前所未有的广度和深度参与到人类社会的生产、生活中,数据生产力显著发展。新生产力的发展,客观上也推动了生产关系的进步。适时地构建数据基础制度体系,也是调整与数字生产力发展相适应的生产关系的必然要求,也是我国新时代改革开放事业得以持续向纵深推进的战略性、全局性及标志性的举措,也是立足我国国情、准确把握时代发展规律提出的重大理论创新,具有重大而深远的意义。

全面建设社会主义现代化国家的首要任务是高质量发展,而构建新时代发展格局的重要任务是畅通经济循环、增强经济发展动能。数据具有其他生产要素所没有的特性,其可复制、非消耗、成本接近零,这些新特性打破了其他自然资源有限供给对增长的制约,能够为经济转型升级提供不竭动力。同时,数据对其他生产要素具有叠加、放大、倍增等作用,从而能推动资源的快捷流转、使各市场主体能加速融合,提升经济社会各领域的资源配置效能。构建数据基础制度体系,明确数据产权、流通、分配、治理等规则规范,解决数据谁能用、怎么用等关键问题,推动数据要素市场规范化、制度化建设,促进数据合规高效流通使用,提升数据要素市场化配置效率,激活数据要素价值,不仅有利于提高全要素生产率,增强经济发展动能,加快推进质量变革、效率变革、动力变革,而且有利于赋能实体经济,促成新旧动能加快转换,是改造提升传统产业转型升级的新支点,成为构建现代化经济体系的重要引擎。

我们对传统生产要素(土地、劳动力、技术、资本等)的治理,已有较长时间的历史和极为丰富的经验,但是对于数据要素的认识相对而言较陌生,仍处于不断深入了解的过程。并且因数据本身具备外部、无形、难追溯等特性,数据在整个生命周期(采集、传输、储存、使用、删除、毁损)各环节也存在许多需要关注的潜在风险或问题。传统对于生产要素的治理模式或手段已经难以跟上数据流通应用的实际需求,条块分割的行业和属地治理模式难以适应数据要素跨地区、跨行业、跨层级流通交易的治理需求,对于数据要素的线上线下一体化市场发展模式,单纯的线下治理也已经难以满足。构建数据基础制度体系,旨在补齐数据要素的协同治理制度弊端,从而支撑起构建符合数字生产力发展需要的治理机制,以达到实现国家治理体系和治理能力现代化的目标。

众所周知,我国实行的是以按劳分配为主体、多种分配方式并存的收入分配制度,即将按劳分配和按生产要素分配相结合,并先后将技术、管理、资本、数据等也纳入了要素参与分配。其中,前几种要素都是为了顺应工业化及城镇化发展的要求,借鉴了西方国家的经验,在此基础上逐步深化改革取得的成果,而数据要素参与分配的提出是党中央准确把握工业经济向数字经济转型发展趋势,率先在国际上提出的重大理论创新和突破。数据要素具有其他要素所不具有的非独占性、非稀缺性,其可同时被多方使用,且彼此间互不干扰,同时还能够实现跨界发展,冲破空间限制,这为通过分配机制统筹兼顾效率与公平、促进全体人民共享数字经济发展红利、实现共同富裕带来了新契机。同时,这也是发挥中国特色社会主义制度优势,推动马克思主义理论在网络强国、数字中国建设中与时俱进的一次开创性探索和实践。

当前,数据要素正逐渐成为全球数字经济开放与合作的重要纽带,全球数字经济开放合作正进入数字技术和国际贸易深度融合的发展阶段。加强国际的数字经济合作,推动全球的数字治理,十分有利于各国的数字技术融合与创新,从而加快全球数据要素的资源整合、助力世界经济及国际贸易发展,这也顺应信息时代发展和人类社会发展趋势,更符合人类命运共同体的重要理念。截至 2021 年,全球已实现跨境数字贸易服务金额 3.86 万亿美元,占据服务贸易总数的 63.3%。因此,构建数据基础制度体系,提出具有中国特色的全球数字治理方案,让世界听到中国的声音,更有利于推动数据要素的跨境流通,更好利用国际、国内两种资源、两个市场,有利于构建更加公平合理、开放包容、安全稳定、富有生机活力的网络空间,在日趋激烈的国际竞争中掌握发展主动权。

第二节　数据产权

一、数据产权结构

数据的“三权”分置包括:数据资源的持有权、数据加工的使用权、数据产品的经营权。跳出传统所有权的思维定式,推动数据产权的结构性分置,聚焦数据在全过程(采集、收集、加工使用、交易、应用)中各参与方的权利,强化数据加工使用权,放活数据产品经营权,加快数据产权登记制度体系建设,为推动数据有序流转、鼓励数据开发利用、引导数据产品交易、释放数据要素价值提供制度保障。推动公共数据的确权与授权,加强公共数据的开发、利用及开放、共享,充分发挥公共数据在数据要素开发利用中的基础性、示范性、引领性作用。推动私人数据的确权、授权,探索私人数据在《个人信息保护法》框架下合规使用的方法与路径。推动企业数据的确权、授权,保障企业投入的劳动和其他要素贡献获得合理回报。

二、数据要素体制机制

在充分了解数据要素的特点和国内外场内、场外交易的现状基础上,结合国内外数据交易相关实践和探索的经验,建立能够发挥我国制度优势的数据要素市场体系:主要从规则、市场、生态、跨境等四个方面构建。聚焦当前数据交易市场建设现状与问题,统筹构建数据交易场所,重点要完善功能定位、探索发展模式、优化运行机制,坚持场内集中交易与场外分散交易相结合,形成多层次、多元化的市场交易体系。培育数据要素流通和交易服务生态,充分发挥数据商“燃料”和第三方专业服务机构“助燃剂”作用,培育一批活跃的数据要素市场主体。构建数据安全合规有序跨境流通机制,积极探索离岸数据流通和服务外包等新模式,探索在数据安全保护法框架下数据跨境流动的合规方式,助力我国企业“走出去”和境外数据“引进来”。

健全数据要素相关机制,明确以“市场评价贡献”“按贡献决定报酬”,以促进数据开发、利用为出发点,肯定数据处理者创造的劳动价值,充分保护数据要素各参与者的投入、产出收益,树立牢固的“劳动创造价值”数据观。充分发挥政府在数据要素收益分配中的调节作用,践行发展为了人民、发展依靠人民、发展成果由人民共享的理念,让数据要素价值惠及更广大人民群众,实现数据之上多元的利益主体"各得其所",促进收入分配更合理、更有序。同时,要扶持中小企业"用数赋能",防止和依法规制资本挟持数据产生的无序扩张和市场垄断等问题,助力实现"业者有其数、数者有其得"。

第三节 数据要素

目前,我国正处于数据要素发展市场的起步阶段,数据要素的新特征较为复杂,对传统产权、流通等制度的规范也是新的挑战,这也成了制约数据要素价值充分释放的关键点,目前该难题在全球范围仍无较为成熟的解决方案。习近平总书记关于数据要素的重要论述需要我们认真学习、全面领会,坚持改革创新、系统谋划,统筹构建数据基础制度体系,从而准确把握发展和安全、政府和市场、中央和地方、包容和审慎等四个方面的关系。

数据作为生产要素,如大规模使用将具有"双刃剑"的效应。一方面,数据是智能化、数字化、网络化的基础,已快速融入生产生活(生产、分配、流通、消费和社会服务管理)的各环节,改变了人们的生产方式,生活、社会治理方式。近年来,我国数字经济总体规模连续多年位居世界第二,该发展取得了举世瞩目的成就,数字经济以数据为关键要素,已经成为高质量发展的新引擎、新动能。另一方面,数据承载着人类活动形成的信息,构成社会空间的数字镜像,同时也包含着大量个人隐私、商业秘密等。

我国数字经济的快速发展,各地方先行先试,充分发挥数据要素作用,研究出台了具有地方特色的地方性数据条例,发挥了积极作用,探索建设数据交易场所。加强统筹相关部门与地方在数据基础制度落地过程中力量结合。一方面,鼓励有条件的地方在数据要素市场发展、产权制度实践、数据要素型企业做大做强等方面敢闯敢试,鼓励创新改革、守住底线、重点推进落实;另一方面,要坚持全国数据要素市场化改革系统推进,形成各部门、各地区共管、齐抓的工作格局,充分发挥数字经济发展跨部门协调机制作用,防范画地为牢、各自为政,防止各区域形成彼此割裂的局面。

要处理好政府和市场的关系,使市场这只无形的手以及政府这只有形的手相互结合,从而优化生产要素配置。构建超大规模数据要素市场,充分发挥市场在资源配置中的决定性作用，更好地发挥政府的调节、引领作用。在政府方面，明确监管红线、守住安全底线，从而得以有序引导和规范发展，最终打造出良好的数据要素市场发展环境；在市场方面，树立企业的自律意识、责任意识，强化自身治理机制和社会责任。促进形成有效市场和有为政府相结合的数据要素治理格局，避免数据要素市场发展陷入某种怪圈。

创新政府数据治理机制，既要鼓励企业在数据要素应用上的首创精神，又要建立有效机制防范化解重大风险，着力避免出现两种极端（放而不管或管死不放），把统筹发展和安全的理念落实到具体工作中。压实企业的数据治理责任，使其承担的社会责任与拥有的权益相匹配，避免片面追求企业利益最大化影响社会公共利益。针对数据要素涉及主体多、管理难、流通快特征，鼓励发挥行业协会在数据要素领域中的作用，加快形成多方社会力量协同参与的治理体系，引导政府、社会组织、市场、基层民众等数据相关主体，通过协商、互动、合作等方式实现对数据要素的协调治理，促进数据要素治理体制机制最优化。

我国目前已出台了多部法律法规（《网络安全法》《数据安全法》《个人信息保护法》等），初步搭建起数据安全、网络安全、个人信息保护的基本框架体系，设置了数据安全的基本底线。我们要设置好数据要素市场发展的底线，趋利避害，管到位必须管住的，对可以探索创新的领域保持政策弹性，在给市场主体充分试错空间的前提下守住底线，最终激发出数据要素的活力。

第三章

数字经济和数字产品

2016年在杭州举办的G20峰会上，中国提出了具有里程碑意义的《二十国集团数字经济发展与合作倡议》。“数字经济”一词最早于2017年政府工作报告中提出，要促进数字经济快速成长，让企业充分受益，群众普遍受惠。

第一节　数字经济

数字经济，指的是以数据资源为关键生产要素、以信息通信技术的有效使用作为效率提升和经济结构优化的重要推动力的一系列经济活动。

2022年国务院印发了《“十四五”数字经济发展规划》，该规划指出数字经济是继传统的农业经济及工业经济之后的主要经济形态，是以数据资源为关键要素，以现代信息网络为主要载体，以信息通信技术融合应用、全要素数字化转型为重要推动力，促进公平与效率更加统一的新经济形态。

我国数字经济核心产业增加值于2020年占国内生产总值比重达到了7.8%，为经济社会持续健康的发展提供了强有力的动力。

早在“十三五”时期，我国便已深入实施了数字经济发展战略，主要为不断完善数字基础设施的建设，同时培育新业态、新模式，推进数字产业化和产业数字化取得积极成效。

然而，数字经济发展的过程中也面临许多问题与挑战，关键领域的创新能力仍不足，供应链、产业链未改变受制于人的局面；不同区域、行业、群体间数字鸿沟未有效融合，甚至有逐步扩大之势；数据资源的规模虽然庞大，但价值潜力尚未得到充分释放；数字经济治理体系仍旧需要再进行完善。

做数字经济须有相应的数字产品，因此需先落实到数字产品上，即数字产业的核心才能形成。要做数字产品、产业必须有数字技术，没有技术，产品研发不出来，无法形成产业。数字经济与实体经济的关系主要为以下两个方面:(1)数字经济的基础是实体经济,没有实体经济,数字经济将是虚无的空中楼阁。曾经许多人争论是“制造业+互联网”还是“互联网+制造业”,无论哪个单向思维均走不通,都必须先进行变轨,再进行融合。融合不是简单的延伸,而是变轨加融合。因此,实体经济是数字经济的基础。(2)数字经济是实体经济的提升,数字经济的实体化很是重要,可从两个角度把实体经济数字化为数字产品,一是把数字技术产品化,目前已经将数字技术做成了实体产品。二是把传统产品数字化。

从经济学的角度来看,数字产品作为消费产品,具有以下四个特征:

一、个人偏好依赖性

传统意义上讲,数字产品并不是一般的可消费产品,其被消费的是数字产品中所代表的思想内涵。产品的需求会随着消费者的个人品位差异而不同,在数字产品中显得格外突出。因此,数字产品的销售更加依赖于消费者,有必要根据消费者的偏好来进行分类,具体可依据消费者身份信息、类型等进行产品定制、定价,因为数字产品的用途和价值是相对不同的,对于差别化的数字产品,应根据消费者的评估意见或边际支付意愿而不是边际成本来制定产品价格。

二、特殊的成本结构

就像拍摄一部电影花费几千万元甚至上亿元的成本一样,第一个产品生产成本极其高昂,但是用于复制生产的成本却又异常廉价。研发一款软件可能需要几个月的时间成本,同时还需投入大量的物力、人力成本。对于一款新产品,一旦第一件产品诞生,用于复制的成本便是很少的。这也充分说明了数字产品的固定成本之高,而复制成本却很低。再加上数字产品的固定成本不同其他产品,其大多属于沉没成本,即若产品停止生产,前期投入的物力、人力、财力等固定成本将无法收回,不像传统产品,在产品停止生产后仍可以通过折旧等方式挽回部分成本。对于数字产品的可变成本,如果生产了数量很多的复制品,多生产一份复制品的成本并不会增加,这也使数字产品的边际成本几乎为零。这就使传统的边际成本定价策略不再适用于数字产品,而应采取其他形式的定价策略。

三、高附加值

附加值是附加价值的简称,是在产品原有价值的基础上,通过生产过程中的有效劳动新创造的价值,即附加在产品原有价值上的新价值。数字产品的附加值指的是通过技术创新而创造的科技附加值,数字产品的技术知识密集型正是高附加值产品的特征,并且随着网络宽带的普及,数字产品应用也趋于多元化。

四、时效性

部分内容性产品(如外汇、证券、新闻、股票信息等)具有很强的时效性。同样许多在线游戏在某段时间内可能非常受消费者的欢迎,但不久就会被更受欢迎的游戏所替代。通常网络上的某些实时信息,需要消费者通过付费来获取,而相对滞后的相应信息,则只需支付较低的费用,甚至免费就可获取。

第二节　数字产品

数字产品的定义具有狭义和广义之说,狭义的数字产品指信息内容基于数字格式的交换物或通过互联网以比特流方式运送的产品,而广义的数字产品除了狭义的数字产品外,还包括基于数字技术的电子产品或将其转化为数字形式通过网络来传播和收发,或者依托于一定的物理载体而存在的产品。

数字产品作为一种具有自己特性的特殊产品,这些特性对于数字产品自身而言是独特且根本的。数字产品的特征分为经济学特征和物理特征,其中物理特征有可改变性、不可破坏性、较快的传播速度等。

一、可改变性

数字产品的可改变性,使厂商可以对数字产品进行个性化定制。例如,一些管理系统的供应商可以根据不同用户的需求,在保持系统的基础功能的前提下,通过增加部分特殊功能来适应不同用户的具体需要。同理,软件供应商也可通过软件包对现有用户的低版本软件进行迭代升级。但是,数字产品生产商是不能控制其产品的完整性的,因为制造商在产品售后会失去对其准确性的控制。也就是说,消费者在购买了数字产品后,可以根据自身需要再对其进行组合、修改等操作,从而改变产品。数字文件一旦在网上被下载,就很难在用户级上控制内容的完整性。尽管有些办法可以验证数字产品是否被修改过,如加密技术和数字签名,但其程度和范围非常有限。

二、不可破坏性

不可破坏性，是指数字产品一旦被生产出来，便能永久保持其存在形式。毕竟数字产品不同于传统的有形产品，它不会随着使用时间或频率的增加而慢慢磨损，它是永不变质的。因此，数字产品质量的稳定性使其不具有毁坏性，数字产品不具有毁坏性的缺点在于数字产品成了“耐用品”，即用户不会像购买其他消费品一样经常需要购买数字产品，这就导致该产品的销售量无法增加。为解决该矛盾，数字产品生产厂商便通过不断扩充产品信息量、提高产品性能等方式来升级迭代产品，从而吸引新客户，留住老客户。

三、较快的传播速度

虚拟的数字产品还具有较快的传播速度。虚拟的数字产品通过网络可以在极短的时间内，在不同的消费者、不同地区之间进行共享交换，具有其他非数字产品所无法比拟的速度。电子邮件便是例子之一。同时，在线购买数字产品减少了买者的搜索成本，它也能够在非常短的时间内通过网络到达消费者手中，缩短了消费者等待产品的时间成本。

第四章

数据合规行为

数字化时代,企业对数据的处理贯穿收集、存储、使用等各环节,任意一个环节都可能面临数据安全与数据合规的挑战。对此,《网络安全法》《数据安全法》《个人信息保护法》三部法律中明确了对数据处理各个环节进行数据安全风险的监测、评估和防护要求,以及数据在收集、使用、处理、存储等过程中的合规要求。

第一节　数据收集处理和存储

数据的收集,指的是利用多个数据库来接收发自客户端(Web、App 或者传感器形式等)的数据,并且用户可以通过这些数据库来进行简单的查询和处理工作。数据处理全流程的第一步便数据收集,这是后续使用数据、开发数据的基础。收集数据的方式主要有以下三种:一是面向数据主体直接收集,如企业可通过自身运营的 App 收集用户的数据,包括个人身份信息、财产信息、地理位置信息等;二是从其他网络平台爬取,如通过爬虫技术或 API 等技术方式从其他公开或半公开的互联网平台爬取数据;三是从第三方处间接收集数据。

(1)直接向数据主体收集。在直接向数据主体收集数据的过程中,应当遵循正当、合法、最小必要等基本原则,同时还应注意对数据主体相关权利的保障。遵循正当、合法原则,即数据的收集必须通过合法、正当的途径进行,不得以误导或欺诈等方式进行,同时不得隐瞒产品或服务所具有的数据收集功能。最小必要原则是指收集的数据应当是实现产品或服务的业务功能所必需的。保障数据主体权利包括保障知情同意权,个人信息可携权,更正、补充权,用户删除权。如真实、准确而又完整地向数据主体告知数据的处理目的或种类等。个人生物识别信息包括脸部特征、指纹、步态、笔迹等可识别自然人的生理特性与行为特征的信息。发布于 2020 年 3 月 6 日的《信息安全技术　个人信息安全规范》完善了个人生物识别信息在收集、存储和共享等环节的保护要求,为企业处理个人生物识别信息提供了进一步的指引。

(2)从其他网络平台爬取。从其他网络平台爬取数据是指利用网络爬虫或者其他技术方式,根据所设定的关键词、取样对象等特定的规则,从其他网络平台自动地抓取相关数据,并对抓取数据进行大规模复制或其他使用行为。在爬取数据的过程中,能否明确数据爬取的合法边界并进行合法爬取,是关系企业存亡的问题,企业应当予以重视。

数据爬虫技术的应用为企业带来便利的同时,也使企业面临着法律风险。近年来,网络爬取行为的法律责任问题成为司法实务界关注的焦点,企业应当正视非法爬取的风险,并在实际操作中予以规避。

(3)从第三方处获取。从第三方收集数据时,需在从第三方接收数据前,核实数据来源的合法性,在这一过程中,若该第三方收集数据的方式不合法、不合规,则即使企业后续使用数据的行为合法、合规,亦无法完全规避相关的法律风险。因此,从第三方处获取数据时仍应当履行相关的合规义务。

近年来,国内外企业数据泄露事件频发,给企业敲响警钟。企业在实现数据收集合规后要继续切实履行数据控制者的责任,根据法律法规的要求存储数据,降低数据泄露事件的发生概率,维护数据安全及数据主体的权益。

数据存储时应当制定数据分类分级制度,制定差异化的数据存储方案并及时更新。涉及敏感信息的,应当按照信息敏感等级采取不同的加密方式,同时在数据收集后,应立即进行去标识化处理,使得收集的数据无法识别至个人。数据存储的期限应当为实现个人信息主体授权使用的目的所必需的最短时间,即"个人信息存储时间最小化"原则,不得超出收集使用规则中的期限。同时,不同行业对于数据存储的期限要求也不尽相同,应当进行区别处理。

最后,在我国境内产生、收集的数据应当储存在境内。如确实因业务需要,需向境外提供,应当遵守国家相关部门或国务院有关部门制定的办法进行安全评估。

第二节　数据转换、删除、抵押

数据转换指的是将数据进行整合、清理、合并,从而将数据从某一种表现形式转为其他表现形式,并能够使不同的源数据在语义上保持一致的过程。

由于数据量不断增加,必然会出现原先的数据框架不能满足现阶段各方面要求的情况,此时就会面临从软件到数据库的全面升级。

每个软件背后的数据库框架与数据存储形式不同会导致开始的数据库更换,到数据结构的更换,再到随后需要对数据本身进行更换。

数据删除是数据生命周期中的最后一个环节。《个人信息保护法》指出了个人信息的处理包括个人信息的收集、存储、使用、加工、传输、提供、公开、删除等。《数据安全法》指出数据处理活动包含数据的收集、存储、使用、加工、传输、提供、公开。两者对于数据删除涉及的方面不完全相同。数据删除从物理方面来看,经过删除的数据在物理层面依然存在于存储介质上,通过一定的技术手段可能恢复出原始数据。

个人信息删除的要求主要由《个人信息保护法》第 47 条加以规范:

1. 处理目的已实现、无法实现或者为实现处理目的不再必要;

2. 个人信息处理者停止提供产品或者服务,或者保存期限已届满;

3. 个人撤回同意;

4. 个人信息处理者违反法律、行政法规或者违反约定处理个人信息;

5. 法律、行政法规规定的其他情形。

对个人信息的删除,是对个人信息的实际抹除或清空,需要根据个人信息的不同载体,采取不同的删除方式。

第五章

数字产品和登记

《数据二十条》提出研究数据产权登记新方式、建立健全数据登记机制,就是要在登记确权过程中逐步攻克数据要素确权的规范缺失、标准不一、技术支撑不完善等核心难点,逐步形成完善的数据产权界定与保护体系。

第一节 数字产品登记的历史

登记制度是要素市场体系中一项不可或缺的制度,也是基础性制度。我国先后在多个要素市场领域(不动产、技术、资本等)建立了完善的登记制度。一方面,相关财产权益制度建立的基础也是登记制度。产权清晰是要素有效分配的前提,而登记制度是对财产的自然属性或法律属性的确认,是各类要素产权界定和流转的基础。如我国《民法典》就有明文规定,登记是不动产物权设立、变更、转让和消灭的基本前提。另一方面,登记制度也是市场管理体制的核心组成部分。在不动产、技术、资本等要素市场从无到有、从小到大、从大到优的发展历程中,全国统一登记制度是我国摸清土地、人口、知识产权、商事主体等"资源底图"的关键。数据作为新型生产要素,构建全国一体化数据要素登记体系,是促进数据自主有序流通、培育超大规模数据要素市场的必由之路,也是规范数据市场管理、优化数字经济营商环境的根本保障。

近年来随着我国新兴技术(互联网、工业互联等)的迅猛发展,全社会数据资源的规模和总量也呈现指数级增长。早在 2002 年前后,我国便已经启动了政务信息资源目录体系的建设。近年来,随着大数据等产业、技术的发展,全社会数据资源分布格局正在从过去政府数据资源占 80%转变为以互联网、金融、电信等企业数据资源为主,但我国在企业数据登记工作的方面仍为空白。当下,探索新路子,建立适应数据要素市场化发展、覆盖政企数据资源的统一数据要素登记体系,恰逢其时、恰逢其势。

数据要素市场化配置改革的一大重点便是数据要素登记。数据要素各环节(确权、流通、分配、治理)工作的有效开展的基础支撑是数据要素的登记,也可推进并落实后续一系列数据要素市场化配置的改革。数据要素登记具备以下5个方面的重要作用:(1)产权的界定,即在确权环节,通过登记界定数据资源和产品的基本信息和权利归属;(2)促进高效流通,即在流通环节为数据资源或产品提供相应的交易凭证,从而促进市场的供需结合,加速发现数据价格;(3)要素分配的变革,即分配环节通过登记提供数据资产凭证,作为数据资产评估乃至入表的前提;(4)维护市场秩序,即在治理环节,依托登记制度健全数据市场准入体系和管理规则,为解决数据权益纠纷提供保障;(5)行业管理,依托登记体系有序开展数据要素统计和会计核算等工作,摸清行业情况,将登记凭证作为数据要素型企业认定的依据,支撑行业扶持政策。

落实好《数据二十条》研究数据产权登记新方式的工作任务,既要充分借鉴其他要素登记体系建设的模式和经验,又要着眼于数据要素的独特经济属性,探索数据要素登记体系建设新模式,加快构建全国一体化数据要素登记体系。

第二节　数字产品登记的实践

我国上海、广东、深圳等地先后开展了有关数据资产登记,凭证、数据产品登记,数据生产要素统计核算等一系列有益的探索,但往往只关注到数据要素的某一特定属性,相关实践中登记的功能定位、登记内容、适用范围等规则实际各不相同,尚未形成统一的操作指引。着眼长远,推进数据要素登记工作应当兼顾三重属性:一是权益属性。在《数据二十条》提出的持有权、加工权、经营权"三权"分置产权制度和确权授权制度框架下,通过登记界定数据权益的事实或产权归属。二是资产属性。企业在生产经营活动中产生的或从外部渠道获取的、产权明晰并预期能够在一定时期内为企业带来经济利益的数据具备资产属性,可通过登记确认资产,打开数据资产融资抵押等链路开端。三是流通属性。数据交易流通是释放数据价值的动力源泉,数据要素登记体系应服务于数据要素流通交易体系,破解"确权难、定价难、入场难、互信难、监管难"核心问题。

数据要素登记体系建设需重点把握数据价值链中数据形态和产权变更的三个关键环节。一是从原始数据到数据资源的环节,即原始数据在数据来源者同意或存在法定事由情况下,经数据处理者的采集、储存、清洗和加工转换为数据资源的过程。二是数据资源加工使用权流通环节,即数据资源通过交易、共享等方式,数据资源持有方将数据加工使用权授予其他市场主体的过程。三是数据资源变成数据产品的环节,即数据资源经加工、分析等形成数据产品的过程。数据要素登记体系应适配数据要素流通各个环节,涵盖数据主体登记、数据资源登记、数据产品登记、数据流通凭证登记等内容,保护数据生产、流通、使用过程中各个参与方享有的合法权利。

围绕数据流通制度构建,《数据二十条》提出了两条重要指引。一是坚持"场内外相结合",即既要培育壮大场内交易,也要规范引导场外交易;二是强调建立多层次数据市场体系,即依据不同数据要素形态探索建立数据市场分级制度,划分数据资源(数据授权)一级市场和数据产品服务二级市场,分别解决数据资源市场化和数据产品流通高效化问题。构建全国一体化数据要素登记体系建设,应着眼于提升全国统一数据市场下的数据要素流通效率。一方面,数据要素登记体系建设不能简单依托于数据交易场所搭建,而应同时为场内集中交易和场外分散交易提供共性支撑服务;另一方面,根据数据两级市场不同特征,面向数据资源和数据产品服务等不同交易标的,分类分级开展数据登记体系设计。

第三节　建立数字产品登记体系

加快构建全国一体化的数据要素登记体系应从法律、制度、机构、平台四个方面协同发力,因此符合中国特色数据产权制度的数据要素产权登记体系是一项复杂的系统工程。

我国近年来先后出台了一系列与数据安全相关的法律法规(《数据安全法》《个人信息保护法》等),但数据产权制度仍是一片空白。为确保数据登记的法律效力,推动各市场主体更加积极主动地参与数据要素的登记与交易活动,关键举措是制定数据要素产权相关的法律法规:(1)数据要素产权框架的搭建。在法律层面确立数据资源持有权、加工使用权、产品经营权"三权"分置的数据产权制度框架,明确产权的属性、归属,以及相关权利、义务,保护数据生产、使用、流通等过程中各参与方享有的合法权利。(2)明确数据要素登记的法律效力。借鉴不动产、技术、资本等传统要素经验,明确数据要素登记的证据力、公示力和对抗力,明确依法登记的数据要素产权受法律保护。(3)完善数据要素授权制度。推进建立公共数据、企业数据、个人数据分级分类授权使用和市场化流通交易机制，促进数据要素充分开发利用。

一方面，建立全国统一的数据要素登记管理制度，明确登记的主体、内容、目的、功能及各方的权利与义务，充分梳理整合各地数据要素登记实践探索成果，为各地数据要素登记工作开展提供指导；另一方面，建立、完善相关的配套政策。依托数据要素登记体系，探索建立数据要素型企业认定准入机制，使企业能够享受研发费用所得税加计扣除优惠，从而推动将数据要素型企业采购数据费用纳入增值税进项加计抵减范围。探索将数据要素登记应用于企业数据资产确认、融资抵押和数据生产要素统计核算。鼓励央国企率先进行数据资源和数据产品的登记交易，引领其他企业主动参与登记，发挥榜样和示范作用。组建全国一体化的数据登记机构。聚焦数据登记机构性质、职能、组建方式和运营方式等关键问题，支持具备条件的地区结合地方数据要素市场发展实际大胆改革探索，在实践探索中逐步总结数据登记机构建设的有效方式，形成可复制可推广的经验借鉴。适时设立全国性数据登记机构，打造“逻辑一体、物理分散”的全国一体化的数据登记机构体系。

目前，我国多个重要跨部门应用（国家数据共享交换平台、国家公共数据开放平台、全国一体化政务服务平台、全国信用信息共享交换平台等）已经建立，其均依托国家电子政务外网部署、运行，为数据要素登记平台的建设提供了数据、网络安全等各方面的支撑，建议依托国家电子政务外网现有基础，充分运用区块链等技术，与有较好工作基础和产业优势的地方联合建设国家数据要素登记平台，为数据要素登记工作开展提供技术支撑。同时，探索构建契合数据要素登记核心业务流程需求的技术标准体系，对登记平台的技术开发、工程管理、安全保护等进行完整规定与约束，确保数据要素登记平台规范运作，使未来全国一体化数据要素登记体系建设更具操作性和可行性。

第六章

数据知识产权司法保护

第一节　数据的法律规定

至今,我国现有法律法规并未对数据或数据权利的概念或法律属性作出明确规定。虽然也有不少法律法规对数据相关概念进行了规定,但由于数据本身的复杂性,各法律法规的角度也不同,使得规定较为零散,如我国《民法典》第 127 条规定法律对数据、网络虚拟财产的保护有规定的,依照其规定。《网络安全法》第 76 条对网络数据作出了规定,《电子签名法》第 2 条对数据电文作出了规定。结合相关法律对个人信息、民事权利等内容的相关规定,可以初步得出以下结论,数据作为权利客体的一种,数据权利应当得到保护;数据权利与网络虚拟财产相似,均具有排他性、可用性、可交易性等财产权属性;数据与个人信息有一定区别,属于两类不同的权利客体,其保护方式亦有所不同。

当前,我国学界普遍认为数据属于财产,数据产权属于财产权。目前我国学界将财产权划分为物权、债权和知识产权三种。其中,知识产权作为一种无形财产权,具有利益排他、客体共享的特殊属性,即不必通过配置客体再间接地配置客体上的利益,而是直接对客体上的利益进行排他性配置。数据产权同样也是无形的,也具有上述知识产权的特殊属性,法律属性上与知识产权最为相似。同时,国外的《欧盟数据库指令》将数据库权分为两大类:对于符合作品独创性标准的数据库依据版权法保护,其他的作为新型权利的特殊数据库权予以保护。日本《著作权法》规定了与数据相关的数据衍生物等方面的软性权利限制,日本《反不正当竞争法》对数据侵权行为进行了规制。

除此以外,数据产权还有其他三个与知识产权的相似之处:

(1)调整对象的相似性。由于数据信息与知识产权的关系密切,导致许多学者会将知识产权的客体界定为信息。知识产权的一个显著特点就是智力创造成果作为特定信息所具有的共享性。相较于物权客体,知识产权客体以非物质形式存在,而数据财产也不存在实体形式,这使二者具有天然的联系。从财产形态上来讲,数据产权多表现为数据库或产品,与知识产权的客体具有类似的权利外观。在权利内容和边界划定方面,二者都需要借助符号来构建,无法像实体财产一样确定权利内容和边界。从数据产品的表现形式来说,部分数据也会以作品形式来呈现,如电子地图和各类图表。

(2)制度目标的相似性。知识产权制度中,赋权与权利制度相辅相成。而为数据确立产权的目的除了为数据主体设定权利外,更重要的是寻求数据主体、处理者以及各社会整体利益之间的利益平衡。对于数据产权保护制度利益平衡目标,国内外法律、法规、规章(《数据安全法》《欧盟通用数据保护条例》等)等均有明确的规定。如《欧盟通用数据保护条例》前言就十分明确地规定,个人数据的保护权并非绝对权利,必须放在其社会功能的语境下考量,根据比例性原则平衡于其他基本权利。

(3)保护模式的相似性。知识产权属于法律拟制权利,发明和实用新型专利获得授权必须具备法定的新颖性、创造性和实用性,商标获得注册必须具备显著性,智力成果必须符合《著作权法》规定的要件才能作为作品得到保护,同时知识产权的传播运用也有严格明确的法律约束。设定法律拟制权利保护知识产权的目的就是为了保护权利人利益,提高创新能力,激励创新创造,促进社会发展。而对数据赋权的背景也是权利人数据权利频遭侵害,数据利用和共享缺乏制度保障,只有加强对数据产权的保护,才能对数据收集、处理和利用的权利主体产生激励预期,推动数据产业更新升级和商业创新,充分发挥数据要素产权配置的作用。基于上述理由,数据产权具有很强的知识产权属性,适用知识产权法律保护数据产权既有理论基础也有法律依据,属于目前较为理想的路径和模式。

第二节 数据的司法保护

2019 年,我国数字经济增加值规模达到 35.8 万亿元,占 GDP 比重达到 36.2%,占比同比提升 1.4 个百分点,按照可比口径计算,2019 年我国数字经济名义增长 15.6%,高于同期 GDP 名义增速约 7.85 个百分点,数字经济在国民经济中的地位进一步凸显。2020 年,中国信息通信研究院发布的《中国数字经济发展白皮书》显示,我国数字经济贡献不断增多,规模也不断扩大。

由于数据产业近年来发展迅速，且又属于新兴产业，我国目前的法律制度对数据产权利用、权属、保护等内容未有明确回应，这使人民法院在司法实践中处理相关案件时面临不少困境，如何规制数据采集或爬取过程，数据创造、运用、保护过程中个人利益和社会公共利益如何平衡等，都缺乏法律的明确依据。截至目前，人民法院主要依据《著作权法》的相关规定和《反不正当竞争法》的一般条款来处理受理和审结的涉及数据产权知识产权的纠纷案件，该类案件的争议焦点也大多集中在数据的法律定性、保护范围和权利类型确定等问题上。近5年来，人民法院受理的涉及数据的诉讼案件持续增多，从中国裁判文书网能够检索到的相关裁判文书有120余份，实际数量应该更多。从时间上看，2018年以来案件数量指数级递增，而2020年的相关案件数量，仅前10个月的涉及数据的诉讼案件已经超过2019年全年的总和。从地域上看，案件主要集中于北京、上海、广东、浙江等经济较为发达的地区。从案由上看，不正当竞争纠纷与著作权纠纷居多，近80%的诉讼客体类型为著作权，其中多为侵害作品信息网络传播权纠纷案件，此外还有数据爬取争议纠纷、数据交易争议纠纷等。案件性质上主要以民事案件为主，少量案件为行政诉讼与刑事诉讼。比较典型的案例有：北京互联网法院审理的黄某诉微信读书侵犯个人隐私权案和被称作“中国证券金融信息知识产权第一案”的万得诉同花顺案等。微信读书案主要涉及大数据技术下个人隐私保护边界问题，北京互联网法院认为，微信读书为用户自动添加好友、微信好友之间读书信息默认开放行为构成对原告个人信息权益的侵害。万得诉同花顺案的主要争议焦点是同花顺产品模仿万得产品痕迹明显，出现了批量的数据重叠。《民法典》第127条规定：法律对数据、网络虚拟财产的保护有规定的，依照其规定。该条位于“民事权利”一章，似乎可以理解为民事主体对数据享有一定民事权利。但是，“依照其规定”，“规定”在哪里呢？2021年生效的《数据安全法》并未回应《民法典》第127条，而是着重于给予数据处理相关各方保护数据安全的责任，着重于从监管维度保护与数据处理有关的国家利益和公共利益；对数据处理参与各方由于数据处理活动而产生的价值和各自拥有的权益却几乎没有着墨。

与《数据安全法》不同，《数据二十条》创新性地提出了公开数据、企业数据和个人数据的三分法以及数据资源持有权、数据加工使用权和数据产品经营权的三权分置。事实上，《数据二十条》隐含了立法者解决前述问题的基本思路。数据作为一种信息的集成物，维护数据安全必然会与保障人身权益、财产权益交织在一起。所以，只有区分数据，才能确定适用何种法律以规制数据处理活动，这是破除数据安全保护迷局的第一步。而第二步就是针对数据产业链上各个环节的参与者赋予不同的权利。从意见的规定来看,数据资源持有权等权利具有财产权的特征,但并非所有权或其他物权。这可能是考虑到物权具有排他性,而数据的公共性使这一特性难以实现,立法者的缜密可见一斑。近年来,因数据收集、处理引起的纠纷层出不穷。法院的裁判理由大多基于商业秘密保护或反不正当竞争。

商业秘密虽然在法律性质上不是一类“知识产权”,但通常作为类似知识产权的客体受《反不正当竞争法》保护。实践中,在不少数据有关争议中,数据作为商业秘密获得保护。

根据相关判例可知,商业秘密和数据存在共通之处:根据《反不正当竞争法》第9条,商业秘密是不为公众所知悉、具有商业价值并经权利人采取相应保密措施的技术信息、经营信息等商业信息。而数据则是表达信息的原始素材。可见,商业秘密与数据的本质都是信息,具备法定要件的数据可以被认定为商业秘密。进而,非法获取、处理数据也是一种侵犯商业秘密的行为。因此,法院可以援引《反不正当竞争法》中保护商业秘密的规定。当然,将数据作为商业秘密保护具有局限性。尤其是,很多数据源自公开渠道(如有价证券价格信息),其秘密性很难达到商业秘密保护的要求;有些数据只有公开才能实现价值(如实时交通信息),其不适宜采取保密措施。这些数据不适宜作为商业秘密保护。

部分数据权益案件中,涉案数据不能被认定为商业秘密,法院会适用《反不正当竞争法》的一般性规定进行裁判。在此类案件中,法院往往会主张数据(产品)为当事人带来了经济利益与竞争优势,非法获取、处理数据的行为损害了当事人的竞争地位,属于不正当竞争行为。这些案件没有认定对数据的绝对“权利”,而是认可数据控制者对数据拥有的相对的竞争性“权益”。

在淘宝诉美景不正当竞争纠纷案[(2018)浙01民终7312号]中,法院认可原告应当对其享有独立的“财产性权益”。法院之所以采用“权益”而非“权利”,主要是因为数据并非知识产权的客体,亦非民法意义上的物。唯有使用“权益”,方能在不违背物权法定原则的前提下,为保护原告利益提供正当理由。另外,法院还指出,涉案产品为淘宝带来了竞争优势,被诉行为显然损害了淘宝的竞争优势,构成不正当竞争。

积极探索加强数字经济领域知识产权司法保护,为充分发挥数据要素作用、提高数据要素治理效能提供有力司法服务和保障,促进数字经济实现高质量发展。应加强数据云存储、开源、确权、交易、服务,数据市场不正当竞争等案件审理,切实维护数据安全。开展数据权益知识产权司法保护调研和数字经济时代公平竞争与知识产权司法保护调研，指导地方法院探索数字经济审判模式，促进数字经济创新成果的司法保护。最高人民法院审理“爬虫平台数据信息”技术秘密侵权案时，明确平台数据信息可以作为技术秘密保护客体，强化对平台经营者通过合法经营形成的具有竞争优势和竞争价值的数据权益的保护。《江西省高级人民法院关于加强知识产权审判工作为数字经济做优做强提供有力司法服务和保障的意见》提出13项服务与保障举措。广东省深圳市中级人民法院出台《关于加强数字经济知识产权司法保护的实施意见》，助力深圳数字经济高质量发展。北京知识产权法院完成“数字经济下新业态、新模式竞争行为司法规制研究”等课题，妥善审结多起数据侵权案，不断探索适用《反不正当竞争法》保护数据的裁判规则。

第七章

人工智能应用法律服务

第一节　人工智能技术的兴起

长期以来,法律行业由于其职业特点,一直具有较强的技术免疫力,新兴技术在这一领域的应用仅存在于一些非核心领域(如通过数字化管理系统来提升办公效率)。对于实质性的法律方案(诉讼方案、裁判观点的形成等),技术则不太能够提供非常实质性的支持,更别说取代法律从业者。然而,人工智能(Artificial Intelligence)技术的出现,则非常有望能改变这一现实,作为试图理解人类智能的实质并在此基础上模拟、延展人类智能的技术,理论上,通过建立适当的计算模型,人工智能技术可以高效地完成信息收集、法规整理并执行或者模仿法律推理过程,从而对输入的法律问题输出解决方案和相应的解释。

我国法律人工智能的技术研发虽然起步较晚,但是在政策支持下近年来也得到了飞速发展,在司法审判领域,一些辅助定罪量刑的人工智能工具亦被开发并初步应用。上海市高级人民法院和科大讯飞合作研发的"上海刑事案件智能辅助办案系统"更是通过学习几万份刑事案件卷宗、文书数据,具备了初步的证据信息抓取、校验和分析能力;在面向消费者和企业的法律服务领域,一些人工智能产品也被开发,例如,帮助企业客户自助解决基础法律问题,进行法律风险预判的技术、通过大数据计算帮助律师制定诉讼策略的技术等。

第二节　人工智能在法律服务中的实际应用

目前,法律人工智能技术的发展仍然处于初期。即使在技术比较强的发达国家,较为成熟的应用领域还主要限于一些不需要太多技能的简单、标准化的场景;就我国而言,由于起步较晚,加之司法系统信息化建设水平、裁判文书的数据质量等因素的制约，法律人工智能技术更是远未成熟。然而，所有的创新都并非一蹴而就，即使是一些颠覆式的创新，其开始也往往仅提供一些简单甚至质量相对较低但成本低廉的服务，然后不断完善。考虑到法律行业的本质是对信息进行收集、分析与处理，而在信息数字化的时代，计算机系统的介入对这一过程的效率提高意义重大，因此，法律人工智能技术的发展空间巨大。

最高人民法院于2022年12月8日发布了《最高人民法院关于规范和加强人工智能司法应用的意见》，该意见系为深入学习贯彻党的二十大精神，深入贯彻习近平法治思想，贯彻落实《国民经济和社会发展第十四个五年规划和2035年远景目标纲要》和《新一代人工智能发展规划》，推动人工智能同司法工作深度融合，全面深化智慧法院建设，努力创造更高水平的数字正义，结合人民法院工作实际而制定的。该意见就应用范围做了归纳：

1. 发挥人工智能全流程辅助办案的应用。人工智能的应用在法律法规的选择，证据指引与审查，类案推送，法律文书辅助生成、审查，全案由裁判辅助等方面达到智能化应用，促进裁判尺度统一，保障司法公正，维护司法权威。

2. 发挥人工智能在事务性工作中的辅助应用。人工智能应支持智能化应用，如电子卷宗的分类与归档，案件相关信息的回填，类型案件的繁简分流，当事人送达地址、方式的主动推荐，相关笔录的生成，执行财产查控辅助等，从而提高司法效率以降低相关人员的工作负担。

3. 发挥人工智能服务多元化解纷与社会治理的应用。支持司法资源推荐、诉讼和调解咨询问答、诉讼预期辅助评估、社会治理风险预警与辅助决策等智能化应用，为化解社会矛盾、服务社会治理提供新的途径和方式。

4. 拓宽人工智能在司法应用场景和范围。结合人工智能技术创新进程和人民法院改革发展实践，积极探索诉讼服务、审判执行、司法管理和服务社会治理等领域的重大应用场景，不断拓展新的应用范围。